国学应用课

王颖 ◎ 著

时事出版社

图书在版编目（CIP）数据

每天一堂国学应用课 / 王颖著 .—北京：
时事出版社，2017.4
　ISBN 978-7-5195-0072-6

　Ⅰ.①每…　Ⅱ.①王…　Ⅲ.①国学 – 通俗读物
Ⅳ.① Z126-49

中国版本图书馆 CIP 数据核字（2016）第 297737 号

出 版 发 行：时事出版社
地　　　址：北京市海淀区万寿寺甲 2 号
邮　　　编：100081
发 行 热 线：（010）88547590　　88547591
读者服务部：（010）88547595
传　　　真：（010）88547592
电 子 邮 箱：shishichubanshe@sina.com
网　　　址：www.shishishe.com
印　　　刷：三河市华润印刷有限公司

开本：787×1092　1/16　印张：23　字数：498 千字
2017 年 4 月第 1 版　2017 年 4 月第 1 次印刷
定价：39.80 元
（如有印装质量问题，请与本社发行部联系调换）

前言

当物质文明发展到一定高度的时候势必会凸显出精神生活的缺失，人们的精神容易堕入虚无主义，生活空虚、物欲横流，沉浸在金钱和物欲的感官刺激中，会让人感到各种不安和痛苦。而处于迷茫中的人们总是禁不住发问：生命的意义到底是什么？我们该怎样活着？

在当今社会，随着物质文化的高速发展，西方科技文化带来的影响逐渐覆盖全球，但同时，资本主义文明所带来的弊端也日益明显：文化生活空虚、人性扭曲堕落、极端主义膨胀等等，这些问题严重威胁到了社会的发展以及精神文明的进步。但是，西方文化主宰世界的时代必将过去，中国传统文化的春天已经来临。在物质生活发达的时代，更需要解决人的伦理问题，而中国文化中的为人之道、处世之道便是可以治愈这些病症的良药。

国学是中国人的文化精神动力和源泉，国学智慧体现在悠久博大的文化传统，汇聚浓缩在古代先贤的经书典籍当中，儒家、道家、释家、兵家、法家、墨家等各家智慧的结晶，成为如今我们继承的伟大精神财富。而人生哲学，则是人生的根本原理和智慧，它既是一种关于人生问题的哲学，也是一种人生观的表现形式，包含了人生目的、人生价值、人生意义、人生态度。

本书甄选儒、道、释三大学问的经典话题，以国学研究著述为主旨核心，并且将这些著作的精要主题摘取出来，精选了一些名人大家在国学研究中的重要观点，通过引证举例，以通俗易懂的方式对这些名家的国学思想进行深入阐释，凸显了这些名人智者们对国学、人生、道德、文化、治学等问题的独到见解。并且围绕国学经典中的话题，结合具体案例，对晦涩难懂的国学智慧进行解读。在思想方面，我们力图再现国学大家们的经典阐释，在文字方面，我们则尽量保持与他们一样的著述风格，让读者们在聆听国学讲解的同时，也能为自己的心灵寻找到正确的指引和方向。

通常我们认为，一个民族若是失去了特色的传统文化，就难以屹立于世界民族之林，一个国家若是失去本国的文化支撑，也难以得到其他国家的敬重。而国学作为中华民族传统文化的精华所在，深深根植于中华民族发展的文化土壤中，保存在每个中国人的精神和观念当中。

所以闲暇时，不妨静下心来，拿起书本，每天读一点国学知识，从这些故事中，我们能够看到一种简约质朴的精神，所有真实美好的东西都是朴素无华的，幸福也是从平凡的人生中产生的。真正的人生价值和意义，不在于获得多少物质财富，而在于他愿意为世界贡献多少时间、金钱、感情、智慧……这些构成了人生意义，也构成了永恒的幸福和价值。

目录 Contents

NO.1 国学中的养心智慧：
　　　　养心莫善于寡欲

南怀瑾：自然之子，养自然之心　// 001
南怀瑾：保持本色，以真示人　// 002
南怀瑾：嫉妒别人是伤害自己　// 003
南怀瑾：心不正则心不净　// 004
南怀瑾：天真野趣，最是宝贵　// 005
南怀瑾：不贪，乃修心之宝　// 006
林语堂：随时随地与尽情尽心　// 007
林语堂：坚守志趣，做自己的舵手　// 008
林语堂：此刻即是天堂　// 009
林语堂：烦恼尽在取舍之间　// 010
林语堂：知足常乐，自在逍遥　// 011
林语堂：岁月在雕琢心灵　// 012
林语堂：为生活造就一种新鲜感　// 013
季羡林：随缘而喜　// 014
季羡林：此心安处是吾乡　// 015
季羡林：糊涂一点，潇洒一点　// 016
季羡林：坦然面对人生聚散　// 017
季羡林：惜缘，即敬畏生命　// 018
季羡林：人生若只如初见　// 019
季羡林：恻隐之心，仁之端也　// 020
季羡林：养生不如养心　// 021

朱光潜：大人者不失其赤子之心　// 022
朱光潜：从心所欲，不逾矩　// 023
朱光潜：常怀恻隐之心　// 024
朱光潜：常怀羞恶之心　// 025
梁启超：境由心造　// 026
梁启超：最苦与最乐　// 027
梁启超：人生是苦乐的循环　// 028
梁启超：常怀自觉之心　// 029
梁启超：自觉是有所认识而主动去做　// 029
梁启超：让你的良心独立　// 030
梁启超：辱莫大于心奴　// 031
叶曼：快乐处处有，痛苦自己找　// 032
叶曼：爱物惜人，即安心　// 033

NO.2 国学中的幸福密码：
　　　　行平常之事，得异常之福

南怀瑾：人生少有真圆满　// 035
南怀瑾：可以穷，不能愁　// 036
南怀瑾：向前看，向好看　// 037
南怀瑾：常怀感恩之心　// 038
南怀瑾：笑一笑，十年少　// 039
南怀瑾：胸怀大爱，幸福常伴　// 040
南怀瑾：把每一天当成生命的

最后一天 // 041
南怀瑾：活在当下，即是真幸福 // 042
南怀瑾：先自爱而后爱人 // 043
林语堂：在游戏中工作，在游戏中生活 //044
林语堂：凡事亦雅，但无须刻板 // 045
林语堂：学会忘记 // 046
林语堂：为生活造就一种新鲜感 // 047
林语堂：幽默着，洒脱着 // 048
林语堂：做个好人，常自在 // 048
季羡林：每个人都是孤独的旅客 // 049
季羡林：孤芳自赏也是美 // 050
季羡林：不完满才是人生 // 051
季羡林：心怀赤子，任尔世态炎凉 // 052
季羡林：人不该失去爽朗的笑声 // 053
季羡林：世已桑田，心未沧海 // 054
季羡林：难得糊涂 // 055
季羡林：低调做人，烦恼少 // 056
季羡林：宁行一小善，不行一小恶 // 057
季羡林：福祸相依，平衡心态 // 058
季羡林：分辨好人与坏人 // 059
朱光潜：慢慢走，欣赏人生 // 060
朱光潜：灵魂在杰作中冒险 // 061
叶曼：让美充盈我们的人生 // 062
叶曼：自然美，真美的最高境界 // 063
叶曼：日日都是好日 // 064
丰子恺：你若爱，生活哪里都可爱 // 065
丰子恺：无宠无惊过一生 // 066
丰子恺：要生活，而非生存 // 067
丰子恺：世事之乐，不在于实行
而在于希望 // 068

NO.3 国学中的处世哲学：
方圆为人，活脱处世

南怀瑾：别做不受欢迎的老好人 // 069
南怀瑾：既有圣人之道，亦通圣人之才 //070
南怀瑾：君子也，慎独、自省、

无二过 // 071
南怀瑾：虚怀若谷，无欲则刚 // 072
南怀瑾：行善也要讲究方式方法 // 073
冯友兰：路要自己走，走到底 // 074
冯友兰："有所为而为"与
"无所为而为" // 075
冯友兰：道不同，不相为谋 // 076
冯友兰：有德之人不孤独 // 077
梁启超：仁者不忧 // 078
梁启超：智识与修养的辩证关系 // 079
梁启超：志气不立，何以为人 // 080
梁启超：做事当自信 // 081
梁启超：懒散者是无前途的 // 082
梁启超：反省也，克己也 // 082
梁启超：出世与入世之间 // 083
蔡元培：己所不欲，勿施于人 // 084
蔡元培：做事要把握分寸 // 085
蔡元培：成大事者不拘小节 // 086
丰子恺：善宽以怀，善感以恩 // 087
丰子恺：既然无处可躲，不如傻乐 // 088
叶曼：礼多人不怪 // 089
老子：随心而为，顺其自然 // 090
老子：不战而胜，亦是智慧 // 091
老子：名利面前，怀平常之心 // 092
老子：淡泊虚静，宁静致远 // 093
老子：弱之胜强，以柔克刚 // 094
老子：为而不争 // 095
孔子：不为五斗米折腰 // 095
季羡林：一寸光阴不可轻 // 096
季羡林：少年易老，学难成 // 097
季羡林：让时间不再"害怕"东方 // 098
季羡林：珍惜时间的"边角废料" // 099
季羡林：越被人向往，就越被人享有 // 099
季羡林：如何送礼是一门学问 // 100
季羡林：人和商品都需要适度包装 // 101
季羡林：换一个视角看世界 // 102

季羡林：爱情是一种神秘而玄乎的
　　　　存在　// 103
季羡林：公德之心，乃人性之本　// 104
季羡林：鱼和熊掌不可兼得　// 105
季羡林：中国文化是未来世界的"解药"　// 106
季羡林：真正的价值表现在非常态上　// 107
季羡林：做个情感丰富的性情中人　// 108

NO.4　国学中的说话艺术：
　　　　三寸之舌强于百万之师

南怀瑾：谣言止于智者　// 109
南怀瑾：一句恶言，害人害己　// 110
南怀瑾：失言在先，失人在后　// 111
南怀瑾：感同身受，把话说进心窝里　// 112
南怀瑾：尖锐而不刻薄，俏皮而
　　　　不显露，乃真幽默　// 113
南怀瑾：以情动人，攻破他人心理防线　// 114
南怀瑾：一言兴邦，一言丧邦　// 115
南怀瑾："缘木求鱼"，巧用比喻　// 116
南怀瑾：隐居者，可以放言　// 117
林语堂：天天说话，却不见得会说话　// 118
林语堂：拉长面孔，还是嬉皮笑脸　// 119
林语堂：说话时睁开眼睛　// 120
林语堂：察言观色，态度温雅　// 121
林语堂：语语中肯，言必有信　// 122
林语堂：给别人说话的机会　// 123
林语堂：让对方先说话　// 124
林语堂：口吐莲花，投其所好　// 125
林语堂：言多必失，语多必败　// 126
林语堂：别做爱好争论的傻子　// 126
林语堂：总有一些人是谈不来的　// 127
林语堂：正面辩难，不如侧面进击　// 127
季羡林：会干的不如会说的　// 128
季羡林：把话说到别人心坎里　// 129
季羡林：到什么山唱什么歌，
　　　　见什么人说什么话　// 130

叶曼：谨言慢口，话留三分　// 131
叶曼：病从口入，祸从口出　// 132
叶曼：有礼有节，攻心为上策　// 133
韩非子：兼听则明，偏信则暗　// 134

NO.5　国学中的为政之道：
　　　　政之所兴，在顺民心

南怀瑾：为政以德，而众星共之　// 135
南怀瑾：以孝治天下　// 136
南怀瑾：以大事小，以小事大　// 137
南怀瑾：唯大勇足以定天下　// 138
南怀瑾：学有所用，用有所长　// 139
南怀瑾：过忠，则为愚忠　// 140
南怀瑾：大智兴邦，重集思也　// 141
南怀瑾：大愚误国，好自用也　// 142
南怀瑾：百心不可得一人，
　　　　一心可得百人　// 143
梁启超：德业双修，缺一不可　// 144
孔子：立志当心存大道　// 145
孔子：成大事者不拘小节　// 146
老子：君无为而民有为　// 147
孔子：为政以德　// 148
老子：功成身退，天下大道　// 149
老子：治大国若烹小鲜　// 150
老子：清净为天下正　// 151
老子：欲先民，必以身后之　// 152
老子：顺势而为是"曲"智慧　// 152
老子：善利万物而不争　// 153
老子：至公乃是至私　// 154
老子：适可而止，不与强者为敌　// 155
荀子：君子贫穷而志广　// 156
荀子：君子役物，小人役于物　// 157
荀子：君子善假于物　// 158
周易：尚贤尊贤，用其所长　// 158
周易：变则通，通则达观天下　// 159

NO.6　国学中的经商秘诀：
　　　　天时生财，地利盈仓

南怀瑾：仁者以财发身，不仁者以身
　　　　发财　// 160
南怀瑾：水至清则无鱼　// 161
南怀瑾：以诚为先，大道至简　// 162
南怀瑾：举而措之天下之民，
　　　　谓之事业　// 163
南怀瑾：见其所见，不见其
　　　　所不见　// 164
南怀瑾：赚钱花钱皆学问　// 165
南怀瑾：胸怀天下，实干先行　// 166
孔子：知己知彼，而后决策　// 167
孔子：人无远虑，必有近忧　// 168
孔子：小胜凭智，大赢靠德　// 169
老子：少则得，多则惑　// 170
老子：和则两利，斗则两败　// 170
老子：宁受损，不失信　// 171
老子：守柔而不争，伤人于无形　// 172
老子：师敌之长，取敌之优　// 173
韩非子：小信成则大信立　// 174
韩非子：在商言商，利益分明　// 175
孟子：义与利，乃千古一辨　// 176
孟子：无愧于天，光明磊落　// 177
荀子：小事糊涂些，大事精明些　// 178
孙子兵法：得将才者，企业兴　// 179
孙子兵法：求之于势，不责于人　// 180
孙子兵法：上下同欲者胜　// 181

NO.7　国学中的管理策略：
　　　　选天下之才，为天下之务

南怀瑾：用师者王，用友者霸，
　　　　用徒者亡　// 183
南怀瑾：知人者智，自知者明　// 184
南怀瑾：谤随名高，超脱毁誉　// 184
南怀瑾：用人不疑，疑人不用　// 185
南怀瑾：人情练达，"大贞则凶"　// 186
南怀瑾：见小利，则大事不成　// 188
蔡元培：区分方正与拘泥　// 189
叶曼：不患寡而患不均　// 190
鬼谷子：欲取先予，欲擒故纵　// 191
鬼谷子：先知己而后知人　// 191
鬼谷子：养精蓄锐，以静制动　// 192
鬼谷子：弱而示强，欲取先骄　// 193
孔子：选准时机，使民以时　// 194
孔子：识人，用人，以"孝"为重　// 195
孔子：推"礼治"而施德政　// 196
孔子：知人善任，人尽其才　// 197
孔子：信任，最好的授权方式　// 198
孔子：不能居功自傲　// 199
孔子：不要言过其行　// 200
孟子：正己，方可正人　// 201
孟子：言行一致，表里如一　// 202
孟子：仁、义、礼、智、信　// 203
孟子：虽为良医，愿人无病　// 204
林语堂：读书不思考，等于吃饭
　　　　没消化　// 205
林语堂：思考让人领悟事情的
　　　　全部　// 205
林语堂：知足常乐，安贫乐道　// 206

NO.8　国学中的领导艺术：
　　　　功加于民，德称其位

南怀瑾：在其位，善谋其政　// 208
南怀瑾：与其顺势，不如造势　// 209
南怀瑾：方以类聚，人以群分　// 210
南怀瑾：不能接受的赠予　// 211
南怀瑾：问号就是最好的答案　// 212
南怀瑾：看似无情却有情　// 213
南怀瑾：相濡以沫，不如相忘于
　　　　江湖　// 214

南怀瑾：从观身到观天下 // 215
南怀瑾：花花世界奈聋盲 // 216
南怀瑾：专注小事情，成为大赢家 // 216
南怀瑾：顺应天时，不违农时 // 217
梁启超：敢为天下先 // 218
林语堂：人世浮沉，宠辱不惊 // 218
梁启超：时势造英雄 // 219
梁启超：责任最重、最苦 // 220
蔡元培：区分自由与放纵 // 221
蔡元培：责己重而责人轻 // 222
蔡元培：戒失信，戒谤毁 // 223
蔡元培：舍己为群 // 224
孔子：不在其位，不谋其政 // 225
孔子：不以言举人，不以人废言 // 226
孔子：道不同，不相为谋 // 227
孔子：海纳百川，有容乃大 // 228
老子：上善若水，厚德载物 // 229
老子：高处不胜寒 // 230
老子：以出世之心，为入世之业 // 231
老子：无用之中的有用 // 232
墨子：君子以人为镜 // 233

NO.9 国学中的教育理念：生也有涯而知也无涯

季羡林：开卷有益 // 235
季羡林：实话实说，把学术还给人民大众 // 236
季羡林：搜集资料，竭泽而渔 // 237
季羡林：抓住一个问题终生不放 // 238
季羡林：去其糟粕，取其精华 // 239
季羡林：真理愈辩愈明 // 240
季羡林：人生的意义和价值在于工作 // 241
季羡林：我害怕"天才" // 242

季羡林：学海无涯，要有苦中作乐的精神 // 243
季羡林：慢节奏是时间最大的"敌人" // 244
季羡林：夕阳红时，春色满寰中 // 245
季羡林：社会进步，为代沟点"赞" // 246
季羡林：我以朴素为美 // 247
季羡林：朴素之心 // 248
季羡林：洞明世事，反求诸躬 // 248
季羡林："世故"并不是贬义词 // 249
季羡林：我的诀窍在于"笨" // 250
季羡林：成功之道的三重境界 // 251
傅佩荣：培养思考的习惯 // 252
傅佩荣：力求知行合一 // 253
傅佩荣：爱智乃人之天性 // 254
蔡元培：文化运动别忘了美育 // 255
蔡元培：以美育代宗教 // 256
胡适：为什么读书 // 257
胡适：教育重在培养学生兴趣 // 258
胡适：找书找出快乐来 // 259
胡适：重视史学与证据 // 260
梁启超：在学问中探索趣味 // 261
梁启超：尽责最乐 // 262
梁启超：不离事务作学问 // 263
梁启超：学问与民权自由 // 264
梁启超：少年人，当自觉 // 265
梁启超：做学问，勤思考 // 266
梁启超：开民智，育新民 // 267
林语堂："说难行易"与"说易行难" // 268
林语堂：读书如同阅友 // 269
林语堂：缺什么，别缺科学精神 // 270
林语堂：改造教育的原则 // 271
梁簌溟：求学与不老 // 272

NO.10 国学中的信仰价值：
丈夫四方志，安可辞固穷

南怀瑾：一呼一吸间，即生命 // 274
南怀瑾：形而上的天性与形而下的人性 // 275
南怀瑾：万法由心，宇宙在手 // 276
南怀瑾：明知不可为而为之 // 277
南怀瑾：求名当求万世之名 // 278
南怀瑾：人不可无所畏 // 279
南怀瑾：忧者所以为昌，喜者所以为亡 // 280
南怀瑾：知识分子的立身准则 // 281
南怀瑾：经济、文化、道德的"连环链" // 282
南怀瑾：以柔克刚的"太极拳" // 283
丰子恺：无常之恸 // 284
林语堂：尘世乃唯一的天堂 // 285
林语堂：还自己一片柔性天地 // 286
林语堂：以放浪者为理想 // 287
林语堂：我的诗样人生 // 288
林语堂：快乐必须自己去寻找 // 289
林语堂：给思想一个高度 // 290
冯友兰：励勤俭，存诚敬 // 291
冯友兰：守，冲，谦 // 292
冯友兰：家事国事，事事关心 // 293
孔子：夫子之道，忠恕而已矣 // 294

NO.11 国学中的家庭经营：
兄弟不睦，则子侄不爱

南怀瑾：爱是恒久忍耐与细心呵护 // 296
南怀瑾：好好谈恋爱，慢慢去结婚 // 297
南怀瑾：不要以爱之名去占有 // 298
南怀瑾：摒弃门第观念 // 299
南怀瑾：家是言爱而非"讲理"的地方 // 300
南怀瑾：美满婚姻靠的是"经营" // 301
南怀瑾：子欲养而亲不待的遗憾 // 302
叶曼：珍惜眼前人 // 303
叶曼：人生自有情痴 // 304
叶曼：另一种七年之痒 // 305
叶曼：孝子之门求贤夫 // 306
叶曼：百善孝为先 // 307
季羡林：温馨，家庭不可或缺的气氛 // 308
季羡林：在家庭中要讲点容忍 // 309
季羡林：忠诚，爱情幸福的基石 // 310
季羡林：亲情如蜜，甘之如饴 // 311
丰子恺：晚酌间看成群儿女长大成人 // 312
丰子恺：寓教于乐的家庭教育 // 313
丰子恺：不要培养"小大人" // 314
丰子恺：勿忘童年好时光 // 315
丰子恺：山水间行走的生活 // 316
林语堂：和在一起的人慢慢相爱 // 317
林语堂：爱情是"点心"，婚姻是"饭" // 318
林语堂：家庭里的中庸主义 // 319
林语堂：幸福其实很简单 // 321

NO.12 国学中的养生方法：
保生者寡欲，保身者避名

南怀瑾：养好精气神 // 323
南怀瑾：以静养生 // 324
南怀瑾：少食多动是良药 // 325
南怀瑾：行善有乐，心中无"我" // 326
南怀瑾：嗔念，一剂穿肠的毒药 // 327
南怀瑾：兼济天下苍生，心中不留一念 // 327
南怀瑾：有疑才能起悟 // 329
南怀瑾：以身饲虎，布施源自大慈悲 // 330
南怀瑾：善根退失，福报享尽 // 331

南怀瑾：行到有功即是德 // 332
南怀瑾：转身人间好果报 // 332
南怀瑾：枯坐无用，学佛
　　　　注重在行 // 333
南怀瑾：婆娑世界，以苦为师 // 334
南怀瑾：仁者也，不忧不惧 // 335
丰子恺：心大了，所有事都小 // 336
丰子恺：正当的游玩，是辛苦的
　　　　安慰 // 337
丰子恺：山中是清净的热闹 // 338
丰子恺：既然没有净土，
　　　　不如静心 // 339
丰子恺：求解脱于艺术之中 // 340
丰子恺：饮食有节，生活有律 // 341

叶　曼：平常心是道 // 342
叶　曼：养生虽有道，驻颜却无术 // 343
叶　曼：常读书，可防老 // 344
叶　曼：别让毛病"闲"出来 // 345
老　子：身与心的归一 // 346
庄　子：自在逍遥的真性情 // 347
庄　子：鼓盆而歌，只因看破生死 // 348
老　子：无为故无败，无执故无失 // 349
孔　子：人贵在自知 // 350
孔　子：不降其志，不辱其身 // 351
庄　子：天人合一的自然之道 // 352
庄　子：以和为贵，颐养天年 // 353
墨　子：一"让"抵千金，一"化"
　　　　解千愁 // 354

NO.1

国学中的养心智慧：养心莫善于寡欲

南怀瑾：自然之子，养自然之心

南怀瑾先生为人随性自然，不矫揉造作，以一颗自然之心，立于世间。他的一颗心清净平和，无论对待什么事情，他都能以自然之心对待，从不勉强为之。那么，如何才能修得清净之心呢？南怀瑾老先生认为，不分辨，不执着，心清净，心为空，乃修清净心之本。

南怀瑾先生对佛家研究颇深，因此也深得佛学之精华。佛家修身的本质就在于修心，所以他认为于一个人而言，清净之心特别重要，因为一个人生活的越是简单，那么他的身体则会愈发的健康，一个人如果心地清净，一尘不染，不骄不躁，不贪不嗔，从心而走，淡泊名利，不为世俗所累，而且能够保证不论什么时间、什么地点，都能保持心的自然平等，那么他便更容易得到自然之心。

心清净则无所欲求，心清净则生活就越简单，纯朴归真。生活中也见过不少人，一边为了争取功名利禄，整日里奔波劳累。但同时为了自己的名声，捐助慈善。南怀瑾先生认为这些都不是最初的自然，即使他们是在做慈悲之事。芸芸众生生活在世间，如果想要心清净，则一定孝；若心不清净的话，则连最起码的孝都做不到。还有如果心地清净，一定尊敬师长；如果心不清净的话，那么还谈什么尊敬呢？

南怀瑾先生还认为心清净则不做恶事，心清净的话就不会受到痛苦的报应。他认为，如果众生心都清净，没有恨、怨、急、嗔，行于布施，慈悲闵怀，那么自然之心就很容易。换言之即是说，一颗简单自然的心，没有违犯自然规律，能持戒；不曾有粗暴言行，能够忍辱负重；一颗清净自然的心，不会有懈怠、懒惰的情况，随心而走，自自然然，简简单单。保持心里的清净，不根据境况的不同随风而倒，就是禅定，就是自然之子。心清净，就有看透人生百态的智慧，就能到达般若之莲。故而，南怀瑾先生认为心清净是自然之本，自然简单，养一颗平和自然的心。

正如佛家所云，世间一切皆为泡影，无论是好是坏，是美是丑，转瞬便不见。那么，做人又何必执迷不悟，让自己过得那么累呢？南怀瑾很是欣赏陶诗中的这一句——"问君何能尔？心远地自偏。"他认为，陶渊明的豁达明了归根结底来自于他那颗简单的心。正所谓"采菊东篱下，悠然见南山"，隐居山林的日子是如此的舒适自在，这悠哉惬意的生活，谁人又不会心生向往呢?

南怀瑾先生曾说:"人啊,生来时不知从哪里来,离开时又不知道往哪里去。来不是自愿,离开,更不是本意。"人生一世,来去匆匆,不过几十年光景,稍纵即逝。生也短暂,又何不放下满心的包袱,保持纯洁本性,做简单的自己?

南怀瑾:保持本色,以真示人

南怀瑾先生说他喜欢这样的一句古话:"唯大英雄能本色,是真名士自风流。"他说,在现实生活中,我们都是平凡的人,是来自民间的人,同时也正是因为来自民间,所以我们只能平凡、普通着。

然而在成功之后,在那些名利的光环之下,很多人容易迷失了本性,在纸醉金迷、功名富贵之间迷失了自我。他们殊不知这一切的外物条件都是假的,都只是暂时的。就如同你新买的房子里的装潢油漆家具等等,如果想要看到它的本色,就需要把壁纸、胶漆都撕掉,那掩盖在层层粉饰之后的泥巴砖头才是它最初的模样。

所以说,真正的大英雄,应该做到无论是台上也好,台下也罢,受到恭维也好,得到嘲讽也罢,总能保持住他最初的模样,保持住内心的本我。恰如南怀瑾先生所说:"世界上最了不起的人其实就是最平凡的人,然而最平凡的人恰恰却是最伟大的。"这听起来似乎是一个充满着哲学意义的问题,它大抵是说,做人要敢于以最真的淳朴示人,自自然然,简简单单。

不管是在哪个位子,不管光彩耀人也好,平凡普通也罢,我仍然还是我,保持着最初的本色。从这一点来看,南怀瑾先生的思想是非常正确的,世界上没有两片完全相同的叶子,更何况是人呢?在这个社会中,每一个人都是完全不同于他人的独立的个体,各自身上也都有着自己独有的个性和特点魅力,我们又何必为了迎合他人的要求而强行抹杀自己的个性呢?

《逍遥游》中所讲的返璞归真历来被称为回归真我的理想境界,其实我们每一个人在生活自处中不应该被心中的琐事牵挂烦恼,如果那样的话,再怎么努力也不会得到真正的快乐。

保持本心,坚持本色,以真示人,一定会收获到意想不到的效果。也就是说,做人要不忘初心,保持真我,方得始终。而保持自我,以真示人,也是一种最高的精神修养境界。在任何复杂艰险的社会环境中,游刃有余,保持着最初的自己,这才是最重要的。

我们来到这个世上走一遭,为何不让自己快乐简单地生活着呢?像陶渊明一样,宁愿辞官归故里也不愿为了五斗米向乡里小儿折腰;如李太白一般,坚持自我坚决不摧眉折腰事权贵;似南怀瑾先生那样,一生追求本我永不放弃……人们的一生,说长不长,说短不短。不如就让自己坚持本心，随心而走，过得快活一点吧，抛开心中背负着的包袱，坚守住最初的本心，以真示人，活出自己真正的样子。

南怀瑾：嫉妒别人是伤害自己

何为"嫉妒"？单从两字字形来看，两个字都有女字旁，就大体上知道其中含义必然与女性脱不开关系。追本溯源来说，自古以来，在中国人的认知里女性的嫉妒最为明显，这并不是说男人就没有嫉妒之心，事实上有时候其实男人一旦嫉妒起来，也是十分厉害的。

南怀瑾先生认为，嫉妒之自古以来便是人皆有之的。用他的话来讲就是："嫉到了一定程度，心就会生病。而妒到了极点的话，人的心也就死了，就如同石头一般。"针对这个问题，南怀瑾先生在与他的朋友说笑时曾提到："芸芸众生都有嫉妒的心理，而女性则最为明显。如果一个女人走在街上，突然迎面走来了另一个女性，穿戴比她漂亮，长得比她动人，或者比她时尚有气质。这时她就会斜着眼睛看，然后'啪'的一声，心碎了一地，那是嫉妒的声音。"每每说到这里，南怀瑾先生就会故作惆怅万分之状感慨："人家比你漂亮，与你又有何干？"

现实生活中有很多这样的情况，比如说对于某件事情，或者在任何的某一小点上，别人只要稍微表现出优秀一点的样子，有的人心中嫉妒的火苗便会油然而生。

诚然，嫉妒是与生俱来的，其现象之多，不胜枚举。但是对此心理切记不可大意，因为这样的心态简直就是一种毒药。古人诚不欺我，遍翻书册，其中不乏"仗义每从屠狗辈，负心多是读书人""报德者寡，抱怨者多"等等这一类的句子，这些句子详细地向世人诠释出了这样的一个道理，那就是说在现在这个时代，很多情况下，无论你付出了多少，从很大的机率上来看，你得到怨恨远远多于感谢。

嫉妒，简而言之，就是在自寻烦恼，拿别人的成功来折磨自己，因为不能超越对方，而自己又不甘心服气，所以便在潜意识里形成了别人不能比自己优秀的想法，从而开始嫉妒。由此可见，嫉妒说到底就是对自身的轻蔑，自己看不起自己。这种心理能够清楚地告诉别人，你就是一个弱者，你根本就比不上别人！同时，嫉妒也是为个人设下的自我羁绊，是对自己的否定和不信任。除此之外，嫉妒本身就是一件很可怕的事情，它不仅会促使你去伤害别人，而且最终真正伤害的还有你自己。有些人因为嫉妒身边的人过得比自己好，比自己优秀，就在不知不觉中做了嫉妒的奴隶，他们忍不住地想要去做一些事情来伤害别人。就这样，他们慢慢地把所有的心思都花在了讨厌比自己好的人、破坏比自己优秀的人上，放弃了自我的提升和发展。

南怀瑾先生说："嫉妒对自己的伤害，正如铁锈对钢铁的伤害一样，这不是别人给自己的伤害，而是自找苦吃，作茧自缚。嫉妒的杀伤力非常之大，如果一个人心中怀着一股嫉妒之火时，伤害最大的还是自己。"所以说，好嫉妒的人永远都不会取得真正的胜利。嫉妒不仅会使心理遭受折磨，还会给你的身体造成伤害，同时也会影响你的人际关系，因为没有谁会愿意跟一个嫉妒心强的人交朋友。

南怀瑾：心不正则心不净

作为当代著名的文学家、教育家、文化传播者、学者，南怀瑾还有一个广为人知的身份，就是佛学家，其中最为突出的当属禅宗佛学，在这个领域，他提出了"心不正则心不静"的观点。

南怀瑾先生认为"直心"就如《易经》讲坤卦的三个字：直、方、大。他说："《华严经》的全名是《大方广华严经》，大方广三个字就是直心，是大心，胸襟广大，包容一切众生，成就一切众生，不为自己。"佛家学说强调直心是菩萨净土，只有心地真正清净了，修戒、修定、修慧才能达到直心，达到菩萨净土，从而得以心静。

在南怀瑾先生看来佛教是适应救度一切人的智慧与慈悲之法，皈依佛教，就是追求佛陀的高尚完满的精神境界，学习佛陀自省自悟、自我净化、自我完善，学习佛陀的出污泥而不染、宽厚仁慈、诚实、光明磊落、无私无我、无贪无嗔、平易近人、心胸广如虚空的人格品德，故而说，学佛就是学佛做人。

《般若经》中有言："手中掌握一法，就等于掌握一切法，这一法是什么呢？是大悲心啊。人只要有大慈大悲心，就是肉身菩萨。"也就是说，人如果有这样一颗慈悲心，便没有解决不了的问题。"慈悲待人，智慧做事"，这便是佛教的原则。

那么，如何才能使我们的心保持南怀瑾所说的清净的状态呢？我们可以通过念佛把心安顿在佛菩萨名号上，无论是走路还是干活，都让这一声佛号念念相续。如果妄想太多，心就会变得复杂，烦恼也随之增多。如果能够天天念佛菩萨、时时念佛菩萨，心就会越来越单纯，心理负担就会越来越少。一个人为什么开心不起来？就是因为心事太多，心被很多事物和执著压迫着。当我们心事重重时，想快乐也快乐不起来，反之，如果我们的心没有任何负担，就能体会到放松的自在。

所以，我们要学会观照自己的心念。禅宗里有个故事说，一个孩子去放牛，开始时，牛是野牛，所以孩子每天都要跟在牛的后面，时时抓着牛的绳子，稍一疏忽它就会跑得无影无踪。孩子天天都训练这头牛，吹一下哨子，就拉一下绳子，久而久之，牛变得越来越温顺，到最后，孩子甚至可以骑在牛背上走，当他自己去睡觉时，牛也不会跑掉了。

我们的心念，也像这头野牛一样。有个词叫作"心猿意马"，就是说我们的心像猿猴一样不安分，我们的意又像马一样到处乱跑。我们时常都会迷失在五欲尘劳中，听到好听的，看到好看的,就去执着,就去贪嗔痴了。当我们贪著这些的时候,早就把自己的心丢在了一边,早就迷失在自己所喜欢的环境里,就像那头牛一样,一不小心就跑得无影无踪。我们的心念,比牛跑得更快、更野,所以时常要观照它。从而使心正,最终达到心静,更好地阐述佛学。

南怀瑾:天真野趣,最是宝贵

在世人眼中,"禅"是很高的境界,可望而不可及,并且充满着玄妙的奥义。然而事实上,古往今来的禅师们却反复强调:"禅就在人间,禅就在每个人的身上。"禅宗大家南怀瑾先生则认为一个人,只要能保持自己的本色,发挥自己的天然个性,保持天真野趣,就能达到禅的境界。

所谓的"天真野趣"便是内心深处无可更改替换的本心,即本性,而每个人都有自己独有的本性,故而南怀瑾先生曾说:"作诗,弄文,固然无关禅道,但如果从性上自然流露,也正与禅指之事相同,何妨起用。能文的便文,能武的便武,各守本分也。"也就是说顺从本心,坚持本性,不要悖逆自然的恩赐,将本心发展为长处,便能在自己的领域有所成就。

唐代时,有一个参学禅法的僧人不远万里,来到河北赵州观音院向赵州禅师请教:"禅师,我刚刚开始寺院生活,请您指导我到底什么才是禅?"赵州淡淡地问:"你吃粥了吗?"僧人回答:"吃了。"赵州便说:"那就洗钵去吧。"初时,这位僧人并不理解赵州禅师的意思,他苦苦思索,为何他问的明明是禅为何物,赵州却让他去洗钵呢?最终在赵州的指点之下,僧人幡然醒悟,原来赵州所说的"洗钵去"是向僧人指示参禅者要用心体会禅法的奥妙之处,要想得知何为禅就必须做到不脱离日常生活,这些日常普通的喝茶吃饭竟然与禅宗的精神是没有丝毫背离的。

南怀瑾先生认为我们的所作所为,无不是由我们的心来指挥,也就是说,我们的心性是什么样的就会有什么样的作为。在这其中,最为重要的则是保持自己的天真了。就恰如生命的意义在于生的过程,在我们这个物质世界,有一个时间之箭,任何东西都受它的强烈影响。花开的本身,便注定要凋落,但山花不因要凋谢,而不蓬勃开放,清清的涧水不因其流动,而不映衬蓝天。

佛教里面最忌讳的事情就是说心说性,因为这两样东西没有办法说明白,只能自己体会。所谓"冷暖自知"或者"标月指"就是这个原因,只能用手指给你看,无法告诉你心性是怎么回事,只能由你自己去体会。但是,不说的话更不能帮助别人,所以只好伸出自己的手指,勉强把自己的体会形容一下。

南怀瑾先生时常告诫世人："只有守住自己的本来面目，让自己的个性在岁月中自然流露，无论为文，为诗，为画，都是一种天然野趣，这样的话才能展示出一个人生命独特的珍贵魅力。"

南怀瑾：不贪，乃修心之宝

世人皆知，贪、嗔、痴被称作"佛教三毒"，佛家认为，这三毒是众生修行的业障，若是不能戒除，则会毒害众生的法身慧命。故而只有不贪、不嗔、不痴者方可得以解脱。其中不贪即为做人要断除一切法相的执着心；不嗔指的是要断除一切颠倒分别的妄想心；而不痴的意思则是说要断除一切愚知邪见的迷惑心。

普通人的起心动念都在造业，当我们产生一念贪心时，内心贪的力量就增强了一分；当我们产生一念嗔心时，内心嗔恨的力量又增强了一分；当我们起一念我慢心、嫉妒心的时候，内心中我慢的力量、嫉妒的力量也在随之增强。同样的道理，当我们念佛时，所念的每一声佛号，就是在我们的生命里种下了善的种子；当我们诵经时，就是在我们的内心里种下了佛法的种子。所以，如果我们不断地贪婪、嗔恨、嫉妒，烦恼就会渐渐地形成强大的力量，甚至完全左右我们的身心；反而言之，如果我们不断地听闻佛法，如理思维，慈悲、智慧的菩提种子总有一天会开花结果。

学习佛法，不仅是为了丰富我们的业余生活。因为我们长期处于贪、嗔、痴的状态中，短短两个小时所得到的净化，远远不能抵消我们长期以来在社会上受到的染污。故而南怀瑾先生认为在我们的人性中，贪、嗔、痴是危害我们生命的三种毒素，当它们发作时，就会带来杀、盗、淫、妄的行为。对此他曾解释说："受持戒律，主要是帮助我们克服贪嗔痴的烦恼习气，帮助我们制止不善的行为，保护我们不受伤害。当我们在选择职业时，要知道职业仅仅能够保障暂时的生存。我们在这个世间只有几十年的光阴，如果看不到生命的未来，就可能急功近利，一切从眼前利益出发。作为一个佛教徒来说，要为更长远的生命着想，眼前的几十年毕竟是短暂的，而未来的生命却是无限的，如果为了暂时的利益而殃及未来，岂非舍本逐末？"

故而南怀瑾先生认为我们应该时刻反省自己内心，反省自己的贪痴嗔。我们要及时反省一下，看看现在在想什么？看看自己想的这些念头是什么？我们要看住自己的念头，无论是好念头还是坏念头出现时，心中都要了了分明。尤其是我们起贪心、嗔恨心的时候，不要盲目地跟着它跑。一个没有学佛的人，贪心现前的时候就拼命地贪；嗔恨心现前的时候就拼命地嗔；爱的时候爱得死去活来，恨的时候又恨得不共戴天，让这些烦恼的心理成为主宰我们生命的主人。而念佛就是要培养我们的正念，使我们把握好自己的心念，把握好自己的现在和未来，而不是让那些五欲尘劳的烦恼来左右我们的身心，使我们的心始终保有清净的觉照。正所谓做到不贪，才能有修心之宝，才能做到最好的修行，南怀瑾先生所说的就是这个意思。

林语堂：随时随地与尽情尽心

"我要有能做我自我的自由，和敢做我自我的胆量。"林语堂曾在《我的愿望》里这样记下他的潇洒，其中的观点向世人完美的展现了他热爱生命，敢于随时随地尽情享受，尽心生活的态度。

或许是因为看惯了人世繁华，林语堂忽然也想随性一番，诚如他所说："如果我自我能够自选做世界上作家之一的话，我颇愿做个安徒生。能够写美人鱼的故事，想着那女生鱼的思想，渴望着到了长大的时候到水面上来，那真是人类所感到的最深沉最美妙的愉悦了。"如此看来，人到暮年，反倒更加通彻，连博古通今的林语堂也只想化作一尾人鱼，尽情地游水，不用再去刻意的在意什么时间什么地点。

林语堂也曾这样评价过旅行："一个真正的旅行家必是一个流浪者，经历着流浪者的愉悦诱惑和探险意念。旅行务必流浪式，否则便不成其为旅行。旅行的要点在于无职责无定时无来往信札无嚅嚅好问的邻人无来客和无目的地。一个好的旅行家决不知道他往那里去，更好的甚至不知道从何处而来。"恰如他所说的这样，对于林语堂先生而言，只有在旅行中，他才找得到真实的自己，只要置身于广袤天地间，他才能忘记了时间地点，尽情享受这片宁静圣土。

林语堂先生从十七八岁时便对陈锦端心生热爱，可惜相爱却难白首，这段年轻时懵懂而生的爱慕让他直到八十岁时犹觉难能忘怀。正所谓"老来多健忘，唯不忘相思"，说的大抵就是这样的情景了。然而哪怕林语堂先生一直都无法忘记陈锦端，但是他依旧是睿智的，他的睿智就在于不钻牛角尖，也正是因为"得之我幸，不得我命"的观点影响，哪怕终其一生也难和陈锦端厮守，林语堂先生却依然能在保持纯真爱慕的同时过好属于他自己的生活。

在金婚纪念日上，林语堂先生赠予妻子廖翠凤一个勋章，上面刻了美国诗人詹姆斯·惠特孔·莱里的《老情人》一诗："同心相牵挂，一缕情依依。岁月如梭逝，银丝鬓已稀。幽冥倘异路，仙府应凄凄。若欲开口笑，除非相见时。"一句简单的话引用得情真意切，由此可见哪怕曾经爱而不得，林语堂也尽心尽力珍惜眼前人，不随意轻怠任何一份感情。

林语堂先生是现代中国"自塑形象"最具代表性的作家之一，在他的作品中塑造很多历史名人的形象，如庄子、孔子、武则天、苏东坡等，他在塑造形象时，遍阅古籍，探索人物的形象、性格、品质等，然后重新塑造成他笔下的模样，颇具历史特色又融入作者有意无意夹杂进去的特性，是多元结合的典型。随时随地，尽情尽心，也正是因为这样一个张弛有度、率性而为的态度，林语堂先生才会在小说、翻译、散文方面都取得了显著的成就。

林语堂：坚守志趣，做自己的舵手

"人生不过如此，做自己人生的主角，不要在他人的戏剧里充当配角。"恰如林语堂在自己书中所写的一样，他的一生，从来都只坚守自己的志趣，做自己的舵手，随着自己的心之所往，去热爱，去行走，去追寻。

一直以来，林语堂先生都坚信不论做什么事情都要掌握事物的主动权，坚守自己的志趣，因为只有这样才能掌握住自身的发展方向，才能控制一切可变或者不可变得因素，从而博得赢面，成功做自己的舵手。

志趣是什么？从某一方面来讲，志趣就是一个人的"信仰"。林语堂曾谈到关于如何理智对待人生"信仰"的问题时曾说："一日我与清华一位同事刘大钧先生谈话，在绝望之中我问他，'如果我们不信上帝是天父，便不能普爱同人，行见世界大乱了，对不对呀？为什么呢？'刘先生答，'我们还可以做好人，做善人呀，只因我们是人的缘故。做好人正是人所当做的咧。'"后来林语堂先生说，刘大钧的那一段答语可谓是骤然剪开了林语堂同基督教之间的最后的一线关系。在此之前，林语堂对于基督教仍然怀着依依不舍的心态，用他自己的话来说就是为了解救内心的一种无形恐慌，从而投靠基督教，渴望借此得到上帝的庇护。这样显然是不对的，他的想法与那些随波逐流盲目跟风之辈的做法又有何异？好在最终他认清了自己的信仰。

作为一个从晚清大门走向圣约翰大学研习西方文化的先进学者，林语堂的普通话水平和英语水平都是好得没话说，但是在学业上的高度投入却也没有消减他对闽南话的热爱。毋庸置疑，闽南话就是他的志趣了，所以在此方面，林语堂毫不犹豫地选择了坚持，在台湾时，他为了多和店老板讲几句闽南话，锻炼自己的闽南语水平，他不惜买了一堆对自己而言没有一点用处的东西。除此之外，在林语堂的作品中，我们也能经常看见闽南话的身影。由此可见，对于自己的志趣，他从来都会选择坚守，对于喜欢的事情，他也从来不会轻易放弃。

众所周知，中国人自古以来大多爱鸟，林语堂也不能免俗。古时候有钱人家的老爷公子们大都会在家里置几个精巧又昂贵的鸟笼，里头养着价比黄金的"金丝雀"。新中国成立后，打"四旧"的风潮涌起，养鸟也被视为旧风气的象征大受打压，但是林语堂先生却不以为然，他对养鸟向来情有独钟，自然不会因为社会风气的改变而丢掉自己的志趣。在他看来，凡是志趣之内的事情，绝不能任由他人做主，也不能因为社会大环境的改变而做出取舍。在当时紧张严肃的社会大环境下，林语堂犹能守住自己的志趣，反观当下，在如今自由开放的环境下能够坚守自身志趣的又有几人呢？很多人总是习惯于盲目跟风，选择随波逐流的方式，生怕自己会被别人指责不懂潮流落了伍，这些人往往都会在跟风中迷失了自我，丢了本性。而也只有如同林语堂先生一样靠着自身的执着坚持、坚守志趣的人才能活出自己的特点，成为把握自己人生方向的舵手。

好比孔子"齐一变至于鲁，鲁一变至于道"的道理所讲，只有自己主导自己，方能得"道"，只有始终坚持自己的志趣，才能做自己的舵手，终得人生之道。

林语堂：此刻即是天堂

林语堂曾说，不论在生命的哪一刻，于他而言都可以称为天堂，所以他提出了一个"此刻即是天堂"的说法。因为他的此刻即是天堂，所以他可以随时随意地用笔勾勒出自己天堂的模样，在他的笔下，沉重的肉身都会变成轻灵的灵魂舞者，他们能够在旋转的舞步间化解世间所有的悲剧和痛苦。因为追寻到了属于自己的天堂，林语堂的人生便如同风行水上一般，纵然下面俱是旋涡急流，他却依然能够飘然而立，用处变不惊的态度看待一切变故。

20世纪20年代的时候，林语堂在听了一次陈友仁的英文之后深受感动，因为这个原因，他便进入汉口的革命政府充任了外交部的秘书。然而四个月之后，林语堂果断地弃政治而去，他说："这些日子，我深刻地体会出来这样的一个道理，原来我只是一个草食动物，而非肉食动物，所以我只擅长于治己，并不善于治人。"恰如他所说的那样，顺乎本性就是身在天堂，故而说，天堂不需要苦寻追求，只要你顺应自己的本性，随心而动，无论你在哪一刻，那一刻便是天堂。

在《尘世是唯一的天堂》一书中，林语堂对中国文化进行了高度的赞扬，毫不掩饰的表现了自己对中国人在生活方面的赞美，对中国人在理想追求上的认同感，他笔下的那些古代隐士、逸士大都携带着中华民族的优良品性，这一点明确区别于以权谋法术立国立身的帝王伪儒。用他的话来说就是："我所找寻的天堂，是人世间所有美好文明的继承传播，也就是存在于心中此刻的天堂。"林语堂能够从文字间读懂离我们数百上千年之远的文人思想，他的作品即便是鲁迅先生也会在两厢辩驳之后为之折服。仔细想来，那些如闲云野鹤般不好追求功名的潇洒居士，只安于小生活、小情调、小幽默的率性而为的人，在林语堂看来便如知音。

除此之外，林语堂在《生活的艺术》中说到："咱们都坚信人总是要死的，我认为这种感觉是好的。它使咱们清醒，使咱们悲哀，也使某些人感到一种诗意。它使咱们能够坚定意志，去想办法过一种合理的、真实的生活，它使咱们心中感到平静。一个人心中有了那种理解最坏遭遇的准备，才能获得真正的平静。他们不抱怨，不沉沦，为志向牵引，对处境甘之如饴，力图发现生活之美好、创造时间之价值。或许志向依旧未明，可时光并未虚度。他在生活中逐渐清醒，在时光轮的摩擦声中，此刻的他，生活在天堂！"如他所言，此刻即天堂，虽然林语堂的观点中夹杂着些许老生长谈的味道，而且王阳明和佛教都有类似的说法，但是又有多少人可以主载自己的抉择？林语堂能够在发现不合适之后果断弃官而去，他秉行"干一行，爱一行"的做法，遵循了如果不爱，及时放弃的原则。他清楚地了解自己想要追求什么，相比于道家的无妄，他更主张在困顿中力图寻求生活之美好、创造时间之价值，他坚信哪怕结果不尽人意，可时光并未荒废，此刻即成为天堂。

是的，此刻即天堂，这是林语堂从生活和学习中发现的人生态度，同时也是在感悟生命中发现的人生真谛，他在自己构造的天堂里，书写了满纸箴言，的确值得人们的深思学习。

林语堂：烦恼尽在取舍之间

林语堂曾在他的《瑞士风光》中发问："人何必自寻烦恼？"在此方面，孔子的思想中讲求的是中庸之道，他提出了"过犹不及"的思想，由此不难看出，凡事都是有一个度的。

这个世界上有癖好的人数不胜数，但是，如果有的人好吃，每天最开心的时候便是吃饭时间，人生中的最重要的事也是吃；有的人好穿，喜欢买衣服，各种各样的衣服，衣柜已经装不下了，却一直停不下买的脚步，止不住买的欲望……这些癖好在一定的范围内都是可以被人认可的，但是如果太过疯狂且丧失了该有的度的话，即使不被当做异类，也是会招人厌烦。

老子曾提出过"无为而治"的思想，他认为凡事顺其自然就好，不要过于强求。尤其是在当下社会，努力拼搏进取自然是必要的，然而也并非非得把自己认为需要的东西都一一抓到手上，比如感情，作为不可控因素，它不是你努力付出了，就一定能够得到的。所以有时候，像老子所说的那样，"无为"在某一种程度上其实也可以称为"有为"。

在现实生活中，人们不只需要慷慨陈词，有时也需要学会适时地保持沉默不语；前进的路上不只需要激勇前进，有时候也需要止步观察；争是一种态度，不争也是一种态度，有为是必要的，无为也是必要的。所以林语堂先生告诫世人一定要学会取舍，凡事不要强求丁卯，懂得取舍也是一种智慧，烦恼只在取舍之间，至于最终的结果那就得看你的选择了。做人要有"不念恶旧"的精神，况且也许那也未必是恶，如果选择从宽处理，也有可能让人从恶向善。

林语堂先生坦言自己非常喜欢苏东坡，这种喜欢甚至可以上升为崇拜。而他欣赏和崇拜的是东坡先生的乐观、豁达、懂得取舍。当初王安石做宰相的时候因为与苏东坡政见不和，曾把苏东坡贬到黄州。但苏东坡心胸宽广，并不与他计较，苏东坡看重的是王安石的学识，在他看来完全没有必要因为政见不同而去与人交恶，正因为这样，苏东坡才没有在王安石罢相后或是与之保持距离或是打压报复，而是通过学问牵线搭桥与王安石成为了好朋友，两人时常书信往来，或谈学问，或叙友情，两人相处甚是和睦。

作为赫赫有名的开明圣君，唐太宗李世民治下的盛世与他宽广的胸怀有着密不可分的联系的。因为李靖曾经检举过李渊，所以李渊掌权后便想杀了李靖，李世民知道后再三为李靖求情，李靖感念李世民的大恩，后来为大唐立下赫赫战功。魏征还是太子谋士时曾建议太子李建成杀掉李世民，后来李世民不计前嫌，重用魏征。

烦恼尽在取舍之间，苏东坡与李世民都是有大智慧的人，他们选择了宽容与遗忘，恩恩怨怨皆能放过，是是非非少些计较，心底宽了，眼界自然也就宽了，烦恼当然也会变少，正因为懂得取舍，所以他们或是收获了快乐，或是取得了成功。如此可见，林语堂的理论无疑是正确的，也是合理的，既然烦恼尽在取舍之间，那么不妨试着放下一些。

林语堂：知足常乐，自在逍遥

林语堂先生评价说，古人"布衣桑饭，可乐终生"的人生追求是他们知足常乐的最好表现。那么何为知足常乐？通俗来讲，知足常乐就是一切行为适中、万事折衷为宜，不能什么都不追求，也不能过分追求，凡事讲究个"度"。简单来说就是一种知道满足的态度，知道满足的人就更容易收获快乐，相反，贪得无厌，不知满足的人在很多时候会因为贪得无厌而变得痛苦不堪。

"淡泊明志，宁静致远"的诸葛亮拥有知足常乐的清高雅洁；"采菊东篱下，悠然见南山"的陶渊明拥有知足常乐的悠然自在；"老天待我至为厚矣"的沈复拥有知足常乐的真情实意。知足是一种处事态度，常乐是一种幽幽释然的情怀。曾国藩认为人生的一切都"不宜圆满"，为免乐极生悲，他特意将书房名命为"求阙斋"，这种知足常乐并且敢于求取不足的态度便是一种令人叹服的智慧；林语堂把"半玩世半认真"看作最好的处世方法，他始终怀着知足常乐的意识追求不忧虑过甚，也不完全无忧无虑的生活，这亦是一种人生的智慧体现。

明朝时有一个叫胡九韶的人，他家境很贫困，即使一边教书，一边务农耕作，也只可以勉强达到衣食温饱的状况。但是即便如此，胡九韶却依然会在每天黄昏时到门口焚香拜天，感谢上天将这一天的清福赐给了他。一开始，他的妻子很是不解，便笑他："我们餐餐菜粥，日日粗布麻袍，哪里称得上清福二字？"胡九韶回答说："我们首先庆幸的是生在太平盛世，没有战争兵祸，平安生活便是清福；除此之外我们还该庆幸我们的家人能够吃饱穿暖，不至于挨饿受冻，这也可谓之为清福；最后，我们还该庆幸的是我们家里没有卧床的病人，没有在监狱中受刑的囚犯，这些难道不是赐给我们的清福吗？"

显而易见，快乐、幸福都是建立在知足的基础之上的。老子说："祸莫大于不知足，咎莫大于欲得。故知足之足，常足矣。"意思是说，祸患没有大过于不知足的，过失没有大过贪得无厌的，所以说知道满足的才能达到万事都足的状态，这样的人才是懂得快乐的人。这里说的知足并不是说让人不思进取、不前进，而是提醒人们要在自己能力控制的范围之内循序渐进，不要把太多不实际、不可能完成的事情放在眼前，不要怀着不达到目的就绝不放手的执拗劲儿去死磕，因为不知满足的这种心态会使人在欲望与失望之间陷入痛苦不堪的境地。

做人应该学会知足，有时候承认不足和满足现状也不失为一种自我解脱的方式。懂得知足的人在想问题、做事情时能够顺其自然，也能时刻保持淡然平和的心境，并乐在其中。知足常乐，自在逍遥，懂得知足的人往往能够从认真中洞察成功的道路，从而获得更大的成功。

林语堂：岁月在雕琢心灵

岁月的流逝代表人的衰老，人们常认为衰老是悲伤的，尤其是青年的女子，常言道最怕美人迟暮。但林语堂先生却认为，岁月在雕琢我们的一切，气质、学识、阅历，他让我们褪去青涩无知，变得成熟稳重。

人的一生都是始于婴孩，然后走向暮年。可是大多数人却很忌讳别人说自己垂垂老矣，花很多功夫让自己看起来依旧年富力强年轻，其实并没有什么必要。因为，在很久之前哲人们就已然将人生分作三段来告诫世人。从出生到老年，中间不过是经过青年一段，最后你从初生时的混沌回到年老时的浑噩，正是从天真走向天真，而且会变得越来越聪明，这难道不好吗？

人生共有三个阶段，这三个阶段各自有特色，也有缺点。所以，少勿所喜，老勿所悲，无论你走到人生的哪个阶段，都有等待你去做、去戒的事情，无论你走到哪里，都妙趣横生。林语堂先生在《乐享余年》中说道："人非已老何以能够聪明。"这句话即体现了岁月在一个人成长中的魅力。

青少年就像刚抽芽的嫩柳，对人生茫然无知，他们在成长中虽拥有看似取之不尽的青春，却不太懂养身之道，因此，他们成长关卡在于色即情与爱，最需师长父母的关怀。青壮年的成长关键在于无怨无悔，只为成立家庭，即使衣带渐宽、日形憔悴，亦甘之如饴。所以，青壮年的学习关键在于不惑即不为名利所惑，要能把事业当志业、乐在工作。等到看遍了一路的风景后，人终于来到了老年。心境也由少年的放荡、青涩，壮年的璀璨成熟归于平淡，美好的"仗"已经打过，好汉不提当年勇；老年的你我终于明白了，舍得，能舍才能得，以回馈的心看清纷扰世事。

在人生的三个境界中,"看山是山,看水是水",这种境界是对孩子们说的,孩子来到这个世界,什么事对他们来说都是新鲜的、陌生的,只有通过家人和老师来教育,他们才会认识事物;"看山不是山,看水不是水",这个境界是对有了些阅历在胸的成年人说的,随着年龄的增长,自我内涵逐渐丰厚,人们的思想也变得越来越复杂了,不再轻易相信眼前的一切,而是用心用脑去认识这个世界;而"看山还是山,看水还是水",这重境界则是对老年人说的。步入老年,从岗位上退了下来,许多人都能认真反省自己的大半生,忙忙碌碌,最后得到了什么?有些人实现了理想,却牺牲了健康;有些人积累了财富,却失去了诚信,这简直就是得不偿失。

岁月雕琢的是一种气度和情怀,安然享受每个时期即刻,人生正如一坛陈酿的酒,岁月只会让我们变得更好。所以,少年做好少年应做的事,老年也可尽享老年的智慧,便都没什么抱怨了。

林语堂:为生活造就一种新鲜感

林语堂先生告诫我们:"涉足那些陌生的领域并不可怕,而且越接近梦想就越拥有那种心跳的感觉,你能切实体验到人世间的种种乐趣。"说到这里,大家不妨想想那些被称为"天才"并且颇有作为的所谓的成功者们吧,他们从都不会去回避心跳的感觉,不论是面对什么样的事情,他们都能够平和的去面对,可是这样的话,人生的每一刻对于他们而言又有什么新鲜感呢?日复一日的平凡生活,哪怕万事皆在我把握,日子久了也会失去内心的向往,也会失去面对生活的激情斗志。

所以说,我们应该学会用新的观念重新审视自己,尝试着去做一些自己认为力所不能及的活动,否则每天以同样而固定的方式重复的进行同样的活动的人,在某种意义上可以说是在浪费生命。而伟人之所以伟大,往往就体现在探索的品质以及探索未知的勇气上。

想要为生活营造一点新鲜感就要敢于积极尝试新事物,就必须摒弃压抑个性的旧观点,比如说不要总以为改变现状不如苟且偷安;不要总觉得自己非常脆弱,经不起摔打,认为自己如果涉足完全陌生的领域,必然会碰得头破血流。"做任何事情一定要有某种理由,否则做它又有什么意义呢?"这恰好是许多人不能尝试创新的一种习惯心理,其实只要你愿意,只要你有想法,便可以去做,想试一下并不需要什么理由。

人生一世,没有必要为自己所做的每一件事都去寻找理由,只要你的人生能够快乐,只要你能在不断地前进中品味到"新鲜"就够了。当你还是个孩子时,逗蚂蚱玩上一个小时,不过是因为你喜欢逗蚂蚱玩;可当成为大人时,你却不得不为做每一件事情找一个充分的理由，这种对理由的"热衷"在某种意义上来说是会阻碍个人的成长发展的，既然不快乐、不利于人生，那么何苦纠结？

提到创新，有些人会觉得神秘，会把它看成难度的代名词，认为它是只有极少数人才能做到的。其实，创新这两个字并没有那么玄乎，创新有大有小，内容形式也各不相同，事实上，创新已经不仅仅局限于科学、发明领域了，它已经深入到普通人的生活中，只要有想法、有创意，很多人都可以进行创新活动。

一成不变的生活会让人心生厌倦，正如每天重复相同的食物会让人抵触一样，永远不创新结果就是永远原地踏步。正因为有了愿意创新的领先人物，他们对生活始终怀着一种新鲜感，所以他们才会不断地去探索创新，而社会正是在创新中不断发展，才有了今天的样子。

季羡林：随缘而喜

"随缘而喜"出自季羡林先生的《随缘而喜：我的人生哲学》一书，这本书是季羡林先生作为学界泰斗的生活态度和作为耄耋老人的人生感悟。季羡林先生是中国著名的古文字学家、历史学家、东方学家、思想家、翻译家、佛学家、梵文、巴利文专家和作家，他一生所做学术研究报告无数，写作无数，是被世人认可的国学大师、智慧大师。

季羡林非常喜欢这样一句诗："纵浪大化中，不喜亦不惧。"这句话如果没有经历数十年的人生坎坷怕是不能很好去理解它的。"德国十年"，季羡林经历了法西斯统治的最黑暗时期，饥饿和战争时刻威胁着他的生命，然而对于他而言，这一段人生经历，既有黑暗与光明的交织，又有爱与恨的双重历练。经过这段时间的洗礼，他已经可以做到任凭世事变化，而自己"宠辱不惊"。

例如，陶渊明出生在一个没落的官僚家庭中。尽管如此，陶渊明依旧受到了很好的家庭教育，他博览群书，养成了厌恶虚荣、不贪富贵的高洁性格。二十九岁时，陶渊明谋得江州祭酒一职，却因忍受不了官场的繁文缛节，早早辞了官。三十五岁时，他到了荆州，在刺史桓玄属下当一名小吏，不到一年功夫，又因母亲去世辞官。当他四十一岁时，又被推荐到彭泽县令，然而又因为时局的因素，加上一副傲骨，他便因为"不愿为五斗米折腰"而辞官。从此，陶渊明在家乡过着隐居生活，对于官场，他丝毫没有眷恋之心，辞官后，反而有一种重获自由的怡然自得。对陶渊明来说，返回外在自然就是弃官归隐，享受山水田园之乐；返回内在自然则是实现与天地合一，与自然同节律，让生命随大化而永在。

"花们好像没有什么悲欢离合。应该开时，它们就开；该消失时，它们就消失。它们是'纵浪大化'中，一切顺其自然，自己无所谓什么悲喜。"季羡林先生在自己的散文中如此写到，这些语言看似消沉，却并不是消极和自我放逐，就像"人吃饭是为了活着，但活着不是为了吃饭"一样。这便是所谓的"随缘而喜"，那么这里的"随缘"到底是何物呢？就是说，人的一生，不要随着一些事的变化而大起大落，而要以平常心对待，人的一生都是因缘分而遇到的，泰然处之。人生际遇，各自不同，际遇也就是机缘，它们就是凤世所累积缔造而产生的结果，不要去强求，人生才会顺泰。

一般来说，一个人活得越长久，就越容易活得虚幻，尤其是那些社会贡献大、有社会影响力的人更是如此。然而季羡林先生直至去逝仍然能保持清醒，这才是真正令人景仰佩服的。心存感念，淡泊自然。随缘而喜，"随"处可见。最后，随缘而喜，"喜"要从心。

季羡林：此心安处是吾乡

有学生如此撰文描写恩师季羡林的生活：老师的家婚后几十年从来没有装修过，饮食和寻常百姓家一样无非也是粗茶淡饭，想去老师家蹭一顿佳肴的想法简直就是无稽之谈。最后给老师的评语是：对人施爱心，对己杜私欲；劳作无时已，生活绝奢靡。

所谓的"此心安处是吾乡"便是这样一种随遇而安的生活态度，无所谓物质生活有多的丰富，也不刻意追求精神生活的饱满多娇，只不过是随性而行，质朴一点没关系，只要自得就好，简单一点也无妨，只要安心就好。不沉溺于物欲，内心自逍遥，此心安处便是吾乡。

1997 年季羡林大师曾在一篇文章中指出："把中西双方稍一比较，就能够发现，西方的美偏重精神，而中国最原始的美偏重物质。这同平常所说的'西方是物质文明，而东方是精神文明'完全相反。是一个值得深思的问题。"曾经有人有幸得到可以和季羡林大师共同用膳的机会，那人回忆道："季羡林的食谱你可别抱太大奢望——早餐小米粥、花生米、腐乳，午餐馒头、大葱、青菜，此外还有一杯茶。"关于这个花生米，还有人特意打趣问过季羡林："您这么大年纪了，又没有装假牙，怎么嚼得动？"谁知季羡林只是笑了笑，回复说："没问题。"

季羡林先生的收入其实一直都是可观的，可他却总是最后一个去食堂吃饭。这个时候，好吃的菜已经都被别人打光了，季羡林就自己买点剩下的不好吃的菜，独自一人快速吃罢了事。《清华园日记》上有记载，季羡林收到稿费时，也会像常人一样自我奖励一下，犒劳犒劳自己。但他的这种"犒劳"也无非就是上街买些烤红薯、板栗、荸荠等一些小食解馋，偶尔请友人吃点东西的时候会奢侈一下，却也不过一只烤鸭。

李白的《梦游天姥吟留别》中写道："别君去兮何时还？且放白鹿青崖间，须行即骑访名山。安能摧眉折腰事权贵，使我不得开心颜！"李白在后世之所以能够被人们称作伟大的浪漫主义诗人，其无所谓物质繁华，不计较荣辱得失，清贫乐道而洒脱不羁的精神是最根本的原因。李白不仅喜爱吟诗作赋，同时也还崇尚剑道精神，即路见不平拔刀相助的江湖侠士的逍遥精神。为此，杜甫曾作诗特为李白称赞："天子呼来不上船，自称臣是酒中仙。"

唐代诗人刘禹锡，在《陋室铭》中写道："山不在高，有仙则名。水不在深，有龙则灵。斯是陋室，惟吾德馨。……无丝竹之乱耳，无案牍之劳形。"刘禹锡的书房也是非常简陋的，故嘲曰"陋室"，他并不在乎房屋的修饰华丽与否，只要可以遮风避雨，与儒友坐而论道，孑然之暇能够安静的读书作文就心安了。

季羡林的生活态度很简单，用淡泊的思想去看待物质金钱、荣辱得失，便可在纷繁喧阗的生活中保持一颗清醒的头脑，给心乡内心一个安然逍遥。

季羡林：糊涂一点，潇洒一点

俗话说："没心没肺，能活百岁。"这其中的意思即是说，做人不妨少一些计较，这样就可以活得轻松，也自然能得长寿了。用季羡林先生的话来说就是："糊涂一点，潇洒一点。"用一种眼里能揉沙子的肚量为人处事，讲究宽容大度，在包容别人的同时，也为自己积累了人情，何乐不为？

人有时候真的不需太过于明白，每个人都怕自己不够清醒，都希望自己能够心明如镜。可是人生又何必太清醒？把所有的事情都看破了、说破了，又有什么意义？世界很大，个人很小，没有必要把什么事情都看得那么重要。

众所周知"木强则折"与"木秀于林，则风必摧之"的道理。而且在人际交往的过程中，人与人之间难免会产生摩擦与冲突，这时候若是能像季羡林先生所说的那样，糊涂一些，忍让一下，不要斤斤计较，暂时吃点小亏，做点退却姿态，如此便可以更好地保护自己。有时候，糊涂就是宽容，用宽容之心对待别人，成就自己。多点宽容，少点计较，快乐的人生就是一半清醒，一半迷醉，把心分成两半，一半学会清醒做事，另一半学会包容理解，人生有时恰好就需要那么一点傻气。

在江南的一座小城里有位赵教授，曾有一个人把一大碗剩菜扣在了他的脑门上，借此来侮辱他，可是他却全然不顾，既不生气也不恼火，甚至还笑呵呵地帮那人把溅落在身上的一片菜叶拿掉。后来因为这件事，有个学生公然在课堂上说他没骨气，这位赵教授却是淡然一笑说道："当年我们这所学院里，和我一同被打为反革命的，有七名教授。一年后，死了六个。只有我，活到了现在。"赵教授没有把自己和他的敌人相比，而是和他并肩共事的同事做了比较。在当时的环境下，他越是反抗，反而会受到奚落。与其耿耿于怀，平添烦恼，不如看开一些，这便是属于中国人的活命哲学。

这样的境况，季羡林先生也曾遇到过，但他没有因为被批判而消沉，他反而把这当做上天给他的机会。他并不因为众人对他的躲避而心灰意冷，他依旧坚持写作，正如他所说，因为那段难得的安静时间，他在学术方面的造诣得到了进一步的提高。

生活是指人类生存过程中各项活动的总和，是对人生意义的一种诠释。很多人都会问："生活到底是什么？"有光明有黑暗、有爱有恨、有好有坏，这就是生活；有遗憾、有痛苦、有希望、有幸福，这就是生活。正所谓不完满才是人生，生活中没有十全十美，有的只是在各种不完美之中的追求。糊涂一点，潇洒一点；忘记一些，放下一些；微笑着面对人生，坦然的面对坎坷；心如明镜，不将不迎，用平和的心态去生活，这就是属于季羡林先生的生活哲学。

季羡林：坦然面对人生聚散

国学大师季羡林先生，曾经历了一段艰难的岁月，在遭遇了一番痛苦的折磨后，他终于看到一丝生活的曙光。回想起这段日子时季羡林先生曾说："活下来，也许还是有点好处的。我一生写作翻译高潮，恰恰出现在此期间。原因并不神秘：我获得了余裕和时间……没有人敢来找我，很少人有勇气同我谈上几句话。一两年内，没有收到一封信……然而我的脑筋还在，我的思想还在，我的感情还在，我的理智还在。我不甘心成为行尸走肉，我必须干点事情。"

季羡林大师并没有因"没人找他"而感到凄凉，相反还把它当作一件好的事情，因为如此以来，他就可以多做许多想做的事情而没人打扰了。也许这也正是季羡林大师坦然面对人生聚散的生活哲学体现。

俗话说："天有不测风云。"这话说得很有道理，即便科学如此发达的今天，人类也仍然无法准确无误地知道雪落霜降、雨来云去，人之福祸同样也是难以预料的。今日之祸也许会化作明日之福，而今日之福后面也可能潜藏着明日之祸，是福是祸无法一言蔽之，只有看清这点，学会以理智的心境面对福祸，正确分析，就能够趋利避害。

林清玄曾在文章中写道："'常想一二'的理念，乃是在重重乌云中，寻觅一丝黎明的曙光；乃是在滚滚红尘中，开启一些宁静的消息；乃是在濒临窒息时，有一次深长的呼吸。"

坚持"常想一二"的林清玄曾说过这样的一句话："生命已经够苦了，如果我们把几十年不如意的事都背负起来，一定会使我们举步维艰。生活与感情陷入苦境，有时是无可奈何的，但是如果连思想和心情都陷入苦境，那就是自讨苦吃，苦上加苦了。"林清玄的"常想一二"，与季羡林大师坦然面对人生聚散的哲学智慧是一样的。"常想一二"就是希望人们懂得凡事多往好处想，只有凡事多往好处想想，渐渐地我们就会发现自己的生活态度较之先前会更加积极。因为乐观的态度是一剂包治百病的良药，心情舒展了，那么所处的境遇便随遇而安了，如果凡事只会想着悲观痛苦的一面，那么我们的生活将会处于一片灰暗之中。

由于有着这样的一种心态，所以季羡林先生晚年时才可以在自己的《九十五岁初度》中写出这样足以让人受教一生的名句："夫'天地者，万物之逆旅；光阴者，百代之过客'。对于这种现象，最好是听之任之，用不着什么哀叹。"生活方式源于我们对待生活的选择方式。其实生活就像是一面镜子，我们对它哭丧着脸，它也只会对我们愁眉苦脸；我们对它报之以大笑，它也会对我们喜笑颜开。

季羡林：惜缘，即敬畏生命

俗语说："缘由心生，随遇而安。心无挂碍，一切随缘。""缘"是一个神奇的词语，偶然间的相遇是缘，无意识的邂逅是缘，多年后的重逢亦是缘。缘犹如一杯清茶被你不经意间的品尝，温润可口；缘是一片灿烂无意中闯入你的视野，鲜艳美丽；缘是一缕阳光照耀你的心房，温暖可人。珍惜每一次的缘分，珍惜我们每一个命中注定，终有一天，我们会有和季羡林这样的国学大师一样的见解，即惜缘，就是敬畏生命。

现代人谢东的《禅是一支解语花》中有这样的描述，"云水随缘，生命之舟顺水推，惜缘不攀缘。"他的意思是：如果有缘就珍惜，没有缘分也莫强求。以随缘的方式生活，顺应命运的安排，以舒适悠闲的心态去面对生命中的点点滴滴。这无疑与季羡林老先生的思想不谋而合。

缘分的出现往往在不经意之间，不需要刻意攀援和寻找。有缘之人和有缘之事时常在瞬间激发人们心底的某些感触，因而产生许多料想不到的奇迹。大文豪雨果在创作《巴黎圣母院》的数年前，曾经参观过这一座古老的圣母院，他在一座尖顶钟楼的阴暗角落里，突然发现墙上有几个大写的希腊字母，是手刻而成，字母拼写组成的词的意思是"命运"。因为墙上历经了长久岁月的侵蚀，这几个字母深深地嵌进石头里。雨果内心中受到震撼，"命运"这两字点燃了他的创作冲动和激情。他从这些字母符号中找到了蕴藏的宿命和悲剧意义，从而创作出《巴黎圣母院》，轰动一时。

这就是雨果与巴黎圣母院之间的缘分，他没有刻意去追寻这种缘分，而是在无意之间触动了心灵。这些由缘分带给他的灵感，幻化成一幕幕充满戏剧性的场景，一个关于爱恨情仇的故事就产生了。在《巴黎圣母院》的最后有这样一段寓意深远的描写：许多年以后，人们在圣母院的地穴里发现拥抱着的一男一女的骨骸，当人试图分开他们时，尸骨便化为尘土。这也是雨果在缘分和命运中领悟的真理，也是对刻在石头上那几个希腊字母"命运"做出的完美诠释。

北京西山深处有一座建于辽代的古庙，名叫大觉寺。此地有崇山峻岭，茂林流泉，有三百年的玉兰树,二百年的藤萝花,是一个绝妙的地方。季老先生在二十年前骑自行车去过一次,当时古寺虽已破败,但仍给他留下了深刻的印象,让他久久不能忘怀。后来,一个偶然的机会,他受朋友邀请到这个古庙剪彩,原来他这个朋友是一个颇为成功的企业家,因为是文人出身,念念不忘为文化做贡献。所以这个朋友在大觉寺里创办了一个明慧茶院,以弘扬中国的茶文化。此时的大觉寺已完全焕然一新,雕梁画栋,金碧辉煌,玉兰已开过而紫藤尚开,品茗观茶道表演,令人心旷神怡,浑然忘我。

回去之后,季羡林老先生就一直心存疑问:这个朋友怎么会到深山里来搞这么一个茶院呢?后来,他这个朋友又邀季羡林老先生到大觉寺去吃饭。路上季羡林老先生不禁向他提出了心中的疑惑。他这个朋友莞尔一笑,只说了两个字:"缘分!"原来在这之前他携伙伴郊游,黄昏迷路,撞到大觉寺里来。爱此地之清幽,便租了下来,加以装修,创办了明慧茶院。

很多时候,事情的原因很简单,就是"缘分"二字。缘分是神奇的,可以解释你一个人为什么会想起一个这样或那样的注意,可以说明为什么茫茫人海你们会相遇相知,都归因于两个字"缘分"。

季羡林:人生若只如初见

"人生若只如初见,何事秋风悲画扇。等闲变却故人心,却道故人心易变。骊山语罢清宵半,泪雨零铃终不怨。何如薄幸锦衣郎,比翼连枝当日愿。"纳兰容若的这首词可谓是足以流传千古的词家绝唱,尤其是开头两句,时常被人们拿来形容爱情,季羡林先生作为我国的学界泰斗,很难想到他在留学德国时居然也留下了一段"有情人未成眷属"的异国之恋,这段恋情也曾让季羡林先生喟然感叹道"人生若只初相见"。

那个和季羡林先生难成眷属的女子叫伊姆加德,是季羡林留学德国时校友田德望房东迈耶家的大女儿。1935年,年轻季羡林来到哥廷根大学留学租住的房子就和迈耶家在同一条街上,几年时间里伊姆加德小姐主动为季羡林打印了几百万字的论文,她在最美好的光阴与这个博学睿智的男子相识,而她的纤纤手指,也一一抚摸过他那些后来让中国和世界都为之慨叹的文字。一天夜晚两人相约去喝咖啡,店主是一对七十岁的夫妻。伊姆加德突然问季羡林:"当我们七十岁时,你还会带我来这里喝咖啡吗?"他沉默了,因为他在中国有家庭,有妻子儿女,他无法给她想要的七十岁的咖啡。

1980年11月,季羡林率领中国社会科学代表团赴德访问,哥廷根是访问的最后一站。在助手陪同下季羡林来到了伊姆加德家的门口,门开了,是一位身材矮小健壮的中年妇女,季羡林的眼神骤然黯淡,开门的已然不是伊姆加德,只是一个陌生人,伊姆加德不知去往哪里。当年青春洋溢的二十三岁姑娘如今不知变成何样，唯有一个动人的背影留在季老的脑海。

2000年，香港电视台一位女导演在拍摄季羡林的传记片时专程前往哥廷根打听伊姆加德的下落。她又重访了季羡林1980年探望的那间房子，这一次开门的是一位银发苍苍，身穿玫瑰红长裙的妇人，她笑脸盈盈地向来客问好："你好！我是伊姆加德。你是从中国来的客人吗？"女导演激动地问："还记得六十多年前那个中国留学生季羡林吗？"伊姆加德迟疑片刻后，眼泪潸潸而落："是羡林·季吧？我们都这么叫他。我一直在等他的消息，他还好吗？"其实，季羡林当年离开哥廷根后，伊姆加德一直在等待他回来，虽然再也没有得到季羡林的消息，但她依然执意等待，终身未婚。这个固执而坚忍的女人，伴着一台老式打字机，一等就是大半个世纪，六十年，她一生的光阴与爱情。

只是，命运有时就像个一个顽皮孩子。在季羡林重返哥廷根的时候，伊姆加德其实就住在原来房间的楼上，只是住在她原来房间的新住户不认识她。阴错阳差，季羡林与伊姆加德擦肩而过。后来，季羡林在九十岁生日那天收到了伊姆加德从哥廷根寄来的一张照片，照片上满头银发、端庄恬静地微笑着的老人，季羡林一直牵挂与愧疚的心终于安然落下。人生若只如初见，唯愿与伊姆加德的爱恋不要开始，这样大概就不会有这样美丽的故事与遗憾吧。

季羡林：恻隐之心，仁之端也

古语有云："恻隐之心，仁之端也；羞恶之心，义之端也；辞让之心，礼之端也；是非之心，智之端也。"这句话即是说：同情心就是施行"仁"的开始，羞耻心就是施行"义"的开始，辞让心就是施行"礼"的开始，是非心就是"智"的开始。由此可见恻隐之心的重要之处，如果这个社会没有了"恻隐之心"，那么人与人之间就会是冷漠的、自私的，甚至是残酷的。

季羡林先生曾经这样来形容恻隐之心，如果你看到有人衣衫褴褛，眼神因为饥饿而黯然无光，双眸深深地凹陷，你是否顿生怜悯，不禁要伸出援手。如此，就是恻隐之心在暗中涌动。而人之为人，是不可缺少这颗恻隐之心的。都说"人非草木，孰能无情"，既然生而为人，而非草木，就应当胸怀仁心，让人间有情。

恻隐之心关系到"以人为本"的道德信念的落实。倘使生活的世界到处充斥着恃强凌弱的惨象，恻隐之心被冷漠之心乃至冷酷之心所取代，人便失去了本性，无视尊严，无视道德，将会在彼此的冷漠中迷失自我。

曾经看到过这样的一个故事：从前有一个英勇的猎人，在一个寒冷的冬天，他打猎回来的时候在离家不远的地方发现了两只黑熊，于是他打算射杀它们，然后拿这两张熊皮卖个好价钱。正当他准备射杀这两只黑熊时，却被它们一起玩耍的幸福景象感动，两只黑熊举止亲昵，行动之时处处萌发着一种憨厚的形态，很是让人喜欢。于是他动了恻隐之心，不想伤害这两只可爱的黑熊，他想了想，然后朝天空开了一声空枪，想让两只黑熊知道附近并不安全，提醒它们找一个安全的地方玩耍。不料被枪声惊动的两只黑熊却脱下了熊皮，原来这并不是两只黑熊，而是猎人的两个孩子，两个孩子看见自己的父亲回来了都露出了纯真的笑容，然后欢喜地朝着猎人飞奔了过来。此时，猎人恍然大悟，自己差点因为私欲而错杀了自己的两个孩子，还好他尚有怜悯之心。

在我们的传统文化中，恻隐之心不仅是一种悲天悯人的良知，也是一种道德标准。孟子说："老吾老，以及人之老；幼吾幼，以及人之幼，天下可运于掌。"这正是儒家思想中倡导的"仁者得天下"和"仁者无敌"。这种传统道德已深植在人们的灵魂之中，虽然现实中有许多同情心被那些职业乞讨者利用，令恻隐之心受到伤害后慢慢地结起一个个硬壳。然而在这层硬壳下，仍然有着怜悯之心、恻隐之心和同情之心。

真正的恻隐之心是对生命的尊重，也是衡量基本道德和人性的标准。一个社会缺少恻隐之心，便无法用道德来调整人际关系，无法用纯良的人性净化社会风气。季羡林先生说道，一个社会的道德不是凭空产生的，总要有一定的社会基础，那就是传统文化中的仁爱孝慈、恻隐之心和善恶之心。一个社会的真正和谐，是人与人的和谐、人与自然生物的和谐、人与自身的和谐，三者缺一不可。当我们保留了恻隐之心，便能够体谅他人，怜悯动物，宽待自己。

季羡林：养生不如养心

养生不如养心，这个道理如此浅显，人人皆知。心态决定心情，心情决定情绪，情绪决定的事情涉及到方方面面。季羡林先生奉行"应尽便须尽，无复独多虑"，寻求的是一种超脱朴实的心态，如此，心灵调养才是最主要的养生之道。

季羡林先生是我国著名的东方学大师、语言学家、文学家、国学家、佛学家、史学家、教育家和社会活动家。众所周知，季羡林先生是长寿的，可他长寿的秘诀是什么呢？他自称是"三朝元老"，意指他一生经历了清朝、中华民国和中华人民共和国三个时代。他出生于辛亥革命那年，直到2009年因心脏病去世，享年九十八岁。曾有人问他，您精力如此充沛，有什么养生秘诀呢？季羡林回答："那是因为我有一个'三不主义'的养生方法。"

其一，吃东西不挑剔，季羡林先生是有什么吃什么，从来不挑肥拣瘦，只要符合口味，他就一概都吃；其二，不可以锻炼，季羡林先生专注于文学创作与学术研究，自然就很难抽出时间专门做身体锻炼；而要他牺牲写作读书的时间去锻炼身体，他是绝对不会同意，因此季羡林先生才说自己反对"锻炼主义"；其三，不嘀咕，季羡林先生所谓的不嘀咕，是说没有什么他想不开的事。

从养心的角度来看，季羡林先生最可贵的地方在于他的宠辱不惊与淡泊名利，他始终以一颗平常而豁达的心态去对待生活中遇到的任何事情。2002年10月，季羡林在住院期间专门写文章提出请辞"三项桂冠"。他说："请从我头顶上把'国学大师'的桂冠摘下来，请从我头顶上把'学界泰斗'的桂冠摘下来，请从我头顶上把'国宝'的桂冠摘下来。"他认为学问要踏踏实实地做，因为唯有静下心来才能做出真学问。季羡林认为自己是一个普通人，无论面对什么样的困境、逆境，无论拥有怎样的名誉、地位，他始终用一颗平常心来看待。"宠辱不惊，看花开花落，胜似闲庭信步"，无所欲，无所求，也正是在这样的态度下，季羡林先生才成为了大师。季羡林先生出身贫苦，自小便历经磨难，二战前后他被迫滞留德国长达十年之久，期间饱尝思乡之苦。回国后，为了新中国的文学建设，他又不得不与家人长期分居，独自一人在北京从事学术研究工作。

对于生命，季先生不想做长生梦，他采取的是顺其自然的态度。保持一种平和、淡泊的心态，做到实实在在的"养心"。把心养好才能进一步谈养生。所以，养生之道，最根本的在于养心、养气。诚如季羡林先生所言"养生不如养心"。像季羡林先生那般，不去苛求，不去强求，不去怨恨，用一颗平常之心，投身于文学之中，既能够陶冶情操取得成就，又能够宽慰胸怀，获得长寿。"养生无术是有术"跟着感觉走，这就是他对自己长寿的最好总结。

朱光潜：大人者不失其赤子之心

《孟子》中有云："大人者不失其赤子之心也"。朱光潜曾说过："伟大的人是童心未泯的人。伟大的人胸怀宽广，宰相肚里能撑船；而童心纯真不伪，本色自然。"宰相肚里之所以能撑船，是因为他们不斤斤计较于一得之利、一孔之见，童心自然则是因为他们能够保全自然无伪的本色，永远以一种童心般的新奇和纯真面对这个世界。总结一下，这两者的关键其实就是纯真和大度，正是因为基于这两点，我们才可以找到真正伟大的人物与童心的相通之处。

朱光潜曾用"艺术和游戏"的例子形象地阐述了"大人者不失其赤子之心"，他在书中讲道："儿童在游戏时意造空中楼阁，他们的想象力还没有受经验和理智束缚死，还能去来无碍。只要有一点实事实物触动他们的思路，他们立刻就生出一种意境，在一弹指间就把这种意境渲染成五光十色。念头一动，随便什么事物都变成他们的玩具，你给他们一个世界，他们立刻就可以造出许多变化离奇的世界来交还你。"他们就是艺术家。一般艺术家都是所谓"大人者不失其赤子之心"。艺术家虽然"不失其赤子之心"，但是他究竟是大人，有赤子所没有的老练和严肃。游戏终究是艺术的雏形，如果一个艺术家既有奔放自在的艺术表达方式，又不失其一颗童心，那么他的作品一定是打动人的。

朱光潜作为儒家学说的推崇者，总结道：真正伟大的人，倒不像我们一般小鸡肚肠的人那样想得复杂，患得患失，所以，反而能够保持一分童心，有时候表现出来，就像是一个童心未泯的人。也便是《孟子》提及的"大人者不失其赤子之心也"了。老子曾说："众人熙熙，如享太牢，如春登台，我独泊兮其未兆，如婴儿之未孩。"老子的本意是宣扬返璞归真，淡泊宁静，与孟子的思想有异曲同工之妙。

大概有人会问：大家既然生下来都是赤子，为什么有的人最后变成小人了呢？对此，朱光潜是这样回答的："人之初，性本善。每个人出生时都是善良的，做了小人的那是学坏了。所以我们要加强道德的修养，不让自己变成一个坏人，不要学坏。只要大家保住赤子之心，那就人皆可以为尧舜。"

朱光潜一辈子研究美学，他也坦然自己的人生终究是不完满的。他常说："我们可能做不成一个大人，但作为普通人，我们仍然要时刻保持一颗童心，做一个赤子。"童心未泯，超脱自然，维持一种"赤子"的状态和一颗"童心"，方可为"大人"，方可做到"大人者不失其赤子之心"。

朱光潜：从心所欲，不逾矩

孔子说："三十而立，四十不惑，五十知天命，六十耳顺，七十从心所欲，不逾矩。"朱光潜先生在《诗论》中也提到："从心所欲，不逾矩，是一切艺术的成熟境界。"如应用到翻译上，朱光潜认为："'不逾矩'是低标准，'从心所欲'是高标准。在'不逾距'的情况下，'从心所欲'是最难做到的。这是好坏翻译的差别。""只要风筝不断线，飞得越高越好。"孔子结合自己本身的修养经验说："七十从心所欲，不逾矩。"朱光潜对此评论说："这是道德家的极境，也是艺术家的极境。"

朱光潜对"七十从心所欲，不逾矩"做出这样的阐述："七十岁是主观意识和做人的规则融合为一的阶段。在这个阶段中，道德修养达到了最高的境界。"他认为，孔子的道德修养过程，自有其有合理因素，归纳起来可分两点说明：第一，他看到了人的道德修养不是一朝一夕的事，不能一下子完成，不能搞突击，要经过长时间的学习和锻炼，要有一个循序渐进的过程。第二，道德的最高境界是思想和言行的融合，自觉地遵守道德规范，而不是勉强去做。这两点对任何人，都是适用的。

"从心所欲，不逾矩"，在他看来艺术的创造活动尽于这七个字了。"从心所欲"者往往"逾矩"，"不逾矩"者又往往不能"从心所欲"。朱先生说的格律就是不同艺术表现的某种特有的形式，其实这句"从心所欲，不逾矩"真真切切地表达了一种境界，这种境界既能随心所欲的表现又不会跳出一种表达的方式，即格律。这种境界是经历无数困惑及磨砺、历练而成的，它可以在有限的规范内表达无限的内容。因为艺术是有一定规范的具有社会性的一种情感表达，规范在真正的艺术家那里不是束缚而是一种事物共性的展示，而其中的才气或是天才或是迂腐将表露无疑。格律不能成就庸人，也不会牵绊才子，利用它为我们服务才是根本，这才是"从心所欲，不逾矩"的真正含义。

在崇尚个性张扬、提倡思想解放的时代，按照自己的意愿做事情显然是无可厚非的，但越是如此，越不能忽视"距"的约束、制衡作用。小到交通违章闯红灯，大到贪污受贿触国法，无论任何人任何事，只要"逾距"，必然要受到惩罚。如若不然，"欲"又从何谈起？"距"是规则，是制度，是道德，是法律，是底线，从哲学观点来讲，"距"既是一种约束，又是一种保护。

恰如朱光潜先生所言："从心所欲而不逾矩的关键在于欲和距之间可能存在的冲突。"如何对之进行有效的平衡？这种境界不是通过调整"距"来达到的，而是通过调整"心"来实现的，或是说通过调整自己的欲望，使之适应"距"而实现的。所以我们更应该做到"不逾矩"，这样才能更好的"从心"，以此便是"从心所欲，不逾矩"了。

朱光潜：常怀恻隐之心

罗素在《中国问题》里曾说，中国人的三个弱点是贪婪、懦弱、缺乏同情心，朱光潜先生将其由中国人的弱点延伸到了普通人性的弱点，即人类的残酷的倾向。他认为这种劣根性不是某一民族所特有的，且不仅仅局限于原始的野蛮民族。由原始社会到现代社会，远到生人陪葬和祭典牺牲，近到战争中人们对于屠杀的狂热，我们都可以在这些所谓的文明人表皮下窥见野蛮人的踪迹。

朱光潜先生在读罗素书时坦言民族自尊心略受打击，尤其是在看到"故意虐害的事情各大国都在所不免，只是它到了什么程度被我们的伪善隐瞒起来了"这句话的时候，他心中不安且愤恨，这竟是怪我们施张虐害太明目张胆，不如西方人会隐藏罪恶的意味了。但尽管朱先生因罗素的话感到不安，他仍是赞同当今的人太过缺少恻隐之心这一观点。

其实每个人都有恻隐之心，孟子有曰："人皆有不忍之心。"这个不忍就是指同情、恻忍。但恻隐之心存在一个问题，即"隐显"问题，是否能从表面看出来。表现则是显性，不表现就是隐性，但不能就断定显性的恻隐之心就比隐性的恻隐之心多，也不能认定不表现出来就是没有恻隐之心。

恻隐之心是对人性最普遍、最基本的要求，若是没有这种品性，不把别人的痛苦当痛苦，看到别人承受着苦难悲痛的厄事时，自己心中却满是麻木不仁，甚至是幸灾乐祸，那这样的内心注定是不和谐、不健康的。这种内心思想造成的不和谐、不健康的行为，正是导致我们社会不和谐的重要因素。

朱光潜先生在解释不以性恶作为这种内心活动出现的原因时，引用了拉丁诗人卢克莱修的一句话："狂风在起波浪时，站在岸上看到别人在苦难中挣扎，是一件愉快的事。"他认为类似的几种学说都论证了这种不健康心理出现的原因是人的比较，比较之后发现自己比别人高一层，比别人安全，比别人有权力，才会产生愉悦的心情，才有幸灾乐祸。

但这种比较也会产生相反的念头，这时恻隐之心就出现了。互换一下位置，将自己放在别人正在遭遇的磨难中，便会产生同情、不安与悲痛的心情出来，儒家所谓的"推己及人"便是如此。

最后，朱光潜先生又将话题转回了罗素的《中国问题》上，认为人们缺的不是那种遇饥荒不赈济，穷来卖儿女的恻隐之心，而是许多人在面临我们整个社会渐渐腐落，逐渐趋向险境的状况时，毫无反应，麻木不仁，不肯去多做一点去挽救的心态。他说也许有人觉得他所说甚远，但其实病原都在于此，这种"恻隐之心"的培养，所要依靠的可就不仅仅是人的本性了，更需要教育的濡染与熏陶，在兴国、强国事业的进行中，培养恻隐之心必定是一个重要、不可缺少的课题。

朱光潜：常怀羞恶之心

"羞恶之心"一词出于孟子，即是"义之端"，只有从羞恶之心出发，才能做到行为恰当，不失礼仪风度。孟子曰："无羞恶之心，非人也。"朱光潜先生在其《谈羞恶之心》中也论述到："罪过如果在自己，应该忏悔；如果在旁人，也应该深恶痛嫉，设法加以裁制。"

朱先生将对于世界罪孽过恶划分为几种态度，并认为一切用作平等观，了解一切并宽恕一切固然是重要的、崇高的、值得景仰和向往的，但我们现处的是一个不完全的世界，这些都是理想，而理想也就只能是理想，不可能做到真正地欣赏一切与宽恕一切。

朱光潜先生认为羞恶之心最初的目的是让人有所不为，后来有所发展并进化为使人耻为所不应为，甚至于使人耻不为所应为。所不应为就是不做不该做的事，心中存在着羞恶、悔怯便可寡过少错；所应为就是该做的事情就要尽责任，知耻、知羞、知恶并将这些摒弃到自己要做的事情之外，做到免过、改过，这才算是真正地触及到了羞恶之心的真正存在。

在朱光潜先生看来，善恶评判的标准也是羞恶之心的体现，能够正确公正的评价人事物的好坏才算是有着基本的羞恶之心。若是有人颠倒黑白，不分善恶，那我们便能清楚的察觉出他们的羞恶观，辨别出他们的羞恶程度与倾向。缺乏羞恶之心的人固然很多，但大多数人都是一时的念头，比如受到某一种利益的诱惑时，羞恶感便被遮挡蒙蔽上了。朱光潜先生认为想要有羞恶之心必须要先发现自己的欠缺，只有先发现自己的缺点不足，并以其为耻，内心为了自尊想要努力把它降服下去，设法弥补欠缺的时候，才能做到优良。

说到知耻后勇很容易让我们想起近代中国的百年抗争史，正是因为有羞耻之心，所以中国人民才会在层层压迫之下奋起反抗，揭竿而起，哪怕流血，哪怕牺牲，因为那是国破家亡的耻辱，所以热血的中国儿女依旧勇往直前，豪不退缩。因为明耻然后知道"所恶有甚于死者"，因为不甘做奴隶的那一点羞耻之心，所以人们放弃了苟且偷生，牺牲了家庭、财产，甚至于生命。在这时，羞恶之心代表的就变成了公是公非，化为"气节"流于后世。

朱光潜先生认为我们民族经受过重大国难，纵然有许许多多的英勇将士，但那种卖国求荣、贪污误国和醉生梦死者仍大有人在，其主要原因就是羞恶之心的匮乏。朱先生提倡铭记"明耻教战"的古训，培养出人皆有之的羞恶之心，不管是对于旁人还是自己的罪过，都应该明善恶，知羞耻。

梁启超：境由心造

"境者，心造也。"一切物境皆虚幻，唯心所造之境为真实。这是梁启超对于物质与意识的看法。在《惟心》一篇中，他列举了许多的事例来说明物质景象是固定的，观物景的心才是决定所表现的景象是什么的主要原因。物境是不存在的，真正存在的只有心境。

梁启超主张的是"三界惟心"，所有东西都不在于物，而在于我。仁者见之谓之仁，智者见之谓之智，忧者见之谓之忧，乐者见之谓之乐，吾之所见者，即吾所受之境之真实相也。梁启超认为一切都在于人心，而人心不能被虚假的物境给束缚和奴役，唯心所造之境才是真实的。

在"心物关系"问题上，梁启超对在哲学上划分唯物主义与唯心主义的做法十分不以为然，因为他认为若是要观世界，心才是第一性的，"境由心造"，物质是由精神创造的，存在是由思维决定的。梁启超"惟心"观念的形成主要是受佛教唯心论的影响，源于"三界惟心"的学说，而"天下之境，无一非可乐、可忧、可惊、可喜者。乐之、忧之、惊之、喜之，全在人心。"所以梁启超才会认为其是"三界惟心"之真理，且被此一语道破。

梁启超说过："国家之盛衰存亡，非由运命，当纯然以人力能左右之矣。"他对于"心力"有着过分的推崇，并期待以"心学之用"来推动本朝的革命与变法之发展。

当时的中国，资产阶级发展面临着帝国主义和封建主义的内外双重压力，自身的发展又先天不足，推动革命发展的人们必然会信心不足，精神低落。梁启超将唯心主义当作理想主义，强调心境的决定作用的做法在这种当时社会环境下具有着一定的进步意义。他采取了开启思想启蒙运动的方法来唤醒民众，提高人们对变革和新兴资产阶级发展的信心和勇气，虽然这种做法是片面夸大了精神的作用，但其影响仍旧是不可忽视的。

梁启超在这一时期写了一篇文章《论佛教与群治之关系》，从表面看来，这篇文章讲的似乎只是佛学思想，但实际上他论述佛学思想的时候已经在其中加入了一定的阶级内容，来借助佛学思想这一工具来激发人们的自信心和发愤图强的精神，鼓舞人们进行变革与发展。

《惟心》的最后，梁启超写到，"是以豪杰之士，无大惊，无大喜，无大苦，无大乐，无大忧，无大惧。"只有做到清楚明白"三界惟心"这个真理，除却心中的奴隶束缚，才可成为真正的豪杰。

梁启超：最苦与最乐

读完梁启超的《最苦与最乐》一文，才知道何为苦，何为乐，即背负责任之苦，尽到责任之乐。"人生须知道有负责任的苦处，才能知道有尽责任的乐处。"回望往事，历历在目，在自己慨叹万千之时，也深深地体味到"负责最苦，尽责最乐"之真意。

生命从啼哭落地时起，衣食就受之于父母，自己日益长大成人，成家立业，而在内心深处，更觉感恩图报。于是，自己便有了对父母的责任。羊羔能跪乳，乌鸦尚且反哺，更何况我们身为人。但人各有志，以四海为家，为事业忙碌奔波，就算常含感恩之心，奈何都在千里之外，始终不能在父母膝前尽孝。游子们思念故乡，牵挂父母，辗转反侧，而等儿女们事业成功时，父母也时日不多了。此时心中更加悔恨，想起自己没有尽到儿女的责任，遗憾终生。

身为丈夫，照顾妻子；身为妻子，体贴丈夫；身为父母，抚育儿女；身为儿女，孝顺父母这就是家庭成员应负的责任。夫妻不和睦，家庭不和谐，伤及夫妻感情，影响子女成长。未能对家庭尽责，愧为丈夫，愧为妻子，愧为父母。

作为学生，必须要以优异的成绩回报父母、回报老师，同时也肩负着他们太多人的期望，踏入校门，老师教导，同学互助，增长学识，锻炼品行，对父母的付出尽责，对师生的帮教尽责。整日无所事事，游手好闲，不学无术，便是浪费父母金钱，愧对师长教导。学无所成，艰难度日，未能尽学生之责，无颜见父母、师长。

作为员工，走进单位，工作安定后，同事相互关照，上司也尽力带领，自己也应该尽责协作，努力创新。而不是整日慵慵懒懒、碌碌无为，不敢有所担当，做事推诿拖拉，最终肯定一无所成。世间万事如果不在合适的时间做，明日复明日，万事成蹉跎。日里夜里，良心上受自我谴责，也会寝食不安。

未能尽儿女之责，未能尽丈夫妻子之责，未能尽父母之责，未能尽学生之责，未能尽员工之责，如坐针毡，如履薄冰，夜不能寐，食不能安，苦不堪言！由此可见，未尽到责任，背负责任之苦。若尽到责任，一身轻松，何苦之有？

正如梁启超先生所说："责任越重大，负责的日子越久长，到责任完了时，海阔天空，心安理得，那快乐还要加几倍哩！大抵天下事从苦中得来的乐才算真乐。"

梁启超：人生是苦乐的循环

梁启超认为，要想苦中得乐，就要时刻尽责，处处尽责。但尽责之前，就必需要负责。时刻将重担扛在肩上，谨小慎微，鞠躬尽瘁，不懈奋斗，负责之苦可想而知。《最苦与最乐》中写道："尽得大的责任，就得大快乐；尽得小的责任，就得小快乐。"的确，鱼与熊掌不能兼得，忠义自古不能两全，尽大责的人要承受大苦，得大快乐，所以自古以来负大责尽大责之豪杰总是难得。尽小责的人承受小苦，得小快乐，所以负小责尽小责之平凡人总是很多。

"我说人生最苦的事，莫若于身上背着一种未了的责任。"因此，负未完之责最苦。但你若苦尽甘来，无论是尽大责或尽小责后，或大或小的快乐，都是为最乐。"翻过来看，什么事最快乐呢？自然责任完了，算是人生第一件乐事。"也因此，尽责最乐。

因此为求心安理得，不枉生而为人，不仅要负责，更要尽完责任。梁启超也这般认为，人生最苦的事情不是贫穷，不是失意，不是老死。他认为最苦的事莫过于身上背着一种未了的责任。

"责任"一词说出口或许很轻松，但要真正地做到自己应尽的责任，确实不易，真可谓是"人生最苦的事"。"答应人办一件事没有办，欠了人的钱没有还，受了人的恩惠没有报答，得罪了人没有赔礼，就连这个人的面也几乎不敢见；纵然不见他的面，睡梦里也都像有他的影子来缠着我。"这苦不苦？是自己的责任，却没有做到，结果自己一直不能释怀，不能放下，一直在折磨着自己。但你只要跨出一步，尽到自己的责任，一切便会正常运转。也就是说，答应了别人的事就及时做到，欠人的钱及时还，受到恩惠要报答，得罪了人要及时赔礼道歉，这样才可以真正放下心来。而尽到这些责任，其实只要迈出小小的一步就可以实现。

总之，最苦与最乐的事，都是"责任"这两个字。身上背着的责任，是苦的，而当这些责任一一的尽到，快乐便来了。"这种苦乐循环，便是这有活力的人间一种趣味。"让我们在这最苦与最乐的循环中寻找自己的平衡点吧！

梁启超：常怀自觉之心

自觉，顾名思义，就是自己有所觉察和醒悟。人们常常说，谁谁很自觉，某某人不自觉，本质上这是人们对一些良好行为守则是否遵守而划出的界线和评判。那些能够自觉自愿去遵守好的行为的人，他的内心一定是善良的、正直的；而那些不能自觉自愿去遵守好的行为的人，他的内心一定是对一些善良的东西是比较冷漠的。两者的内心相差甚远，但有一点是相同的，那就是他们展现出来的都是自然而然的。

自觉是一个人的道德修养，但与文化程度的高低、知识的丰富是否无关。尽管对方是一位知识分子，可不一定就是有自觉之心的人。自觉，教科书上解释是让人们在道德理念和法律法规、章程制度等行为准则的约束下活动和做事。就是说一旦超越了应该遵守的行为准则，你的行为就是不自觉的行为。因为你的不自觉行为的出现，就干扰或破坏了他人的行为。给环境、气氛、他人的心情造成不好的影响，甚至成为大家唾弃的人。正如梁启超所说："这个人很自觉，就是指这个人有修养，懂礼貌，为人做事总是为别人着想，是个好人。不自觉的人，是令人讨厌的人。"

自觉，靠道德、文明、礼让、自尊来支持。可想而知，一个没有道德，不懂礼貌，不讲文明，缺少自尊的人，不可能是一个自觉的人。

所以，一个人最起码的道德准则，应该是能够自觉的约束自己。与人方便，即是与己方便。"自觉的人是高雅的人，自觉的人是豁达的人，自觉的人是正人君子，自觉的人是受尊敬的人。"梁启超如是说。因此当你在做每件事之前，先想想你的行为是不是给环境、气氛和他人造成影响和破坏。如果有那么一点点，请谨言慎行。做到了这一点，就做到了自觉。

梁启超：自觉是有所认识而主动去做

梁启超先生曾写道：有许多沙子铺在战场上，但这些沙子或粘附在行人鞋子上被带走，或和泥土相混杂，一年后战场上的沙子全然不见踪影。但用袋来装沙，其抵抗力"比铁还大，比石更强"，敌人的枪子炮弹一碰着这些沙袋，枪弹就失去了火力，由而观之，一盘散沙，粒数尽管再多，终究是见风而散，不可收拾，而小小一个沙袋却能抵御枪弹的肆虐，其天壤之别就在于是否有凝聚力。

做为一个集体，要使凝聚力把我们一个个松散的个体凝聚成一个团结的、坚强的整体，就必须靠自觉。

其实一个人就像漂泊在汪洋大海的孤舟，从呱呱落地的那一刻起，就注定我们要离开那没有风浪的海港，去寻求自己真正的彼岸。因此在我们每个人的心中都会有一个或大或小的目标，才不会使这条船迷失方向。然而有了舵，而没浆，这艘船终究会停泊不前。这双有力的浆，便是做人必备的自觉性。

梁启超在这里所提出的自觉性是"自己有所认识而主动去做"。我们的生活中，自觉是一种积极向上的生活态度，当你拥有一个目标时，就应该坚持，这就靠自觉性。同样的自觉性在我们的学习中也相当重要。现在并不是奴隶社会，可大多数人却仍旧处于奴隶的状态，自觉性的船浆早已在他们那孤舟卷入漩涡迷雾时抛离。试想抛掉了浆，船又怎会逃离险境，更别说什么勇往直前了。捡起这根浆，首先要明确的便是我们学习的目的。先不谈什么豪言壮语，因为学习最直接的受益者就是我们自己。明确了这一目的，也因为这一目的的捡起并珍视自觉性，难道不应该吗？而且如果一个人整天生活在别人的督促之下，自己犹如一台被操控的机器，没有自由，不是很痛苦吗？相反，自己有了浆，有了学习的动力和计划，并一项一项把它们付诸实践，也是一件相当快乐的事。学习上的自觉我们具备了，但还需要我们的互助与友爱，那么我们才会真正抛开痛苦而到达快乐。

综上所述，自觉的重要性再不用赘述。很可惜的是，道理都懂，不一定能做到。比起豪言壮语，更重要的是实践，在生活、学习和工作中，充分践行"自觉"二字。

梁启超：让你的良心独立

良心是常谈及的话题。说起容易，做起来可没有那么简单。每个人思维不一样，看问题的角度也不同。真正读懂良心真正含义的人并不多，如果每个人做到讲良心，那我们的社会才会更加和谐美好。

梁启超曾经说过："一个知识不全的人可以用道德去弥补，而一个道德不全的人却难用知识弥补。"古往今来，"良心"是一个永远不变的品质。任何时候，只要具备良心，就会得到别人的尊重，就会使人产生无尽的力量，就能创造无穷的财富。

良心是红是白？良心有几钱几两？良心是个看不透、摸不着的东西。良心它既抽象无形，又是很具体的东西。它在对待每件事物上，能具体立刻鲜明地显示出来。古人曾说过："人之初，性本善。"人是以良知为本，对自己所做的一切要负责，每做一件事都要付出自己的真心。不论是对自己的亲人还是朋友，对所有爱护自己的人，都要以诚相待。当他们在困惑的时候，当他们力不从心的时候，都应该竭力去帮助他们。

人有人的良心，社会有社会的良心。我们有了良心，我们就会同情他人，拥有真诚和善良的感情。假如我们没有了良心，就会变得冷酷无情、残酷虚伪和奸诈。假如一个社会丧失了良心，我们这个社会就没有爱、同情和善心。我们更多看到的是尔虞我诈、冷漠无情、丧尽天良。当一个人良心发现的时候，我们看到的是：他们对人类充满了一种宽厚的爱意和关切。一旦社会良心发现的时候，人和人之间就会相互和睦、相亲相爱。那种爱像阳光一样温暖着人们的心，而这正是梁启超提出"良心独立"的原因。

这样有道德、有良心、有爱心的人，在我们身边到处都是。他们是最高尚的人，是值得大家敬重的人。随着社会的发展，人们的觉悟越来越高了，人类的真诚、善良、朴实在延续。

梁启超：辱莫大于心奴

庄子曰："哀莫大于心死。"梁启超说："辱莫大于心奴。""心奴"，即精神上的不自由。而要打破这一切的方法不外乎是获得自由，何谓自由？自由大致上可分为两类：行为自由和精神自由。梁启超曾在给康有为的一封信中阐述过行为自由："自由之界说，有最要者一语，曰人人自由，而以不侵犯他人之自由为界是矣，而省文言之，则人人自由四字。"

显而易见，梁启超的意思是说：真正的自由是人人都可以享有自由，但是每个人的自由都要以不侵犯他人的自由为前提。精神自由即心灵的自由，如何获得心灵的自由？获得心灵的自由，要靠我们自身的信念，信念的力量是无穷的。无论面对什么困难的情况，都要坚信，眼前的情况只是暂时的，它就像是我们人生中的一个旅馆，不管是好是坏，我们都不会长久地停留在那里。若是遇到困境，不可以一直在困境中挣扎。为何不乐观一些，大步迈向未来！

中国的封建制度长达两千多年，在传统教条主义和政治压力下，中国人艰难生存。他们空有大脑，却不被允许独立地思考，也不会思考，甚至连他们自己都不愿意思考，只知道牢牢地记住统治者制定的教条。离经叛道本来可以推进历史前进，却被断定为大逆不道，进而被定罪。明嘉靖年间的李贽，以孔孟传统"儒学"异端自居，他批判重农抑商，符合明中后期资本主义萌芽的发展要求，勇于突破传统的儒家思想，本可促进中国的思想解放，却惨死狱中。

梁启超在《论自由》中说："夫人强迫我以为奴隶者，吾不乐焉，可以一旦起而脱其绊也，19世纪各国之民变是也。以身奴隶于人者，他人或触于慈祥焉，或迫于正义焉，犹可以出我水火而苏之也，美国之放黑奴是也。"在这个世上，有很多东西可以妨碍我们的自由，人可以，制度也可以。如果一个人阻碍了自由，我们可以反抗、斗争，但是如果社会制度阻碍了自由，那么就只能依靠集体的力量改造社会制度以获得自由，封建制度被推翻并被资本主义取代就是因为对自由的追求。

"物质生活仅为辅助精神生活的一种工具，求能保持肉体生存为己足，最要在求精神生活的绝对自由，精神生活贵能对物质界宣告独立。"梁启超如是说。

因此我们不能为了追求物质生活的舒适而忽略精神生活的自由，我们需要从金钱的重重包围中突围出来，自我解放。"人之奴隶，我不足畏也。而莫痛于自奴隶于人，自奴隶于人犹不足畏也。吾亦曰：辱莫大于心奴。"

如果我们一味为了金钱而沉迷，那不正像梁启超所说的那样，让自己的心成为了奴隶，精神被自我禁锢了吗？所以，要想获得真正的自由，首先要除掉我们心中的奴隶。

叶曼：快乐处处有，痛苦自己找

"快乐处处有，痛苦自己找。"这句话说的是生活中的方方面面都充满了快乐，这种快乐需要我们用心去发现。生活中又不仅仅只有快乐，还有痛苦的存在，而痛苦往往不是主动找上门的，通常是我们因为各种原因自己找的烦恼。

痛苦是自己找的，快乐也是自己找的。痛苦又从何而来？为生老病死、为名、为利、为生活中的那些烦杂小事，当痛苦不可避免时，我们试着安慰自己："这可能已经是目前最好的情况了"，"祸兮福之所倚，福兮祸之所伏"，祸福相依，谁又能说的准到底是福还是祸呢！

叶曼女士说过：一怒成"心""奴"，贪念求"今""贝"。一个人如果生气发怒，心灵就会被奴役，总是追求现有的财富，就会有贪念。有了贪念，痛苦也就随之而来，这个社会不乏为了追逐名利双收而麻烦不断的人。陀思妥耶夫斯基曾说：首先是最崇高的理想，其次才是金钱；光有金钱而没有最崇高的思想的社会是会崩溃的。既然如此，何不发现生活中的乐趣，寻找快乐呢？

如何去寻找快乐？陶渊明曾说："读书每有会意，便欣然忘食。"孔子说："学而时习之，不亦说乎？有朋自远方来，不亦乐乎？"从此可知，读书可以使人快乐。上文说到过分追逐名利会带来痛苦，那么如果看淡名利呢？我国自改革开放后，对创业者的政策放开，我国多了很多白手起家的人，当他们经过拼搏，站在了常人难以企及的高度，看多了名利，不再那么看重名利，他们的心也会平静下来，宠辱不惊，内心便会得到更多快乐。其次，就是帮助别人。当你伸出自己的一双手，尽自己所能助人，当你看到别人因为你的帮助而快乐，你的内心也会油然而生一种快乐。

崔万志，中国旗袍第一人，他把中国旗袍传统工艺与现代服装工艺结合，产品远销世界各地。看着他目前的成就，也许我们很难想象他曾经历过什么。他中考时以第一名的好成绩考取了重点高中，却因为身体残疾而遭到校长的羞辱。大学毕业后，他屡次面试屡次失败。

他说:"世界是一面镜子,照射着我们的内心。我们的内心是什么样子,这个世界就是什么样子。选择抱怨,我们内心是充满着痛苦、黑暗和绝望;选择感恩,我们的世界就充满着阳光、希望和爱。"不抱怨就不会难过,懂得感恩就拥有了快乐。

不去抱怨生活中的不顺心,就会乐在其中,乐在其中就会因为容易满足而感到开心。我们要懂得感恩,因为感恩,我们就不会缺乏快乐。

叶曼:爱物惜人,即安心

叶曼在《智慧人生》一书中说过一句话:"我们不能够说自扫门前雪,我们要求自己的快乐,最好的方法是使大家都快乐;我们要平安幸福,必须使大家都平安幸福,我们才能真正得平安幸福。"叶曼女士的意思是人与人、人与其他生物、人与环境是相互关联,相互影响的。

人与人之间的关系并不像表面上看起来那么简单,人可以是一个个体,但是这个社会却是一个整体。亲情、爱情、友情将人和人联系起来,感情的羁绊使人与人之间紧密起来,这个社会又存在着相互利用、相互合作的关系。如果你发自内心的爱一个人,对一个人好,那么你也将得到对方的爱和好;如果你嫌恶厌弃一个人,那么毫不例外,你也会得到他人的厌恶。

爱人是相互的,你付出什么也会得到什么,若你发现有一个人厌恶你,那么要先看看你自己的态度是否有问题。人与人如此,人与动物也是如此。你也许会发现有的人与他们的宠物相处融洽,有的人却恰恰相反。动物都是有灵性的,你对它的好,它能感觉到,你对它的厌恶它也能感觉到。你喜欢它,它自然与你亲近,你厌恶它,它自然与你疏远。

我们看着如今的环境,总会想念古时候的碧水蓝天,在希望环境能像古代那样好时,我们又是否想过我们对环境做了些什么。垃圾随手乱扔、向原本清澈的河流排污水、向空气中排废气……我们的那些随意的行为使如今的环境越来越差。也许你会替自己辩驳,那都是生产商做的,与我无关,可是静下心想一想,真的与你没有关系吗?"所以从因果报应谈业力,还是低层次的说法,假如我们真正了解人我之间的关系,人与其他生物、无生物之间的相互影响,这样我们不但会爱人,而且会惜物,一饮一啄、一丝一缕都会爱惜。"叶曼在她的书中如是说。因此我们生活要简朴,培养爱物、惜物的观念,从一点一滴做起。

"爱人惜物,即安心"说来容易,做起来却很难。爱人惜物也不单单指那些实体的东西,它也可以指时间这种虚无缥缈的东西。每个人都曾经历过少年时代,那个时候,我们的父母、老师总会劝导我们珍惜时间，好好学习。少年时代的我们，青春、活泼、叛逆，总认为大好时光就是要好好的享受、玩乐。当我们步出少年，面临种种选择时，才开始珍惜以往的岁月，无比怀念无忧无虑的少年时光，感叹以往的虚度年华，希望可以重来一次，可那也仅仅只能成为一种奢望，我们能做的，只有珍惜目前所拥有的以及未来将拥有的。

NO.2

国学中的幸福密码：
行平常之事，得异常之福

南怀瑾：人生少有真圆满

每个人从一出生，面对未知的世界，就注定了每个人的人生都不会是圆满的。但是既然上天赋予每个人生命，就代表每个人的存在都有其自身的意义。在南怀瑾先生看来，大多时候人们总是抱怨着怀才不遇、没遇到伯乐、生活坎坷，总是认为自己所想的生活应当无可挑剔，但是真正的生活却充满失望和不顺心。俄国短篇小说巨匠契诃夫曾说："完美是种理想，允许你十次修改也不会没有遗憾。"仔细想确实如此，哪怕你可以重新再活十次，你也不会觉得完美无缺，此生无憾。

南怀瑾先生曾在《缺憾的人生》里写道："人生，永远是缺憾的，佛学里对这个世界叫作娑婆世界，翻译成中文就是能忍耐许多缺憾的世界。本来世界就是缺憾的，而且不缺憾就不叫作人世界，人世界本来就有缺憾，如果圆满就完了。像男女之间，大家都求圆满，但中国有句老话，吵吵闹闹的夫妻，反而可以白首偕老；两人之间，感情好，一切都好，就会另有缺憾，要不是没有儿女，要不就是其中一个人早死。"然而，人生的缺憾不仅仅是感情，还包括生死、升学、工作等等。这么多的事情，总会有缺憾的。但若事情早有定论，就不要再想太多，顺其自然就好，就算所有的一切都尽善尽美，那么随之而来的也会有其他问题。

某个村庄被大水淹了，农民的妻儿都落水了，他赶忙跳进洪水，救起了他的妻子，但是却没救到孩子，于是孩子被洪水淹没了。事后，人们议论纷纷。有人认为他做得对，因为孩子可以再有，妻子却不能死而复生。也有人认为他做错了，因为妻子可以再娶，孩子却没法死而复生。有个哲学家听说了这个故事，认为大家说得都有道理，于是困惑不解，之后他找农民答疑。农民说，他当时什么也没想，洪水来临的时候，妻子就在他身边，所以他先抓起妻子就往山坡游，待他再次回来的时候，孩子已被冲走了。

南怀瑾先生认为农民的选择是睿智的，当时并没有时间让他进行过多地思考和选择。只要他迟疑分毫，后果就不堪设想。如果当洪水袭来，妻子和孩子身处险境，在这个时候，农民却还在思考救谁，最后当然是无人生还。其实在生活中许多时候，我们不得不做出抉择。这时候，你只需遵照本心，随性生活便好。当然，随性，不等同随便，而是顺其自然和把握机缘。

南怀瑾先生觉得我们应该换个角度看，正是有了这些缺憾，才有了人们对生活的无尽向往与怀念。缺憾是一种幸福，更是一种美丽。正是有了缺憾，才使人生有了别样的忧伤和美丽。若没有经过痛苦的洗礼，那么再完美的人生也是苍白无力的。其实不完美就是另一种完美，缺憾让人生更加丰富和有意义。故而南怀瑾先生告诫我们："接受不完美，是一种智慧，是营造快乐人生的技巧。善于接受不完美者，必定会拥有幸福的人生。"

南怀瑾：可以穷，不能愁

俗语常说："人生总是不如意事常八九，可与人言无二三。"不如意是我们大多数人都会经历的场景，然而，当我们去面对不如意的事情，无论愉快还是痛苦，都是一世，我们又何必为了现实中的一些事情，而让我们安然自在的心境受到影响呢？

南怀瑾先生说他有一位非常有趣的朋友，这位朋友过去曾经是部长级别，风光无限，他的地位和威望都令人羡慕。但是，令谁也没有想到的是，退休之后的他却过得非常清贫，亲人都不在身边的他非常孤独，他的身边只有一个照顾他几十年的老佣人，自愿一直陪着他。有一天，他需要钱，于是就给他过去的老朋友写信，那位朋友看到信后，慷慨地给了他一千多元。在拿到钱之后，南怀瑾先生的这位老朋友拿着钱去吃饭，点菜的时候，点了之前自己最爱吃的几样菜色，不仅如此，他还拿来一包以前最爱抽的英国加立克牌的高级香烟。于是，他悠闲自在地坐在那里慢慢地吃着饭，悠悠地抽着烟，过了一个下午。在最后结账的时候，他给了他所有的钱，餐厅的人不断地拒绝着，因为他消费总共也不过三四百而已，而他给的钱却太多了，但是令人意外的是，他却坚持说不必找了，硬是把钱全给了出去。原来他之所以这么做是因为，以前花钱就非常大方，已经习惯了，现在自然也忘了今时不同往日，自己已经需要借钱度日了。

另外一个朋友得知此事之后，说他风度仍不减当年，他只笑笑说："我现在是穷，但穷归穷，绝不能愁，如果我现在还加上一个愁字，那么我现在就是穷愁潦倒，听起来都惨得很。因此我并不发愁，老来开心一天是一天。"或许当今社会还有很多人饥寒交迫，但是很少有人能看得开，不让自己心里添堵，乐观面对生活。相反，有很多人觉得自己实在太穷了，自己真是太惨了，便免不了自怨自艾。其实，我们每个人又何尝不是被生活所迫、被琐事缠身？于是心中总有一股子闷气，总想找地方发泄。在生活的逼迫之下，终于向物欲妥协，放弃自己心中的坚守，做出偏离道义、违反自然的事情。

人生在世，需要做出许多选择，很多事情其实都在你的一念之间。你除了可以决定自己的选择之外，任何他人的意愿与选择，你都无权干涉。因此，有时面对他人的故意刁难和恶语相向都不必太在意，做好自己分内之事就好了，其他事情与你并没有任何关系。

现在再回头看南怀瑾先生这位朋友的做法，才能够发现其做人的乐趣和聪明之处，他既不担心老天的安排，也不为他人的选择烦恼，他只是开心度过每一天。其实这种境界，并非一般人所能企及。南怀瑾先生认为，生活好似一篇长文，每个人都有自己认为最浓墨重彩的一笔，当然也会有败笔，关键是在于你怎样看待。

南怀瑾：向前看，向好看

在南怀瑾先生看来，无论在生活中遇到什么样的事情，我们都需要向前看，向好的一方面看。当我们控制住对问题的反应态度的时候，就等于控制了这些问题对你的影响。就这个观点，南怀瑾先生在《庄子讲记》中提到了一种特殊的幸运，可谓是"塞翁失马，焉知非福"。

对于这种观点，南怀瑾先生说，这是一种庄子式的滑稽幽默。庄子在这里，使用古代人的迷信思想来解释说明大家认为不吉利的东西，但"神人"却认为"不吉利"有益无害。比如，一匹马的头上长着一些白毛，没人敢骑，反而使这匹马免去了经常被人骑的劳累；一头猪的鼻子高高的翘起，正是由于这个原因使它不会被杀掉做祭祀，才可以幸运地多活些日子。

老子曾说："唯之与阿，相去几何？善之与恶，相去若何？"赞美和批评，又有多大的差别呢？好事和坏事，又有多大的差别呢？老子的话是要告诉我们，不要太过分地执着于大家眼中好坏对错的评价和认可，所有的事情都应该往好处想想。

任何事情总会有它的两面性，有好的一面，便会有不好的一面。不是说我们所看到的，它就真的是什么了。曾经有一位成功学专家说过："你不可以改变一件已经变糟的事情，但你可以选择快乐地对待它，这样，无论你遭遇什么，你都能够在其中发现乐趣。"

一位记者问诺曼·皮尔博士会对何种范围内的事情保持积极的思考或态度，皮尔博士是这样回答的："我只对我能控制的事情持积极的想法。如果我买的一架飞机不幸坠毁了，那么，这就不是我能控制的事情。对此，我不会有什么积极不积极的态度，因为，不管我怎么想，也不能使飞机不失事或完好如初。"

所以说，不管我们遇到怎么样的事情，都需要向前看，向好的一面看，只有自己控制住了对事情的反应态度，才能够控制住它们所带来的影响。

南怀瑾：常怀感恩之心

　　南怀瑾曾说过，感恩之心要长存，常怀感恩之心，才懂得世界与人生的美丽。何为"感恩之心"？顾名思义，就是将别人给予我们的恩惠铭记于心，若有能力也当相还相报，就如季羡林先生所言："人的一生是曲折的一生，道阻且长，谁能保证不遇挫折与磨难？有人指点迷津，有人热忱相助，当别人伸出援助之手拉自己走出泥潭后，怎能不投以回报？"所以说，做人当常怀一颗感恩之心，这世上没有谁必须对谁好，没有谁必须得帮助谁，既然得到了帮助就要懂得感恩。

　　感恩是一种处世哲学，是生活中的大智慧。南怀瑾说：待人如己。古往今来，很多仁人志士也大都提倡要知恩、感恩，如此看来，感恩之心当为人之所有。做人要学会感恩他人，常怀感恩之心，感恩别人愿意在困境之中伸出援助之手，所谓锦上添花未必难得，难得的当是雪中送炭。

　　汉高祖时期的大将韩信在未得志时，境况很困苦。那时，他时常去城下钓鱼，希望能钓上几条鱼解决吃饭问题，但是这终究不是可靠的办法。因此，韩信时常要饿着肚子。幸好河边有很多清洗丝棉絮或旧衣布的妇女，其中有一个老婆婆很同情韩信的遭遇，便不断地救济他，给他饭吃。韩信很是感激，便对她说，将来必定要重重地报答她。汉朝建立后韩信被封为楚王，他想起从前曾受过老婆婆的恩惠，便命从人送酒菜给她吃，更送给她黄金一千两来答谢她，这也正是"一饭千金"成语的来历。

　　一个人要学会感恩，对生命怀有一颗感恩的心，心才能真正快乐。感恩生命，感恩每一次的机遇、每一次的考验，甚至是痛苦与灾难。这世间没有什么比生命重要、可贵，能够活着便是上天的最大恩赐，所以说，无论遭遇了什么，都要怀着一颗感恩之心面对。如果一个人没有了感恩，那么他的心就全部都是空的。"羊有跪乳之恩"，"鸦有反哺之恩"，"赠人玫瑰，手有余香"，"执子之手，与子偕老"，这些都因怀有一颗感恩的心。

　　南怀瑾说，感恩是一种对恩惠心存感激，是一种不忘他人恩情的人萦绕心间的情感。古有小黄香在寒冷的冬天，先用自己的体温暖好床，才让父亲睡到温暖的床上；今有伟人毛泽东，邀请他的老师参加开国大典；朱总司令蹲下身，亲自为妈妈洗脚；居里夫人，亲自寄去机票，让她的小学老师欧班老师来参加镭研究所的落成典礼，并亲自把老师送上主席台。这些事例都体现出了一个相同的道理：伟人之所以伟大，名人之所以成为名人，是因为他们都拥有美好的心理品质——感恩。

南怀瑾：笑一笑，十年少

俗话说："笑一笑，十年少，愁一愁，白了头。"也就是说我们在面对生活时，应当有一种积极乐观的态度。因此，南怀瑾先生认为："人生在世，应当活的快乐。"

遇到挫折困难时，记得笑一笑。南怀瑾说，生活本来就是这样，酸、甜、苦、辣、咸，一切尽在其中，就看你如何去描绘、去尝试。用一种乐观的态度去面对生命，用微笑来面对一切，困难没什么大不了，就怕自己不敢面对；挫折也无所谓，就怕自己没了信心；坎坷又如何，只怕自己还未曾尝试。生命对每个人来说是平等的，不要一味地抱怨上天的不公平。路途中时而坎坷艰辛、波澜不惊，时而垂柳轻拂、平淡如水，关键是看你如何来把握生活，享受生命。因此，我们应当牢记："笑一笑，十年少。"

遇到烦恼灾祸时，记得笑一笑。古语云："祸兮福之所倚，福兮祸之所伏。"对于所发生的灾祸和烦恼，谁又确定不会转化为幸福呢。拥有一颗泰然处之的心和一种乐观豁达的态度，我们就能笑对灾祸。南怀瑾曾这样发问："生活给予我们的很多，它想要留给我们的也很多，但绝不是悲伤，为了回报它的赠予，除了快乐，除了微笑，还能是什么呢？"人生在世难免要经受这样或那样的苦恼和挫折，重要的是正确对待，调整好心态。平时心情愉快、开朗，喜笑颜开的人，往往都显得很年轻，然而经常烦恼愁闷、恼火易怒的人，很容易衰老。

作为精通中医学的一位大师，南怀瑾还指出，情绪与健康的关系十分密切。凡是情绪乐观、心情舒畅的人，均能增强抵抗力，有益于健康长寿，正如养生谚语中说："一日三笑，人生难老。"长寿者大都是胸怀坦荡、处事泰然、开朗乐观的人。"不为小事而生气，万事都要想得开。"在现实生活中，谁都难以避免会发生过失，在这种情况下，特别需要相互宽容和谅解，这样才能消除误会，化解矛盾。为人处世要豁达大度，宽以待人，容人之长，容人之短，容人之功，容人之过。宽容是一种美德，是一种思想修养，也是人生的真谛，你能宽容待人，别人才能宽容待你，这是生活的辩证法则。所以，在与他人发生冲突或者摩擦时，我们应该展现笑容，表现出宽容和谅解的态度，这样会使人与人间的误会和隔阂消失，世界也会变得更好。

每天早上起床，洗漱时对着镜子中的自己笑一笑，会使自己开心一整天。笑一笑，世界会变得更美，生活也会更快乐。拥有乐观开朗的心态，去看待世间万事万物，"笑一笑，十年少"，这正是南怀瑾先生的处世之道。

南怀瑾：胸怀大爱，幸福常伴

什么是胸怀大爱？所谓胸怀大爱，就是在与父母相处时要懂得孝顺，在与人相处的过程中善待他人，要有慈悲之怀，做到这些，自己会有一种充实感和幸福感。曾有两句诗说："历劫几能全骨肉，对人不敢论存亡。"

南怀瑾回忆内战后与父母分隔两岸，后来两岸实现"三通"后，他回到故乡，母亲却早已亡故。真可谓"子欲养而亲不在"。因此南怀瑾说，做儿女的要孝顺父母，不要等时间，不要等空间，不要等环境，尽力去做就对了，要力所能及尽到孝心，这就是"孝之至也"。

在人的一生中，对自己恩情最深的莫过于父母，是父母给予了我们生命，是父母辛勤地养育我们，我们的成长凝结着父母的心血。南怀瑾先生说："中华民族历来崇尚受恩不忘、知恩图报，这也是做人的基本道德，是一个人的良心。"人世间的爱都需要从爱父母开始。只有孝心，让每一个家庭弥漫最温馨的气息，让人们在品尝生活的芳香时，也承担一份责任，这种责任也是一种幸福。南怀瑾告诫我们，作为儿女要了解父母养育自己的不易，也要知道树欲静而风不止，子欲养而亲不待的道理，尽孝要从生活中点点滴滴做起。

中国有一句古话说"与人为善"，是说人不论到什么时候，都要以善的一面对待别人。南怀瑾说："与人为善是人际交往中一种高尚的品德，是智者心灵深处的一种沟通，是仁者个人内心世界里一片广阔的视野。"它可以为自己创造一个宽松和谐的人际环境，使自己有一个发展个性和创造力的自由天地，并享受一种施惠于人的快乐，从而有助于个人的身心健康。与人为善并不是为了得到回报，而是为了让自己活得更快乐。与人为善其实是极易做到的，它并不需要刻意而为之，只要有一颗平常的心即可。

孟子曾说过："君子莫大乎与人为善。"善待他人是人们在寻求成功的过程中应该遵守的一条基本准则。南怀瑾认为，只有善待别人、帮助别人，才能处理好人际关系，从而获得他人的愉快合作。那些慷慨付出不计回报的人更容易获得成功。

佛教讲慈悲，爱一切生命。慈悲是什么？说到底，慈悲是一种关怀，是无条件的。南怀瑾便是一位十分懂得去关怀生命的人，即使是一只小小的蚂蚁，在他的眼里也是值得去尊重和关怀的。无论多么卑微的生命，在这个世界上都应该有一席之地。将一颗爱心、慈悲心惠及蝼蚁，可以说是将仁慈做到极致。

中国传统文化讲求"善"：为人处世，强调心存善意、向善之美；与人交往，讲求与人为善、乐善好施；对己要求，主张独善其身、善心常驻。古语云："人生一善念，善虽未为，而吉神已随之。"意思是说一个人只要心存善念，尽管尚未付诸实践，吉祥之神已经陪伴着他了。做到所谓的心怀大爱，正是要一步步地从心里培养小爱，一旦心中常怀大爱与善念，便可以得到幸福。

南怀瑾：把每一天当成生命的最后一天

南怀瑾说："道德品格的完善在于，把每一天都作为最后一天度过，既不对刺激做出猛烈的反应，也不麻木不仁或者表现虚伪。"有人说人的一生有三天：昨天、今天和明天，这三天组成了人生的三步曲。但我觉得人的一生只是由无数的今天构成的，因为不会珍惜今天的人，既不会感怀昨天，也不会憧憬明天。

假如今天是生命的最后一天，所有的思想包袱都将放下了，一切迷惑都豁然开朗了，任何的是非功过都想明白了，想得开了。人大多是只有到生命的最后一天，才能摆脱缠绕着自己的所有困惑，才能懂得人所有的一切都是过眼云烟而已。简简单单地来去，什么都没有带来，也没有带走。一切都不是属于你的，因此才能放下一切，真真实实地感受到轻松、快乐。当你心事不好、事事不顺的时候，你如果认为这是生命的最后一天，你还将会再去计较那些人间的是是非非吗？非常自然你什么都不会去考虑了。

南怀瑾说："人心情最好的时候，可能就是把每一天当成最后一天的时候。"如果把人生的每一天都当成是最后一天，你定然格外珍惜那一天。寻找快乐，放飞自己的心情，做自己最想做的事。抓紧时间生活，抓紧时间快乐，所有的苦闷、烦恼也定然会离开你，你肯定不会再有无聊、空虚的感觉，无所事事，打发时间的情绪也必然消失的一干二净。

如果把人生的每一天都当成最后一天，你会体会到越活越年轻，越活越精气十足，越活越壮志不已，不尽的憧憬和渴望代替失望与无奈充斥你的心里。如果你把每一天都看成是最后一天，你的最后一天就会越来越多，活得越来越洒脱，生命甚至会得到超脱，越活时间越长。

恰若南怀瑾先生所言："人生永远是今天，不要看昨天，昨天已经过去。不要想明天，明天也没有。"假如今天是生命中的最后一天，该做些什么？该如何做？把昨天从记忆中清除，明天更不用去想象。明天是一个未知数，其中的变数更是不可预测，因此为什么要将今天的精力白白给未知的事？

把每天当成生命的最后一天，幸福的每天迎来日出日落；每天幸福的大步走，能跑，能跳，能笑，能呼吸；非常荣幸自己还能够拥抱青春，还有什么能与拥有生命更重要。珍惜当下，珍惜今天，才会获得快乐。

南怀瑾：活在当下，即是真幸福

生活中很多人欣赏"今朝有酒今朝醉，哪怕明日喝凉水"的豁达态度，但是真正能够做到这一点的人却是少之又少。南怀瑾先生提出"活在当下"时的见解恰好与这句话的观点在某一个层面上不谋而合，他认为："就是要我们把关注的焦点集中在当前的人、事、物之上，全身心地仔细地去接受、感应、投入和体验这所有的东西。"

南怀瑾先生说："世上有很多事是无法提前的，不管是物质也好、希望也好。唯有认真地活在当下。"简单地说就是要把心灵放在你现在呆的地方、做的事和生活的人上，并全心全意认真地去品尝、投入，这才是人生最正确的态度和观念。

人们大都会有这样的困扰，工作的时候，对明天的事情总是满心的担忧，只怕自己出什么差错。有时候遇到个人比赛，公众面前表演，更加吃不下饭、睡不好觉。更有甚者，有时候很多已经过去的事仍然在心里徘徊：那次比赛要是我此处能认真点，成绩再上一个档次……就这样在担心和缅怀中，今天的宝贵时光也便匆匆而去，一事无成白白浪费，到了新的一天，又变得更加迷茫和无助。

南怀瑾先生认为："当我们活在当下，既没有过去拖在我们后面，也没有未来拉着你往前，你全部的能量都集中在这一时刻，生命因此具有一种强烈的张力。"在他看来，眼下的事，必须踏踏实实、仔仔细细，不逃避，坦然自如地面对，放下过去的顾虑，舍弃未来的担忧，一切顺其自然，活在当下。

昨天的事情已经成为历史，就像明天的树叶不会提前枯黄。无论你多么希望事情改变，但那都是不可能的。所以，一个人不应该总是抱怨昨天，也不应该只简单地想象明天。只知道浪费今天的时间去做明天的事，这实际是一种非常愚笨的做法。恰如南怀瑾先生所说的那样："幸福不是能追来的，只有知足才能有真正的幸福，幸福的标准也不是只有自己心理上知足，就永远在幸福中。"人生一辈子，一直在不断地得到和失去，很多人拥有美好的过程，但都没有得到一个理想中的结果。但生活还在向前进，因此放下那些已经过去的以及将来的不现实的，简单、充实地过好今日。

学会知足，学会享受现在所拥有的时间。幸福感主要来源于满足感，珍惜生命的中每一个片刻，在人生中任何时候都带着爱、带着欣赏去全身心地领会。带着这样的生活态度，定然能在生活中找到别人未曾发现的美妙和人生领悟。活在当下，才是幸福。过去、未来、远处，都是虚幻的、空洞的，只有今日、此时此刻，才是真正属于自己的。

南怀瑾：先自爱而后爱人

南怀瑾先生曾说："人，因为有'自欺'，才会'欺人'，最后当然要'被人欺'。人不自骗，谁又能骗的了你呢？换言之，人要自爱，才能爱人，最后自然可被人爱。"墨子在千百年前就提出了"兼爱"，爱人不仅是为个人荣誉，更是为利人。墨子的"爱人"不仅指要爱别人，更主要指爱自己，也就是"自爱"。

什么是"自爱"呢？最简单的理解就是，饿了就会找东西吃，渴了就会找水喝。这是生理上的自发主动行为，是生理表层的"自爱"。更高的理解就是不见利忘义，不做损人利己的事，自己能够做到自尊、自信、自强，这就是高层次的"自爱"，是人性上的自爱。如果自己都不爱自己的人，肯定不会是一位可爱的人，更加不可能真正的爱别人。在生活中他对自己产生怨恨以及不满，这使得在他身边的人不自觉地就受到了他怨恨以及不满的影响，这是一件多么糟糕的事。

卢梭曾说："大自然塑造了我，然后把模子打碎了。"这一句话听起来非常高傲，但是也同时说明了一个非常重要的事实。每个人都有自己的特点，即使是双胞胎，也有地方能够分别他们的不同，人不是流水线式的生产，思想和外表简单的粘贴复制。然而随着科技的发展，有些人把自己仿造别人的模子又重新来塑造一遍。当他走到大街上时，发现满街都是和自己长相相似的人。这既不是对自己的尊重，同时对模子那个人也是一种不尊重。一个连自己都不爱的人，处处去模仿别人的人，能去爱别人吗？能给别人快乐吗？

一个人如果自己没有独立的思维，总是跟随别人的思维去思考、去生活。每日都被外在的事务所困扰，内心生活严重缺乏。这样的人就不再是为自己而活了，无论是意识还是心理，都没有一丝真正属于他自己的东西。这种人只能被称作他人的影子，或者一部简单冰冷没有生命的工作机器罢了。

如果没有自我，那么如何才能去爱人呢？假如"爱"是一门艺术，"自爱"就是一种素质，想要成为爱的艺术家必须具备这一"自爱"的素质。能给别人带来欢乐的人，一定是自己生活充满欢乐的人，和这样的人相处才能够感觉到什么是幸福快乐。

自爱和爱人在给自身和他人带来欢乐和幸福的同时，对自己的身体也有很大好处，能够防止疾病的入侵，延缓自己的衰老。只有懂得自爱，才能明白如何去爱护他人，能够更加懂得帮助他人的意义。爱他人和被他人爱的过程，能够更好地陶冶自己，获得更加透彻的生活领悟。

林语堂：在游戏中工作，在游戏中生活

看过林语堂先生的作品的人大都知道，他对快乐这个话题十分看重。他曾在书中讲过："人生世上，我的问题不是拿什么做目的，而是怎样去应付此生，怎样消遣这五六十年天赋给他的光阴。"这就是在告诉我们要用豁达乐观的态度去面对人生。"消遣"这是一个令人享受的词语，我们把它用到生活中，就是要把它加以调整，在生活中获得最大的快乐，在他看来，这就是游戏人生的真谛。

"人生的目的应该是什么？对于这个问题，我们每个人都有自己的理解，我们中的许多人，有多少人曾为了工作的困苦而日夜焦虑，昼夜难眠？又有多少人因为生活的艰辛而一生潦倒，丧失斗志？"林语堂先生的这句话，不仅体现了他那淡定自如、宁静旷达的不争、不躁、不急的优秀品质，而且对于困境中的我们也有着指导作用。

那么，我们所说的游戏人生和林语堂先生所说的游戏生活相同吗？答案当然是否定的。林先生对于"游戏"的定义是一种宁静旷达、淡定闲适的人生态度，他不会因为生活的艰辛和工作的困难而走向灭亡，反而会愈挫愈勇，永不言败。

许多人理解的游戏人生的涵义就是用金钱做着各种享受的事情。当然，这种享受都是指物质方面的，金钱美酒，酒池肉林，在各种颓废中以为达到了人生的巅峰，却不知最终沦为了金钱的奴隶。如果一个人他不能淡定自如地面对生活中的各种诱惑，那他岂会实现自我超越，实现自己的精神王国？

林语堂先生在工作学习中总会看淡一切，唯有对于知识、幸福的追求却永不会停歇。讲到快乐时刻的界限，以及它的性质和度量时，他认为中国人和美国人的观念是相同的。恰如我们与美国人都会因为开心而笑，也会因为悲伤而痛苦悲哀。我们都是一样的人，一个生物个体，即使在文化传统上有不同，但是我们对于快乐的事物的信心是一样的。林先生会因为一个微笑而快乐，也会因为一个好天气、一个好人而快乐。这体现在他的生活与工作中，便成了积极乐观的人生态度，这也叫作生命的享受。

快乐即游戏，游戏即认真要淡定的对待每一件事。林语堂老先生是一个豁达开朗、心胸开阔的人，如果要想保持林语堂老先生那样的快乐，就必须也要像他那样做到心胸开阔，否则，便可能陷入挫折与自我毁灭中。所以，人生的快乐真谛即是游戏地看待一切事物，在游戏中工作，在游戏中生活。

林语堂：凡事亦雅，但无须刻板

　　林语堂老先生曾说："我很怀疑世人是否曾体验过幽默的重要性，或幽默对于我们整个文化生活的可能性——幽默在政治，在学术，在生活上的地位。"这样的话体现出了林语堂先生对于幽默的重视感。而与幽默相对的是刻板。

　　人类的理想世界不会是一个合理的世界，在任何意义上来说，也不是一个十全十美的世界，而是一个缺陷会随时被看出、纷争也会合理地解决的世界。我们所希望最好的世界是一个没有矛盾、没有纷争的社会。然而，这个目的是很难实现的。

　　如果一个社会没有矛盾，那么，这个社会无疑是一潭死水，更不要谈什么活力、什么机巧了。所以说，如果用刻板来管理世界，那么世界不仅会没有活力，而且极有可能会爆发战争。恰如林语堂先生所言，如果派遣五六个世界上最优秀的幽默家去参加一个国际会议，给予他们全权代表的权力，那么世界便有救了。

　　凡事亦雅，但无需刻板，林语堂先生认为即是在较为理想的情况下去追求优雅，但也无需刻意。刻意追求的完美是痛苦的，也是令人无奈的。金无足赤，人无完人，我们必须承认，生活及其思想的简朴性是文明与文化的最崇高最健全的理想，林语堂先生认为我们也必须承认他的简朴性。而浸染习俗，熟悉世故的人们不再回到天真纯朴的境地时，文明就会到处充满困扰，日益退化下去。

　　林语堂先生说，自己不可能变成多种事情的奴隶——盲目追求完美，刻意追求完美，那会令我们的生活陷入一个泥沼，永远不可能达到自己的巅峰。若是连最基本的快乐都无法达到，那么又何谈更高层次的优雅、自然呢？

　　"一个人只有能轻快的运用他的观念，才可能是他自己人生的主宰，才可能是他自己的主人。严肃、刻板、苛责终究只是追求优雅的手段，不可能成为人生的主调，不可能成为人生的主宰。"

　　追求优雅，就必须把自然简朴的观念融入到生活中的方方面面。林语堂认为我们不是机器，是有血有肉的人。微妙的常识，哲学的轻逸性和思想的简朴性，恰好也是幽默优雅的特性。刻板是人们所讨厌的，是使人们所无所适从的，只有找到自己心中的度，才能做到优雅，才能做人。

林语堂：学会忘记

　　林语堂先生曾说:"生命的享受在于快乐，人类的快乐属于感觉。"如此可见，一个人的生命中若是被负面情绪包围，那么这个人一定会走向自我毁灭。因为，仇恨悲哀是不足以支持一个人的一生的。世间万物都在过着悠闲的生活，只有人类为着生活而工作。但是生活并不是完美的，义务、责任、恐惧、野心都是由人类社会产生，并不是生而有之。所以，无论做什么事，都要学会忘记。

　　林语堂先生曾说美国人是闻名世界的伟大的劳碌者，中国人是闻名的伟大的悠闲者，彼此都在佩服着对方。中国人爱悠闲，是在长久的民族文化的传统下熏陶而成的。我们阅读了陶渊明的闲适淡雅，阅读了王维的诗意自然，骨子里便有着这份随化。这种性情是由于酷爱人生而产生，并受了历代浪漫文学潜流的激荡，最后又由一种人生哲学——道家哲学承认它为合理近情的态度。

　　正所谓"盛名多累，隐逸多适"，古代陶渊明不为五斗米折腰，放弃了富贵权势，放弃了荣耀浮华，最终寻找到了人生最舒服的姿态，那就是"采菊东篱下，悠然见南山"。苏东坡鄙视王权富贵，在江上清风与山间明月间寻找到了自我。林语堂先生赞颂他们的这种精神，因为他们都崇尚悠闲的生活，追随自己的本心，于忘记中寻找忘记的真谛，寻找快乐的真谛。

　　一个人不一定要有钱才可以旅行，就是在今日，旅行也不一定是富家的奢侈生活。若是仅仅因为生活的困苦而自己难以忘怀，那你就会陷入到不快乐的怪圈。享受悠闲生活当然比享受奢侈生活便宜得多。只要你学会忘记，像林语堂所说的那样拥有一种全然悠闲的情绪，正如梭罗在《瓦尔圣湖》里所说的要享受悠闲的生活，所费是不多的。正如陶渊明、苏东坡、白居易、袁中郎，他们都曾度过一个短暂的官场生活，政绩都优良，但是都为了厌倦那种生活要求辞职，以便可以回家去过自由自在的生活。他们对悠闲的生活崇尚追求，忘记了不想要的，忘记了不愉快的，宁愿在生活中贫穷，也要在精神上富有。

　　可是在这里，林语堂先生说我们不能忘记根本的事情。知识的愉快，谈话的快乐，幻想的喜悦，人类的生活太复杂了，只是一个供养自己的问题，已经要费去我们十分之九以上的努力。但是对于梦想、知识，林语堂先生认为我们是绝对不可以忘记的。他们好比我们人生的胃，其他的人生阅历好比食物，如果我们连胃都不曾照顾好，那又如何消化人生？

林语堂：为生活造就一种新鲜感

有的人一辈子都不会觉得无聊，因为这种人心中对生活有着一种新鲜感，尝试用新的眼光看待每一天，把每天相同的事不同看待，时时觉得有意思。

林语堂先生说："关于天使的形态，一般的观念仍以为是和人类一样的，只不过多生一对翅膀：这是很有趣的事。"人类的想象可以无边无际，假如给思维加上了翅膀就可以遨游四海，探索未知。就好像是喜欢看恐怖片的人往往不一定是胆大的人，就是因为新鲜感勾起了人们心中的好奇心，所以不少人还是会一边看着恐怖片一边害怕得尖叫，最后连夜晚睡觉都蒙着头不敢乱动。

事实上，人类思想和活动的范围很大很空，也很陌生，林语堂先生正是告诉我们涉及这些陌生并不可怕，可惜的是在这些领域中与梦想擦肩而过。接近梦想心跳的感觉就好像胆小而又非要看鬼片的感觉一样，让人能够真真切切地体验到生活中的种种乐趣。看看身边的人，那些有所作为的成功者，那些"天才"，他们从不吝惜心跳的感觉，也没想过回避自己的好奇心，而是打开心灵的窗户，探索未知新鲜的世界。

人们还常常抱有这样一种心理："这件事非比寻常，我不如躲远些好。"可往往你躲开了这事便是躲开了机会，这种心理状态使人不能面对挑战，积极尝试新的经历，所以必须坚决摒除。

牛顿对一个苹果产生好奇，发现万有引力；瓦特对烧水壶上冒出的蒸汽也是十分好奇，改良了蒸汽机；爱因斯坦从小比较孤僻，喜欢玩罗盘，有很强的好奇心；伽利略也是看吊灯摇晃而好奇发现了单摆；爱迪生小时候看母鸡孵鸡蛋自己也尝试孵了一天……这些人就是因为不舍得将思维停下，才在不断的探索中获得了成功。

所以说，我们都应该尝试新事物，别想着我不行、我很脆弱、我容易受伤之类的，如果你觉得涉及陌生领域会头破血流会回不到之前，从而在原地徘徊不前，那么你会感觉到精神生活的不充实和沮丧，这是削弱意志消极的表现。一旦失去对生活的兴趣，则会使精神受到很大的打击，人生就自然显得没有意义。因此，在一定程度上，你可以想做什么就做什么。其原因只不过是你愿意这样做，这种思维方式将为你拓展生活的新天地，并勇敢地进入充满趣味的世界！

林语堂先生也是如此，他每时每刻无不在为自己的生命注入新鲜感，他将原本平庸的生活注入了文学的色彩，以哲学般的思维给读者带来感悟，他学习外语，用外语写文章，丰富了自己的创作，他的人生也因这些新鲜感而更加充实。

林语堂：幽默着，洒脱着

　　林语堂在《论东西方文化的幽默》中说："我认为幽默的发展是和心灵的发展并进的，因此幽默是人类心灵舒展的花朵，它是心灵的放纵或者是放纵的心灵。唯有放纵的心灵，才能客观地静观万事万物而不为环境所囿。"由此可见，幽默的重要性。而林语堂这个过着"幽默而自然"生活的观点，也颇得人们的认同。

　　在林语堂看来，幽默在人生中不可或缺，就像水于鱼般不可或缺。幽默是一种智慧、一股力量。他说："无论哪一国文化、生活、文学、思想，是用得着近情的幽默的滋润的。没有幽默滋润的国民，其文化必日趋虚伪，生活必日趋迂腐，文学必日趋干枯，而人的心灵必日趋顽固。其结果，必有天下相率而为伪的生活与文章，也必多表面激昂慷慨，内中老朽霉腐，五分热情，半世麻木，喜怒无常，多愁善感，神经过敏，歇斯底里，夸大狂，忧郁狂等人心变态。"

　　由此可见，幽默作为一种改变我们精神的力量，将会随着文化渗透深入影响我们的思维。当然，幽默并不单单指对外的诙谐和外向活泼，个人自身的自嘲更是也是一种幽默的表现。一个人做事不是一直一帆风顺，碰壁和遭受挫败是常有的，幽默家面对这些挫败困难时都不会垂头丧气、斤斤计较，他们依旧保持着自身的洒脱。当然他们肯定也会有缺点和不足，但是和常人不同的是，他们面对自己的缺点和不足时，不会觉得自卑，而是会以"玩笑式"的心态进行自我开解。著名思想家、儒家创始人孔子就曾将自己比作"丧家犬"，许文长也曾以"龙耶猪耶"自我调侃。所以说，心放宽点，自嘲其实是对自我的一种肯定和认知，勇敢地承认自己的不足，便有勇气自信起来了。

　　总之，幽默不只是口头上惹人发笑的笑话，也不是行为上滑稽的举止，它是一种智慧，一种洞察灵魂的聪颖方式。美满而才华横溢的人生少不了幽默的装饰，幽默是智慧的源泉，是行动的指南，是美味生活的添加剂，我们的生活又怎少得了幽默呢？

林语堂：做个好人，常自在

　　从小到大，听到最多的就是要做个好人，那么什么样的人才算是好人呢？有的人一辈子为人服务，在别人眼里是个好人。无论我们信不信教，心怀善心，即使没有信仰我们依旧在做个好人。

　　林语堂因为父亲的关系，很小就受礼，成了基督徒。小时候的林语堂对上帝虔诚而信任，上帝的光辉充盈了他的脑袋。他和一般基督教教徒一样，吃饭前学着牧师父亲诚心地向上帝祷告，感谢上帝赐予他吃的食物，而在晚上则跟着牧师太太念《圣经》。做了好事他会因此舒心高兴，当犯了错，他会去教堂，请求上帝的原谅。在他看来，作为一个虔诚的基督徒，他会努力让自己的言行符合圣经里教导，遵从教义，规范自己的行为，让自己成为一个符合教规要求的人，这样便可以称作是好人了。

随着年龄的增长，林语堂对有关上帝的一切问题产生了好奇，在寻源书院读书时，他曾用这样的一个办法考验过上帝：他祈祷上帝可以让他捡到一个铜板，可惜无论他如何尝试，这个愿望都没有实现，因为这件事的原因，林语堂对基督教的信仰开始动摇了。这样的想法一直到他十七岁那年，依照父亲的意思，林语堂就读于神学院。经过系统的神学训练和大量的典籍阅读，林语堂对基督教的怀疑愈发深了。后来提起这件事的时候他是这样说的："一切神学的不真，对我的智力都是侮辱。我无法忠实地去履行。我兴趣全失，得的分数极低，这在我的求学过程中是很少见的事。监督认为我不适于做牧师，他是对的，所以我离开了神学院。"

后来，他在清华大学任教时依旧没有放下心里对上帝的疑问，所以他便向刘大均请教："如果我们不信上帝是天父，便不能普爱同人，行见世界大乱了，对不对呀？""为什么呢？"刘大均听后有些疑惑的反问。在得知林语堂的困惑之后，刘大均想了想说道："我们还可以做好人，做善人呀，只因我们是人的缘故，做好人正是人所当做的。"刘大均的这一番话使得林语堂顿觉茅塞顿开，是的，做个好人做个善人我们能普爱众人，这是最自在的为人方式。

什么是好人？好人就是心底无私的人，是助人为乐的人，好人是不求回报的，他们懂得付出，懂得为他人着想，而且愿意毫不吝啬时间和金钱地去帮助他人。而且好人就是我们身边的普通人，不是神，也不是上帝，他们并非怀着救赎之心去悲悯世人，他们做的只不过是用自己的爱心去感染身边的每一个人，求个心安，求个自在罢了。

季羡林：每个人都是孤独的旅客

每个人从小时候就开始在心中勾勒自己看到的世界。每个人的经历不同，成长的曲线也各异。世界虽然只有一个，但勾勒世界的地图却每人都有一张。季羡林先生认为，正因为每个人都是独一无二的，每个人都坚信自己所勾勒的地图才代表着唯一真实的世界，因而每个人手拿地图，踏上人生的征程，都是一个孤独的旅客。没人陪伴你走过一生，你眼中那些美丽的风景，那些惊心动魄的光彩，别人全都看不到，也看不懂。

国学大师季羡林一生都处于孤独之中，他年轻时没能摆脱包办婚姻的枷锁，与妻子共度的几十年中，大部分时间都是分居状态。他与亲生儿子关系紧张，直到他去世前一年，儿子才得以相见。在季老的情感世界里，他是孤独的一个旅客，从未有过一人伴随他终身。那种平凡而简单的家庭幸福,对他来说却是可遇而不可求的,但他并不因孤独而颓废堕落,更不以自己的喜好,去干涉别人的追求。

他曾经说到,孤独中如果浸透着悲凉,蔓延着凄惨,那么人生就是不幸的。以孤独坚守本真,以孤独保持自我,把握人生,便如同独自盛开在寒冬腊月里的傲梅,生命可以散发出来自心灵的清香。

正是在孤独当中,季羡林先生将时间和情感投入到研究当中,精通英、德、梵、巴利文、俄、法、吐火罗文,是世界上仅有的几位精于吐火罗文的学者之一,被誉为"梵学、佛学、吐火罗文研究并举,中国文学、比较文学、文艺理论研究齐飞"的伟大学者。

孤独者在自己的世界里歌唱,听到的只有自己回音;孤独者在自己的世界里起舞,看到的只有自己的影子。季老曾说,我们自说自话,自言自语,以为看见了世界,其实看见的是自己。从另一角度来说,独歌和独舞都是快乐的,因为我们终于有机会给世界创造不同的价值。

在自己的世界里唱歌,需要莫大的勇气和耐力,朱自清曾说:"我们赤裸裸来到这世界,转眼间,也将赤裸裸地回去。"时间稍纵即逝,每个人从生下来就开始走向死亡,身在人生的旅程当中,沿途的风景百变,我们若流连不已,就注定只能做一个匆匆而过的旅客。害怕孤独的人浪费时间寻找安全感,永远不会明白人生的价值。而林语堂却认为,即便我们都孤独,人生是一条没有归途的路,我们的一生也该如诗一般地度过。

季羡林:孤芳自赏也是美

陆游的《卜算子》写道:"驿外断桥边,寂寞开无主。已是黄昏独自愁,更著风和雨。无意苦争春,一任群芳妒。零落成泥辗作尘,只有香如故。"季羡林先生晚年回忆一生,孤独当中并不都是安宁的喜悦,世俗的虚名,利益的冲突,始终成为人生中挥之不去的阴影。

"父子决裂""财产之争""字画门"等,各类围绕他的话题此起彼伏,形形色色的事件把他卷入纷争的漩涡。他的晚年,与孤独寂寞为伴,似乎只有医院的病床与药水,屋前的花花草草,家中同样孤独的大白猫。他做了许多艰深的研究,写了许多只有极少读者能看懂的著作,他曲高和寡,真正了解他的人越来越少。但季老却在这种"孤芳自赏"中自得其乐,即便九十多岁躺在病床上,他仍然坚持每天清晨起来写作。

孤芳自赏也是一种美丽,认清自己的孤独,不去迎合别人的喜好,就会从中寻找到真实的快乐。就像霍金二十一岁患上卢伽雷氏症,只有三根手指可以活动,基本与活死人无异。他曾是世界上最孤独的人之一,但始终沉溺在别人认为毫无意义的研究当中,一部《时间简史》就是他孤独人生的见证,是他孤芳自赏的杰作。人们惊叹霍金物理学理论的高深之时,又有谁知道这些辉煌的成就是在怎样的孤独中萌发而生的?

马尔克斯在《百年孤独》中写道:"即使以为自己的感情已经干涸得无法给予,也总会有一个时刻一样东西能拨动心灵深处的弦;我们毕竟不是生来就享受孤独的。"人生的价值不在于旅途的长度,而在于深度和广度,每个人都拥有独一无二的孤独。但我们不需要绝望沉默,即便没有一个观众,也要在自己的世界中唱歌、独舞。

我们的人生都是走在孤独的路上,与其自怨自艾,与其浪荡荒废,不如在孤独中孤芳自赏。正如丰子恺所说:"既然无处可逃,不如喜悦。既然没有净土,不如静心。既然没有如愿,不如释然。"

季羡林:不完满才是人生

世间万物都万分精彩,但往往有一些不完美的缺陷,能使万物更加夺目,光彩照人。例如人生,有过获得成功或失败的经历,才能从不同的视角感受人生,才能使其更有韵味。

季羡林在《不完美才是人生》这本书中明确提出这句话,无非是告诉大家,真正的人生,都由一些不完美的片段组成,所以,接受这些不完美的因素,才能使自己朝更美好的未来前进。

季羡林早年在德国留学时,曾经与一名才女相知、相恋、相惜,然而,残酷的现实却摆在季羡林的面前:他要报效国家,他要在国家需要他的时候,毅然回到祖国的怀抱。忍受锥心的痛苦和不舍,季羡林回到了国家,离开她心爱的人。这一去,两人便再也没能见面,只是在世界的两端,两颗孤独的心默默地回忆着曾经的幸福。

季羡林先生经历了不完美的爱情,挥笔写下《平凡亦有禅》。在人生方面,他强调不完美的人生,才是真正的人生,他真真切切地告诉人们,虽然人生有不完美,但不要怨天尤人,去接纳它,就会发现另类的精彩。

苏东坡有词:"人有悲欢离合,月有阴晴圆缺,此事古难全。"南宋方岳的诗句:"不如意事常八九,可与人言无二三。"这都是脍炙人口的句子,都与季羡林的思想不谋而合,告诉我们人生中总是充满了不完美,但不完美的才是真正的人生。

"文革"期间,季羡林都经历了很多,这种生命中的不完美,并没有将他打倒,严峻的形势下,使他对特殊时期产生了特殊的思考。在《牛棚杂忆》里记载,他幼年时曾经想留在乡下生活,如果他没出来读书,在"文革"中就不会受到批斗;文化水平至多是半文盲,家里大约有一两亩地,天天下地劳动,解放以后捞到一个贫农地位,生活虽清苦,但无忧无患,生活惬意。而如今"人生识字忧患始",自己成了大学教授,经受了磨难,前途未卜。

季羡林的文章言真意切,但他并不后悔选择离家读书,他不后悔成为教授,那些生活经历,确实是人生的一段不完美，但他愿意承受。因为若没有经历这种不完美，也许他永远不会有如此的思想起伏。平淡无波的人生是缺乏深度的，是极度肤浅的。

不完美能够加深人的思想力量，使人们真正认识世界，衡量自我，思考人生的价值。因此，经历不完美，是人生中不可或缺的财富。

季羡林先生拿曾经落后的中国举例，虽然近代的中国软弱无能，任人欺凌，但最终中国还是崛起了，我们国家的越来越强大，正是从这些曾经的不完美中走过来的。唐太宗说过"以铜为鉴，可以正衣冠；以人为鉴，可以明得失；以史为鉴，可以知兴替"。中国曾经的屈辱，就像一面明镜似的时刻提醒着我们，勿忘国耻，自立自强。可以说，这些曾经的缺憾，对当今国家的强大有着至关重要的关系。

"金无足赤，人无完人"，每个人的生命中都有或多或少的不完美，每个人都有他必定要跋涉的道路，这条道路或泥泞，或崎岖，总之这都是生命中必须要面对的。从花草树木到风雨云电，无一例外都要经历种种不完美。这种不完美是生命中不可或缺的重要组成部分，认识到这一点人生才可以变得更精彩。

季羡林：心怀赤子，任尔世态炎凉

"气势浩然，心怀赤子"指的就是心怀浩然正气，坐拥赤子之心。是的，心怀赤子之心，何惧人世间沧桑起伏。在季羡林的世界里，可以清清楚楚地读出心怀赤子，任尔世态炎凉。每一次读季羡林的文章，每一次都会有新的认识，无数次驻足于书架，流连于此，翻看，思索。

季羡林在书中这样描述自己："可我偏又是一个闲不住的人，每天不写点东西，不读点什么书，静夜自思，仿佛犯了什么罪。"正是因为严格的自我约束，高强度的自我要求，一篇篇朴实无华感人深情的著作从笔下涓涓而生，赤子之心溢于言表。

时间如白驹过隙转眼即逝，因而季羡林一生奉行的都是抓紧每分每秒，让自己的每分每秒都有最大的价值。每天凌晨四点，总会准时伏案提笔，或写文章，或做研究，亦或是读书，数十年如一日，从未间断，被称为"北大一盏灯"。

然而即使这样，季羡林仍然总是感叹"时间不够用"。这种珍视时间的赤子之心，注定了季羡林的不平凡。长年累月养成珍惜时间的习惯，不断地读书学习的积累，即便年龄越来越大，但丝毫不影响人生的精彩。从学习中汲取能量，吸取养分，让大脑接受与时俱进的知识，激发生命的活力，让生命越来越厚重。

不久前，美国哈佛大学凌晨四点多的两张图片在网络传播，照片显示：凌晨四点哈佛大学的图书馆里，灯火通明，座无虚席，每个人都在一丝不苟聚精会神的学习……图片配文是这样写的：哈佛是一种象征，最高智慧的象征，最高学府的象征。据统计，哈佛大学培养了三十三位诺贝尔奖获得者、七位美国总统以及无数各行各业的精英。这不禁引人深思，中国和美国相比，缺失什么？

也许，最根本的区别就是学生们对于学习、对于时间的赤子之心。爱因斯坦曾经提出："人的差异在于业余时间。"中国的大学生，业余时间多是睡觉、玩乐，极少去做一些有意义的事情，缺乏思考，缺乏独立学习能力，大脑变得越来越迟钝。然而，哈佛的学生们，把所有能用的时间都花在学习读书思考创新上面，用他们的话说，就是"忙完秋收忙秋种，学习，学习，再学习"。这些学生怀抱着一颗赤子之心，昼夜学习进取，注定他们在将来不会成为社会淘汰的弱者。

像季羡林先生那样，心怀赤子之心，即使时间精力有限，依旧能激发身体和智力的潜能，用有限的时间和精力，创造无穷的价值，让所有的梦想、才情，通通都能兑现。

季羡林：人不该失去爽朗的笑声

国学大师季羡林先生曾说："一个在沧海中失掉了笑的人，绝不能做任何事情。只有能笑、会笑、敢笑，才能阔步前进，创建宏伟的事业。"也就是说，无论什么时候，我们都不能失去爽朗的笑声。一个人如果失去了笑声，就会失去希望，那就意味着失去一切。我们的生活中，有时会遭遇困难与挫折，每当这时，要记得只有乐观与笑容才能解决问题。在季羡林先生看来，虽然每个人都会笑，但我们的笑也会有消失的时候。

不论你的命运如何，都不要放弃用微笑面对，因为成功之路是拼出来的，不是抱怨出来的，人生难免坎坷，也少不了风雨，摔倒了不要怕，站起来继续走，没有什么走不出的困境，也没有永远的黑暗，笑对人生是一种心境，也是一种态度。人的一生都不可能是一路平坦、一帆风顺，有时挫折也是人生画卷中的一抹色彩，如果人生只有成功，没有失败，那这个人生便会变得单调无味。用微笑给命运勇气，继续挑战，勇往直前，用微笑去创造属于生活的奇迹。

亚特兰大市有一个叫海蒂的女孩，她二十三岁的生日是在特定的实验室里过的。因为这个皮肤苍白的女孩从一出世就得了一种怪病，她的皮肤会对外部的一切环境过敏，所以她只能一直住在科学家为她制造的无菌实验室里。二十三岁的海蒂从来没有和任何人有过肢体的接触，她的每一天都只能孤独的度过。更为残酷的是，她不可以哭泣，因为咸咸的泪水会腐蚀掉她过于敏感的皮肤。面对这样的残酷生活，海蒂却没有丝毫的抱怨，她微笑的告诉人们："我可以上网，我可以想象，那里有我快乐的天堂。"因为不能流泪，所以海蒂选择了微笑。命运的残酷并不可怕，人生没有什么过不去的坎，命运也没有什么走不出去的困境，一个人不论在什么样的境遇里，始终都不能放弃的就是微笑，因为微笑始终是埋藏于人们心底的力量源泉。

人活着，是为了快乐，是为了奋斗面对重重苦难，微笑着活下去，不管未来结果如何，艰辛的过程就是一种最好的收获。正如路遥所说："永远把艰辛的劳动看作是生命的必要，即使没有收获的指望，也心平气和地继续耕种。"

英国著名戏剧家、诗人莎士比亚曾说过这样一句话："上天生下我们，是要我们当作火炬，不是照亮自己，而是普照世界。"人生的道路并不是永远的那么平坦和光明，而总是充满着太多的崎岖和黑暗，跌倒的时候不要怨愤，笑一笑，没什么大不了，爬起来还能继续走。正如季羡林先生所说，要把笑当作生活的底色，不要让生活失色。

季羡林：世已桑田，心未沧海

世界变化莫测，随着时间的推移，人们往往随波逐流，改变了自己的本心。但总有一些人坚持自己的信念，无论外界的环境如何变幻，最初的梦想和追求始终保持原本的样子。季羡林先生就是这样一位世已桑田、心未沧海的智者。

自古以来人们就对山东人的豪爽多有褒扬，这一点，在季羡林先生的一生中也淋漓尽致的体现出来。因为豪爽，季羡林的一生都十分坦荡。无论是对任何人，贫者或富者，老者或幼者，亲戚朋友，亦或是毫无关系的陌生人，都能够坦坦荡荡，没有一丝的自私狭隘之心。对青年学者不留余力的赞扬鼓励，对有成就的人丝毫不吝惜他的赞美，无私的悉心教育着一代又一代的青年。季羡林先生一生中，尽管挫折无数，艰险无数，但他的坦荡无私，始终伴随着他。这种坦荡无私的性格，并未在一次又一次的磨难中被泯灭，反而与磨难同行，在季羡林的生命中闪烁着耀眼的光芒。

季羡林先生历任中国科学院哲学社会科学部委员、聊城大学名誉校长、北京大学副校长、中国社会科学院南亚研究所所长，是北京大学的终身教授。这样的一位集知识、才华、荣誉于一身的学者，理应是一位家财万贯的富裕者，实际上，从季羡林去世，他的遗产争夺风波中，也确实证明了他的富有，然而，季羡林一生践行的却是朴素简朴。也许他前半生的日子是艰辛的，本就应该简朴一些。但后半生他绝对是富有的，这时能够依旧践行着朴素简朴的原则则是十分珍贵的。

即使有钱，对于吃，他一如既往没有特别要求。他的原则就是，填饱肚子，不饿就行。早餐数十年如一日的馒头、清茶、花生米，晚餐午餐也以清淡为主，很少吃肉。不仅个人简朴，在他的带领下，全家人也都简朴，生活开销很少。对于穿，他的宗旨是以不变应万变。春、夏、秋、冬，一年四季不停更替，但一直未变的是季羡林的一身蓝色卡其布中山装。他的用品也是如此，只要能用决不丢弃，他的一件雨衣甚至用了五十年。这不禁让人唏嘘，觉得不可思议，但这确实是季羡林真实的人生经历。

纵观季羡林的一生，什么都在改变，但他的本心始终保持着最初的模样，纯真清澈始终伴随着他。他用厚重的生命告诉了我们一个道理：生命的意义，在于即使世已沧桑，但一定要心未沧海。他用心灵的跋涉告诉我们，怀揣着本心，向光明前行。

季羡林：难得糊涂

郑板桥曾在他的《糊涂注》中写道："聪明难，糊涂难，由聪明而转入糊涂更难，放一着，退一步，当下心安，非图后来福报也。"我们的国学大师季羡林的观点与此不谋而合。

季羡林先生在《难得糊涂》中写到："普天之下，绝大多数的人，争名于朝，争利于市。尝到一点小甜头，便喜不自胜，手舞足蹈，心花怒放，忘乎所以。碰到一个小钉子，便忧思焚心，眉头紧皱，前途暗淡，哀叹不已。这种人滔滔者天下皆是也。他们是真糊涂，但并不自觉。他们是幸福的，愉快的，愿老天爷再向他们降福。"在季羡林先生看来，人们虽为了名利喜形于色、怒于言是真糊涂，但也是乐于其中。生活中糊涂一点也是一种生活方式，一种生活乐趣。

人有时候真的不需太过于明白，每个人都怕自己不够清醒，都希望自己能够心明如镜。可是人生又何必太清醒？把所有的事情都看破了、说破了，又有什么意义？世界很大，个人很小，没有必要把什么事情都看得那么重要。

据说有一年，郑板桥专门去山东莱州的云峰山观摩郑文公碑，一时间流连忘返，误了下山的时辰，只能借宿在山间茅屋之中。恰好屋主是一位儒雅老翁，自称"糊涂老人"，而且出语不俗。他的室中放了一块方桌大小的砚台，石质细腻，镂刻精良，令郑板桥十分叹赏。于是老人就请郑板桥在砚背题字。板桥认为这个老人一定有来历，所以就题写了"难得糊涂"四字，用了"康熙秀才雍正举人乾隆进士"的方印。这时砚台尚有许多空白，郑板桥便邀老人写一段跋语。老人提笔写下"得美石难，得顽石尤难，由美石而转入顽石更难。美于中，顽于外，藏野人之庐，不入宝贵之门也"。而后用了一块刻着"院试第一，乡试第二，殿试第三"的方印。郑板桥一看大惊，这才知道老人是一位隐退的官员。有感于糊涂老人的命名，见砚背上还有空隙，便又恭敬的补写了一段话："聪明难，糊涂尤难，由聪明而转入糊涂更难。放一著，退一步，当下安心，非图后来报也。"

世人只知做一个聪明人难，想要看穿一切难，可谁又曾真正体会，想要糊涂更难？人生难得糊涂，看破不说破方是人生的真智慧。有时候放开一些，后退一步便能看到海阔天空。

有时糊涂一些，让自己有一个好的心态，做人拿得起，做事放得下。人生在世，有得就有失，有付出就有回报，鱼和熊掌不能兼得。有时你的付出不一定能得到回报，但自己要想明白一些，不要太苛求自己，生命总有它的循环，上帝是公平的，它对每个人都是一样的垂青。

人生会遇到一些谁也无法规避的现实，在面对这种现实的时候，有人选择用实用主义的机智与狡黠处世，也有人用浑浑噩噩的态度得过且过。与之相比，季羡林先生面对人生的态度，更像是中国古代君子修身养性时所持的"慎独"思想，自我修行的意味极浓。难得糊涂的人生态度对于我们而言是值得借鉴的。

季羡林：低调做人，烦恼少

《菜根谭》中有一句话："地低成海，人低成王"，一个"低"字，却演绎出了深厚的境界。成大事者和沽名钓誉之辈，真正的强者和故弄玄虚的人，他们之间，只差"低调"二字。"圣者无名，大者无形"，真正的强者总是莫测高深，不显山不露水，默默耕耘，苦心孤诣，直至成功。甚至成功以后，这样的人也不喜欢张名扬利，而是继续探索，寻求新的突破。

其实做一个低调的强者并不难，甚至比做一个张扬的强者更为简单。我们的文学大师季羡林先生就是一个低调的强者，"低调做人，烦恼少"是他本人生活的真实写照。

季羡林先生曾说："要想成功不难，难的是在成功后能放下浮躁，一切归零，不提当年勇。"道理说起来简单，做起来却不容易，在成功面前，如何才能做到"闲看庭前花开花落，静观天上云卷云舒"？如果一个人能够在攀上人生的高峰后，放下成功的包袱，抛弃曾经的荣耀，不被眼前的成功和胜利冲昏头脑，重新审视自己，冷静分析眼前的一切，继续争取新的成功，那么迎接他的将是下一次成功。

但也有不少人自恃聪明，又爱卖弄，且又执迷不悟，最后成为荒丘野鬼的汉末杨修之所以结局如此惨淡，正是因为他未能领悟到何为"低调做人"。据史书记载，杨修是曹操门下掌库的主簿，他虽然智识过人，却总是自恃其才而小觑天下之士。有一次曹操令人修建一座花园，快竣工时，监造花园的官员请曹操前来验收察看。曹操参观了花园之后，对于花园修建的是好是坏以及他对工匠们的建造手艺是褒是贬一句话也没有说，只是默默地拿起笔来，在花园大门上写了一个"活"字便扬长而去了。众人一见这样情形，都怎么也猜不透曹操的意思，这时杨修却笑着说道："门内添'活'字，是个'阔'字，丞相是嫌园门太阔了。"监造的官员见杨修说得有一番道理，便立即返工重建园门，改造停当后，重新请曹操来查看。曹操一见重建后的园门，不禁大喜问道："谁知道了我的意思？"监造的官员答道："是杨修杨主簿的意思。"曹操听后转眼看向杨修，而此时杨修正在得意于自己对曹操心思的掌握，一面接受着众人的吹捧，一面在心里嘲笑其他人的蠢笨。而此时的曹操虽然在表面上称赞杨修的聪明，可内心却已经开始忌讳杨修了。曹操手下谋士众多，可是别人哪怕看透也不会说透，只有杨修总是自大狂妄地揭穿曹操的心事，最终因为触碰到曹操的底线而失了性命。

为什么"鹰立如睡，虎行似病"？因为真正的强者，总是喜欢藏锋守拙，待机而发，在别人面前表现出来的更多的是大智若愚、大巧若拙的一面。低调的人，才高而不自诩，位高而不自傲。盲目地张扬自己的本事，亮出全部的看家本事，正如技穷的黔驴，让真正具有本事的老虎一口吃掉。这些人往往私心杂念太重，名利思想太浓，如果事业不成，就可能会身败名裂。在现实生活中我们应该掩盖锋芒，踏实做事，而不是恃才而娇，高调地行走在云端。

季羡林：宁行一小善，不行一小恶

"勿以善小而不为，勿以恶小而为之"这句话是三国时期刘备在临终时嘱咐儿子刘禅所说的，意在教育刘禅不可轻视小事情，不要因为好事影响小就不去做，也不要因为坏事影响小就去做。季羡林先生也为世人留下了"宁行一小善，不行一小恶"的十字箴言，意在教育我们为人做事要行善，勿行恶。

在季羡林先生看来，人生在世就应该宁行一小善，不行一小恶，这与佛家的日日行善，方可功德圆满有异曲同工之妙。俗话说，"小时偷针，大了偷金"，"千里之堤，溃于蚁穴"，讲的就是这个道理。

坏事虽小，但它能腐蚀一个人的灵魂，日积月累，就会从量变导致质变，最后就会跃进犯罪的泥坑，成为可耻的罪人。有些学生平时不注意自己的道德修养，久而久之就养成了一身坏习气：迟到、旷课、泡网吧、相互打骂，甚至结交一些社会痞子，敲诈同学；有的甚至去小偷小摸；还有的因为与同学有些矛盾，就纠集一帮人打群架。

季羡林先生认为"宁行一小善，不行一小恶"是对道德的培养，对人们有着不可估量的影响。一滴水可以折射太阳的光辉，一件好事可以看出一个人高尚纯洁的心灵。小事是大事的基础，大事是小事的累积，轻视一件件平凡的小的好事，就不会做出伟大的事情；轻视一滴水就不会有浩瀚的海洋；轻视一棵树就不会有茂密的森林；轻视一砖一瓦就不能盖好高楼大厦。

古人有云："集腋成裘，聚沙成塔，垒土成山，纳川成海，积善成德。"所以说，我们要从小事做起，从点滴做起。一个人做一件好事并不难，难的是一辈子做好事，如果一个人坚持做好事而不做坏事，那么，他必然会得到社会的尊重，人民的赞扬。一次关灯，一句善语，一次让座，一个微笑，都是对公共利益的贡献。小小的善举，举手之劳，并不需要我们付出很多，却能换来谅解、和睦、友谊。为社会做点事，为他人做点事，为自己做点事，美好的生活在大家的点点滴滴中创造，在持之以恒中延伸。

"淡泊名利，与世无争；洞明世事，反求诸躬；福祸相依，平衡心态；宁行一小善，不行一小恶。"让我们将季羡林先生的谆谆教诲铭记心间，培养高尚品德，创建价值人生。

季羡林：福祸相依，平衡心态

"祸兮福之所倚，福兮祸之所伏，孰知其极？其无正。"这是老子的话，按季羡林先生的说法，老子讲的"福"就是走运，"祸"就是倒霉，走运总是蕴藏在倒霉之中，一个人经历过倒霉的人生，才会体味到什么叫做走运。

司马迁在《太史公自序》中说："昔西伯拘羑里，演《周易》；孔子厄陈、蔡，作《春秋》；屈原放逐，著《离骚》；左丘失明，厥有《国语》；孙子膑脚，而论兵法；不韦迁蜀，世传《吕览》；韩非囚秦，《说难》、《孤愤》；《诗》三百篇，大抵贤圣发愤之所为作也。"季羡林对司马迁的总结深以为然，他认为几乎所有的文学大家，都是在经历了倒霉之后，才写出震古烁今的伟大杰作。像李白、杜甫、韩愈、苏轼、李清照、辛弃疾等等，莫不皆然。而在政治上成功的人士，倒霉事恐怕经历得更多。

所以倒霉没有什么不好的，起码能够让我们保持头脑清醒，头脑清醒了，才能做出有意义的事情，才能让人变得更有勇气，对生活更加乐观。即使一生遭遇打击无数，但还要勇敢乐观的活下去，因为走运与倒霉总是相依的，风雨过后，才能够迎来彩虹。

《每日镜报》登载一位英国男子的故事。约翰·莱恩，被称为"世界上最倒霉的人"，他一生中经历险些送命的死亡事故至少有十七次。但同时他也是"世界上最幸运的人"，因为每次灾难降临，他都化险为夷，绝处逢生。

约翰十八个月大时，将浴室里一个塑胶瓶中的消毒水当饮料喝光，被迫洗胃才脱离危险。他十二岁时遭遇死亡车祸，此后又被雷电击中，几乎烧成焦炭，侥幸活命。十四岁时游泳溺水，勉强救活，后来他又从树上跌落摔断腿，被送进医院抢救，出院的当天，他出了车祸，本已骨折的地方再次撞断。二十岁的时候他成为一名矿工，矿井中石块坠落，砸中他的脑袋。他与人运送一车石块时，因同伴疏忽松手，一整车石块撞到约翰身上。四十一岁时，约翰从地下室入口摔下去，摔断八根肋骨。四十四岁时他无意触碰到一根高压电线，差点被电死。四十九岁时去希腊桑特岛度假，搭载的出租车冲下了悬崖。五十岁后，约翰不小心从敞开的下水道口跌下，背部、双腿和膝盖全都摔坏。伤好之后，他前往希腊度假，所乘坐的飞机被闪电击中，差点机毁人亡。

对于这些倒霉事，约翰在报纸上说道："我是世界上活着的人中最幸运的，不管多么残酷的现实，都不会打垮我。"约翰活得如此乐观，不久，他买的彩票中了五十万英镑大奖，人人都为他鼓掌。

　　季羡林先生说:"走运时,要想到倒霉,不要得意过了头;倒霉时,要想到走运,不必垂头丧气。"倒霉了,难过绝望都没有用,不如好好生活,心态平和,才会过得更好。

季羡林:分辨好人与坏人

　　分辨好人与坏人,是每个人与生俱来的一种本能,我们便是在这种辨认下长大的。人们总是喜欢通过分类廓清面前的情况,贴好标签,为自己的人生道路寻找一张安全地图。从理论上来讲,谁都不愿意跟坏人做朋友,都喜欢和好人做朋友。然而当孩子们听到坏人也有朋友的时候,就非常奇怪,为什么坏人也会有朋友呢?季羡林先生十分肯定地说,坏人也有朋友,他们的朋友也是坏人,坏人们往往是成群结队,呼啸而聚,狼啸而散的。

　　季羡林先生认为,世界上有些人不存在道德感,他们依照天性的恶发展下去,一直都是坏人。他就"文革"时期的遭遇得出一个结论:"根据我的观察,坏人,同一切有毒的动植物一样,是并不知道自己是坏人的,是毒物的。"

　　因为坏人根本不认为自己是坏人,所以即使做了泯灭良知的坏事,也如同做了好事一般,毫无知觉。并且,这世界上有些坏人谎话连篇,坑蒙拐骗,在好人群里游刃有余,如鱼得水,致使好人们无法对付他们,连连上当受骗,往往不知情地听命于他们。

　　另外有一些坏人隐藏得十分巧妙,让人看不出他们是坏人,还以为是好人。这样的坏人常用小恩小惠拉拢人,以许诺暗示的利益引诱人,让一些心怀期望的老实人走向堕落的深渊。这样的坏人狡猾奸诈,比那些抢劫凶杀的人更加邪恶。

　　季羡林说,"文革"时期,忠良、知识分子和科学家们变成了"顽固分子""臭老九",而居心叵测的坏人却站在一个制高点,制造一系列残害好人的事。在那个混乱的时代,坏人当道,他们诱骗好人,怂恿好人加入自己的行列,然后进行打压,残害不愿意与他们同流的好人。

　　因此季羡林先生说,这些坏人不仅狡诈,而且缺乏一种天然的悲悯之心。那是因为他们并不觉得自己是坏人,既然根本没有意识到自己的恶行,又怎么会改好呢?这些坏人继续伪装,混迹在好人中,带着虚伪的面具,做所谓的"好人"。

　　季羡林先生认为,坏人是呈现人类弱点的一面镜子,它会暴露出人许多的劣根性。而好人做错事会受到良心谴责,会反省自身,不断加强对自己的道德修养。所以这个世界上,我们可以分辨出好人和坏人。

朱光潜：慢慢走，欣赏人生

在阿尔卑斯山谷中，又一条风景极佳的大路，路上有一个标语牌，上面写着："慢慢走，欣赏啊！"关于这个标语牌，朱光潜先生在自己的文章中是这样描述的："许多人在这车如流水马如龙的世界过活，恰如在阿尔卑斯山谷中乘汽车兜风，匆匆忙忙地急驰而过，无暇一回首流连风景，于是这丰富华丽的世界便成为一个了无生趣的囚牢。这是一件多么可惋惜的事啊！"朱光潜先生的这段话看似描述美景，实则比喻的是人们对待人生的态度。生活中，大多人行色匆匆，眼里心里只记挂目的地，只记挂想要达到的目标，却忘了在行走过程中留连欣赏路边的美景，这样的索然无味，岂不可惜？

人生固然要有目标有理想，这样才有前进的方向；但真正重要的，是朝此方向前进的过程。漫漫人生过程中的体悟与获得才是一世为人的最终收获，这句话也蕴含了朱光潜先生"人生艺术化"的美学理念，也是他人生的态度。如他所言，人生本来就是一种广义的艺术，每个人的生命史就是他自己的作品。但是，每个人的作品能不能成为有较高价值的艺术品，得看个人的天分与修养。懂得生活，就能把自己的生命精雕细琢成伟大的雕像；反之，则毫无价值。

朱光潜先生年轻的时候曾在英国和法国留学，有一段时间他的生活陷入窘境，可是心中充满着对美好未来向往的他依旧坚持梦想，潜心创作，《文艺心理学》以及它的缩写本《谈美》就是在那时完成的。朱光潜的成功与他静得下心是分不开的，在遭遇困境的时候他没有慌乱，而是慢下节奏来，一边充实自己，一边继续追求梦想，就这样，慢慢走，抱着欣赏的态度收获了成功。

由此可见，从另外一个角度来看，"慢慢走，欣赏啊"也是一种积极的人生态度。这种"不在乎结果而在乎过程"的态度对于做人是很有用处的。既然如此，对于人生的每一步，我们都要"慢慢走"，并且还要"慢慢欣赏"。要做到如此，则需要你能够跳出"原我"，变成"另一个我"，通过"吾日三省吾身"对"原我"进行审查。如果你懂得好好地去欣赏你的人生过程，那么这种"慢慢欣赏"就一定会给你带来无比欣慰、无比惬意、无比爽悦的感觉。

城市里的绿地越来越多了，每天从旁边经过的时候，总是匆匆忙忙。其实只要稍作停留，会发现草地里的野花和蒲公英很美，在其间蹦蹦跳跳的喜鹊和麻雀也很可爱。世界上并不缺少美，少的只是发现美、感受美的心灵。努力向前但不要忘了驻足停留，欣赏眼前的美景，品味当下的生活。最后，将这句话送给所有的人，那就是："慢慢走，欣赏啊！"

朱光潜：灵魂在杰作中冒险

什么是灵魂在杰作中冒险？这个问题看似简单，众所周知，只要能够形成良好的视觉效果的事物都是美的，那么美的事物在杰作中到底是成就了杰作还是破坏了杰作呢？正是因为它拥有这种不确定性，所以就可以称之为冒险。可是，问题也恰巧出在这里，如果我们所想的并不是真正正确的呢？在这里我们就得考虑到底什么样的事物才能称得上美？或者说我们该如何考证、批评与欣赏美？

"美不在心"是朱光潜先生美学思想的核心观点，也就是说，朱光潜先生认为美既不存在于人的主观意识中，也不在物质中，更不存在于客观事物中，朱光潜先生的这种观点可以简约地概括为：美是物的形象，或者美是意象。

新鲜活泼的心境，是不可能发现这种生动与清和的美的统一，而朱光潜先生似乎轻而易举的领悟到了美的神韵，如在拈花微笑间顿悟了一切声光、色彩和形象中微妙精深的律动和气韵。这种境界是朱光潜先生所说的："一内在自足的境界，无待于外而自成意义丰富的小宇宙，启示着宇宙人生的更深的一层真实。"

虽然说考证、批评并不等同于欣赏，但是欣赏却是需要了解艺术作品相关知识的。作品的年代、背景、作者、版本、野史等等均可以作为考证的依旧，而批评就是用一些主观的规矩或一成不变的框子来规范艺术作品。批评家如果不客观的评论艺术作品，那他的文章将一无是处，这就是朱光潜先生所推崇的"欣赏的批评"，他认为不能把原有的美丑标准在不同时代不同环境下同一而论，要把自己放到作品当中去，反复品味其中然后有感而发。

毫无疑问，朱光潜先生美的态度是超俗的，也是入世的。他在自己的书中向我们展示了一个充满美的人生和宇宙。宇宙之大，无非虚实相生，而美更是无处不在，它属于有限之中，又让人从有限中发现永恒。可以说，朱光潜先生中的美学思想已然把中国传统的哲学、美学合而为一了。

美的发现和感情存在于艺术的欣赏之中，也就是说艺术在哪里，那么美就在哪里。那么意境又是什么呢？意境是化实景而为虚境、创形象而为象征，是人类最高的心灵具体化、肉身化。所以说，对艺术的投入，就有美感的诞生；对艺术的展示就是美丽的缩放，一切美的光都来自灵魂，就在这杰作中冒险。

叶曼：让美充盈我们的人生

美是一种态度，是一种生活方式，叶曼女士提出让美充盈我们的生活，这种美和金钱无关，和罪恶无关，是用心情融化出来的美。外在的美用金钱堆砌而出，华而不实，时时刻刻透露着肤浅，内在的美是沉淀自己的心灵，将内心打磨成宝石一般光滑，以涵养展现出自己的美。

美化是必须的，但是却不能把美化的方式简单看为花钱。有的人家财万贯，花起钱来毫不心疼，穿衣方式、家具装修处以贵字第一，这在叶曼女士看来，他们不是为了美化，只是为了买那个价格，他们不会关心自己搭配的一套风格会不会有冲突，只要价钱高，他们就心满意足了。这是"暴发户"们对待美化和审美根深蒂固的病根，生活中的一切以钱来衡量，把金钱当作敲门砖，自作聪明，只会反被聪明误。

在叶曼女士的著作中，和"暴发户"有着同等地位的则是那些自诩清高的"破落户"们。以节俭为名，将一切追求美的行为打为走资派，他们眼中美就是奢侈，就是浪费，中华民族以勤俭节约为荣，岂能干这些骄奢淫逸的事。吃穿住用，样样都选价格最便宜的，将粗劣丑俗、肮脏破烂全掩盖在节俭之下，并以自身的"节俭"去抨击金钱等同美化之风气。泱泱华夏，礼仪之邦，从"礼仪"二字上就能很容易看出国人对仪容仪表仪态的重视。君子如兰，兰花的香味如何能在满是污垢的环境中散发。而君子一词，则是指待人谦和，彬彬有礼，衣冠得体，谈吐高雅，这是涵养，是素质，而这些不是靠过分的节约就能得来的。先将自己收拾好了，再说去教育别人，这是待人最基本的礼貌。

中国美学历经千年沉淀，存于神州大地。同时中华民族的美是有根基的，建筑、刺绣、诗歌，这些都是祖先在发展中留下的美的财富。可在如今金钱对美化的影响下，要么一味追求着金钱，要么一味鄙视着金钱，这两种极端下，无数人将美看待得支离破碎。

叶曼女士觉得，一个人无论是精神颓废还是意志消沉，他需要做的第一件事都是先将自己打扮起来，先从气色外貌上改变自己。她无法想象一个蓬头垢面的人会对生活产生兴趣，一个任由自己邋遢下去的人，要想体会到生活的美好，首先要把自己收拾干净，再睁开双眼向外走去。生活的美贯穿于各个角落，让看见美的人充盈于心灵，而看不见的人，依旧呆在自己的小角落感受不到阳光的照耀。

美的生活方式，美的生活态度，每个人都可以尝试，叶曼女士希望借由美让人振作图强，自信自尊，让美经过历史长河继续传承下去。生活是需要美的，美能让人更好的生活，那么就请带着美一路前行，让我们的生活更加美好吧！

叶曼：自然美，真美的最高境界

什么才是真正的美？谈起这个问题，估计很多人都会回答说："自然美，才是真的美。"中国人自古崇尚自然，略施粉黛显得清丽可人，浓妆艳抹则在大多人眼里显得有那么一点点俗媚。在外表的层面上谈及自然美这是略微显得肤浅的，叶曼女士就将自然美看成天人合一的境界，以美来谈善，人善，自然人美。

美是能看出来的，有人长相过人，走到哪都是人群的焦点，这种美只美在了外表；有的人虽然长相一般，却自有一番风韵，美在了内心，这才是美出了境界。叶曼女士对待美，有自己的认识，她觉得"自然美"是天人合一的境界。"天"字代表自然，"人"是自我，为善能做到不觉自己在做善，就能领会"自然美"的个中真义。叶曼女士将这种天人合一的境界概括为祥和，安详和谐，她强调平和与自然，凡事过之则福祸不知，不如顺其自然。

叶曼女士似乎很喜欢自然，喜欢自然的态度，喜欢自然的美，欣赏自然中的一切。美分为很多种，虚假的美和真实的美。虚假的美不堪一击，是谎言终会戳破。人人都希望得到真实的美，却不知这种执念本身就会破坏美的纯粹性，美，是不需要自己努力去表现的，真的美，被再多的沙土包裹，也会被人发现。

叶曼女士说自己不希望"盛极而衰"，她希望人们能"持盈保泰"，但同时她又说了会有"否极泰来"。这便是为什么寻求自然的原因，自然的生活，不去强求，不去奢望，生活便是美满的。人生在世，不求无愧于天地，但求无愧于己心，勿以恶小而为之，勿以善小而不为。善，向善，为善，为善不觉，这是不同的境界，想要达到自然美的境界，多加强内心的修养，不怨、不怒、不痴、不嗔，顺其自然，自然也就达到了那境界。

做好事是一件再简单不过的事，对乞丐的一丝怜悯，对孤寡老人的一丝爱心，这些都可以被称作好事。有的人也以做好事为荣，但是他们知道自己在为善，并没有把这些当成生活中再平常不过的事来看待。从这，便能区别出两者的差别。将为善看成生活的组成部分，将它看待得与逛街、买菜无异，这才是做到了"为善而不自觉"。

人为什么需要自然美，究其原因，不过是希望我们的社会能美起来。社会是一个大家庭，人人都处在其中，无数的人一起组成了这个庞大的社会，如果人人都美，社会自然会美起来。而自然美，则是美的最高境界。

叶曼女士对社会有着自己的期冀，真美便是叫人们多注重内心，把自然美从外表升华到内心的层次，借以劝诫人们以达到自然美的境界，从而达到社会和谐。自然美，才是真的美，社会美，才是大家的美。

叶曼：日日都是好日

司汤达曾说过："我从地狱来，前往天堂，正路过人间。"人们希望前往天堂寻求救赎，但在这之前，生而为人，在人间几十年，几万个日日夜夜，无论开心还是难过，都得过下去，乐天知命故不忧，怨天尤人最损福。

"不求为所欲为，但求至善尽美。"在叶曼女士眼里，即使是真名士自风流，但是只要他故意地做作，那么哪怕做作得异常风雅，也使人觉得雅得俗不可耐。所以她认为做人不需要去刻意附庸谁，只要顺其自然就好，不要让生活看着别人的步伐前进，每个人有自己的一辈子，如果样样都靠着别人的点评过活，岂不太累？从漫雨春花正年少到垂垂老矣，白马过隙，没有谁能陪到生命的尽头。有人怨天怨地，最后带着一身怨气离开人世，而也有人随遇而安，泰然处之。自退一步，为别人思考一步，活得轻轻松松，自自在在。

日子是拿来好好过的，不是让人把时间浪费在纠结来纠结去。叶曼女士希望人们日日都是好日，从而拥有一个至善尽美的人生，乐天总是好过怨天的。不去埋怨，便不会有烦恼，埋怨与烦恼是相伴一生的。烦恼由自己产生，开心也是由自己创造，烦恼与开心都是对待生活态度所不同导致的。在叶曼女士的著作中，她认为凡事过得去便行了，太过较真，不管是对对方还是对自己，都累。大好河山，四季美景，不去欣赏这些，偏偏在一些微不足道的小事上纠结，这不是自找烦恼是什么？

日子想要过成好日子，其实是很简单的。叶曼女士说用爱看待一切，乐天知命，便是至善尽美了。爱虽然虚无缥缈，却是很容易付出的东西，世间万物皆有爱，投我木瓜，报以琼琚，付出与得到，这便是两份爱。点点爱汇集在一起，生活中便充满了爱，有爱有善，这就是好日子。

叶曼女士潜心向佛，借以修养自己身心，这便养成了她追求平和、稳定、安宁的心态。不骄不躁，推崇静心，她对事物有着自己独到的见解，这样的人也乐于开解他人。生活中或许会有很多不得意之处，但是在不得意之外肯定会有更多令人开心的事发生，对不得意的事安然处之，对开心的事，多思索思索，让生活被快乐占满，让每天的日子都过得有意义，青春不负，时光不老。

日子是一天天过出来的，好日子也好，坏日子也罢，没有人有机会去反悔已经过去的时间。好日子是由自己创造的，生活中心平气和，待人处事不斤斤计较，努力去追求自己的快乐，那自然日日都是好日子。

丰子恺：你若爱，生活哪里都可爱

"你若爱，生活哪里都可爱。"这句话将丰子恺先生对生活的热爱描写得颇为生动，哪怕是穿越了半个多世纪的时光，却依然带着满满的光亮，不曾褪色。

丰子恺先生是我国著名的漫画家、散文家。他的画功了得，往往是寥寥几笔，就勾画出一个意境。例如那副名为《豁然开朗》的作品虽然创作简单，但也非常值得人深思。丰子恺先生谈起创作背景时曾说："那个时候我就在想，我们这个世界要如何能少一些欺诈，多一些执着，多一些自然，多一些淡泊。"他最终提出，心底宽了，世界自然就豁然开朗了，所谓相由心生，同理可得，眼观世界，你眼里看到的便是你内心的反射。

外面的世界就在那里，不同的是看待世界、对待生活的态度，这也许就是佛家所说的相由心生吧。你若爱，生活哪里都可爱；你若恨，生活哪里都可恨。我们需要一双能够发现这世界可爱之处的眼睛，而不是觉得凡事怎么都那么别别扭扭的，这样生活着只会觉得自己生活的环境和自己越来越合拍。

世人可以追求名利，但不可痴迷其中，为名所累为利所害。何时放下，何时才没有烦恼。该放下时要放下，该分享时要分享。以"非淡泊无以明志，非宁静无以致远"的态度行走于世，看淡沉浮与得失，以自己的生存理念及生活方式平静地对待生活。不自卑，不媚俗，宠辱不惊，认真地工作，真实地生活，过好当下，享受人生。

著名的音乐家贝多芬先生双耳失聪，这看起来似乎是世上莫大的悲哀。可是无声的世界却依然无法阻挡贝多芬对音乐的爱、对这个世界的爱。他用双手在琴键上起舞，用思想编织华丽的交响，将音乐的魅力带进他那无声的世界。

阳光孕育了生命，生命和阳光又紧紧地联系在一起。阳光的价值不仅是给我们躯体带来光明和温暖，它还代表着信心、爱心、幸福……是我们精神生活的一种积极追求。

生活中，心灵的花园也要时时修缮，否则就会杂草丛生。老子有些话值得借鉴："既惊其神，即著万物；既著万物，即生贪求；既生贪求，即是烦恼；烦恼妄想，忧苦身心；便遭浊辱，流浪生死，常沉苦海，永失真道。"生命就好像旅游，注意力决定选择方向，选择又决定了内容。生活就是如此，你选择了什么，那些内容就是什么，逐渐形成自己的潜意识，时时刻刻影响着你。倘若我们把糟糟痛苦的东西装进内心，则会污染我们的心灵。你若爱，生活哪里都可爱。

丰子恺：无宠无惊过一生

很多人都认为，在丰子恺的盛名之下，他的后代一定生活得非常风光。可是实际上，丰子恺一生慷慨，画作随手赠人，留给后辈的作品财产寥寥无几。多年来，从丰子恺的身上，后辈们得到更多的是耳濡目染的文学气质和淡泊名利的品性修养，而非物质的遗产。

古人云："宠辱不惊，闲看庭前花开花落；去留无意，漫随天外云卷云舒。"然而在竞争日益激烈，诱惑日趋纷繁的社会里，固守节操、淡泊名利并非易事。淡泊名利，必先修身正心。颜回居于陋室之中，箪食瓢饮，亦能自得其乐；梭罗居于湖畔之上，一泓净水，便是心灵充实的源泉。如果一个人本身品德高洁，心中没有贪婪，那么在他的眼中，万事万物并不因世人的言语而有所改变。

古代有这样一个故事，广州二十里外的石门，有一处泉水名叫"贪泉"。传说凡是喝了"贪泉"之水的官员，都会变得十分贪婪。因此，那些经过石门的高官小吏们，没有一个人敢喝贪泉之水，即使天热口渴难当，他们也竭力忍住，以保证自己的清正廉洁。

后来有一个叫吴隐之的人到广州做官，他从"贪泉"路过，听人说起有这样一件事，便十分好奇地走过去看看。他来到"贪泉"跟前，见那泉水并无特别，只是普普通通的山泉而已，于是他就蹲下去，手捧着泉水尽情畅饮，他的随从见状，全都大惊失色，赶紧上前阻拦他："大人，这是贪泉，千万不能喝。"吴隐之听罢哈哈大笑，说道："什么贪泉？贪婪的人不喝也会贪，清廉的人就算喝了，也能保持清廉。"

吴隐之在广州上任之后，他把所得的俸禄和赏赐，除了自己的口粮之外，剩下的都赈济当地穷苦百姓。吴隐之自身清廉节俭，树立了率先垂范的榜样，不仅让当地的官员们严于律己，不敢贪赃枉法，而且使广州的民风日趋淳朴，百姓也都安居乐业。

一个德才兼备者的操行，是以心绪宁静来涵养德性，以生活节俭来提高品德的。并不是说靠一口泉水就变得贪婪，或者不喝那泉水就可以保有清廉。所以，真正淡泊的人，是在内心保持清洁和坚定，并不随世俗风潮而有所改变。

丰子恺淡泊名利，因此，他活得坦然、活得真实、活得自在、活得自重、活得自爱。他谦恭礼让、仁厚大度、博学睿智，是极具人格魅力的。这种宠辱不惊、安贫乐道、甘于寂寞、淡泊自守、不求闻达的精神境界，是一种纯粹高尚的受人青睐、尊重和推崇的人生态度。

丰子恺：要生活，而非生存

或许有人会说："人在世上就是为了活着，而不在乎如何活着。"对于这句话，不同的人有不同的见解，大多数人只是为了活着而去生存，庸庸碌碌地在人世间的名利场挣扎着，漫无目的地飘荡着。确实尤其在战乱的民国时期，试问又有几人能够摆脱世间的纷扰，超脱名利和金钱去简简单单地生活而非生存呢？

画家丰子恺或许能做到，从这一点来说他确实是异乎常人的。对他来说，生存是简单的，但是如果说是生活却是那样的艰难万分了。平常人的生活只能是生存，为了养家糊口而去奔波，一年到头才刚刚足够生存而已。

生存只是简简单单地把生活堆砌在时间和空间上，而不是有规律、和谐地生活。丰子恺，他是一个生活丰富的画家，这也影响了他的心态和生活。他生在民国，即使在那样动乱艰苦的年代，丰子恺也是能够悠然平淡地生活，颇见韵味。能在大自然的馈赠之下感悟生命的永恒和无限。

小时候的丰子恺是顽皮、不谙世事的，他总能够在沉闷的生活中为自己找寻许多乐子。他的祖母喜爱在初春时节养蚕的，而这些蚕就变成了他玩乐的主题。养蚕最热闹的莫过于每年照例请牛桥头七娘娘来做丝，这时候，蒋五伯便会买点心给那些采茧、做丝的人来吃，那丰子恺则像小馋猫似的，在一旁偷偷的吃那些"不属于"他的东西。丰子恺坦言，那才是真正的生活而非生存，因为在其中他得到快乐和无限的值得珍藏的回忆。那时永远不可复制，永远留在心底的某个瞬间。

当时作为孩子的他还不懂得什么大道理，在贪玩，享受的天性趋势下，那些快乐必定是发自本心，半点容不得掩饰的。生存在丰子恺的眼中只是一个简简单单的方式而已，而这个方式是古板僵硬的模式，是一个毫无生机的生命体。

丰子恺先生说，他最不能够忘怀的当属中秋赏月，父母和兄弟姐妹团坐在圆桌前，吃蟹、宴饮、小酌几杯、闲谈几句，那场面真是其乐融融，大概那是他最惬意舒服的生活吧。大概是因为从小生活在这样舒适的坏境中，丰子恺先生不仅把这种生活节奏作为自己的行为准则，并且他还要求他的儿女们也要遵循这个节奏。他时常告诉孩子们，一定要自己把握生活的本意，而不是简简单单为了生存去生存。

丰子恺：世事之乐，不在于实行而在于希望

丰子恺先生说："世事都同风景一样，世事之乐不在于实行而在于希望，犹似风景之美不在于其中，而在其外。深入其中，不但美即消失，还要生受苍蝇、毛虫、啰唣与肉麻的不快，所以世间苦的根本就在于此。"他认为，在人的心理上，预想往往比实行快乐。

作为漫画大师，丰子恺先生是比较"年轻"的，他需要有小孩子一般的心态，能够尽情地融入生活，体会生活，在童话的天堂里自由地翱翔。另一方面，他也颇受他的孩子们的影响，他的孩子在小时候是能给他很多灵感和帮助的，孩子们都是对未来充满幻想、痴迷的，他们能把要做的事情想得头头是道、天花乱坠，然而能不能够实行他们是不大在乎的，他们只是图得一时的开心。这在其他人看来是荒谬的，甚至是不可接受的。

可是丰子恺却背道而驰，他曾在《给我的孩子们》中写道："我的孩子们！憧憬于你们生活的我，痴心要为你们永远挽留这黄金时代在这册子里。然这真不过像蜘蛛网落花，略微保留一点春的痕迹而已。且到你们懂得我这片心情的时候，你们早已不是这样的人，我的画在世间已无可印证了！这是何等的悲哀的事啊！"

丰子恺所说的"悲哀"，不是我们所理解、所认为的"伤心"之意，而是像那种"失落"的一种感觉。从他的这段话中可看到一个对生活充满希望而不是积极地去实行的童心人。不是他没有上进之心，而是他的秉性如此，因为也只有那样他才能徜徉在绘画的天堂吧。

他的主张和性格还表现在对他最喜欢的建筑——"缘缘堂"。"缘缘堂"曾是他和弘一法师同住在江湾的时候，因两次抓阄都是"缘"字，故取名"缘缘堂"，他在其中参佛悟道，聆听菩提之音。在当时战火纷飞的年代，到处是哭声、哀号，这些都充斥着他的双耳，但他不为所动。只是静静地守候着自己最爱的家园，为那些人民祈祷、祝福，在他看来，这才是希望更大于实行。

他总是看透而不说透，其实这才是最大的无谓。他把世事比作风景，到他并未看到风景而是看到风景之外的东西，他看到的肯定是最美的，是其他人并不可能发现的秘密。照他的话说，世事之乐就是那彼岸花，只可以远看，而不可以亵玩焉。一旦你超出了那一条界线，没有遵守彼此的约定，那样的话，你什么都看不到，还有可能失去最初的拥有的美丽。

其实每个人都应该有丰子恺先生的胸怀，能够以欣赏、赞扬的眼光看周围的事物，把那份美好留在心底的某处,。或许这看起来是很滑稽可笑的，甚至是被别人不屑一顾的，但是等到有一天，你甚至都会为自己当时的行动和思想而感动。

NO.3 国学中的处世哲学：方圆为人，活脱处世

南怀瑾：别做不受欢迎的老好人

老好人，顾名思义就是老是做"好人"，这里的好人是要带上引号的，这里这个好人其实并非原始意义上的好人。好人的本意应当是脾气随和、待人厚道的人，这样的人自然是人们乐于交往的。可是，时下却有人把信奉好人主义的人当作好人。他们经常遇事不讲是非，不开展批评，热衷于你好、我好、大家好，还处处以"无害人之心"自居。

"老好人"表面上宽厚老实，事实上却损他人，保自己，与真正的好人是有所差别的，甚至可以说是两码事。如果社会上的"老好人"多了，那么正义、真理将会无从谈起，世风日下将成为必然，总之来说，"老好人"非好人。

南怀瑾说："友善微笑是永远的面部表情，唯唯诺诺是永远的应对方针，息事宁人是永远的行为标准，安分守己是永远的做事原则，老实本分是永远的性格特征，有求必应是永远的处事方式，埋头苦干是永远的形象代言。"不要事事都要做到完美，若是每件事情都做到完美，那么也就是不完美了，有缺陷才是最真实的。毕竟"人无完人，金无足赤"嘛！

南怀瑾先生曾言："'亢龙有悔'，所谓'亢龙'就是高亢。这个很重要，每个人都要注意。学了《易经》，做事做人，不要过头，过头就是亢龙。只知道进，而不知道后退，只知道有而不知道无，只知道得而不知道失去，就是亢。"所以我们要懂得"进退存亡得失"这六个字。

其实好人并不是那么好当的，他是有原则的，有一定的规律和方向的，如是偏了方向，不能够自持，那么就会倒向老好人的一面。南怀瑾先生是非常赞同好人的，但是"老好人"却不被他所欢迎，同样社会也不会欢迎这种人的。

东郭先生和狼的故事大家都是知道的，东郭先生就是一个典型的老好人，我们谈到他不是说他有多么善良可敬，而是他的愚钝。他本以为是好心救了老狼，是做了好事，会得到老狼的回报，殊不知老狼却恩将仇报把他杀了。然而这却是怪不了老狼的，因为动物的本性如此，它们不知道什么是好人。而人就不同了，人不能总是当老好人，把事情往好的方面去想，那是太天真了。

南怀瑾认为人是生活在社会中的人，是社会性的"动物"，是有一个"度"的，那是衡量好坏的尺子。有这样一个故事，在古时候，有个人一天在做饭的时候觉得盐特别的好吃，

于是他就用之代饭，那结果就自然而知了。这把吃盐和做人相比是比较贴切的，都不能够到达极限，过了便会招致他人的嫌弃和不欢迎。处处迎合反而会落了个左右不是人，这种人真是机关算尽反赔上了卿卿性命。所以说，做人万万不要做那种"老好人"，那样的人永远都不会被欢迎的。

南怀瑾：既有圣人之道，亦通圣人之才

南怀瑾先生是我国著名的国学大师，几十年来著书无数，是当之无愧的智慧大师。南怀瑾先生的智慧被许多人崇敬，但他的智慧思想博大精神，并非所有人都能全部悟透。他所著的书不仅为人们摆脱困顿的生活以及迷茫的人生指了一条明路，也带给他们心灵的慰藉和精神寄托。

子曰："可与共学，未可与适道。可与适道，未可与立。可与立，未可与权。"意思是说，虽然几个人在一起学习，但是并不能保证就一定能学习到道，坚守道；虽然一个人可以坚守道，但他并不一定就能够做到随机应变。对此南怀瑾先生很是赞同，他认为孔子所总结的这一经验，是只有圣人才能说出，所以值得我们所有的人去反思、体会并且学习。

有人将南怀瑾先生称为"居士"，也有人因为敬重他而称他"教授"，但是大多数人则尊称他为"大师"，因为他习得了"圣人之道"的精髓，得到了自己对"道"的独特的感悟。

南怀瑾先生倾尽自己的一生，将儒、释、道三家学问融会贯通，目的是为了让人们知道："东方有圣人，西方有圣人，此心同，此理同。"对于"平凡"和"高贵"之间的关系问题并没有边际，"百尺竿头更进一步"，终究应该脚踏实地，空中楼阁始终是不稳固的存在。因此"大平凡"在一定程度上，就可以理解为"最高贵"。南怀瑾老先生一生孜孜不倦直至去逝，这便是用身心实践了从"平凡"到"高贵"的历程，为自己的人生画上了完美的句号。南怀瑾先生去逝，真正地诠释了这一道理。南怀瑾先生一辈子作学问，他对经典的理解，不仅仅是为了提升个人的"心、性"，他还囊括了国家、民族甚至于整个人类的命运关怀，这是何等宽广的胸怀，也是常人所无法企及的。

南怀瑾先生说："至于孔子学说与《论语》本书的价值，无论在任何时代、任何地区，对它的原文本意，只要不故加曲解，始终具有不可毁的不朽价值，后起之秀，如笃学之、慎思之、明辨之，融汇有得而见之于行事之间，必可得到自证"。

南怀瑾先生读懂了圣人之学，他站在了不一样的高度去理解圣人的智慧，一语便点醒了身处迷茫中的人们。

南怀瑾：君子也，慎独、自省、无二过

《礼记·中庸》中记到："道也者，不可须臾离也；可离，非道也。是故君子戒慎乎其所不睹，恐惧乎其所不闻。莫见乎隐，莫显乎微，故君子慎其独也。"真正的道，是不能够分离开来的，而能够分离开来的，就不是道。所以，真正的君子，不论在何时何地，是否有人听见，是否有人看见，都要做到注意自己的言行。

"莫见乎隐，莫显乎微，故君子慎其独者也。"自省、慎独作为重要修身方法。情感、意志、信念以及道德、认识、习惯等都和自省、慎独息息相关。"吾日三省吾身"，每天检查、反省自己的品德和言行，对违背常礼和伦理道德的地方要及时修正。

在南怀瑾先生看来，有德行的人应该具有最基本的涵养和品味，解决一个问题，它的根本办法不应该是简单粗暴的，而是应该学会忍让。忍让之道，知道心中存德，懂得自我约束，"退一步海阔天空，忍一时风平浪静"，谁都知道这是问题解决最理想的状态。"忍"这一学问，体现了人格的智慧，其中也蕴含了不容忽视的力量。古人说："君子忍人所不能忍。"这是从人格、修养、意志、智慧等几个不同的方面突出了"忍"的价值，南怀瑾先生更是把"忍"作为一种能使人成为强者的力量。

南怀瑾先生不仅重慎独，也强调了自省。作为一代儒、佛、道大师，他也时常自省："我经常说一般人学佛，别的没学到，满口佛话，一脸佛气。唉呀！那个味道真难受，变得每一根神经、肌肉都跳出来的佛法，你看那怎么受得了！搞久了变成什么？佛油子，把佛法当口头禅就完了！真正的佛法不在"文诠"。子曰：'已矣乎！吾未见能见其过，而内自诵者也。'这就是学问之道的点题。"由此不难看出，自省是使自己进步的重要步骤。

怎样才叫作自省呢？就是在内心自己和自己打官司，打天理与人欲的官司。这是一门学问，学会理智客观地看待自己做过的事。身为君子学会慎独、自省，也要能做到无二过。

孟子曰："莫非命也，顺受其正。是故知命者不立乎岩墙之下。尽道而死者，正命也；桎梏死者，非正命也。"南怀瑾先生认为，孟子在这强调的是现世之命，一切都是命中注定，我们不能怨天怨人。还有一句话，"不迁怒，不二过"，我们怨不得天，也怨不得人，不能迁怒他人，但是也要避免再一次犯错。真正的修养，能够自查，正视错误，"顺受其正"，做到正命，无二过。学会慎独、自省，避开社会中的陷阱，反思自己曾经的过错，做到无二过，坚定自己的思想，成为一身正气"真君子"。

南怀瑾：虚怀若谷，无欲则刚

南怀瑾先生曾为他的一个学生写了这样的一副对联："有求皆苦，无欲则刚。"上联内容是佛家的思想，下联则是儒家的思想，意思是说如果一个人没有任何所求，只想成为圣人、成佛、成仙，那也是辛苦的。谈到这一点，南怀瑾先生是这样说的："所以有求就苦，人到无求品自高，要到一切无欲才真能刚正，才可以做顶天立地的人。"

南怀瑾先生曾说："佛说凡夫人大惊怖处，所谓无我、无我所。惧者，以其有欲也。大德有云：无欲则刚。故惟无欲，方能悬崖撒手。"对此，他坦言自己更重视于淡泊明志，宁静致远。拥有一颗宁静的心，从容地面对生活。很多时候，当处在困境的处境中，渴望似乎会变得更多的，然而，太多不切实际的杂念，往往成为成功道路上的阻碍。这时候，需要让心态平静下来，免受外界干扰。

无欲则刚，那么就要学会有虚怀若谷、上善若水的觉悟。南怀瑾大师说自己曾有这样的一段经历："今晨寅时忽觉，以高堂置房事萦怀故。遂自示以清静无为之意。行未几，万念俱去，骤然无我；丹田奇热，继周遍全身，身解为尘。以猝涉除事，大惧，惧而我生，大汗淋漓。"一个有智慧的人，就算是遇上坏事，也能保持心境平和，进而化坏为好，这是一种虚怀若谷的境界所带来的进步。可有的人陷在坏事中无法自拔，怨天命，怨人命，甚至会被打倒，从而一蹶不振。不能做到让自己成为自己的主人，做到无欲则刚。

虚怀若谷不是懦弱，是一种境界。南怀瑾先生认为修道人"戒慎乎其所不睹"，做到将自己的心态放平和，在一个谁都看不见你的地方，这在某种程度上就是修道。做到表里如一，那还不算什么；不管任何地方，任何时间，是不是有人看见，是不是有人听见，都做到一样，那就是一种成功。"恐惧乎其所不闻"，当违反了自己的原则，不管什么情况，都要律己，无欲则刚，同样，也要有自己内心的尺度。

南怀瑾先生对于早晚起贪念的事情并没有反对，他认为这是正常的事情。这是修持中基础的一部分，与生活息息相关，修正自己的行为，保持正念，不应该想的和做的事就不去想，不去做。"无欲则刚"需要通过保持正念来维护，对不正常的欲望要立时察觉，保持自律。有求皆苦，无欲则刚。虚怀若谷，上善若水。入此境界，正如先生所说："理可顿悟，事须渐除。愿与诸修共坚道心，同证如来。"

南怀瑾：行善也要讲究方式方法

孟子曰："徒善不足以为政，徒法不能以自行。"对此，南怀瑾先生认为，无论对人还是对事，只有善心是不行的。尤其是对于政治，只有仁慈，没有正确的方法，就不能够替众人服务。恰如佛家的一句话所说的那样："慈悲生祸害，方便出下流。"也就是说，有时候慈悲可能生出祸害来了，有时候将就一下，行个方便，结果就生了下流。据此来看，只是一味将就仁慈，没有正确的方法，那么这些仁慈就是没用的，尤其是在政治方面。

在南怀瑾先生看来，我们之间好人特别多，善人特别多，学佛念《金刚经》，都是善男善女。但是，善归善，不会做事，是非善恶混淆。所谓徒善不足以为政，所以，善也要有规矩，有方法。相反，光讲规矩，光讲方法，也不行。南怀瑾先生认为，即使我们现代在讲自由、讲民主的同时，也不得不研究一下这些西方文化的背景。民主自由是建立在法制的基础上的，我们不能一味吸收，应该先仔细研究，再回过头来看我们自己历史上的政治哲学，二者相互比较，然后才能真正地了解我们几千年来的政治体制。

中国古代的历史上，这样的例子非常多。历史上有名的汉唐政治，真正的内容并不完全是儒家的路线，尤其是汉朝的政治，是走的道家路线，就是所谓的"内用黄老，外示儒术"。再细读中国悠悠千年的历史，就会发现，中国历史上真正强大的那些朝代，在他们的鼎盛时期，实际的领导思想是传统的黄老之术，只不过外面标榜着孔孟的名义。尤其到了康雍乾时期，几个皇帝都有著作，更甚汉唐，不仅对杂家、霸术、权术等都有研究，而且受禅宗、律宗影响，成就了历史上的奇迹，但却被一般学者忽略、轻视了。

南怀瑾先生还认为自己赞同"徒善不足以为政，徒法不能以自行"这一原则，譬如许多学佛学道的都修成了善人，善得过了头，但是，徒善不足以修道，徒善也不足以成佛，因为学佛要讲行履，讲方法。但是徒法也不能以自行，所以这两句话照样可以套用，一点不错。讲个人修养也是如此，谈到个人做人，甚至于国家天下为政，就是要灵活地运用。

所以南怀瑾先生主张，把这两句话作为为人处世的准则，推而广之，无论是工商界的领袖、团体的领导人，乃至政治首领，都不能够违反。一般人都认为孔孟之道是呆板的，但其实那些专讲爱人的，不叫仁，因为徒善不足以为政，这正是孟子所反对的，也就是南怀瑾先生所讲的"为善要讲方式方法"。

冯友兰：路要自己走，走到底

冯友兰先生有一次在接受采访时谈到，他小时候看《西游记》时对其中一个问题很是疑惑，那就是孙悟空有筋斗云，一个筋斗就是十万八千里，还能带着别人一起走，那么唐僧为什么不让孙悟空带着他，一个筋斗翻到西天去，却非要自己一步一步，历经九九八十一难去取经呢？

长大之后，看的得书多了，懂得道理多了，冯友兰先生这才明白了其中的原因：自己的路，只能自己走。唐僧只有凭借自己的力量一步一步走到西天去，才能成佛。如果他让孙悟空打筋斗云带着他，一下子就到了西天去。那么他的肉身固然是到了，但本质上还是一个凡夫俗子，没有精神上的磨砺，他依旧是难以成佛的。取经如此，做其他事情也是如此，也就是说，路要自己走，并且走到底。

冯友兰先生的学术研究范围主要是中国哲学史，他在研究工作中以中国哲学史为中心，旁及到中国文化的其他方面。三十年代的时候，冯友兰先生出版了两卷《中国哲学史》，后来又开始写《中国哲学史新编》（以下简称《新编》），本来打算出七册，接受采访的时候他表示已经出版了三册。有人就问他，《新编》和原来的两卷本有什么不同，冯先生回答说："做法不同。"

在他看来，哲学史的定义应该是哲学的历史，而不是哲学家的历史，所注重的，不应该是史料的堆积或人名的罗列，而应该是哲学发展的线索。开始的《中国哲学史》两卷本是依照这种想法做的，《新编》更是有意识地这样去做。《新编》着重讲中国历史上各个时代的思潮，每一个思潮，都有一个真正的哲学问题作为它的中心思想，也都有一定的社会政治情况为其所以发生的历史根源。要从这两方面说明一个思潮，是很不容易的，但可以作为研究哲学史的方向或目标。

按照冯友兰先生的计划，《新编》总共要写七个思想阶段：第一是先秦诸子，第二是两汉经学，第三是魏晋玄学，第四是隋唐佛学，第五是宋明道学，第六是近代变法，第七是现代革命。这七个思想阶段，都是他这几年写《新编》的时候才搞清楚的。在开始的时候，他的目标并没有这样明确。那些关于有些史料的新了解，对历史线索的新发现，都是在写作《新编》的过程中得到的。冯友兰先生有一个习惯，他看书不写卡片，写文章不列大纲，对此他解释说："因为有许多好的想法，都是在实际写作过程中突发奇想得到的。写着写着，就脱离大纲了，那些卡片、大纲大部分也没有用了。"但同时，他也表示，这只是他个人的习惯，不足为训。

冯友兰先生九十岁高龄时仍然在忙于著书立说，就劝他年纪大了何必吃苦？还说只需要把大意说说，让其他人捉刀就可以了。但冯友兰先生表示，这样的方法他做不来，他能做到的就是坚持自己的路自己走到底。

冯友兰："有所为而为"与"无所为而为"

陈独秀说过这样一句话："人生的真相，是什么样子的呢？这是哲学上的大问题啊！想解决这个大问题，好像还不是我们现在的人的智力所能达到的水平。"然而，在冯先生看来，这个问题是不成问题的。凡是见到一件事物，就去问这事物的真相的人，这个人必然是局外人，不知晓这件事物中的内幕。

报馆访员们常常探听政局的真相，一般的公众人员也常常探听政局的真相，这是理所应当的，因为他们本就不是当局之人。至于当局者不必探听政局的真相，则是因为政局的真相本就是他们的举措设施，他们本就知道得格外详细，不必探听，也无从探听。

冯友兰先生认为，人对于人生也应该是这样的。因为人生本来就是人的生活的总名，人生的当局者就是人，我们的生活就是人生，我们所做的事，我们的举措设施，一切都是人生。我们不管受苦挨难，还是享乐受苦，也都是人生的一部分。就算是问人生，想人生，也都是人生的一部分。除此之外，我们不必再去求问人生的真相，也无从获得回答。若是再去探寻人生，便是宋朝儒生所谓的"骑驴找驴"了。

当然，自然也有人是不同意他的看法的。但冯友兰先生认为，他们并不是不知道人生的真相，而是想解释人生的真相，他们不是不知道人生如何，而是想要知道人生为何。在他看来，宇宙间的各种事物，都是因缘凑合，自然而生，本非有所为。人的生命，既然是无所为，那么人生自然也应该是无所为。同时他还认为，即便有些有所为的做法可能使人生更好，但是人生本身仍旧不能够定义为有所为的。我们不能说明白人生有什么目的，就好像我们说不明白山有什么目的，雨有什么目的一样。目的和手段，只是我们人类社会的说法，不能够同样作用于自然界。自然界中的事，我们只能定义是什么，而无法说明为什么。人的本性就是这样的，并不是想要有所为，而是自然要生存，因此人生的目的也就是生存罢了。

冯友兰先生谈到中国儒家有"为己"之学时，认为这个"为己"，就是学习如何做人的学问，同时他也将这个看作是儒家教育的根本目的。"为己"是成就自己的人格，提高自己的境界，但它必然发生客观效用，也就是先生所说的"不言之教"。比起教给学生一门技能，这种成就人格的效用可以说是"无用"。但是，"无用之用"却是"大用"，这就是如何使人成人。而这，也正是"无为"中的"大为"。

冯友兰：道不同，不相为谋

"道不同，不相为谋。"这句话出自孔子《论语·卫灵公》。最初指的是君子与小人之别，现在主要是指人生价值观不同，走着不同道路的人是不能在一起谋划的，没办法达成合作。也即是说，志趣不同的人没办法共事。

在冯友兰先生看来，他的人生四境界中大体就包括了对于"道不同，不相为谋"的认识。他认为不同的人可能做着同样的事，但是每个人对于所做的这件事的认识和了解程度不一样，所做的这件事对于他们也就具有了完全不一样的意义。而他所谓的人生四境界则是按照一定的标准把人生境界分为四类，依次是：自然境界、功利境界、道德境界、天地境界。

身为一名哲学家，冯友兰先生很清楚"道不同，不相为谋"的意义是什么，在他看来，如果一个人意识到他自己为自己做事并不能说他是一个不道德的人，如果这个人做的事对他人可以是有利的，但他的根本目的、动机是为了自己的利益，这就叫作功利境界。而另一种人他意识到的是社会的存在，认为自己是社会的一部分，他所做的事是为了"正其义不谋其利"，那么他的动机便是为了整个社会的利益，这便是道德境界。

所处功利境界的人与所处道德境界的人，两者所谋之道便不同。身处功利境界的人他所做之事是为了自己的各种利益，如现在的企业家、房地产老板等等"土豪"，他们有的为了自己的工厂利益，随意往河水、海水里排放工业垃圾、废料、废气等对环境造成了巨大的破坏。房地产老板可以为了建成一座座高楼大厦，破坏土地，毁坏树木，污染环境。而身处道德境界之人，如社会的环保工作者，他们是为了整个社会的利益而努力做贡献。所以从冯友兰先生的人生四境界中的功利境界和道德境界，便可看出冯先生对"道不同，不相为谋"的认识。所为利益不同的人是无法走到一起的。

而冯先生身为我国著名的哲学家和教育家，我们从他的为人处世上也可以看出他也遵循"道不同，不相为谋"这一说法。抗战时期，冯先生任西南联大的哲学系教授。抗战胜利后，西南联大解散，1946年冯先生应邀赴美国宾夕法尼亚大学任一年的客座教授。1947年解放战争节节胜利，冯先生怕新中国成立后，中美两国断交，婉言谢绝了所有至亲好友的挽留，毅然踏上了回国之路。当时的美国，物质经济条件远远超过当时的新中国，有人为了自己的物质条件更加富足，为了自己个人的生活更优越去了美国就不再回来。而冯先生不是这样，他为了祖国可以变得更好，抛弃物质的诱惑，决定回国。可以看出他与那些贪恋物欲的人便是"道不同，不相为谋"。

而在当下,"道不同,不相为谋"这句话对我们大学生也具有实际意义。我们要像冯先生那样,不能被物质诱惑绊住了双脚,而要专心学习,为将来建设社会主义积攒能量。

冯友兰:有德之人不孤独

《论语》有言:"德不孤,必有邻。"这句话的意思是有道德的人是不会孤独的,一定会有志同道合的人来与他相伴。冯友兰先生在自己漫长的九十五年的人生里便是一位不孤独的有德之人,他的德不仅仅是道德,更是他心中自己的准则。

冯友兰先生将道德行为分为三种:一是道德的行为,即合乎社会之理的行为;二是不道德的行为,即违反社会之理的行为;三是非道德的行为,即如吃饭穿衣之类与道德无关系的行为。冯先生对于道德的分类在今天社会仍然是非常实际的。我们遵循社会道德,遵循社会的准则,便是合乎社会之理的行为。

在道德方面,冯友兰先生认为中国传统道德中的"仁""义""礼""智""信"具有永恒的价值,需发扬光大。纵观我们今天的社会,仁、义、礼、智、信仍然是社会所倡导的美德,而遵循这样道德的人也不会是少数的,即这些人都不会是孤独的。

冯先生以九十五岁高龄走过了将近一个世纪的人生之路,季羡林老先生曾这样评价他:"芝生先生一生经历了清代、民国、洪宪、军阀混战、国民党统治、抗日战争,一直迎来了解放。道路并不总是平坦的,有阳关大道,也有独木小桥,曲曲折折,坎坎坷坷。然而芝生先生以他那奇特的乐观精神和适应能力,不断追求真理,追求光明,忠诚于自己的学术事业,热爱祖国,热爱祖国的传统文化,终于走完了人生长途。"身为一位哲学家、教育家,冯友兰先生无论在顺境中还是逆境中都坚持对于哲学的研究,我认为这便是他的准则。

1918年,冯友兰从北大毕业。1919年五四运动爆发后,他积极响应,创办刊物。1919年赴美考察,师从杜威,创作《柏格森的哲学方法》和《心力》两篇文章,向国内思想界介绍柏格森的哲学思想。还曾因在演讲中论述社会存在决定社会意识,社会意识对社会存在的反作用而被国民党逮捕和审问。1937年至1946年,在抗日战争,身处国破家亡的关键时期,冯友兰先生仍然坚持自己对于哲学的研究,坚守自己内心的准则,在这时期他的新理学体系创作而成。对于哲学的不懈研究一直陪伴着他,所以他又怎么会感到孤独呢?

坚持自己内心对于某件事的准则,持之以恒的去做这件事,同样也是有德之人。做的这件事是自己所喜欢的才能坚持,自己喜欢的东西陪伴着自己,当然是不孤独的。做事不从一而终,三天打渔两天晒网，这不就是无德么。所以冯友兰先生教导我们要做一个有德之人，他自己也一直坚持做一个有德之人，我们要以冯先生为楷模，以冯先生的话为忠告，做一个不孤独的有德之人。

梁启超：仁者不忧

孔子曰："知者不惑，仁者不忧，勇者不惧。"梁启超所认为的仁者不忧究竟是何意呢？何为仁者？怎样才能不忧？为何仁者就能不忧？要想明白仁者不忧的道理，就必须要先了解孔子、儒家学派对于仁者不忧的看法。"仁"是儒家人生观的主要方面，《论语》中有仁者爱人这一说法，"仁"究竟是什么呢？孔子认为："仁者，人也。"而梁启超先生则认为人格的实现便是"仁"。

梁启超先生认为单独的一个人，人格是不能实现的。如果要讲人格主义，就要归宿到普遍人格。只有从这个人与其他人的关系上才能达到人格的实现，才能看出这个人的人格。现实生活中不也如此么？通常，我们从单独的一个人身上并不能看出他的人格是好是坏，这个人的本性是如何，人格也就无从谈起是否实现。而从一个人与他人的关系上便可看出他的人格。如果这个人所做之事符合大家所认同的社会常理，他所做的事与其他人相比是品德高尚之事，这便是"仁"的实现了。所以梁先生认为"仁"是一个人人格的实现。懂得这个道理的人便是所谓的"仁者"了。

然而这种"仁者"为什么会不忧呢？梁启超先生认为大凡担忧之事，不外两端：一曰忧成败，二曰忧得失。我们有了"仁"的价值观，就不会忧成败了。宇宙和人生是永远不会圆满的。"仁者"看透这种道理，相信只有不做事才算失败，凡做事便不会失败，所以易经说："君子以自强不息。"《论语》说："知其不可而为之。"有这种人生观的人，还有什么成败可担忧的呢？

梁先生的仁者不忧在我们看来究竟是什么意思呢？举一个现实例子吧。我们现在的社会中因为彭宇案等一系列扶老人被讹的例子，导致我们看到老人不敢扶。但是在现实生活中，如果一个人看到老人艰难地过马路或者摔倒，不考虑其他因素去扶老人，这便是"仁者不忧"了。尊重老人，爱护帮助老人，这并不是一个人的事，是整个社会都应该做的。

我们只有懂得"仁者"是什么意思，懂得了"仁者不忧"的道理，遇到困难和挫折之时，还可以激励我们不惧挫折失败，勇敢面对，坚持挑战。

这样的"仁者"正是梁启超先生希望我们年轻人所能达到的境界。我们不仅要懂得这个道理，更要在生活中去践行它，实现它。

梁启超：智识与修养的辩证关系

智识与修养的辩证关系，是梁启超先生的《新民说》中的概念。知识的多少一定与自身修养成正比么？或许这是引人深思的问题。

梁启超指出："凡一国强弱兴废，全系国民之智识与能力。而智识、能力之进退增减，全系于国民之思想。思想之高下通塞，全系国民之习惯与所信仰。然则欲国家之独立，不可不谋增进国民之思想，不可不于其所习惯、所信仰者，为之除其旧而布其新。"在这里，我们首次看到了梁启超先生对智识的重视。

梁启超先生虽然在《新民说》中没有刻意提出智识与修养的关系，但从梁启超论述有关新民思想的大量文献来看，我们可以发现：注重从道德修养来塑造国民精神面貌是梁启超设计理想人格的目标模式之一，而这一目标模式与藉道德人心治理国家和社会的中国传统儒家思想的思维模式是一脉相承的。如他所说的"新民"一词，即直接取自于儒家经典《大学》中所言："大学之道，在明明德，在新民，在止于至善"这一思想，认为要从国民精神面貌的塑造，从个人道德修炼上寻求解决社会问题的方案。

不仅对于梁启超先生所处的救亡图存的年代，生活在现代社会的我们所希望的和梁启超先生并没有什么不一样，智识与修养的关系也是我们所思考的。只不过梁启超先生在那时所定义的修养，是希望我们国民从长期不觉悟、全然不知自己的权利、责任而甘愿受人奴役的状态中觉悟过来，充分认识自己在国家中的主体地位。如同生物有机体的性质、强弱取决于细胞的属性一样，一个国家、民族的强弱盛衰取决于社会全体成员基本素质的高下优劣。依据这一理论，梁启超断言，中国人全体之"腐败恶劣"乃是中国"积弱之最大根源"，是中国"病源之源"。他论证说："政府何自成？官吏何自出？斯岂非来自民间者耶？……正所谓种瓜得瓜、种豆得豆。"

因此，中国在近代的落伍和受欺凌，从根本上讲是国民素质低下造成的，而不是清政府统治所致，中国人民不应"科罪于当局"，而应自责、自省、自觉作一个新民。"苟有新民，何患无新制度、无新政府、无新国家？"这样看来，梁启超创办《新民丛报》，撰写《新民说》，从根本上讲，就是要造新民，强民智，培育新国民。

而将智识与自身修养的辩证关系处理好，我们自然也会变得更加优秀。在梁启超先生看来，即使有才智但是修养不与之匹配仍然不是他心中的"新国民"。梁启超依据学来的理论，高度重视国民素质的提高和人的现代化，这对推动历史前进产生了积极影响。

梁启超：志气不立，何以为人

中国有许多与立志有关的名言甚至文章，清代的蒲松龄曾以"有志者事竟成，破釜沉舟百二秦关终属楚；苦心人天不负，卧薪尝胆三千越甲可吞吴"来激励自己。而梁启超先生在《自立：梁启超论人生》中提出"志气不立，何以为人？"

然而并不是你说立志即可立志的，立志是要经历磨练的，正所谓"今试譬诸人身，殆无不畏严寒相侵，而鼻独否。虽大风雪，终年无物，以保护之，然而鼻未尝畏寒者，是鼻之有抵抗力也。其抵抗力所以如此之强者，非一朝一夕之故，实自幼即如是历练所致而然也"。立志说起来固然容易，实现的过程却是很难的。对此，梁启超先生在文章中也进行了叙述："今试观纨袴子弟，出必轩车高马，承下风而奔走者若而人，颐指气使者若而人，及其结果，乃多堕落不可闻问者。而贫困之士，其初虽遭人齿冷，将来必有所作为。何者？在劳苦有以增益其抵抗力也。"

那么，志气到底是什么呢？古语是这样评论"志"的重要性的："三军可夺帅也，匹夫不可夺其志也。"志气的坚定和力量皆可表现于此。庄子的一句"燕雀安知鸿鹄之志"让后人得到了激励；韩信因为远大的志向不惜忍受胯下之辱也着实令人叹服；而梁启超先生在《少年中国说》中提到"少年智则国智，少年富则国富，少年强则国强"，则为中国少年埋下了一颗向上的种子。

古往今来，不管是帝王将相、开国元勋，还是赫赫有名的政治家、军事家、思想家、科学家，他们从小都立有一个远大的志向，也就是这个志向，支持着他们不断进取，不断奋斗。北宋大文学家苏轼曾经说过："古之立大事者，不惟有超世之才，亦有坚韧不拔之志。"翻开历史，在事业上有所成就的名人，无一不是靠"志当存高远"这一真理来指导做人的思想。为志向而奋斗的过程是艰苦的，结果也有成有败，成功自然可喜可贺，失败也令人可钦可佩。一个人的志向越远大，他的上进心就越强，求知欲就越烈，而奋斗也就更为努力。伟大的毅力只为伟大的目标而产生。高昂的志气，代表了一个人的生命动力，体现了一个人的灵魂。

立志就是成功的基础，志不立，就像没有帆的船，没有轮的车，不会有所成就。人要立长志，不能常立志。没有远大志向的人，往往得过且过，永远也不能把握成功的契机，永远也不会有所作为。正如梁启超先生在书中所说："所读之书，有不明者，所受之课，有未解者，必询诸师长，质于学友，底于明晓，而后已，此亦所谓打破困难之一也。诸君勉之识之。以为志气不立，何以为人？乌有办大事者，而无坚毅之学力者哉？"立下志向并向之努力，我们就会变得优秀强大，这是我们所要理解并实践的道理。

梁启超：做事当自信

无论做什么事情，自信心都是很重要的，也就是说要想成功完成一件事，必须要有充足的自信心。爱因斯坦说过，自信是迈向成功的第一步。如果没有这第一步，以后的路怎么能走好。古今中外的成功者，都是充满自信的，梁启超先生也对于这方面有见解，不仅在《过渡时代论》中谈论过自信，而且有许多有关自信的话语。

一个不自信的人，往往容易遭遇失败，其实本来有能力做好。美国前总统尼克松本来可以凭借自己的实力，成功竞选连任的，却因为不自信制造出"水门事件"，最后只得无奈辞职。罗曼罗兰说："只有自己先相信自己，别人才会相信你。"苏轼也说："古之立大事者，不惟有超世之才，亦必有坚忍不拔之志。"由此可见，想要获得成功，必须以自信为前提条件。在自信的基础上，认真的准备，付出实践，方能取得成功。但是，自信并不是盲目的自大。梁启超先生曾说："自信与骄傲有异：自信者常沉着，而骄傲者常浮扬。"说的就是这个道理。

所谓"自信人生二百年，会当水击三千里"。凡是想成大事者，都要有大自信。清末红顶商人胡雪岩，正因为他的自信，所以才能把握机遇，勇往直前，成就一代富可敌国的商业奇才。一个人只有自信是不够的，还要有认准方向就不避艰难、锲而不舍做下去的决心和毅力。换句话说，就是做事要有恒心，要有韧性，要一往无前，不要知难而退，功亏一篑。正如梁启超先生所说："凡任天下大事者，不可无自信心，每处一事既看的透彻，自信得过，则以一往无前之勇赴之，以百折不挠之耐力持之，虽千山万岳，一时崩溃而不以为意，虽怒涛惊澜，慕然号于脚下，而不改其容。"

在那个救亡图存的年代，梁启超先生希望国民怀着自信来改变国家。在当今时代我们也需要做事当自信。充满自信，不畏艰难，锲而不舍，勇于向前，是做事成功的重要成因。也正如人们所说的抬头做事是一种勇气，低头做人是一种底气；失意时抬头是一种自信，得理时低头是一种宽容。梁启超在多少文章中寄希望于少年，当少年们自信并且坚定的去做事，那么一定会取得成功，中国也必将富强。

梁启超：懒散者是无前途的

"一个人这样懒懒散散，这个人便没了前途；全国人这样懒懒散散，这个国家这个种族便没了前途。"中国近代著名的思想家、教育家梁启超先生曾如是说到。

梁启超不仅是百科全书式的学术大家，作为一位杰出的教育家，梁启超先生在教育自己的儿女时也曾多次告诫他们，无论是在生活还是学习上都不得有懒散的作风，懒散者是没有前途的。在他给梁思顺的一封家信中这样写道："且法学一面亦诚不欲太简略，似此非再延数月不可，每来复十四小时大不可。来复日必须休息，且许多运动。"可见在梁启超的教导下，他的儿女都十分用功，不敢有一丝懒散。

懒散实际上就是一种心理上的厌倦情绪，表现在行动上就是空想，拖拖拉拉，不按时完成任务。胆小懦弱、犹豫不决等许多因素都会导致一个人懒散行事。懒散本身具有一种静默的本质，所以它并不容易被人发现，因此很少有人会理会它。而那些懒散之士成天无所事事，浑浑噩噩，把人生彻底荒废在大好的时光里。实际上懒散还有另一种不同的表现方式。当人们对于自己明明知道了解的责任或工作没有完成时，懒散者通常会尽力去做一些并不是他责任范围内的事情，并且依旧保持着对自我的欣赏与认同。懒懒散散的生活就是不敢直面残酷的现实，就是选择逃避现实。

虽然懒散这一恶俗的习惯所带来的负面影响只会在不同程度上施加于懒散者本身，对于其他人来说，事实上并没有受到更大的危害。正因为如此，人们才不会把它和欺诈、贪婪的恶习相提并论，懒散就会以一种更加隐蔽的方式潜入方方面面，久而久之懒散便会从个体上逐渐转移到群体上。若长此以往任由这种氛围的蔓延，小则危害个人，大则整个民族国家的前途也会毁于一旦。

梁启超：反省也，克己也

反省是一个人从迷茫通向觉醒的开始，"反省之结果，即人与禽兽之所由分也"。我国近代著名的革命家、学者梁启超将能否反省作为区分人和禽兽的标准之一。他提醒我们要在反省的过程中去伪存真，清醒明智，明辨是非。

不论一个人多有才能，多么勤奋刻苦，倘若只会不懂变通地埋头苦干，却不能及时反省自我，那么他真正所做的也只是更多的无用功罢了。因为这个人始终也只能停留在事物的表面，无法深入地到达事物的本质。君子就是通过不断地反省，渐渐地完善修养并形成了高尚的情操，正所谓"苟日新，日日新，又日新"。

两千多年前的曾子就能"吾日三省吾身，为人谋而不忠乎？与朋友交而不信乎？传不习乎？"这就是一种内省自修的写照。反省首先就是要和曾子一样对自己的所做所为有思考、有总结，反省自己不理智的想法，反省自己不恰当的举动，反省自己不合时宜的言语，这样往往才能够获得真切而深刻的收获。反省不但要求勇于正视自己，更要求及时的重复不断地进行思考，这样才能尽量避免走弯路。

可是一个人仅仅只是不断地认真地反省，而不把自己总结思考的成果付诸实践也定不能有所长进。梁启超先生曾言："反省而觉其不当，则收束其欲望，是谓克己也。"他指出在反省了认识到自己不恰当的地方后，就要收敛自己的欲望，克制自己。

"克己"并非从外在上束缚和限制自己，而是真正从内在上进行自我克制与反省，是一种自我的修养与净化，进而使得自己的言行符合礼，它追求的是人与自然、人与社会的统一。在现实中，由于各式各样的原因，人们会产生一些错误的思想和言行，同时又因为人类是具有情感的动物，所以在情感的支配下，人们容易失去自己的理智。这种情况下，就需要自己合理控制自身的行为，这也就是所谓的"克己"。

"若放纵不自克，便成习惯，循至此心不能自主，堕落乃不知所届。"梁启超先生指出若放纵成习惯，便会彻底堕落，陷入迷茫。另一方面，"克己"并不是叫人一味的逆来顺受，忍让退避，"克己"是修身的目的，而修身又是为了自己的提高，自我的完善。

人类是"万物之灵"，人类社会的不断发展少不了自身的反省与克制，正确的东西会使人变得更加智慧，错误的东西也会使人们变得更加清醒。倘若人们不去反省又怎会真正了解什么是正确的事物，什么是错误的东西呢？

梁启超：出世与入世之间

所谓"入世"就是把生活中的利害、得失、成败等等作为自己为人处世、接人待物的基本准则；所谓"出世"就是以一种尊重生命、尊重规律、全力以赴的态度对人对事。传统佛教主张出世，也就是劝导人们清心寡欲，遁入空门，抛除一切杂念，以寻求一种静心的高超境界。而传统儒教则提倡入世，即享受人生，追求名利，积极步入尘世。

其实这两个古老的哲学概念也并不是完全矛盾对立的。古人曾云："心正，入世亦是出世；心不正，出世亦是入世。"入世主要是强调个人之于国家的责任，出世则是对现实社会的否定与超越，这样两种心理在某种情况下会相互转化，相互联系，相互补充。

入世与出世，历来都是一个既相互矛盾又相辅相成的问题，但是说到底这两者也只不过是不同的生活方式罢了。只有真正感受过尘世的繁华与喧嚣，身历其中，心生觉悟，真正看透了繁华的假面，才能达到出世的境界。入世能不恋世便是心出家，出世却心系名与利，不但不能帮助解脱，反而会徒增个人的痛苦。

梁启超推崇佛教，曾说："佛教是全世界文化的最高产品。"因而佛学里的出世精神便自然深刻影响了他。然而作为一个"四、五岁就在祖父及母膝下授《四书》《诗经》"，深受传统儒学熏陶的学者，与佛学背道而驰的儒家入世精神，无疑同样对他思想的形成产生了重大的影响。

"佛教之信仰乃入世而非厌世"，在梁启超看来，佛学作为一种哲学，它已经不再主张厌世、出世之说，相反它是能与儒家学说相提并论的一种入世哲学。作为一个通透中西文化并且心怀天下的思想家，在感受到西方文化日益侵入，而中国传统思想逐渐萎靡的这种内忧外患情况下，他积极将儒学中修己安人、内圣外王的入世精神融进佛教之中，以佛法论世法，形成了应用佛学。

梁启超重新诠释佛教，使得佛教中芸芸众生所追求的极乐世界，变换成一种在现实世界里无限追求的强大能量与目标，并且使得佛教中的思想观念转变成能使人在现实世界里积极进取的人生观。在梁启超的《余之生死观》等一系列作品中，他更是把佛教当作是一种能够提高民族道德、改良社会、超越西方学说的有力思想武器。

除此之外，梁启超还把儒家的入世精神融入到对佛教教义的解释之中。"无我"主义就体现了舍弃个人小我成全群体大我，以此来激励人们忘我的投入到入世救济之中。梁启超这种对佛教哲学的改造，使得传统佛教平添了更多的儒家理性色彩和入世精神。梁启超就在这出世与入世之间，在中国近代史上留下了浓墨重彩的一笔。

蔡元培：己所不欲，勿施于人

蔡元培先生在华工学校讲义中大力赞同"己所不欲勿施于人"，他认为"己所不欲勿施于人"的原则在我们的生活中同样适用，比如说我们有言论、思想的自由，并不想受到人们的干涉，那我们也不应该去干涉别人。简而言之，自己不想要的，不要强加给别人。在这个层面，可以说"己所不欲勿施于人"是一种消极的戒律，是自我的约束。

同时，蔡元培先生也提到："子贡有一天说，我不欲人之加诸我也，我亦欲不加诸人"，这是子贡从孔子的话中引申出来的。蔡元培先生提到这句引申的话，实际上是想告诉我们，当我们与他人交往时不但要有消极的戒律，还要有积极的行为。积极的行为比如自己喜欢的事情可以对别人做，但如果将"己所不欲勿施于人"引申为"己所欲施与人"也不是完全对的。

贪污腐败的官员喜欢下属对他阿谀奉承，那他也同样地对他的上属，这样做对吗？迷信的山野愚民喜欢听传教士夸夸其谈的附会之词，回来后也同样对亲人夸夸其谈，这样行吗？答案显然是否定的。因为"己所欲"不一定是对的，错误的"己所欲"如果"施与人"，带来的影响是不可估计的。所以我们要明白什么是正确的"己所欲"，将正确的"己所欲""施与人"才是积极的行为。

对于积极的行为，孔子也说过："己欲立而立人，己欲达而达人。"所谓立，就是立身处世；所谓达，就是大道可推行给世人。孔子认为仁德的人，自己想成功首先使得别人也成功，自己想被理解首先要理解别人。我们讲要把"己所欲"施给别人时，一定要以立、达为原则。

生活中，我们要做到"己所不欲勿施于人"，同时也可做到他的引申义"己所欲施与人"，我们想让别人怎么对我，我就要怎么对别人。蔡元培先生用他的智慧为我们解读，为我们引申出"己所不欲勿施于人"的积极行为，为我们找寻真理并把握好"己所欲施与人"的度。我们在日常生活与人相处中，也要清楚什么是正确积极的"己所欲"，以真诚的态度与人相处。20 世纪的教育家、思想家蔡元培早已高瞻远瞩地注意到孔夫子这句话的正确性与超越时代的经典性，为我们这些后生提供处世的指导和建议。

蔡元培：做事要把握分寸

自古以来，我们都提倡做事要把握分寸。蔡元培先生赞同并多次提到这个观点。那什么是把握分寸呢？这就是我们在为人处事中要懂得适度，明白什么是该做的，什么是不该做的。掌握好分寸是为人处世的普遍规则。

蔡元培先生指出："把握分寸实际上是为人处事的准则，是我们对他人的尊重。"日常生活中，如果你能把握分寸，说话有度，交往有节，办事伸缩得当，人们就会通情达理地接受你的要求，尊重你的体面，满足你的愿望。

蔡元培先生本人也是一个在生活中和教育中十分有分寸的人。在他担任北京大学校长期间，推行"思想自由，兼容并包"的方针。将新派与旧派巧妙的结合起来，既集中了许多新文化运动的著名代表人物，也有政治上保守而旧学深厚的学者。蔡元培巧妙地把握了分寸，让新派和旧派得以和谐相处。要知道，在那时新派和旧派是水火不容的两个学派，分寸如果把握不好，两个学派极有发生激烈争执。任何一方都可能剑拔弩张，甩手不干，蔡元培先生用他的智慧巧妙地把握好了这两个学派共存的分寸。

对于具体的革命行为，蔡元培也很善于把握分寸。"苏报案"前夕，清政府打压日炽，作为一位投身改革的革命家，他即听从亲友劝说，避居青岛。蔡元培主编《警钟》时，报纸言论既能切中清廷要害，又不为其拿住把柄。待刘师培接管该报，大肆发表反清文章，报社不久即被查封。蔡元培身处反清革命第一线，而能从容进退，反映出他对分寸的掌握度。

作为校长，蔡元培先生也尽心尽责。他深知做校长要有尺度，并牢牢掌握好了这个尺度。他不墨守成规，不机械照搬别人的管理经验，具体问题具体分析，做事拿捏得当。人们常说"一个好校长相当于好学校"，可见一个好校长对学校的作用十分重要。蔡元培先生以他的智慧使北大破除了陈旧学风，成为了一代名校。

能够真正掌握分寸，是一件非常不容易的事。把握分寸是人的一种综合素质，是内在涵养与外在经验的集中表现。现在的社会同样要求我们学会把握分寸，做事把握分寸，能让我们更好地为他人谋利益。

蔡元培：成大事者不拘小节

北大校长蔡元培一直是不拘小节的代名词。"不拘小节"一词出自《后汉书》，形容人豪爽洒脱，不斤斤计较，又解释为不拘泥生活琐事。纵观古往今来成大事者，可以发现他们身上共性的特征：具有长远的眼光，对事物发展有敏锐的洞察力和预见力。这就使得他们能够认清小节的地位作用，不会在这些无关原则的琐事上投入过度的精力以至拘泥其中，同时，他们能够从全局和整体上着眼，不被眼前小节所拘。

蔡元培先生的不拘小节体现在他的办学理念中。1916年12月26日，蔡元培被任命为北京大学校长，自当天起他便效法刘备三顾茅庐的做法，去拜访正住在北京中西旅馆的陈独秀，聘请其担任北大文科学长，有时去早了陈独秀还没起床，他就坐在房门口等。但最让人吃惊的是，陈独秀没有学位头衔，也没有在大学教书的履历。蔡元培居然为他炮制了日本东京大学毕业的伪履历，以使陈独秀的任命能使北洋政府顺利通过，这或许就是成大事者不拘小节。正是他不讲学历，不看文凭，不拘一格用人才，才为北大破除陈腐风气，开一代鲜活新学风的基础。

与此同时，蔡元培先生的不拘小节也体现在他大力促进管理体制的改革，他的不拘小节推动了改革的顺利进行。蔡元培先生不拘于世俗的学校管理方式，而是把学校发展的责任交给教授，让真正懂得学术的人来管理学校。成大事者不拘小节，新的管理体制的建立，改变了京师大学堂遗留下来的封建衙门作风，提高了工作效率，从而促进了学校的蓬勃发展。

古往今来，成功人士大都不拘小节，他们的目光不会放在一些无足轻重的事情上，不会为了迎合世俗而做与他们本意相反的事。他们往往目光长远，具有敏锐的洞察力和预见性。正是因为蔡元培那不拘小节的性格和他的预见性，才开启了北大一代鲜活的新学风，留下了

"思想自由，兼容并包"的精神财富。

蔡元培先生的一生是闪烁着理性人文主义光辉的一生，他倡导的学术自由和不拘一格降人才的治校方针，只手缔造了新北大，间接推动了中国文化思想的解放。

丰子恺：善宽以怀，善感以恩

"如同一片落英，含蓄着人间的情味。"俞平伯是这样评价丰子恺先生的漫画的。如果将这句话去形容丰老先生的文字，那也是贴切的。或许丰子恺先生文字只是用一种很平淡的语句来表达看似同样平淡的感情，虽不能字字珠玑，却能句句含情。

丰子恺老先生出生在一个充满温情的家庭，作为家中唯一的儿子，家人们的宠爱给予他"雍容恬静，一团和气"的性格特征，这种来自家庭的温情陶冶了丰子恺的情操，塑造了他的性情，以至于他的作品处处充满了悲悯之情，宽容、感恩几乎是贯穿创作的主调。这个情感基调在当时也许并不能得到所有人的青睐，但在当时那种纷纷扰扰、人心复杂的社会却格外地有吸引力。当时正处于中国大变革时期，社会上不论是大人还是小孩，多多少少被物欲横流的社会现实给玷污了，处处人心险恶，中国几千年的传统美德几乎销声匿迹了。而丰子恺却能保持纯真质朴之心，给人们以心灵的抚慰，就像给置于水深火热中的人们伸出了一双手。他的文字、漫画艺术讲究与自然对话，赋予宇宙之间的物体以感情。丰老先生的作品，与自然融为一体，一草一木，都能牵动他的心弦。丰老先生对待一草一木如此，那么对世间人物更是能时时宽容、感恩。

人生在世，不可能事事顺心，不可能一切事情都在自己的意料之中，总会遇到些许挫折困惑，此时很多人都开始唉声埋怨，觉得凡事都是别别扭扭的，哪里都可恨，甚至喝凉水都塞牙。丰子恺先生的作品在当时不乏遭人批判、打击，但他却没有斤斤计较，也没有记恨那些势利人士，原因很简单——宽容。同一件事情，若换个角度看，就会有不一样的感受了。外面的世界就静止在那里，但是不同的人看到的却是不同的景象，究其原因，就是态度，就是气量。假若人人都能宽宏大量的看待世事，用自己的胸怀去宽容地对待万事万物，我们就会觉得自己跟环境、跟社会越来越合拍，对生活也就有了热情。

几乎所有家长都会常常教育孩子们要"滴水之恩当涌泉相报"，丰子恺老先生作为一个父亲，当然也会如此。他告诉孩子们，生活处处需要感恩，感恩身边的人给予自己的哪怕是一丝帮助，就算这种帮助微弱渺小，一个微笑，一声感谢，这就是给他们最大的肯定和赞美，感恩就是如此简单。丰子恺对待自己的老师弘一法师就是如此，一日为师，终身为父，只因感恩二字。

丰子恺：既然无处可躲，不如傻乐

有人说，丰子恺先生的艺术作品是我国近代艺术史中若干奇葩中极为可爱的一朵，说其可爱，是因为其艺术创作只用平淡朴实、通俗易懂的字句，正是这种朴实而又明亮的文字才能表达出那种心境的纯净率真、平淡质朴。

抗战期间，丰子恺先生的作品转向接触社会现实，开始批判那些灾难性的现实，若是按其他作家的风格习惯，都会使用一些恐怖又血腥的词语，然而丰先生却独树旗帜，不追随这种肤浅的表达方式，让全文保持着一种天真可爱又有点傻气的基调，表面上看是一幅简单易懂的儿童漫画，但仔细品味，却能揭露出深刻的社会现实，满满的哲学韵味。

可以说，丰子恺老先生是个淡泊的人，非常热爱生活，经常将社会问题挂在心头，将美好的、不美好的所有事情统统填入漫画之中，寄于文字之间。丰老先生最让人敬佩的就是他的心态，那可不是一般的乐观，丰老先生遇到不顺心的事，也不逃避，也不埋怨，而是安之若素，一笑而过。有人嘲笑他傻，也正是这种"傻"，正是这种说时容易做时难的傻乐，才支撑丰老先生度过艰苦岁月。作为一位画家，漫漫十年"文革"，近在咫尺的画笔就是不能碰，就像我们饥饿至极，为了生存，就是看着食物在嘴边也不能去吃，想想该有多煎熬，内心该有多挣扎，但我们有谁看见丰子恺先生如何愤怒不已了？又有谁看见他精神崩溃了？并没有，所以世人都认为丰老先生是落入凡间的神仙，也不是凭空捏造的。

在丰老先生看来无论降落到自己身上的任何事，既然知道避免不了，也无法逃脱，就傻乐一番，然后一笑而过，一切都随嘴角的上扬而瞬间消失。因为丰子恺先生清楚地知道，命里有时终须有，逃不掉，躲不掉，与其忧心忡忡担惊受怕，还不如傻乐。说是傻乐，其实并非真傻。这种傻，并不是那种生理上痴呆愚蠢的傻，实则追求孩童那种天真呆萌、把所有的事情都能想简单的那种可贵的心态，把困惑简单化，笑呵呵地度过每一天。如此一来，就连周围的人也会被这种乐观满足的超脱心态感染，每个人的心里都是满满的幸福感、乐观欲，这才是充满热情、充满快乐的生活呀。

都说丰子恺先生的画背后有一只美妙的手，像小孩子稚嫩的小手，传达着富于人道、富于人心的生命气息，更是"傻乐"的积极心态，他的画画出了人生的价值，画出了遇事躲不过后那超凡脱俗的乐观态度。

在经历了一段徘徊困惑之后，一念之间明白了所有，这正是丰子恺先生的作品《豁然开朗》的创作根源，同时着重强调了这个经典的处事原则——"既然无处可躲，不如傻乐"，人生在世，开心是一天，悲伤还是一天，既然都是一天，何不选择开开心心地度过呢？

叶曼：礼多人不怪

"礼"是中国古代社会的典章制度和道德规范，古人认为礼定贵贱尊卑，国家一切行为的标准和要求都要依礼而行。而在观念上的礼，亦是非常重要，孔子的"仁礼"，"道之以德，齐之以礼"，孟子的"礼为辞让之心"，荀子更是将礼放在了至高无上的地位。随历史的发展，礼在社会的影响也是历久弥新。

叶曼女士幼承庭训，以《左传》开蒙，成年后辗转各国，接触到了各国礼仪文化，中国文化更加深入其心，此后多年致力于研究儒家、佛家、道家文化，成为了将儒、道、佛文化融会贯通的国学大师。叶曼女士经常免费开讲《四书五经》《道德经》，身体力行，希望能带动更多修心向学的同胞去了解那源远流长、博大精深的中国经典传统文化。

说到传统文化，不得不深谈"礼"，叶曼女士讲到，礼是一个人、一个民族，乃至一个国家文化修养和道德修养的外在形式，也是做人的基本要求。虽说礼如此重要，但若是处理不当，忽略了礼节中的细微之处，那可就坏"规矩"了，就可能使人反感，甚至造成关系破裂。这样一来，作为国学大师的叶曼女士针对市面上流传的"礼多人不怪"也进行了辩证的分析。

"礼多人不怪"在词典上解释为对人多行礼仪，人不会怪罪，意谓礼节不可欠缺。首先，叶曼女士将"礼"分为形式上的礼和观念上的礼，观念上的礼就是古代儒家学者那些理论上的礼学，而形式上的礼更添一种实用性，也可以说是"不值钱"的礼，此处叶曼女士引用塞万提斯的一句话"礼貌不花钱，却比什么都值钱"。有些礼看似简单，但却能反映出一个人的素养，可能成为我们在激烈的社会竞争中取胜的有力武器。例如在招聘会上，言谈举止大方得体、仪态端庄、礼仪到位的面试者更能引来领导的注意力，简单的握手、问好，就能给对方带来受尊敬、受信赖的心理好感，这样不仅能够给别人带来快乐，还能给自己增添修养之态。

叶曼女士教导人们以辩证的思维方式看待万物，对于"礼多人不怪"亦是如此。叶曼女士精通《中庸》，凡事讲求一个度，要做到不偏不倚，恰到好处。如若过分讲礼，不分场合，则会显得懦弱、无知、矫情。这样看来，叶曼女士并非一股脑儿地做出谦卑之态以曲意逢迎，恰到好处的行礼也是一门大学问。

说到底"礼多人不怪"，就是要懂礼、重礼，无论何时不能忘了礼，"人无礼则不立，事无礼则不成，国无礼则不宁"，叶曼女士以这句古话来强调礼的重要性，教诲我们学好用好礼仪，人前不失态，既能提升自身修养、塑造良好形象，又能处理各种社会关系，优化自己的朋友圈。"礼"也算是人生道路上一块必要的垫脚石了。生活处处都有"礼","礼"多了,事情也就顺畅了。总之,"礼"让人充满魅力。

老子:随心而为,顺其自然

老子大概是最早提出"顺其自然"的人了。老子在《道德经》中说:"人法地,地法天,天法道,道法自然。"顺其自然其实是老子自己一生的行为准则,也是他一生追求的心境。

在老子看来,宇宙有四大,即:"道大,天大,地大,人大。"人只是居其中之一,人向地取法,地向天取法,天向道取法,而道纯任自然。所以经过这种层层推理得出结论:人应随心而为,顺其自然。

"萧规曹随"的故事现在常常被我们当作保守僵化的例子,其实不尽然,这个故事其实是恰好能反映老子"顺其自然"思想的。汉惠帝二年,萧何死后曹参接任相国之位,上任之后却一直无所作为,整日饮酒。汉惠帝很不解,责备曹参为何要这样,曹参说道:"陛下认为您的才能跟先帝比如何呢?"汉惠帝说:"那自然是比不上先帝的英明神武了。"曹参又说:"那陛下认为臣的才能跟萧相国比如何呢?"汉惠帝笑了笑说:"你好像比不上萧相国。"曹参说道:"陛下说得非常对,那既然我们的才能都不如前人,为什么还要改前人的政策呢,难道我们能改得更好吗?这样的话我们遵循着前人的策略不是很好吗?"汉惠帝这才明白。曹参做了三年丞相,极力主张清静无为不可扰民,遵循萧何制定好的法律治理国家,使得西汉的政治逐渐稳定,经济迅速发展,人民生活水平有所提高。

当我们在生活中遇到难以跨越的坎时,与其百般思量、琢磨,倒不如顺其自然,或许反倒能够"柳暗花明又一村"。懂得顺其自然才能自在自得,才能够抛却许多烦恼。

老子在《道德经》第八十章写道:"小国寡民……民至老死,不相往来。"这章遭受的诟病较多,很多人说这是老子倒退复古的历史观。其实我们只要认真分析就能知道老子的用意所在。他活在那个诸侯争霸、战乱不止的年代,对于那让老百姓遭受无数苦难的战乱,老子感受的不只是厌恶,更有痛恨。与其这样,还不如回到那个落后的年代,但显然,回到过去的时代是不可能的。

老子这样说,只是反映了人们对过去那种纯真的自然的生活的向往。得之坦然,失之泰然,顺其自然。就像我们的今天的市场经济时代,物质生活与以前相比确实是好了太多倍,但是我们又何尝没看到黄赌毒,何尝没看到假冒伪劣、敲诈勒索和更多人性的阴暗面。我们有时不得不感叹,过去年代人的热情、纯真感情好像已经在我们中间消失了。老子那"随心而为,顺其自然"的学说也成为了某些人放纵自己欲望的借口。

老子：不战而胜，亦是智慧

　　善于领导的将帅不会乱逞英武，善于作战的将领不会轻易发怒，善于克敌制胜的将领不用与敌人交锋，善于带兵的将领一定会对自己的士兵关爱谦下。不战而胜的智慧，正在其中。

　　老子认为，如果想要以强大的武力使人屈服，就是违背了"天道不争"的原则，也违背了以慈用兵的道德。用武力来使人屈服一定会遭到对方武力的反抗，违背了天道更是被天道所不容。如此说来，爱逞勇武、嗜杀成性的人一定会招致天怒人怨，而被天怒人怨又怎么不会一败涂地？

　　老子不主张用兵，即使用兵也要以"恬淡为上"，真正善战的人从不轻易发怒，有"道"的人绝不会无缘无故的对别人或者是别的国家欺凌侵占。兴兵的原因只能是两种：一是为了自卫，二是为了正义而战。正义与邪恶的战争跟为了争夺利益之间的战争有着本质的区别，所以这样的战争"无须盛怒后的血气之勇"。

　　在大多数人眼中，"百战百胜"似乎是对一个将军最高的评价了，"杀得敌人片甲不留"听起来使人热血沸腾，好像是在描述一次战役的伟大胜利。其实，不战而胜才是真正善战的将军啊。敌我两方交战，还没等开战敌人就全部降服了，这才是真正的胜仗。战争，原本就是无奈之举，所以在战场上就算全部歼灭敌人也是实属下策。最好的办法是在兵刃未接之前就能降服敌人，这是靠高尚的道德而感化他们，而不是以强大的兵力使他们屈服。

　　老子的观点，难以避免地拥有时代的局限性，但在那个穷兵黩武的年代里，这无疑是一剂清醒药，让当时的人们清醒了几分。

　　田穰苴是齐景公时的大将，齐景公派他去抵御晋军的侵略，田穰苴说："我的身份地位，恐怕难以服众，请大王派一个地位尊贵的宠臣来做监军。"齐景公答应了。不料在大军出发的那天，监军庄贾由于多贪了几杯酒，竟然来迟。田穰苴丝毫不以他是齐景公宠臣为意，将庄贾斩于三军之前，三军无不畏惧。行军途中，田穰苴又亲自过问士兵的吃住，像掘井、造锅这样的小事也要安排妥当，又为生病的士兵请医送药，甚至把分配给主将的钱粮也拿出来与士兵共同分享，田穰苴自己则领取与士兵同样的粮食，士兵无不对他感激涕零。几天后，田穰苴检阅军队准备应敌，士兵们士气无比高涨，甚至连生病的士兵也不甘示弱，纷纷要求参加战斗。晋军知道了这些，知道难以取胜，便匆忙撤军了。老子的"不战而胜"，在田穰苴这里得到了完美的诠释。

　　老子"不战而胜"的观点有时代的局限性，但其包含的哲学与智慧却冲破了时间的局限与束缚，为一代又一代人提供了哲学与道德上的指导。如果要在这个充满机遇与挑战的纷繁的社会中成为赢家，就需要学习"不战而胜"中超人的智慧和通权达变的谋略。

老子：名利面前，怀平常之心

《道德经》分为《道》和《德》两篇，北京大学郑开教授曾经说道："道与德不仅是老子思想的关键词，'道德之意'也是老子哲学的根本特征。"这里的"道德之意"，自然包括了老子对人伦道德的积极阐发，名利思想就是其中之一。

众所周知，老子是身重于名，淡泊名利的。那么老子为什么会产生这种思想呢？老子生活在春秋时期，这一时期，"周礼不张，弃王道而尚霸道"，老子作为中国先秦时期的最伟大的思想家之一，在关注自然界生成发展规律的同时，把更多的目光投向了人本身，关注人生存发展方面的问题。在那个动荡的年代里，老子深入分析和思考了社会动荡更深层次的原因。所以他提出了名利的思想，目的是解决许许多多的社会人生问题。

在老子看来，人内心的过度欲望是其固身的障碍，只有平和人心，不过度追求享受，才是固身之本，过度的享受与纵欲只会对自身带来损害。所以老子主张应该重身轻名、淡泊名利，这才是人生价值的所在。

而应该如何才能做到"重身轻名、薄名弃利"，老子就此开出了知足知止、谦下不争的"药方"。人要努力去抑制、控制自己的欲望，不能一味地追求安逸的生活。"无欲"等都是与人类的生存生活密切相关的，也是人们都应该遵守的自然之道。而如何做到"不争"，老子以水为喻，说"上善若水，水善利万物而不争"，水的特征是处下，那么自然它所预示的品格就是谦下。非常显然，谦下的品质带来的是吃小亏却获大利的处世之道和人生哲学。

在中国历史上，有关人生的思考，儒家与道家应该算是完全不同的。儒家向来讲究"学而优则仕"，而道家是主张个体自我心灵的自适。也就是说，在养生的同时，追求的更多的是个体心灵的自由。儒道两家在秦朝以后都有不同程度的发展，并且一直占有非常重要的地位。虽然隋唐以后佛教开始中国化，佛教思想开始深入人心，但儒道依旧在社会生活中发挥着不可替代的作用，特别是对中国传统知识分子的影响。从魏晋时期儒道思想第一次融合之后，中国传统知识分子就从此深深地烙上了儒道并修的思想和人格的印痕。"顺境从儒，逆境入道"就是对儒道影响最好的解释。

老子作为道家思想的创始人，对人生是极为关注的，这也是他对待名利思想的一部分。老子不但关注人的生存，还更多地关注人如何生存，如何更好地生存。所以在他的名利思想中，包括了许多对人生的思索，也因此提出了淡泊名利、知足知止的名利思想。对名利的淡薄，决定了老子重视"功成身退"的思想。他说："功成名遂身退，天之道"，劝人们要急流勇退。几千年的中国封建史，因居功自傲而招致杀身之祸的例子数不胜数。

老子：淡泊虚静，宁静致远

老子认为，心境对于成功具有重要的意义。成功就要能够保持淡泊虚静的心境，并且能在淡泊宁静的心境中体道、观道。同时他还认为，圣人无欲，才可以治天下。

老子云："致虚极，守静笃。万物并作，吾以观其复。夫物芸芸，各复归其根。归其根曰静，是谓复命。"意思是在这世间，一切事物原本都是空虚而宁静的，万物也因而能够在其中生长。因此要追寻万物的本质，必须恢复其最原始的虚静状态。万物的生长虽蓬勃而复杂，其实生命都是由无到有，由有再到无，最后总会回复到根源。根源都是最虚静的，虚静是生命的本质，这种生命的本质也是自然的常道。

因此，老子也曾提出过相似的观点——"抱朴"，所谓"抱朴"，就是抱守本真，不为私欲所迷惑。希望人们能够保持和坚守纯真朴实、秉直憨厚之本性。

在老子看来，人是自然的产物，人的本性是自然的，人的本性就是自然性。因此老子提倡"甘其食，美其服，安其居，乐其俗"的食色之欲。自然存在的生存欲求是人们所向往的，但是，除了自然欲望以外，还有人为欲望，人为之欲主要是指人追求享受的声色犬马之欲、财货之欲以及对权势、名望、地位的欲求。对于这些声色犬马和名利之欲，老子主张要减损，甚至要对此加以绝弃，因为这些身外之欲对人生是不利的。因此，老子认为寡欲、节欲对人生具有重要意义：一是能够帮助保持淡泊虚静的心境，并在淡泊宁静的心境中体道、观道；二是圣人无欲，可以治天下。

诸葛亮学习老子学问，悟到"淡泊以明志，宁静而致远"的深度。这是中国传统文化中修身养性的最高境界，只有淡泊宁静，才能洞察凡尘，只有清心内敛，才能高瞻远瞩。得意不忘形，失意不沮丧，风物长宜放眼量。淡泊、宁静，明志、致远，不因一点小小的荣耀、成功而忽视更大的胜利。

古人云："静中念虑澄澈，见心之真体；闲中气象从容，识心之真机；淡中意趣冲夷，得心之真味；观心之证道，无如此三者！"天地的玄机在于一个"悟"字，自我的玄机在于一个"静"字，当一个人心中犹如明镜般一尘不染，便能够更容易拨开云雾，看清事实，淡泊处世时才会有悠然自得的趣味。只有在潇潇嘈杂、风雨满楼的环境中，仍然能够保持一颗悠然自得的心，才算真正意义上的宁静。

淡泊虚静，不是不思进取，不是无所作为，不是没有方向，不是没有追求，而是以一颗单纯真诚之心对待生活与人生。做到淡泊虚静，才能够达到高雅、底蕴丰实、从容不迫的境界，即使一贫如洗，身处困境，他的灵魂依然是平和而坚韧的，能够包容万物，宽融万象，守护着内心深处一颗慈忍、博爱之心，释放并展现人格、操守灼人的光华。

老子：弱之胜强，以柔克刚

老子在《道德经》中写到："天下莫柔弱于水，而攻坚强者莫之能胜，以其无以易之。柔之胜刚，弱之胜强，天下莫不知，而莫能行。是以圣人云：'受国之垢，是谓社稷主；受国之不祥，是谓天下王。'正言若反。"

这段话是说：天下万物再没有比水更柔弱的了，然而攻击坚强之物却没有什么东西可以胜过它的，因而水是没有事物可以代替得了的。柔胜过刚，弱胜过强，天下没有人不知道的，但没有哪个人能实行的。因而圣人说："能承担国家屈辱，才能称得上国家的君主；能承担国家的灾难，才能做天下的君王。"好像是正面的言语在反说一样。这段话可以说是老子"以柔克刚、以弱胜强、以静制动"思想的体现了，也说明了柔弱乃尊贵之相、长久之相。

在当今社会中，处于弱势看着好像很卑微，但也正因为如此，对手不会把弱小的人放在心上，这样一来，反而使得弱者自身拥有了生长的契机。生命真正的原则在于内里与生长而不是外在与既有。这里说的弱，并非是卑微，而是顺其自然，从而也就有了以柔克刚、以弱胜强、大者宜为下的道理，这也是老子呈现给世人的一种大智若愚的智慧。

老子的这一观点体现出了辩证法思想，他认为矛盾双方是会相互转化的。柔与刚会相互转化，他们是力量的两种极端，对于其中一极到达之后，力量必然会向另一极转化，正所谓"祸兮福之所倚，福兮祸之所伏"，天下事福祸相依，万事皆同，不可分辨，也不值得大喜大悲。只有一切顺其自然，与世无争，无为而治，才是智者的本分。

同时，老子在以柔克刚、以弱胜强、大者宜为下的辩证法思想中生成了"剑气合一"的剑道。在中国古代，一个剑客最重要的品质不是拥有高超的剑术，而是拥有超乎常人的克己的"忍"，也就是不为外物所动，能随时看清楚一切。这一点无疑便是受到老子辩证思想的影响。但这里的忍是为了处于弱势来积蓄力量，以达到力量的强势而完成最终的爆发。

当人们在现实生活中不得志时，老子的思想对他们来说是很好的精神家园，是失意者疗伤的彼岸，同时也让当今社会的人们在激烈的物质与欲望的竞争中保持知足常乐的心态。但老子的"弱之胜强，以柔克刚"思想也有弊端，例如，它在引导人们看淡功名利禄、与世无争的同时，也削弱了人们进取向上的精神，对社会与人世产生绝望，这在当今社会是不可取的。总而言之，对于老子的思想，我们应当批判地继承，不能一味地全盘接受。

老子：为而不争

人世间的不断纷争，根本上都是为欲望而争。如果一个人不去争名利，就可能被有些人认为他不思进取。老子在《道德经》中说："水善利万物而不争。"在《道德经》最后收笔时又写道："圣人之道，为而不争。"而且，《道德经》第六十六章中还明确指出了"为而不争"，是人生修养的最高境界，故而说："以其不争，故天下莫能与之争。"

所谓"为而不争"，老子在这里把"为"和"不争"区别开来了。"为"是指"圣人无积，既以为人"，圣人正是在这种意义上面"不争"的。同样可以说，"为"包含着"斗争"的意思，包括与天斗、与地斗、与人斗，但圣人的这种"斗"是为了无私奉献于他人尤其是人民，因此他"不争"的是个人的名利地位。总而言之，老子不仅反对世人争名利，更是指在名利面前，要谦和，发扬高品格，做到无私奉献。

不争并不是让人无所作为，而是劝人们一切要顺其自然，不要一味的强取豪夺。老子一向的主张是：退、守、弱、柔。他认为做到保全自己，就能立于不败之地。

"为而不争"，而如何"为"，则关乎为人处世之道。孔子曾就此问道于老子，老子说："水利万物而不争。"孔子闻言悟道："众人处上，水独处下；众人处易，水独处险；众人处洁，水独处秽。所处尽人之所恶，夫谁与之争乎？"也就是说，把心的姿态放低，才能与世无争，不骄不躁，进而会无所不利，无所不往，润泽万物。

老子伟大的地方，在于他的宇宙观，即"道"。他看君、看民、看圣人、看大盗、看鸡、看犬……都从广阔的宇宙的角度看，因而更深刻、准确。世间万事万物，都息息相关，构成一个整体。每一个生命都以其他一切生命为背景，同时也与其他生命同体共悲。因此，为而不争，既润泽了他人，也丰富了自己，奉献他人的同时也收获了自己。

孔子：不为五斗米折腰

孔子在鲁国为政失败后来到卫国，他首先拜访了子路妻兄颜仇由、公叔氏家族。卫灵公礼见孔子后，虽然对孔子的仁礼主张不感兴趣，但为沽"尊贤"之名，钓"仁义"之誉，表面上很尊敬孔子，给予他"禄之如鲁"的待遇，实际上却并不接纳他的思想。孔子看到卫灵公并无诚意，而且自己在卫国又遭猜忌，所以便打算离开卫国去陈国。结果师徒几人却不幸先后在匡地、蒲地被围，无奈之下他们只得再次回到卫国。

卫灵公知道孔子归来后十分高兴，亲自出城，隆重迎接了孔子一行人。而后孔子在卫国结交了贤大夫蘧伯玉，两人志趣投机，促膝论道，好不快活。后来卫灵公深知孔子的军事才能，觉得国家需要增强军事力量来抵御那些大国的入侵，于是便向孔子请教率军布阵之事，但孔子十分厌恶战争，因此便婉言拒绝。

后来，卫灵公又想在国人面前获得爱才尊贤的美名，便想让孔子与卫灵公夫人南子一同出行，其实是卫灵公和南子同车招摇过市，让孔子随后跟行。孔子虽然依"礼"行之，但心里十分厌恶。

作为卫国的"公养之仕"，孔子爱好收徒讲学，传道授业，桃李广布天下，且交友有道，乱邦不居。在卫国的最后五年，他经常与弟子们坐而论道，不为强权所迫。当他见到任蒲宰三年的子路政绩卓著时，几次称善，认为子路实现了自己"恭敬以信、忠信以宽、明察以断"的修身法则和"恭而敬、宽而正、忧而恕、温而断"的治国之训。齐国发兵攻鲁，众弟子纷纷要回国效力，孔子却独派子贡出使齐吴越晋，使其大展外交才能，结果不仅存鲁亡齐，而且出现了春秋战国时期诸国的割据新局面。

孔子还拒绝了晋国中行氏的邀请，认为中行氏据邑扰晋不合乎周礼，名不正言不顺，是越礼之举，对此愈加不喜。在从叶城返回蔡国时，孔子遇到了几位避世隐居的高人：长沮、桀溺、荷蓧丈人以及后来的楚狂，他们都曾劝孔子做个避世的隐士，远离世事。但是，孔子并未因此动摇济世安民之心，而且表示他就是想要改变这混乱世道，让百姓能够安居乐业，免受流离祸乱之苦。

在春秋战国乱世中，孔子能够坚守本心，不为功名利禄所影响，足见他意志之坚定。如果孔子当初欣然同意卫灵公、中行氏的提议，那他后来或许不会穷困潦倒，一路落魄流亡。但正是他的正义与傲气才使他后世的名声更加显赫，品德更加高尚。这种"不为五斗米折腰"的精神让他的圣人形象更加受到后世景仰。

季羡林：一寸光阴不可轻

"一寸光阴一寸金，寸金难买寸光阴。"方入校园的稚龄小儿尚会奶声奶气地吟诵这样的谚语，季羡林先生在接受采访时提到不要浪费任何一点时间，每一寸光阴都不应该被轻视。故而可知，时间是宝贵的，甚至是千金难买的。

季羡林先生便是一个非常珍惜时间的人，他忙于学术研究、忙于写作，甚至连心爱的乒乓球和游泳都无暇顾及。正是因为如此，所以季羡林先生分外的珍惜时间，因为在他看来，任何一秒都是不应该被浪费的。季羡林在吃饭时、走路时、乘车时都不曾放弃思考，思考学术问题，思考写作细节，甚至是在病床上输液的时候，他也反复推敲琢磨着本来已经定稿的资料，待输液结束，立刻顺着思路将文稿重新整理。如季羡林先生这样的博学大家尚且如此珍视时间，何况是于常人而言呢？

对于学者而言，只有珍惜时间才能创造自己的价值，为人类的文明的发展开拓新的知识天地；对于军事学家而言，珍惜时间就是胜利，是关系生死存亡的重要因素；对于经济学家而言，时间就是金钱，就是效率，只有抓紧时间才能创造效益、创造财富。无论于谁而言，时间都是非常珍贵的，正所谓"一寸光阴不可轻"，抓住时间，珍惜时间，这样才有资格把握成功。

古人有诗云："三更灯火五更鸡，正是男儿读书时，黑发不知勤学早，白首方悔读书迟。"正所谓"一日之计在于晨，一生之计在于勤。"只有珍惜时间，抓住时间，勤奋学习，才能有所作为。

时间对于每个人而言都是公平的，它不会偏袒任何人。可是当下社会，却有很多人只是麻木的生活，他们只会抱怨命运的不公平，可他们却不曾反思，在他们埋头大睡的时候、在他们惶惶度日的时候，时间却没有等待他们，比起勤奋的人，他们已经输了。所以说，时间是最公平的裁判，每一寸光阴都不应该被轻慢，既然活着，就要过好每一秒的生活。

季羡林：少年易老，学难成

宋代著名的文学家、思想家、哲学家朱熹在《偶书》中写道："少年易学老难成，一寸光阴不可轻。"这句诗的意思是说：年轻时学习效果最好，如果不珍惜少年的时光，等到老了才想起学习，就困难多了，所以哪怕是一点点的光阴都不要轻视。季羡林先生也告诫世人："少年易老学难成。"

自古以来，凡能成大事者大都非常珍惜时间，因此也留下了许多脍炙人口的名句，例如"少壮不努力，老大徒伤悲"，又如文徵明的《今日诗》、钱鹤滩在《今日》诗的基础上改写成的《明日歌》，这些名句诗篇无一例外的向人们阐述了时间的可贵，做人要珍惜时间，尤其是在少年的时候，要珍惜时间，努力读书，这样的话才能有所成就。

西晋时有一个叫周处的人，他年轻的时候不学无术，因为为害乡里而遭人痛恨。后来，他猛然醒悟，痛改前非，最终官至御史中丞而终；"唐宋八大家"之一的苏洵也是少年荒唐，到壮年时猛然醒悟开始努力苦学，最终成为著名的散文家和学者。

周处、苏洵均是壮年开始努力学习，他们能在荒唐之后悔悟，从此努力，实现自我价值；为的不就是不想等自己垂垂老矣的时候后悔吗？"人有坎坷，失于盛年，犹当晚学，不可自弃。"说的便是这个道理。

　　人的一生是短暂的，每一秒都是上天的恩赐，所以每一秒都应该有它存在的价值意义，不要让任何一秒的时间浪费，趁着青春年少抓紧时间，努力学习，不要等老了才叹息光阴流逝，学问未成。

季羡林：让时间不再"害怕"东方

　　时间是什么？时间是生命的组成，是成功的路程，是岁月的砖块。那又为何要说让时间不再害怕"东方"？智慧大师季羡林先生曾经说过，每一秒都是不寻常的，而众所周知，太阳从东方升起，东半球的时间也早于西半球，所以，东方便可以被喻为开始，时间的开始。让时间不再害怕东方，也就是不惧时间的流逝，坦然地面对时间，而要做到这一点，大概只有珍惜每一分每一秒的时间，无愧于它，才不会害怕它。

　　富兰克林说："你热爱生命吗？那么请别浪费时间，因为时间是组成生命的材料。"如果说时间就是生命，那么浪费时间就是浪费生命。时间对于每一个人而言都是公平的，可是每一个人在自己的生命里创造出的价值却是不一样的，珍惜时间的人把时间当作生命，虚度时间的人却总是找借口让时间流逝。

　　有两位病人，都是鼻子不舒服。在医院等待化验结果期间，甲说，如果是癌，立即去旅行，乙也如此表示。结果出来了甲得的是鼻癌，乙长的是鼻息肉。甲列了一张告别人生的计划表离开了医院，乙住了下来。甲写道："我的一生有很多梦想，有的实现了，有的由于种种原因没有实现。现在我的时间不多了，为了不遗憾地离开这个世界，我打算用生命的最后几年去实现还剩下的梦想。"两年后的一天，乙在报上看到了甲写的一篇散文，就打电话去问甲的病。甲说："是这场病提醒我，去实现自己想去实现的梦想，去珍惜生命与人生。"乙听后默默地挂了电话，因为他在医院时说的去旅行的事，却早已因患的不是癌症而放到脑后去了。

　　在这个世界上，每个人最终都会死亡。如果能够列出一张生命的清单，抛开一切多余的东西，去实现梦想，去做自己想做的事，便能让生命有所不同：时间就是生命，有些人把梦想变成了现实，让剩余的人生为梦想而活；有些人却只能把梦想带进坟墓，因为他没有珍惜比生命还珍贵地时间。

　　季羡林先生在生命的最后也曾表示，自己的这一生已经没有遗憾了，因为他没有浪费生命，他的生命创造出了属于自己的价值。也只有像他这样的人才能如此坦然地面对时间的流逝，不慌不惧，因为他没有辜负时光。

季羡林：珍惜时间的"边角废料"

　　季羡林先生说："要珍惜时间，就算是一点边角料也得珍惜。"那么什么是边角料呢？一块木板，裁出自己想要的图形，剩下的不能再利用的部分就是边角料。而季羡林先生所说的珍惜时间的边角料的意思则是，把那些用来做"大"事情所剩下的时间合理利用起来。

　　说到珍惜时间，让人不由得想到著名数学家苏步青教授，他把整段时间称为"整匹布"，在他看来要搞大一点的科研项目，用"整匹布"为最好，可是事实上，对于苏教授而言，他的"整匹布"是不多的，所以他常在"零头布"上动脑筋。正如他所言："别看零头布零零碎碎的，但是聚沙可以成塔，时间也可以积少成多。"出差路上，开会间隙，都是他的"零头布"，他出版的好几部数学专著，也都是由"零头布"凑成"整匹布"的。

　　时间对于每个人而言都是公平的，可是当下社会，却有很多人只是麻木的生活，只会抱怨命运的不公平，这样的人不妨反思一下，在他们埋头大睡的时候，勤奋的人在做什么？

　　如果每天能在等早餐途中、上下学路上去记单词，不失为一种利用时间的好办法。像季羡林先生说得那样，把零碎的时间整理起来，做一些小事情，积累得多了就是大事情了。

　　自古以来，举凡成大业者哪个是浑浑噩噩睡到日上三竿才起的？只有抓住时间，分秒必争，才能成就自我。而早起也是季羡林先生到老也一直坚持的习惯之一，他觉得，在清晨呼吸着清新的空气，将大脑从沉睡的困顿中叫醒，让思绪自由运转，做着自己喜欢的事情，简直就是人生之乐事。

季羡林：越被人向往，就越被人享有

　　在当下社会，物欲纵横，忽然宽松下来的社会氛围，加上外来文化的影响，使得许多年轻人越来越放纵自己，沉迷声色，深陷物欲而不可自拔，终日浑浑噩噩。像这样不自爱自暴自弃的人，试问有人愿意和他们做朋友吗？当然不排除酒肉朋友。而我们要交的朋友应该是这样的：彼此尊重，朋友之间不计较个人得失，相互分享美好的事物，在对方需要的时候自觉给予力所能及的帮助，这样的朋友关系才会持久，进而发展到"知己"的最高境界。

　　如何获得友情呢？推己及人，爱人如己，对人坦诚相待，是获得友情的基础。一个年轻的记者幸运地采访到了美国总统罗斯福的夫人，记者非常紧张，事先准备了很多问题和后备资料，以防出现什么错漏。他见到罗斯福夫人之后，首先问了一个自以为有延伸性的问题："请问夫人,在您会晤过的人中,您认为哪一位最有趣?"记者有一个预估,无论她回答哪一位名人,他都可以就这个人物再提出两到三个新问题,这样就能使采访顺利进行下去。

罗斯福夫人回答说:"我认为你最有趣。"记者吓了一跳,夫人解释道:"因为跟陌生人会晤,开始交流,了解对方,这个过程是生活中最令人感兴趣的一部分。我们之间坦诚地聊自己,聊生活,成为新朋友,哪有比这些更激动人心的事?"

罗斯福夫人的坦诚与和蔼让记者非常感动,他放松下来,像朋友一样跟夫人聊天,很快采访就结束了,彼此双方都无拘无束,非常愉快满意。这篇采访报道获得全美新闻报道奖,然而这名记者说他最大的收获是,罗斯福夫人教给他一个人生道理:只要坦诚相待,就能交到朋友。

人人都喜欢坦诚,不喜欢虚伪做作。因此,交朋友不需要考虑身份地位,不需要使出什么高明的手腕和技巧,只要牢记"坦诚"二字,以真心交换真心,就能交到许多新朋友。

越被人向往,就越被人享有。只有你足够珍视你与朋友之间的友谊,你才会享受到友谊的乐趣。在中国几千年的历史上,重视友谊的故事不可胜数。最著名的有管鲍之交、钟子期和伯牙的故事等等。刘、关、张三结义更是家喻户晓。在中国古代,朋友还归入了五伦。

凡事都是相互的,因为你的珍惜,朋友也会同样珍惜你们的友情,反之,你轻视你们的友情,最后得到的也是朋友的轻视。

蒙田认为,爱情一旦进入友谊阶段,也就是说,进入意愿相投的阶段,它就会衰落和消逝。爱情是以身体的快感为目的,一旦享有了,就不复存在。相反,友谊只是在获得以后才会升华、增长和发展,因为它是精神上的,心灵会随之净化。

因此,学会自爱,不断地升华自己,重视你们的友情,你的珍视会让你们的友情更加的坚固。

季羡林:如何送礼是一门学问

我们生活在一个讲"礼"的环境里,所谓有"礼"走遍天下,无"礼"寸步难行。求人办事要送礼,联络感情要送礼,"礼多人不怪"这个古老的中国格言,时至今日仍十分实用。

季羡林先生在《忆往述怀》中说,送礼是一门学问。礼物不在于贵重,不在于价值,而在于心意。例如我们耳熟能详的"千里送鹅毛"的故事:西域回纥国的国王为表示对唐王朝的友好,派特使缅伯高向太宗贡献天鹅。路过沔阳河时,好心的缅伯高把天鹅从笼子里放出来,想让它饮水。不料,天鹅展翅飞向高空。缅伯高忙伸手去捉,只扯得几根鹅毛。缅伯高急得顿足捶胸,号啕大哭。随从们劝他说:"已经飞走了,哭也没有用,还是想想补救的方法吧。"缅伯高一想,也只能如此了。

到了长安，缅伯高拜见唐太宗，并献上礼物。唐太宗见是一个精致的绸缎小包，便令人打开，一看是几根鹅毛和一首小诗。诗曰："天鹅贡唐朝，山高路途遥。沔阳河失宝，倒地哭号啕。上复圣天子，可饶缅伯高。礼轻情意重，千里送鹅毛。"唐太宗莫名其妙，缅伯高随即讲出事情原委。唐太宗连声说："难能可贵！难能可贵！千里送鹅毛，礼轻情意重！"之后唐太宗反而给予了缅伯高丰厚的赏赐。由此可见，在某些时候，礼物不在礼物本身，而是在于送礼人的心意。

　　礼物送出去的本意就是希望收礼人会因为礼物高兴，所以送礼必须要符合收礼人的喜好。首先，你需要对收礼人的身份、职业、性别、家境等一系列的外在因素和内在因素相结合，选出既适合收礼人身份也符合收礼人心意的礼物，至于礼物的价格，反而不重要。其次，礼物讲究实用。许多人送的礼物，通常都只能堆放在杂物间，没有什么实际用处，拿出来放着还容易损坏。像这种既花钱又没有用处的礼物，在很多时候都是受到人们嫌弃的。相反，选择一份有实际用途的礼物会让人高兴得多，算是物尽其用，不至于浪费。

季羡林：人和商品都需要适度包装

　　季羡林先生曾说："我们使用的是商品，还是包装？而负担那些庞大的包装费用的，羊毛出在羊身上，还是我们这些顾客，而华美绝伦的包装，商品取出后，不过是一堆垃圾。"由此可见，季羡林先生不仅对学术研究至深，对生活中种种千奇百怪的事情也有自己的处理方式。

　　在如今现代化程度极高的社会中，我们眼睛看到的、嘴里吃到的东西几乎都被包装过。"包装"的现象我们在购买商品的时候见到的最多，也最明显。然而在购买商品的时候，却应该意识到：购买包装的好的商品，虽然像是别人给了自己好处，但实际上这好处已经附加在自己的付出里了。

　　季羡林先生认为，人们生活在社会中，包装一下是可以的。对自己进行包装，是对别人的尊重，也是对自己的尊重；对商品进行包装，既能够愉悦他人，也能提升自身的价值。

　　季羡林先生在文章中曾经说过，女士们在家里待着的时候，穿着朴素，不多加修饰，这样是可以的。但是，一旦要外出，尤其是去参加聚会的时候，就必须要打扮的"珠光宝气，花枝招展，浑身洒上法国香水，走在大街上，高跟鞋跟敲地作金石声，香气直射十步之外，路人为之侧目"。在季羡林先生看来，这种包装就是非常必要的。

　　不过，在商品的包装上面，季羡林先生却要为许多国产的商品"喊冤"。季羡林以前去香港的时候，发现国产的商品价格要比国外的洋货便宜得多。找人询问以后，季羡林才弄明白原因：其实并不是国产的商品比国外的洋货差，而是因为国产的商品包装相较而言比较差，导致价格也被拉低了。

所以说，包装还是很有必要的。尽管有些人会觉得生产商品更应该注重质量，而不是外表的光鲜亮丽和华而不实。但是不可否认的是，进行包装之后，商品的价值能得到更好的体现。就好像即使是一个很好看的花瓶，没有鲜花来衬托，却依旧只是一个能盛水的容器罢了。

但包装只能改变你的外在，而不会改变你内在。多一些真诚，你收获的也是真诚。诚以待人，永远都不会是一件坏事。

季羡林：换一个视角看世界

季羡林先生在学术上有很多自己独到的见解，对于"怪论"的态度也与其他人不同。"怪论"，字面可理解为奇怪的论调。可能是受到"文革"对言论控制的影响，现代人在对待"怪论"的时候，通常是予以贬斥，而季羡林先生却非如此，而是大方给以褒扬。在他看来，"怪论"是"异议可怪之论"，具体为"其所以称之为怪论者，一般人都不这样说，而你偏偏这样说，遂成异议可怪之论了"。

季羡林先生认为"怪论"多是思想文化繁荣的表现。常规的言论偏向于保守的结局，唯有多些"怪论"才能引起碰撞、讨论和进步，进而使思想文化繁荣。当那些"怪论"沿着自己的路数世世代代传承下来，才得以形成如今中华文化博大精深的基础和渊源。

春秋战国时期无疑是"怪论"最多最盛的时代。在那个社会大动荡的时期，思想文化也发生了很大的变化，诸子百家各抒其见，纵使意见完全相悖，却依旧大胆引证，坚持自己的怪论，故此出现了百家争鸣的局面。儒家主张入世，道家主张出世。"仁""礼"是孔子的核心主张，"尊重客观规律，按客观规律办事"是老子的核心主张，"兼爱""非攻"是墨子的核心主张，"法治"是韩非子的核心主张……尽管他们各自的主张都有自己的道理和切合实际的地方，却相互视为"怪论"。但正是因为这么多的"怪论"，才为我们留下了璀璨夺目的文化遗产和思想宝库。

季羡林先生也曾说过"国家到了承平时期，政通人和，国泰民安，这时候倒是需要一些怪论。"就像老子的"物极必反"理论，太过安稳反而失去了活力，太过动荡则太危险。在这种时候，"怪论"并不危险，而适当的"怪论"却可以带来一丝的变化，进而成为一种前进的动力。

很多时候，"怪论"因为与常论不同，会被人们误解为无用、反常的言论。但是，一旦经过了实践的检验，"怪论"也是可以成为真理。在这一点上，季羡林先生认为"怪论"在中国社会主义发展的历史上有着巨大的作用。

在季羡林先生看来,"怪论"不仅要倡导,也很有作用,"某一个怪论至少能够给你提供一个看问题的视角"。没有一个问题是简单易处理的,如果只是从单方面去考虑,得出的解决方法难免会片面;如果从多个方面、多个视角去研究和分析,寻求的解决方法也会更加全面、更加有效。换个视角去考虑事情,人生也会变得更加美好和充实。

季羡林:爱情是一种神秘而玄乎的存在

爱情自古以来就是被人津津乐道的话题。爱情是人的一生中不可或缺的东西,同时也是文艺创作的永恒主题。在季羡林先生看来,爱情是一种神秘而玄乎的存在,它太过重要以至于让人不敢轻易触碰。

尽管爱情中充满着浪漫的色彩,但不可否认的是,爱情也脱离不了现实的束缚。季羡林先生认为诗人对爱情的态度可以大致分为两种:一是现实主义,一是理想主义。而他个人更倾向于现实主义一方,爱情,特别是结婚,与"色"分不开,却也是合情合理,人之常情。但是,他也相信,爱情有一种科学无法解释的魔力,姻缘仿佛是命中注定。

季羡林先生认为爱情是现实的,也是一种欲望的驱使。正如古人言:"食,色,性也。"爱情是一件浪漫美好的事情,但它不可避免地具有社会性,也会被现实所累。普通阶段上的爱情不只是精神上的联系,与尘世中的一切都有或多或少的联系。可是,他也相信,当爱情到达某一个阶段之后,会变得纯真无暇。

东晋时期,有一个饱读诗书、才华出众的士族女子,受家族世代征战的影响,她也是一个拥有男子气概的爽朗之人。因性别和古代礼制的原因,她无法上战场,也不能去书院读书。无奈之下,她只得说服父母以女扮男装样子去游学。后来路遇同去求学的一名书生,二人一见如故,遂结拜为兄弟,同往崇绮书院拜师入学,勤学苦读三年之久。在朝夕相处之下,她对书生暗生情愫,却因对方的迟钝而不被察觉。而后,她因故回乡,书生才听闻她其实是位佳人,心中情愫变得明了,遂赶往提亲。不料,佳人已被许给别人。二人经过了种种的抗争,却仍旧无法相守。后书生抑郁病逝,佳人也殉情在其碑前。后人为纪念二人的感人爱情将黄白蝴蝶比作二人,此后传为梁祝化蝶的一段浪漫佳话。二人的感情虽然让人感动,却终究要受到现实的阻拦,不免让人唏嘘。

爱情是受到现实的约束的,浪漫纯真的爱情可遇而不可求。就像季羡林先生说的一样,三分浪漫,七分现实,不用过分的去追求浪漫,切实的生活也还是值得拥有的。

关于姻缘的奇妙,季羡林先生分别举了中西文化的不同表现形式。在西方神话中,有象征爱情的爱神维纳斯,也有一个手持弓箭的童子——丘比特。两个人是否坠入爱河,关键是他的箭有没有射中他们。在中国，我们的信仰不是爱神，而是月老。月老的手中有许多的红线，当他把一根红线的两头分别拴在两个人的小拇指上，无论两人相距多远，是否相识，都会心心相印，被牵引着走到一起。爱情是如此的神秘，更是无法掌握的，以至于我们的祖先不得不用神话来寄托自己对爱情的美好期盼。

季羡林：公德之心，乃人性之本

公德是在人际交往和社会生活中必须遵守的基本常识和准则。它是反映一个国家和社会文明程度的外在表现。公德涵盖的范围太广，我们无法对它做出一个切实的、详尽的解释。公德是我们的社会生活常见的词语，但是真正能做到恪守公德的人却很少，季羡林先生认为，有公德是人性之本，应时刻以公德要求和规范自己的行为。

随着现代社会的快速发展，新兴科学技术和思想观念每时每刻都在冲击着社会的传统道德。在《季羡林谈公德》随笔集中，季羡林先生提到不知什么是公德、不遵守公德的人，都是在给自己的脸上抹黑。养成优秀的道德品质和良好的行为习惯，养成好的公德，才能有所作为，立足于社会。

季羡林先生曾经讲过一个关于公德的小故事：有一个到外地旅游的小孩子，在周围的人踏着草坪和雕塑合影的时候，他没有那么做，而是上前去劝阻他们的行为；在周围的人因为附近没有垃圾桶而随意的乱丢垃圾时，他紧紧地攥着手里的垃圾，还捡起了其他人丢的垃圾。他的爸爸妈妈问他为什么要这么做时，他回答道："在公共场所都要遵守公德，何况是在旅游景区。遵守公德是要从小培养的一种习惯，他们大人一时忘了，但是我没有忘，就要提醒他们遵守公德。"

意大利著名诗人但丁曾经说过：爱是美德的种子。培育一颗遵守公德的"爱"的种子，于自身、于他人都不无裨益。正如季羡林先生所言，践行人性之本的公德心，无论何时何地都不会失效，而是会让你变得更加引人注目。公德之心可能会"缺席"，但绝不会消失。

中华民族是伟大的民族，我们英勇善战，能以弱胜强，如果国民素质和公德心低下，那国家的软实力就不会强，更谈不上真正的强大。国家的发展不仅仅是物质文明的提高，在精神层面必须不断提升。

拿随地吐痰这件事来说，近几年来，国际旅游之风兴起，出国旅游的人士也越来越多。国外的景区都用英文写上了注意事项，有的地方的景区甚至用中文标注了"请勿随地吐痰"的标语，针对的就是中国游客的行为。这种事情绝非是空穴来风，而是先有不顾国格、不遵守公共道德的人在国外做了不好的事情，才会被人用"中文"明确标明。

季羡林先生认为，治理不守公德这样的顽症，可以参考"严惩重罚"的方法。在此之前，要先对国民进行耐心的教育，其次有国家等机关的大力支持。公德心可以反映一个人的道德素质，更能反映一个国家民族的精神状态，若是人人都不守公德，那国家何谈发展强大。

季羡林：鱼和熊掌不可兼得

"鱼，我所欲也；熊掌，亦我所欲也。二者不可得兼，舍鱼而取熊掌者也。"不仅在鱼和熊掌之间要做出选择，我们在人生中总会遇到大大小小不同的选择。在生命的旅途中，会遇到无数个岔道口，我们究竟该何去何从，该做出怎样的选择，这就取决于个人的意向，也体现着选择的智慧。

季羡林先生对于选择也有着独特的见解。1930 年，季羡林与同学们一道进京参加高考。当时的高考是自主招生，每个高校自己出卷，考试时间也不尽相同；还有几个高校联合出卷，共同举办考试。在选报志愿上，北大、清华是大多数考生必选的两个，这是全国最受崇敬的两所高校，门槛也是相当高。用季羡林先生的话说就是："门槛高得吓人！"他所说的"高得吓人"，说的是他们的录取率，大约是几十人中录取一个。以当今眼光来看，这比率算是高了。但在那时，考学的人少，这样的录取率，是相当低的。

在当年的考试中，季羡林也是独特的一个。与其他考生不同，季羡林并未报很多学校，只是报了清华和北大。季羡林说，这是一种几乎出自本能的做法，并不是由于对自己特别有自信。最后被清华和北大同时录取，到底该选哪一所？激动之余，这成了使季羡林困惑的问题。

鱼和熊掌，不可兼得。两所高校，的确让人难以选择。选择其一，都意味着舍弃另一方，不管怎么说，都会是一种遗憾。最后季羡林选择了清华大学。现在看来，季羡林选择清华的原因，可能有点"俗"。尽管两所高校实力相差不大，名气也相当，但清华在出国留学方面更有优势一些。因此，一心想出国的季羡林，最终进入了清华大学西洋文学系学习。

其实，季羡林这个二者不可兼得的遗憾，在多年后也得以弥补。季羡林当年选择清华，之后如愿出国留学。回国后，在北大任教。这样来说，季羡林也算是两者兼得了。

每当面对选择，总会有取有舍，在舍得之间，往往会陷入缺憾的阴影里。其实，这样说来，人生也可看作是一个发现缺陷并去填充的过程，只有在这个不断填充的过程中才会得到锻炼，才会成长，在成长历程中去体会人生的价值和意义。完美无缺的人生，当真是美好无瑕的吗？只怕未必。

选择蕴藏着大智慧。从选择前的思考、权衡利益得失到开始选择，再到选择做出后所产生的一系列影响，这些看似细微的片段，都无时无刻不在对你自身起着作用。正是因为选择，才让人学会取舍，才让人感受缺憾，切身理解失去的痛苦并同时体会得到的幸福。

季羡林：中国文化是未来世界的"解药"

西方文明对世界的影响，是民主、自由、人权等观念；现代中国对世界的影响，思想不鲜明，大多是中国功夫等表层文化，甚至是赔本赚吆喝。英国前首相撒切尔夫人曾断言中国不会成为世界大国，因为中国没有独立的、足以影响世界的思想。季羡林先生却认为中国文化是未来世界的解药。

古代中国过于自信，不屑于走向世界，而是要求世界走向中国。中国的"外交方式"就是要求各方属国来朝贡的制度，其核心理念就是认为中国居天下之中心的意识。历史上世界文化走进中国，也须"本土化"后才能通行。比如基督教原本不允许崇拜其他偶像，利玛窦在传教时改为允许中国信徒拜祖宗、拜孔子，基督教才得以在中国发展。

但古代中国是开放的，虽然没有主动到世界去传播文化，却包容着世界各国的来客。自秦汉之后，大量的外国人慕名而来，日本等国派遣了大批留学生来中国学习先进的文化。到了近代中国，由于清政府闭关锁国的政策，世界通向中国的大门被封闭。直到西方世界用大炮轰开了中国大门，如梦初醒的中国人才开始睁开眼睛看世界。

季羡林先生很欣赏的历史学家汤因比说过，西方文明在创造惊人的物质财富时，却因其不可遏止的活力与破坏性，将整个人类社会绑上了高速行驶的列车，造成了地球固有资源以惊人的速度减少或消失，并使人类进入了一个充满矛盾和焦躁的半荒漠时代。

西方国家对中国传统文化的学习并不是一朝一夕的。中华文化对西方现代化的影响，经历了从制造器物到仿行制度到思想的三个阶段，"东学西渐"和"西学东渐"的过程大致相同。

季羡林教授于 1992 年发表了《二十一世纪：东方文化的时代》一文，在文中他谈到："以为东方文化和西方文化的关系是三十年河东三十年河西，到了二十一世纪，三十年河西的西方文化，要让位于三十年河东的东方文化，使人类文化的发展进入一个新时期。"诚然，早在二十世纪辜鸿铭在《挑战与出路》一书中就指出，西方人倘若研究中国文化就能够帮助现代世界拯救文明的破产，而梁启超更是提倡要用中国的"精神文明"来解救西方的"物质疲惫"。

华夏文明讲求天人合一，从政治、经济等多角度维系着有限的自然资源与无限人类需求之间的平衡。在当今世界，想要实现人与自然的和谐发展，还要坚持华夏文明的正确理念，并依靠复杂的体制机制来实现社会与自然各方面的平衡。从某种程度上来讲，中国优秀传统文化将是未来拯救世界的"诺亚方舟"。中国优秀传统文化，是未来世界的"解药"。提倡和发扬中国优秀传统文化，是促进世界和谐发展的当务之急。

季羡林：真正的价值表现在非常态上

就人生的价值和意义而言，佛教观念认为：尘世间，不外乎人的"诸行"。"行"是一切生灭现象和流变过程，世上没有什么是不变的，所以人生可称为"无常之行"。

季羡林先生说，人生活于世上，不会有永恒的幸福，也不会有永远的苦难。万事万物，终归于灭，终归于空。那么，在无常的观念中，我们又该如何肯定人生的价值呢？佛陀有言："人生世间皆由缘起。"每一种存在，都不是偶然的，一切皆依因果之缘而起。因此，人生的真正价值不在于生活的常态，而是表现在非常态上，能让自己摆脱常态的困扰，就寻找到了人生的价值。

如果一个人安于常态，随大流，不思考，那么这样的人生很难存在价值和意义。季羡林先生一生勤于读书写作，在许多方面都摆脱了常态生活的束缚，很少随大流做事。他热爱读书，喜欢思考，喜欢写作，从不人云亦云。他将头脑中的学识和思想运于笔下，帮助了后学晚辈，启发了千万读者。从年轻到年老，他的读书写作思考从未停息过，为了避免世俗生活的打扰，他养成了早上四点起床写作的习惯，因为他说："这时候我有连续三个小时读书写作，不必担心有电话叫我去开会。"

如今许多大学生荒废光阴青春，上课睡大觉，逃课玩游戏，季羡林先生看到这样的现象，不由得感叹此类人的人生毫无价值。将来他们进入工作岗位，也很容易流入世俗的奔忙当中，忙时充满抱怨，闲时家长里短，娱乐游戏，吃喝闲逛，从不反思，无所事事，度过毫无意义的中年时代。大半生都是这样度过，指望老年时能思考人生，就更是天方夜谭。

人类所追求的东西，或为温饱，或为德行，或为理想，或为责任，正所谓"从其大体者为大人，从其小体者为小人"。人生价值体现在对个人潜能的挖掘，对世界所做出的贡献。

季羡林先生认为，学问、文学、艺术、哲学、道德都是人类心灵创造的上乘产物，可以在真、善、美方面达到最高境界，人们在其中能够享受到幸福的体验，从而看到自身的价值和意义。因而，我们的生活是否丰富，是否有价值，可以从心灵或精神方面的努力来看。一个人倘若只知道衣食温饱，从不反省，从不思考，从不追求真善美的创造和享受，那么他就只是一具行尸走肉罢了。真正的人生价值表现在非常态上，当我们摆脱了生活常态的束缚，积极思考人生，实践人生，给自己确定一生的使命，寻求终身理想，也就找到真正的人生价值了。

季羡林：做个情感丰富的性情中人

国学大师季羡林谈到人生应充满意义，做个情感丰富的性情中人，才会深刻体味生活中的种种情趣。有生活情趣的人，必定不孤单不空虚，丰富的情感是生活情趣的基础，一辈子充满诗意地活着，到老时回首往事，将会看见绚烂多彩的颜色，而不是死板苍白的一片荒寂。

九十多岁的季羡林先生住在病房里，即便手脚并不灵活，却依旧每天早上四点起床写作。家人苦劝他："您年纪大了，手脚也不灵便，住在医院里治疗，躺在病床上就好，干嘛非要每天写东西，过得那么辛苦？"

季羡林先生微笑回答："我手脚虽不灵便，但我的脑袋灵便。你们以为在病床上只是耗去一天天的时间，但这些都是我人生中的一部分，我怎能停止动脑，停止写作？我的每一天，都是无与伦比的、珍贵的、诗意的。在治病方面，我是走过炼狱；在生活方面，我是住于乐园。"

诗意地活着，优雅地活着，正如一年有四季一样，人的一生也必然有酸甜苦辣、潮起潮落。我们爱过，恨过，哭过，笑过，方是人生。因此，一年只有春天构不成四季，人的一生只有一种生活态度也构不成诗意。只为工作奔忙的人生，只为家庭缠绕的人生，只为闲散懒惰的人生，都不是诗意的人生。

季羡林先生认为，人的身上有很多美好的品德，而其中爱心是大德。人天生除了对亲人朋友的爱，还有一种悲悯之心，我们会为陌生人的痛苦而流泪，会为陌路人的悲惨境遇而伤心。拥有同情心和善良，也构成人生中不可缺少的情趣。季羡林先生常说，表达丰富的情感，意味着展现真实的自我。他用自己的行动证明了自己一生的情感，无论做学问还是做人，都真真实实的，所做即所想。

对于做真实的自我，许多人都心生恐惧。有些人活在虚伪的人际关系中、虚假的装腔作势中，反倒觉得安全。魏晋时期的"竹林七贤"，在世人的眼里，他们一个个疯疯癫癫，放荡形骸，浪荡不羁。阮籍"穷途之哭"和"青白眼"看上去似乎怪异，却也十分真实可爱，只因一个"真"字，真情流露，即便嚎啕大哭也显得写意。事实上，正因为"竹林七贤"的真实，而令后人感佩敬畏，因为做真实的自己，不仅需要坦诚，更需要一股无畏的勇气。

季羡林先生曾说："做人要想快乐，就必须简单，必须做真实的自己。不虚伪，不矫揉造作，一切顺其自然就好。"顺其自然，内心保留那一份真实，不虚伪，不造作，不谄媚，不迎合，做个情感丰富的性情中人，方能对得起丰富绚烂的人生。

NO.4 国学中的说话艺术：
三寸之舌强于百万之师

南怀瑾：谣言止于智者

南怀瑾先生常说："谣言止于智者。"因为他认为真正聪明智慧的人，是能够辨析是非真假的。而谣言则是无中生有的一种现象，是一些别有用心和心怀不轨的人们道德品质低下的一种表现。这些颠倒黑白的做法，无疑是要受到社会道德的批判和被有正义感的人们所唾弃的。

社会是由不同的性格和处世作风的人所组合成的一个整体，社会犹如一个浩如烟海的滔滔江湖，是一个浸染着各种不同色调染料的大染缸。人们终归会选择什么样的染料来为自己的人生色彩染色。因为人毕竟是拥有着七情六欲的高级动物，所以人们在生活中所选择的色彩难免会出现一些偏差，每个人眼睛看到的东西都是不同的。这也就不难解释，同样是能吃能喝能睡的人，为何有的人就会走正道，有的人却不幸地走上了歪门邪道。而谣言的诞生，与这些差异是分不开的。

自古以来，用谣言伤人的事例可不少。经过精心的泡制和策划，在特定的时空下，再经过一些搬弄是非人们的传播，就这样谣言堂而皇之地出世了。

其实，对于道德和品质都经得起考验的正直人们而言，谣言不过是一些歪风邪气的烟雾。而对于谣言始作俑者而言，谣言只是一种心虚和心灵肮脏、怯弱的表现。任何一个有理性的人，一定不会靠散播谣言的低级和卑劣手段去打击别人。真正有理智思维能力和睿智的人们，一定会选择一种理性和良性健康、公平竞争的方式，来达到自己所想要的人生目标和实现美好生活的愿望。

所以说，谣言终将止于真正聪慧的智者。

南怀瑾：一句恶言，害人害己

南怀瑾先生说："人不是生活在桃花源般的纯净的世界里，人与人之间难免磕磕碰碰，发生摩擦，此时人的心灵便会受到伤害。现代社会人际关系日趋紧密、广泛，也日趋复杂、微妙，你一不小心就有可能得罪了谁，冒犯了谁，甚至你并未得罪或冒犯别人，人与人之间也会发生误会。面对伤害，是心情忧郁、闷闷不乐、愤愤不平呢？还是大度一些，宽容对方呢？其实做人最明智的态度是宽容、礼让、与人为善。"所以说，为人处世，即使碰到误解和矛盾，也千万不能想着去伤害别人，因为有时候有可能就是你的一句恶言，就会不仅伤害别人，也会伤害自己。

美国思想家、文学家埃默森曾经说过："用刀解剖关键性的字，它会流血。"由此可见语言是有生命的，它具备了创造和毁损的能力。我们虽看不见言辞，它们却成为一种能量，充满我们心房，而且我们身边的言辞还会渗透进我们的生命。

有些人喜欢骂人，或在背后说别人的坏话，骂人的声音就像魔音一样，听得最多的人，伤得也最深。当口出恶言成为习惯后，经由自己的耳朵日以继夜的聆听、灌输，久而久之，这种语言就成了心田的种子，早晚会给自己创造恶运的果实。所以，我们在说任何话的时候都要心存善意，尊重他人也是在尊重自己。

一般人处理情绪中心是右脑，处理语言中心在左脑，当我们左脑在接收到负面的字眼时，也会传到右脑，反应相应的情绪。所以，你选择用什么字眼来表达就相当的重要。以伤害去面对伤害只会把关系弄得更糟糕，让自己更被动，这对双方都是伤害，而且会使敌对情绪更加强烈。所以说伤害是把双刃剑，我们用一句恶言去伤害别人，同时对自己也是一种伤害。而宽容恰恰是最有力的武器。

宽容中表露的是谦谦君子的风度，甚至会让那些伤害你的人暗暗敬佩。当别人迫于无奈或者无意地对你恶语相加的时候，我们更应该富有涵养，更应该颇具风度地一笑了之。俗话说："害人之心不可有"，就是因为"害人终害己"。这正是佛教中所说的因果报应。如果想得到好的报应，那么不但不要做伤害别人的事，而且要多做善事，积德报。

南怀瑾：失言在先，失人在后

南怀瑾先生说："只要人们能够胸怀诚信之心，便能排除万难、逢凶化吉。"这个观点同孔子"言忠信，行笃敬，虽蛮貊之邦，行矣；言不忠信，行不笃敬，虽州里，行乎哉"的观点是一脉相承的。也就是说，做人说话要有信用，行为要诚恳，这样的人哪怕在蒙昧辽远的地方也能顺利自由地行动，反之即使在自己熟悉的家乡，也会处处难行其道。

无论在古代还是现代，诚信都是生活常识。统治者与百姓之间如果盟约信用，就不会朝令夕政；国与国之间如果没有诚信，发重誓订下的盟约，回头就会变成一张废纸。所以，诚信问题就是信用问题。

古时候有一个商人在过河时不幸沉船了，惊慌之下，他拼命地抓住一根麻杆大声呼救。这时候有一个渔夫闻声赶了过来，商人见有人过来连忙喊道："我是济阳最大的富翁，你如果能把救我上去，我就给你一百两金子。"可是等到渔夫将他救上岸后，商人却翻脸不认账了，他只给了渔夫十两金子。渔夫有些生气地责怪他不守信，出尔反尔。富翁却不屑地说："你一个打渔的，一生都挣不了几个钱，突然得十两金子还不满足吗？"渔夫无奈，只得怏怏离去。后来，这个商人又一次在这个地方翻船了，当他看见有人过来时连忙求救，并且故技重施地说了之前的那番话，有人心动于一百两金子的报酬，打算下水救他。这时，那个曾被他骗过的渔夫出现了，并且告诉了人们之前的那件事。最终可怜的商人因为失信于人而淹死在了河里。由此可见，一个人如果不守信，就会失去别人对他的信任。而失信于人者，一旦遭难，就只有坐以待毙了。

诚信是无价的，虽然一时的坦诚可能会让我们损失眼前的利益，但换来的却是比金钱重要许多倍的信任，我们收获的是长远的利益。如果一个人连诚信都做不到，那么他就不仅仅是失信于人了，而且连人最基本的东西都会失去。

诚信就是诚实、守信用、重承诺、负责任。诚信是"为人""处世"之本。人们如果不讲信用，那么人与人之间就无法交往乃至沟通，整个社会也将无法维持正常的秩序。因此，不讲诚信的人必然会受到社会上其他人的谴责。

诚信是打开这个世界的一把金钥匙，你可能是个一文不名的穷小子，你可能一再地跌倒，至今仍然没有功成名就。但是这些并不重要，重要的是如果你拥有了诚信，就不会有人不尊重你。在艰难困顿之中，如果确实能够做到守诺诚信、坚定信念，就能看到光明，走出困境。

南怀瑾：感同身受，把话说进心窝里

"酒逢知己千杯少，话不投机半句多。"这一个千古名联，道出了"话"的重要性。我们生活中的每一天，离不开说话，离不开交流。刘墉写的《把话说到心窝里》这本书更阐释了说话是充满艺术的，同样一句话换一种说法意思会完全不同。这本书充分展现了他的语言魅力，令人感叹。

南怀瑾先生也对"把话说进心窝里"提出了相应的"感同身受"的观点。

我们在读南怀瑾先生的观点时可以感受到，除了可以在他的文字中悟出语言奥妙之外，还可以在他的言语间发现生动的生活理论。他往往能够通过鲜活的故事和分析，教你如何坏话好说、狠话柔说、大话小说、笑话冷说、重话轻说、急话缓说、长话短说、虚话实说、废话少说，把话说到心窝里。

兵法有云："攻城为下，攻心为上。"与人说话也是一样的道理，跟人沟通的时候，逞口舌之利是没有用的，换位思考才是最重要的。那些能把话说到对方心窝里、真正打动听话者的语言，往往都融入了一定的心理策略，学会感同身受。

就像南怀瑾先生说的："好口才是一种取之不尽、用之不竭的财富。"有人以为，拥有好口才能收获诸多好处，不少人存在一种误解，以为能说会道、能言善辩就是口若悬河、滔滔不绝，认为这样的话可以让人处处受到他人的欢迎和关注，时时得到他人的支持。其实不然，好口才不在于说得多，而在于说得恰如其分、恰到好处。我们要把话说到对方的心窝里，就要做到在该说话时，能够"一语百步音，一言力万钧"，做到每一句都精妙有用，这是一种能力也是一种技巧；不该说话时，要善于沉默，洗耳恭听。

刘墉曾以"说话"为主题，详细介绍了不同场合、不同对象的说话方法与技巧，建议人们做到把僵硬的语言变得婉转，平淡的语言变得灿烂，把话说到对方的心窝里。

有时候，往往你是无心伤人，但你却经常伤到别人。例如：一天，你与朋友聊天，想夸夸朋友今天特好看，但你却把话说成了："哎呀，你今天真好看，我以前怎么没发现呢？"这时，你朋友可能会想："什么意思嘛！就是说我以前丑嘛。"但如果你把话说成："哎呀，你怎么今天看上去比以前还好看啊！"那么结果应该会大不一样了。

对此，南怀瑾先生提出："人与人相处，不仅需要心灵的默契，需要真诚的理解，更需要言语的沟通。"由此可见，言语的沟通就需要说话技巧，而感同身受，就是一个好技巧，把话说进别人的心窝里。

南怀瑾：尖锐而不刻薄，俏皮而不显露，乃真幽默

什么是幽默？幽默是反映一个人在说话时所表现出的诙谐、风趣，同时也是一个人机敏、睿智的反映。有些时候，幽默不仅是人与人交流中的润滑剂，而且还可以帮助人们摆脱难堪、尴尬，在某些复杂的情境中缓解气氛。南怀瑾先生认为："做人要低调，说话要幽默，是处世的格言、交际的良方、成功的法宝。"正所谓为人低调的人必定顺畅无碍，说话幽默的人必定受人欢迎。

真正的幽默应该是尖锐而不刻薄，俏皮而不直露，蕴藏着说话者温厚善良的气度和高超的语言艺术。恰如南怀瑾先生所说："幽默可分为三个层次：听了别人的话能笑、自己能让别人笑、自己能够拿自己开玩笑。"

英国哲学家培根曾说："善谈者必善幽默。"他认为，无论是在日常生活中，还是在重大的社交场合，都是离不开幽默风趣的谈吐。而把握人际关系，创造良好谈话氛围，拥有优雅的谈吐，让你能左右逢源，事业顺达。说话的幽默是指我们在谈吐中，利用语言条件，表现对事物诙谐、风趣的阐述。幽默的谈话不仅能吸引听者的注意力，而且还能与听者建立起亲密的关系。要是你的话能使听者情不自禁地笑起来，就表明听者已完全进入了与你的思想交流之中。所以人们说幽默的谈吐是口才的标志之一。

钱钟书先生曾写过这样一段文字："晚清直刮到现在的出洋热那股狂风并非一下子就猛得飞沙走石，开洋荤当初还是倒胃口的事……"这里把抽象的社会风气比喻为自然现象中的"风"，这样才能刮得飞沙走石，既形象又风趣。

如此可见，培养机智、敏捷的洞察力，是提高真幽默的一个重要方面。只有迅速地捕捉事物的本质，以恰当的比喻、诙谐的语言，才能使人们产生轻松的感觉。当然在幽默的同时，还应注意，重大的原则总是不能马虎。在处理问题时要极具灵活性，做到幽默而不俗套，使幽默能够为人类精神生活提供真正的养料。

南怀瑾先生说："幽默不仅是智慧的迸发，善良的表达，它更是一种胸怀、一种境界。"正如作家王蒙所说："幽默是一种成人的智慧，一种穿透力，一两句就把那畸形的、讳莫如深的东西端了出来。既包含着无可奈何，更包含着健康的希冀。"幽默不是油腔滑调，也非嘲笑或讽刺。"浮躁难以幽默，装腔作势难以幽默，钻牛角尖难以幽默，捉襟见肘难以幽默，迟钝笨拙难以幽默，只有从容，平等待人，超脱，游刃有余，聪明透彻才能幽默。"

南怀瑾：以情动人，攻破他人心理防线

南怀瑾先生曾说："以情动人，可以攻破他人的心理防线。"那么这里的情具体指的是什么呢？情即是情感，而情感一般包括道德感和价值感两个方面，不论是哪种情感都会影响人的思想和行为活动。毫无疑问，正确的积极向上的充满正能量的情感更能产生好的行动。正所谓情能动人，真挚的感情可以事半功倍，使双方达到心灵上的共鸣。

从心理学角度来讲，如果想要说服一个人，那么你要面临的最大的障碍首先是对方的"心理防线"。因此，设法动摇并攻破对方的心理防线，是说服对方的关键所在。那么，我们该如何做才能动摇对方的心理防线呢？正确的答案是除了晓之以理外，更要动之以情。

对此，南怀瑾先生从心理学进行了分析："心理学告诉我们，要想使你说话和表达的内容与听者产生共鸣，需要来自你内心深处的声音。先要感动自己然后才能感动别人，不为说话而说话。应以倾诉内在心灵，以心灵的沟通为主要，以情动人，并产生强烈的共鸣。说理可以服人，诉情可以感人，实不失为一种高超的说话技巧，沟通方式。"此外南怀瑾先生还告诉我们，在说服时不要忽略了说话的情感，因为情感的号召力比理性的号召力要大。如果一个人在极度失意或者极度反抗的时候，为了让他们和你的想法同步，就需要你去琢磨他们失意或者反抗的原因，然后拿出真情实感去打动对方，并且顺利攻破对方的心理防线。

除此之外，南怀瑾先生还告诉我们要用以柔克刚的方法抓住倾听者。这里所说的"以柔克刚"出自于《道德经》："柔之胜刚也，弱之胜强也，天下莫不知。"由于所遇到的具体情况千差万别，以柔克刚的表现方式也不同。但总的表现都是用柔的、软的、温和的、很合乎礼仪的方式、方法。

当你有请求时，用礼貌的方式提出；当别人伤心时，用温暖的话去安慰别人；当他人做错事情时，用你的体谅去换取对方的自我反省。人性本善，不论一个人多么的可恶，那都是为了某种目的而在柔软的内心上披上了一层尖锐的铠甲。当你用真挚的感情与他交流时，你的情会打动他，触动他内心深处的善，攻破他的最后一道防线。

南怀瑾：一言兴邦，一言丧邦

"一言兴邦，一言丧邦。"这句话最早出自《论语·子路》。鲁定公问："一句话可以使国家兴盛，有这事吗？"孔子回答说："话不可以说得这样绝对。有句话说：'为君难，为臣不易。'如果真的知道为君的难处，那不就几乎是一句话可以使国家兴盛吗？"鲁定公又问："一句话可以亡国，有这事吗？"孔子回答说："话不可以说得这样绝对。有句话说：'我做国君没有别的快乐，唯有说什么话都没有人违抗我。'如果你说的话正确而没有人违抗，不是也很好吗？如果你说的话不正确而没有人违抗，那不就几乎是一句话可以亡国吗？"而这句话现在多指关键人物的一句话能影响大局。

南怀瑾认为，古代社会君权至上，故而有为君者"一言可以兴邦""一言可以丧邦"之说。孔子在回答鲁定公的问题时，首先说明这句话太过于绝对，不能认为一句话就会有如此的效果。接着又指出，一些能够反映国君或正或邪的居心的话语，确实对国家的兴亡有着重要的影响。他举例说，国君如果真的知道为君不易，为臣不易，必然会发愤图强，励精图治，上下一心，则国家不怕不兴盛。而国君如果不听他人的谏言，专横跋扈，则有可能会导致一言丧邦。

孔子这些话是对那些专横跋扈、不听谏言的君主的批评。希望君主能够懂得为君为臣的难处。这些话也表明了他不认为臣子应该无条件地服从于君主，而如果臣子不在君主有错误时勇于指出来，就有可能导致"一言丧邦"。这一点需要后世引以为戒。

关于"一言兴邦"，南怀瑾先生在《论语别裁》中举了两个史实来说明。一个例子是唐太宗时候的名论："创业难，守成也不易。"不但国家大事如此，个人也是如此，这在中国古代政治思想上一直认为两者都不容易。另一个例子是宋高宗所说过的："吾年五十方知四十九之非。"这句话是说人随着年龄的增加和经验的积累，回头再看方能看到曾经犯下的错误。这些都是"一言兴邦"的例子。

而在讲到"一言丧邦"时，南怀瑾先生则引用了楚汉之争的例子。项羽太过自大，不肯接受他人的意见。有时候明明知道别的意见是对的，却又因为所谓的"面子"原因不肯接受。南怀瑾先生认为这种心理，往小了说是个性问题，而往大了说则是修养不够，最终导致四面楚歌，自刎于乌江。反观刘邦，他容易接受别人更好的意见来纠正自己。南怀瑾先生认为这是很难得的品质，像刘邦这样能做到这点的人十分少。

南怀瑾先生认为"一言兴邦""一言丧邦"的现实意义是巨大的。作为领导者，应该虚心接受下属们正确的意见，不可随心所欲；作为下属，应该服从领导正确的命令，而对于一些错误的意见，则不可盲目服从。这有利于团队的和谐乃至国家兴邦。

南怀瑾："缘木求鱼"，巧用比喻

"缘木求鱼"这个成语出自《孟子·梁惠王上》，现在指爬树上去找鱼，比喻方向、方法错误，不可能达到目的劳而无功。

南怀瑾先生在《谈领导的艺术与说话的艺术》中提到，战国时的齐宣王因为仰慕春秋时齐桓公和晋文公的霸业，想通过发动战争来扩张领土，树立威信，使自己称霸于天下。孟子就去见齐宣王，孟子知道齐宣王的理想和野心，而他并没有阻止，只是告诉他的理想是不现实的，他的行为和理想是背道而驰的。孟子善于使用比喻，这种比喻非常生动，让听者听了就懂，马上就知道他在说什么，他为什么要这样说；听者应该如何理解，应该如何去调整自己的想法，这就是孟子的一种辩论的方式。

孟子把齐宣王的做法比作缘木求鱼，孟子说，缘木求鱼顶多抓不到鱼而没有后患，像大王这种做法，一定会有灾祸在后头。紧接着孟子又问齐宣王，如果邹国与楚国交战哪方会胜，答案自然是身为强国的楚国。孟子便言，齐国土地占天下九分之一，而以这九分之一对抗其他的九分之八，这就好比邹国对抗楚国，是绝对不可能胜利的，也会给齐国带来灾难。继而希望齐宣王实行王道而非霸道，改变国策，广施仁道，让天下的读书人愿意来齐国做官，让天下的商人愿意来齐国经商，让天下的农人愿意来齐国耕种，让天下观光的客人来齐国游玩，等到了那个时候，不动用一兵一卒，又有谁敢与齐国对抗呢？齐国又何谈不会兴盛呢？

南怀瑾先生评价这是一次成功的谈话，孟子以其杰出的才能和智慧、高超的谈话艺术，劝说齐宣王放弃霸道施行王道。

南怀瑾先生认为，现代在与领导上司相处时，特别是想要质疑领导的意见并提出不同意见时，需要学习孟子的这种说话艺术，不是生硬地提出反对意见，而是巧妙运用说话的艺术，表达无需那么直白，适当地引用一些比喻，有理有据，则往往能更好地达到预期的效果。

南怀瑾：隐居者，可以放言

何为隐士？翻开书典不难查出，隐士指那些能保持独立人格、追求思想自由、不依附权势、不委曲求全、具有超凡才德学识、出自内心不愿入仕的隐居者。他们崇尚自然无为的人生态度，选择隐修专注研究学问的生活方式。

著名的国学大师南怀瑾先生极为看重隐士在中国历史上的作用，他认为研究中国哲学、中国哲学史、中国文化史的学者们要特别注意，中国几千年影响最大的不是孔孟，也不是老庄，而是隐士。

相传历史上的隐士，在三代之际，便有许由、巢父、卞随、务光等人，这些人物，大多都是"视富贵如浮云"，即所谓的"敝屣功名"者，当然他们的学问、人品，都是值得他人学习的。正因为他们浮云富贵、敝屣功名，所谓"天子不能臣，诸侯不能友"，因此使我们历史上所推崇的圣帝明王，如尧、舜、禹、汤等人，都为之礼敬景仰有加；换言之，凡是上古的圣帝明王，无论为政为人，最忌讳的，便是隐士们的清议和轻视，尤其是在野的知识分子和民间的心理，对于隐士们态度的向背，非常重视。

譬如在康熙时代，著名诗人吴梅村坚持不肯入仕为清政府所用，无奈之下，政府只得挟持他的母亲威胁他，逼得他没有办法只好出来。而吴梅村因为名气太大，在应招进京的时候，江浙一带的学者开了一个号称"千人会"专门送他。然而有一个青年，却没有参加这次集会，他给吴梅村写了一封信，信上写着这么一首令吴梅村看之变色的诗："千人石上千人坐，一半清朝一半明，寄语娄东吴学士，两朝天子一朝臣。"短短四句，骂尽了在座的所有人。诗句传开后，座上的所有人瞬间就尴尬了起来，大家匆匆喝了一杯酒便一个接一个地溜走了。由此可见，在中国文化精神中，隐士派不同意主意的思想，始终在这个民族、这个国家中起很大作用。

所以，南怀瑾先生提出了这样的一番见解，他说："隐士的思想在中国历史政权上，勉强等于西方政治哲学中的不同意主义，既不反对，又不赞成，就站在旁边看，按西方民主政治的讲法，我这一票不投，有保留权。在西方民主政治中，不同意主义的主张，保留这一票，乃至这一票最终成为有决定权的一票。"

功名，在中国上下五千年，向来是中国人热衷的一个话题。正所谓"学得文武艺，卖与帝王家"，功名自古就已成为实现自我人生价值的标尺，功名之下有多少人沦为枯骨，但千百年来人们仍是对它趋之若鹜。对于功名，南怀瑾先生在《易经杂说》中借用老子的话说："功成，名遂，身退，天之道也。"这是什么意思？就是说功成名就之后，就该身隐而退，这样才符合天道。

林语堂：天天说话，却不见得会说话

人作为一独立的个体活在世上，但却不是真正脱离世界独立生活存在，一个人必须要与除自己本身外的世界有所交流。说话就是人与外界交流的一个最重要的途径，你可以通过说话来表达你内心的想法，传达你的需求和不满。

在林语堂先生看来，说话其实并不是一件容易的事，不是上嘴唇碰下嘴唇发出声来的简单事。天天说话，不见得就会说话，许多人说了一辈子的话，却没几句是好话。人生不外言动，除了动就只有言，所谓人情世故，一半是在说话里。《尚书》里说："唯口出好兴戎。"一句话的影响力，是你所预料不到的，历史和小说上有的是例子。

有很多人认为一个人文章写得好，字字珠玑，想必这人口才也很好，也一定有一个三寸不烂之舌，能说会道的。而一个人如果生活中巧言善辩，那么他的文章也一定写得很好，不说一字千金，但也必定赏心悦目。其实不尽然。说话即使不比作文难，也绝不比作文简单。说话行云流水一气呵成，断没有说一句话停顿很久，去思考什么语法、语序一字一字推敲的，因而不免有散漫疏漏的地方，肯定不如作文严谨。而文章也学不来说话行云流水般的自然。

林语堂先生就是一位能言善辩的学者，但是他在《说话的艺术》一书中却把能言善辩贬为说话的"第三等"，仅仅比"不善言辞"高明一点点而已。他认为，说话分三等：高者忘言，中者慎言，下者巧言。

他认为，我国把说话分为几个境界，最高境界就是"忘言"，如禅宗教人"将嘴挂在墙上"；其次是慎言，就是小心说话，小心说话自然就少说话，少说话就少出错；寡言就是说话少，是一种深沉或沉静的性格或品格；讷于言就是说不出话，是一种浑厚诚实的性格或品德。这两种多半是天生性格。

巧言，是巧妙的修辞或辞令。至诚的君子，他用不着多说话，说话也无须修饰。而只知讲究修饰，嘴边天花乱坠，那是所谓小人，他太会修饰了，反倒叫人不信了。

我们都是普通人，不能无视人情世故，就只好学习如何"巧言"。即在权衡了说话的时机、地方、对象之后，在礼貌和趣味两个条件之下，修饰自己的言谈，好让听话的人感到愉悦舒服。比如，对得意人勿讲失意话，对失意人勿讲得意话。就是不要在别人春风得意的时候泼凉水，也不要在别人失意难过的时候炫耀你的成功。这是与人交流的基本礼貌。

总之，在学习说话的艺术时，要铭记林语堂先生送给我们的十六个字："要说得巧，要说得少。言多必失，语多必败。"

林语堂：拉长面孔，还是嬉皮笑脸

说话也是一门艺术，分为正经的和随便的两种。所谓正经的说话就是林先生说的拉长面孔说话，而随便的说话就是嬉皮笑脸地说话。那么说话到底应该拉长面孔，还是嬉皮笑脸呢？

说话是分场合的，也就是说说话要得当，"攻心说服力，让每个人内心澄明，语言得当，无往不利"。不同的身份、不同的地点、不同的事情，与之相应的说话方式也是不同的。比如说，你走进一家豪华超市，尽管里面的商品质量很好，价格也很实惠，但服务员一个个拉长着脸，对你爱理不理，你下次还会来买东西吗？相反，另一家超市虽然规模小一点，路途远一点，但服务员一个个满脸微笑，热情周到，你一定会愿意成为这里的老主顾的。没有哪个顾客喜欢看到拉着脸的、一本正经的售货员。但是在面对牧师的说教、法庭的审判、会议的发表意见时，又要适当拉长面孔，庄重严肃地说话。

林语堂先生认为，正经地说话大多是拉长了面孔说话，但是却并不一定要完全拉长面孔。孔子说过："过犹不及，是为中庸。"说话也一样，我们要在"拉长面孔"与"嬉皮笑脸"之间把握一个度。拉长面孔过了度就会使听者觉得疏远拘谨、严肃压抑，很容易给人带来不快情绪；而嬉皮笑脸过了度又会给人以随意玩笑的感觉，虽然有了轻松愉悦的气氛，但是毫无庄严认真之感。所以，从林语堂先生的观点来分析就是："说话要能在庄严与轻松之间做好调和，在庄严中略带轻松，使人不至于拘谨；在轻松中带点庄严，让人不会认为是玩笑。"

说话的对象不一样，说话的态度自然也大不相同，而有些态度是提前准备的。我们在和朋友聊天时，大多是轻松愉悦、嬉皮笑脸的态度，这种态度是我们在面对自己所熟悉的人时的随心而发，并不是现行准备的。用林先生的话说就是"将话搭话，随机应变"。反之，如果和我们说话的是上级领导或者长辈、师长，我们定不会有半点嬉皮笑脸之意，所说的话大多也严肃认真、逻辑清晰且用语十分严谨，这种态度大多是先行准备好的。如果我们将态度反过来，以拉长面孔、一本正经的态度去和朋友聊天，肯定会让朋友们紧张、拘束，甚至冷场；以嬉皮笑脸的态度去面对领导、长辈和师长，也定会给人留下不务正业、不懂礼仪、洒脱不羁的形象。所以，听者，也就是我们说话的对象是我们选择何种态度的重要参考。

林语堂先生说："说话是件难事，天天说话也不见得会说话；说话不见得比写文章容易。"的确是如此，说话是一门艺术。至于说话是应该拉长面孔还是嬉皮笑脸，林先生的观点较为合理，就是过于拉长面孔不行，过于嬉皮笑脸也不行。

林语堂：说话时睁开眼睛

　　眼睛是心灵的窗户，说话时睁开眼睛才能让人感觉到我们的真诚与认真。有相关专家说：在互相注视的时候，交流通常比较容易进行。所以，表达我们内心所想之事的时候，最好是专注地看着对方，这样你的话才让人觉得出于真心，你的感情才让人觉得真挚。

　　人的大部分感情都是通过眼睛传达的，说话时眼神的躲闪或是闭着眼睛都难以传达自己的真实想法。林语堂先生对说话的艺术有相当丰富的认识，他提出的"说话时睁开眼睛"的观点也是说话艺术中极为重要的一点。有心理学专家说："人在刻意隐瞒事情真相的时候，眼睛是不敢直视对方的；而在骄傲自满的时候，说话时往往也不会睁着眼睛直视对方；还有一种情况是在我们心不在焉的时候，百分之八十七的人都不会与对方直视。"那么试想我们说话时如果没有直视对方，对方是否会认真去听？彼此之间的交流还有没有意义？

　　温卡维林说："推心置腹的谈话就是心灵的展示。"这句话与林语堂先生的"说话时睁开眼睛"有相通之处。真心才能打动人，那么表达真心的一个重要途径就是眼睛。我们说的每一句话都是要获得大家的认可与评断的，而不是我们一个人在说话，就像站在台上光芒万丈的演说家，时时刻刻都要与台下的观众在语言、动作和眼神上有所沟通。如果一个演说家完全没有公众意识，只是自顾自地演讲，那么相信台下所有人都会失去倾听的兴趣，无论他演讲的内容有多精彩，他说的道理有多精辟，都不会获得大家的认可的。最能打动人心的还是离不开眼睛，如果你足够真心，即使不说话也能让别人从你的眼睛中明白你内心所想；反之，如果眼神不够真诚，即使你说得再多也是无济于事。

　　视觉是我们获取信息的重要途径。林先生说，说话时要睁开眼睛，除了用眼神进行心与心之间的交流外，还要睁开眼睛获取我们需要的信息，这又与林先生讲的说话艺术的另一方面"察言观色"有关。说话是一项公众的艺术，我们要时刻注意观察公众的态度，明白哪些话能说，哪些话不能说。说话时不睁开眼睛你又如何发现别人的情绪变化和自己的语言不当呢？唯有说话时睁开眼睛，我们才能在自己说错话时通过对方的表情及眼神明白自己不该说什么，从而灵巧地转换话题，避免双方的不愉快。可能也有人会说，盲人又如何做到"说话时睁开眼睛"呢？细心的人会发现，盲人的眼神虽然是僵硬的，但当他们有一定的情绪波动时，面部表情会有明显的变化，而最明显的就是眼睛。

　　人们很早就明白：眼睛是心灵的窗户。如果想表达你的内心、打开你的心灵，那么眼睛是首选的打开方式。所以，说话时请睁开眼睛。

林语堂：察言观色，态度温雅

"察言观色，态度温雅"是林语堂先生所说的能够给人留下好印象的方式之一。说到说话，林语堂先生多次提到"说话是一件难事"，其原因则出于两个方面：其一，人是不能不说话的，但是有的人说起话来让人觉得亲切舒心；其二，有的人说起话来却犀利无比，让人觉得厌烦，甚至恐惧。然而这二者最大的区别在于，前者懂得察言观色，态度温雅，而后者却是自顾自说，言辞犀利。

会说话不等于能让人信服，说话时的察言观色是不可忽视的。要会察言观色和上文所说的张开眼睛说话是一个道理，要注意对方的言辞和仪态。如果对方是用方言交谈，那我们也就尽量用方言；如果对方表现出不耐烦或生气，那么我们就必须端正态度，并用适当的语言来缓解气氛；如果对方情绪欠佳，那我们就绝不能嬉皮笑脸，而要以温和的态度帮助他积极解决问题。察言观色不仅是向上沟通时的重要能力，也是我们建立良好人际关系的技巧，我们可以主动去贴近别人的话语习惯，从而减少交流障碍。

态度温雅是现代大多数人很难做到的，因为现代我们在面对别人的不善或嘲讽时，往往是以同样的态度反击，更有甚者以更加恶劣的态度对待对方。林语堂先生所说的态度温雅，是要告诉我们，要学会忍耐与修养。那么我们如何才能做到态度温雅呢？其实适当的幽默很有助于拉近我们与对方的距离，同时我们对幽默的运用应该是尖锐而不刻薄、俏皮而不直露的。在与不太熟悉的人沟通时经常会发现我们彼此言语间都有种距离感，我们与对方距离的远近也是我们说什么话的重要参考。空间距离的接近与情感的接纳水平成正比关系，情感上的接纳水平越高，能够与别人分享的自我空间也越多，对空间接近的容忍性也越高，那么我们在与人沟通时，与沟通对象之间的距离不同，能谈论的个人空间也就有不同的限制。

察言观色、态度温雅能给人留下一个良好的印象，这是毋庸置疑的。我们从察言观色中进一步深入了解对方，懂得对方的喜好、性格，从中拉近与对方的距离，展现亲切而恰到好处的礼仪。这些都是我们说话时必须注意到的技巧。同样的一句话，同样的一件事，为什么不同的人给人的感觉是不一样的？原因就在于我们说话的方式不同、技巧不同、注意的细节不同。懂得运用这些技巧的人总能给人温暖的印象。

中国的长辈经常告诉晚辈们："要多做少说，学会察言观色。"与人交往时我们也一直提倡"与人为善，态度温和"。这都是有一定依据的，都是我们沟通交流时的技巧。

林语堂：语语中肯，言必有信

人都是要说话的，可是，有的人说话娓娓动听，让人听了之后感觉很舒服；而有的人说话，锋芒锐利，就像是一把利刀，令人感到十分恐惧；还有的人说话，一开口就令人觉得十分讨厌。所以，就像人的长相各个不同，人说出的话，所获得的效果也会不同。那么如何让自己说话更让人欣赏呢？我们就来探讨一下。

首先，我们在最开始就要端正自己的态度，也就是说话态度要诚恳，古语有云："至诚足以感人。"是的，如果你所说的话是语语中肯，那怎么会遭到失败呢？林语堂先生在他的介绍说话之道的书中也讲到了这一点，他在文章中举出几个例子，比如美国总统林肯的演说、小洛克菲勒对罢工工人的演说等，充分地说明了一个观点，那就是诚恳的说话态度和中肯的语言足以打动人心，化解严重的冲突。

所以，诚恳的说话态度是首要的，就像林语堂先生所说：我们无论在什么地方，说话必须要中肯，使听者对你诚恳的态度留下一个很好的印象，那你的说话，就会产生巨大的效力。

诚挚的态度和中肯的语言有助于你化解矛盾。但这些并不够，还有很多的语言技巧需要学习。在这之前，说话还要加一项重要的品质，那就是"言必有信"。那么我们应该如何做到"言必有信"呢？

孔子曾说："人而无信，不知其可也。"他的意思是说，一个人说话，第一要有诚信。如果言而无信，便是给人家一个坏印象，从此以后，你的话就会不再能够取信于人了。这个坏印象还会影响到你的其他方面，别的人也可能就因为这一次坏印象而不再相信你这个人了，这无疑会带来极大的社交损失。

林语堂先生就很重视这一点，在他的教人说话的文章中专门举出几个例子，来说明"言必有信"的重要性。比如，商鞅在秦国进行变法时"徙木立信"的故事，这无疑表明政令信用的重要；接着举出老师教育学生时"惩罚信用"的例子；还有一家商店做出"虚假广告"的例子，用来说明商业信用的重要；最后用一个借钱的例子来说明个人信用的重要。这些例子，无疑可以教导我们，无论是在生活做事中，还是言语交谈中，一个人的信用是多么重要。

林语堂：给别人说话的机会

　　说话其实并不是一件容易的事情。有的人说了一辈子也不见得真正学会了如何说话。别的不说，就拿这闲聊来说吧，林语堂先生就做过精彩的论述："对人家说话，和站在教室中教课或是站在演讲台上演说是不同的，因为教课和演说，只有你一个人在说话，别人是不能插嘴说一句的。可是，彼此闲谈的时候就不同了。假使我们的谈话，我一个人一直滔滔如高山瀑布，永不停止的倾泻着，那么，人家就没有说话的机会，这不叫作彼此谈话，完全是你说人家听了。这样你将不会受人欢迎，人家以后见到你只好避开了。"所以由此看来，在交谈中还是要控制自己的表达欲，尽量让别人说话，这也是对人的一种尊重，毕竟，两人是在平等地交谈。

　　让别人有说话的机会，这在交谈中还有其他的好处，在社交活动中，也可以让你更加受欢迎。就像世界著名记者麦开逊说的："不肯留神去听人家的说话，这是不能受人欢迎的原因的一种。一般的人，他们只注意于自己应该怎样地说下去，绝不管人家要怎样地说。须知，世界上多半是欢迎爱听别人说话的人，很少欢迎只顾自己说话的人。"这几句话是对的。当你欢喜别人听你说话时，也应该推己及人，要知道别人也喜欢有人听他说话。换句话说，在你欢喜别人听你说话的时候，也要知道，别人也是想滔滔不绝地说出自己想说的话，毕竟每个人都是有自己的表达欲。

　　林语堂先生在自己的文章中也还举出了其他例子，比如一个生动的"甲乙丙三人"的例子和还有一个商店里销售员的故事。这都无疑佐证了让别人有说话的机会这个观点。你如果交给别人以说话的机会，你就给人留下了一个好印象，以后，别人和你谈话绝不会见你讨厌而避开，这样你就有了一个更好的社交网络。

　　在交谈中认真倾听别人说话，时刻注意自己的言行，让别人有说话的机会，这也是尊重别人表达的权利，这样不仅能够收获更多的友谊，也会有更多的人来尊重你的表达的欲望，毕竟，人与人都应是互相尊重的。

林语堂：让对方先说话

人与人之间的尊重是互相的，只有先懂得聆听别人，这样别人才更喜欢给你说话的机会。所以不要总是自以为是的说着自己想说的话，还要多为他人考虑考虑，想想他们是否想听你讲下去。即使有时候别人可能会觉得你说的很幽默，但是，你已经剥夺了人家说话的时间，人家也不会喜欢你的。因为，我们不是在演讲，而是交流与沟通。所以在交流中，我们最好让别人先说话。

《塔木德》一书中提到："应该由心来操纵舌头；而不应该由舌头来操纵心。"而奉行"沉默不会使人后悔"的犹太人也认为，在商业或私人交际中，无言常常是最好的选择之一。

在日常交往中，适当的沉默往往会给你带来益处。在某些场合，沉默不语可以避免失言。许多人在缺乏自信或极力想表现得礼貌时，可能会不假思索地说出不恰当的话而给自己带来麻烦。大多数人不善于等待，而等待往往是一种适用于各种情况的策略。有时片刻的沉默会产生奇特的效果。所以我们在和人交谈中，应该多让别人先说话。

林语堂先生的文章中写到了这一点，在文中他说道："你如果碰到一个问题，不假思索，就把你的意思冲口而出，自然其间难免会有一些错误，人家对你所留的印象，不过是一个鲁莽的粗汉而已。如果你让人家先说，然后你再把人家不周到的地方来加以修正，这就显出了你是有深谋远虑细心思考的人了。虽然人家先说的话你未必一定能够修正，也未必一定要你修正。总之，你这样就给人家留下了一个好印象。所以，由此也看出，最好让别人先说话的好处。"

研究谈话节奏的学者们认识到，有张有弛地谈话在人际交往中至为重要。《谈话的艺术》的作者、心理学教授格瑞德·古德曼解释说："沉默可以调节说话和听讲的节奏。沉默在谈话中的作用，就相当于零在数学中的作用。尽管是'零'，却很关键。没有沉默，一切交流都无法进行。"

当然有时候开口说话也很重要。例如打抱不平、抚慰朋友、消除误解。在这种时候，我们必须开口，但重要的是要找到恰当的话。当我们先等等，让别人先说话，我们也能抓住先机，赢得主动。

因为你不让别人先说话，人家可能会说你傲慢，说你不知谦逊，可能会被别人所疏远。如果你走进一个新环境，你将成为一个没有朋友的孤立者，这对你是只有害处而没有好处的。世界上有不少的事业，是懂得沉静的人占得了胜利，只有肚子里留不住话的人遭受了惨败。

林语堂：口吐莲花，投其所好

　　林语堂是中国现代著名学者、文学家、语言学家，曾在外交部工作，出版过许多著名的书籍。其中很容易看出他对语言的巧妙运用，林语堂的文章或庄谐并出，或假痴假呆，嘻笑调侃，幽默百端，这也是非"正格"的证据和闲谈式的标志。

　　人们称林语堂为幽默大师，林语堂对幽默的解释为："凡善于幽默的人，其谐趣必愈幽隐；而善于鉴赏幽默的人，其欣赏尤在于内心静默的理会，大有不可与外人道之滋味。与粗鄙的笑话不同，幽默愈幽愈默而愈妙。"幽默是恰当而不刻薄，俏皮而不直露，充满情趣。

　　说话是一门艺术，掌握好这一门艺术可不是易事。与人说话，分时机、地点、对象。不会说话的人，话不投机半句多。而能说却不等于会说，见什么人说什么话，经常说得天花乱坠的，这种人也不能使人信服，不能深交，太会修饰了反倒叫人不信了。而在林语堂看来，能说不等于会说，有娓娓动听和锋芒锐利的区别；有让人眉飞色舞和头昏脑涨的区别；等等。

　　说话要学会口吐莲花，投其所好，要说得巧，说得妙。林语堂不得不说是口吐莲花的最好代表了。林语堂在东吴大学法学院教授英文课时，开学第一天，林先生登上讲台后，不慌不忙地打开皮包，只见里面竟是满满一包带壳的花生。他将花生分送给学生享用，课堂变成了茶馆。林先生操着一口简洁流畅的英语，大讲其吃花生之道。他说："吃花生必吃带壳的，一切味道与风趣，全在剥壳。剥壳愈有劲，花生米愈有味道。"说到这里，他将话锋一转，说道："花生米又叫长生果。诸君第一天上课，请吃我的长生果。祝诸君长生不老！以后我上课不点名，愿诸君吃了长生果，更要长性子，不要逃学，则幸甚幸甚，三生有幸。"学生们哄堂大笑。林语堂微笑着招呼学生："请吃！请吃！"教室里响起了剥花生壳的声音。下课铃响，林语堂宣布下课，夹起皮包飘然而去。他用极其生动的语言巧妙地表达了自己的想法，又打动了学生，实现师生彼此愉快地交流，其乐融融。

林语堂：言多必失，语多必败

总体来说，国人受儒道思想影响深远，讲究的是中庸之道，凡事皆不会多说，凡事皆不会说过。说话要学会点到为止，任何话说过头了，别人也就记住了。祸从口出，越吵的人往往也是最弱的。我们从小被教育言多必失，要慎言，做一个忠厚诚实的人，不能口无遮拦。不顾场合、口无遮拦的人定是不讨人喜欢的，在别人看来，他们哪怕是说得天花乱坠，也不会使人有半点聆听的欲望。

生活中大家都知道，若是碰上那种说话从不经大脑思考，常常语出伤人还不自知的人，往往都是避之不及的。对得意人勿讲失意话，对失意人勿讲得意话。这是林语堂的说话心得之一。他先是去美国留学，后又担任外交部秘书，在外交部里，没人比他更了解语言的威力。有时候说错一句话，将有数不清的麻烦找上你。

在林语堂看来，由于我辈凡人，没有那伟大的魄力，不能无视世故人情。所以我们要权衡说话的时机、地方、对象之后，在礼貌与趣味两个条件之下，修饰自己的言谈，也很有必要。假如你不够聪明，怎么也不知道修饰自己语言，不知道该说不该说，那么闭嘴，就成了你最好的选择。

林语堂语言的特点是尖锐而不刻薄，俏皮而不直露，蕴藏着说话者温厚善良的气度和高超的语言艺术。人们也总喜欢开玩笑，认为这是人与人之间拉近距离、展现亲近的好方法。但是不会说话的人往往容易开玩笑停不下来，拿着口无遮拦当作心直口快，不知不觉便越过了别人的底线，使人生气。久而久之，别人便不再与他往来，他却还毫不知情。而林语堂则很好的把握这个度，适当的玩笑，不多一句，别人开心，自己也开心。所以说，要说得巧，要说得少，因为言多必失，语多必败。

林语堂：别做爱好争论的傻子

林语堂先生认为爱好争论的人是傻子，因为批评和训斥对方不好是无益的。语言是双方信息沟通的桥梁，在人际交往中占据着最基本、最重要的位置。语言作为一种表达方式，能随着时间、场合、对象的不同，而表达出各种各样的信息和丰富多彩的思想感情。

谦让是美德，自古以来中国的传统教育，很多人明白，却很难在现实生活中做到。有些人可能会因为一点鸡毛蒜皮的小事而与别人产生口舌之争，在街角处也常常有大妈买菜时为几角钱而争论不休，甚至于破口大骂，口水横飞的模样极其粗俗难看。

在林语堂先生看来，说话能力体现着一个人的内涵、素质。一个说话讲究艺术的人说出的话，常常理切、进退有余地，可陶冶他人之情操，可以提高个人的社会地位。职场上，每人每天和同事、领导相处，你能因为意见不合，而反复争论不休吗？只有傻子才会对一个问题耿耿于怀、死缠烂打，聪明人会运用谈话的技巧，巧妙地避过使双方陷入难堪的局面。

林先生是语言大师、能言善辩的学者，论起说话之道应该没人能说得过他，但何时见他与人争论的面红耳赤？"谁都会为尊严而自卫，说话不要妨碍对方的尊严。"别人有别人的立场、看法，你不能因为别人的想法与自己不同，就强迫别人信服你的观点，这叫作强人所难。对别人的无理要求应该使用委婉的言辞，不应该激烈争论，因为他永远坚持自己的观点，这样做只是浪费你们彼此的时间，做了无谓的傻子。

林语堂：总有一些人是谈不来的

世间上总有一些人是谈不来的，你不可能赢得每个人的心，你不能总要求别人和你的看法一致，那么多人，难道要去和每一个都争论吗？

然而林语堂则有着风行水上似的人生，他潇洒、自由、快乐、幸福，是命运的宠儿。为什么他能活得这么随意？他认为命运有时靠人力可以把握，但更多的时候人是无能为力的，因此更智慧的方式是顺应天命。对于人生中那些不和谐的声音，他想的不是据理力争，非得争个你死我活，而是以旁观和幽默的方式待之。他说："大概世事看得排脱的人，观览万象，总觉得人生太滑稽，不觉失声而笑。""人生譬如一出滑稽剧。有时还是做一个旁观者，静观而微笑，胜于自身参与一分子。"

林语堂：正面辩难，不如侧面进击

林语堂先生在他论述表达技巧的书籍——《说话的艺术》里，提到在与人交流表达自己的观点时，正面辩难不如侧面进击。

在说服别人听取自己的观点意见时，人们往往习惯于从正面表达观点来说明自己观点的正确合理性。然而，在某些情况下，从正面辩论十分艰难，这时候，不妨换个思路，从侧面进击，进行间接交流。为使谈判顺利进行，谈判双方可以建立间接谈判关系。

并不一定每一件事情都要在会议桌上提出来，彼此建立起来的间接关系，能使消息在最少摩擦的情况下传达给对方。假如对方拒绝这个非正式提出的条件，双方都不会有失掉面子的忧虑；倘若这个条件在谈判时被正式拒绝了，则很可能会造成不良的影响。

旁敲侧击是侧面进击技巧最常见的运用。在谈判中使用"先言他物，以引起所咏之词"的方法。对于神经敏感的谈判对手来说，使用暗示引导的方法是很容易奏效的，并且往往要比直接正面辩论更容易成功。就如同高明的医师用暗示的手法治好了患者的心理疾病，聪明的广告制作者用暗示的手段诱导消费者消费。

暗示是旁敲侧击的具体手段，但是，使用这种技巧一定要隐蔽，要使对手在毫不觉察的情况下接受我方的建议，才能达到预期的效果。

"旁敲侧击"是领导者常用的一种思想工作艺术不是直接说出某一件事物、某一个人、某一种观点，而是说出与它们有关联的方面，让对方猜测言下之意，最终达到说服人的目的。在无对抗条件下，用含蓄、间接的方法对人的心理和行为产生影响，这种影响表现为使人按一定的方式去行动，去接受一定的意见。

"人非圣贤，孰能无过。"特别是对于小学生来说，犯错误是很正常的现象，但小学生不能像成年人一样，能接受"良药苦口，忠言逆耳"。老师如果总是正面批评教育，往往会使其产生逆反心理，和老师对着干，所以老师要想办法避免这种做法。

人都是有自尊心的，劝导学生一定要把握这个心理特点。只有这样，才能做到既把道理讲清楚，又不伤害对方的自尊。"人之初，性本善"，没有人天生就想学坏的。人总是爱听好话，谁都不愿意别人总是批评自己，学生更是如此。所以，老师对学生应多表扬，少批评。从侧面入手，旁敲侧击，一定会收到比直接批评更好的效果。

季羡林：会干的不如会说的

国学大师季羡林先生认为："会干的不如会说的。"这句话乍一听似乎有些偏颇，但是在职场中，会做事又会说话的员工必定能受到领导的青睐和重用。在职场中，做事能力相当的两个人，语言表达能力差的那一位，升迁机会就会比那个既会干又会说的人要小得多。对于每一个人来说，做和说的能力同样重要。

在工作中，有很多人不善于与领导沟通，甚至害怕与领导沟通。尽管领导对自己不错，尽管和领导并无什么矛盾，尽管自己也明白沟通的重要性，但在工作中还是会不自觉地回避与领导沟通的机会，或是减少沟通的内容。事实上，这样的情况在很多地方普遍存在。

在说话的能力里，和领导沟通的能力是重中之重。拼搏在职场中，也许你总能出色地完成工作任务,但评优、加薪、升职的好事却总会离你远去。这时,你应该思考的就是自己和领导之间在沟通上是不是出了问题。切记,要想前程更加美好,学会和领导说话的能力必不可少!

会说话的人往往会让高不可攀的领导对你拍手称赞,会让冷若冰霜的领导和你笑成一片,会让趾高气昂的领导对你倍加重用,会让精明的领导给你晋升加薪。学会和领导说话,十分重要。要学会如何说,领导才会愿意耐心听你往下说;如何听,领导才更愿意对你多说心里话。

职场竞争激烈,要想引起领导注意,不能仅靠默默地完成有限的工作任务,还要懂得和领导进行高效沟通,才能让领导觉得眼前一亮。同样的努力想得到更大的收获,关键还是看你会不会说话,善于和领导沟通,会让你百倍的努力得到千倍的回报。学会和领导说话是职场人士工作所必备的能力。掌握与领导沟通的诀窍,能使你更容易地理解领导的意图,更好地执行领导所下达的任务,从而成为领导的左膀右臂。

领导工作通常比较繁忙,因此无法面面俱到,因此保持主动与领导沟通的意识就显得非常重要。还要有效地展示自我,让你的能力和努力得到上级的认可与肯定,这样才能获得领导器重,进而得到更多的机会。

季羡林:把话说到别人心坎里

众所周知,为人处事不可恶语伤人,要讲究说话的技巧,可是有时候,明知是恶言,却又不得不说,那么,该如何是好呢?智慧大师季羡林先生说了,在这个时候,说话就要恰到好处,要讲求技巧,要学会把话说到别人心坎里。

在日常生活和工作中,在批评和建议时如果只提对方的短处而不提他的长处,对方肯定会感到心理上的不平衡,或者感到委屈。人都是有自尊心和荣誉感的,有的人之所以不愿接受批评或建议,主要是因为伤了自尊心和荣誉感。所以在给他人批评和建议时,用含蓄委婉的方法,把话说进别人的心坎里,这样会让对方更乐意接受,从而能更有效地达到目的。

古代有一个皇帝,晚上做了一个梦,梦到自己满口得牙齿掉得只剩下一颗了,早晨醒来十分不开心,便下旨找来两个术士解梦。第一个术士说:"皇上,此梦解来不难,这个梦的意思是说皇族的其他人全部死完时,您还不会死。"皇帝一听感到非常晦气,认为这一定是个不学无术的人,梦解得不对,便命侍卫把他拉出去斩首,以免再误解他人之梦。第二个术士听了皇帝的梦之后,大呼万岁道:"恭喜皇上,贺喜皇上,依圣上昨晚之梦,您将是皇族之中最长寿的人,有您这样的明君长期当政,岂不是百姓之大幸?"皇帝听后,龙颜大悦,赏术士黄金五十两。

两个术士,说的同是寿命长短的意思,却因为说话的技巧问题,产生了两种全然不同的结果。有时候,换一种说话方式事情就会多一种转机,结局也就截然不同了。

一般来说,语言表达要准确、清楚,不过在现实生活中,说话最好不要直来直去,委婉含蓄地表达,不仅更容易让人接受,还可深得人心,像季羡林先生说的那样:"话有三说,巧说为妙。"一句话意思相同,表述的方法也会不同,聪明的人往往会选择一个最合适的表达方式。季羡林先生也说:"说话,是要讲究技巧的,要言之有礼,要注意说话的细节。"古往今来有许多事例向世人阐述的都是是相同的道理:"有道德的人,决不泛言;有信用者,必不多言;有才谋者,不必多言。"

如果说要评价一位女士很胖,一种方式是直接说:"你真的很胖,需要减肥";另一种方式说得委婉些:"看得出来你从前一定是个很苗条的人,现在虽然有些丰满,但是气质依旧。"两种方式对比一下,那种方式更容易让人接受呢?想必大部分人都会喜欢第二种方式。所以,以己度人,自己不喜欢的他人也不会喜欢,己所不欲勿施于人,想要别人以礼相待,就应该先学会把话说到别人心坎里。

季羡林:到什么山唱什么歌,见什么人说什么话

俗话说得好:"到什么山唱什么歌,见什么人说什么话。"自古以来,无论在什么方面,懂得变通一直是亘古不变的真理。为了避免祸从口出,我们得学会审时度势,掌握说话的艺术,做一个聪明的人。

正如国学大师季羡林所说:"当你面对性格不一样的人的时候,说话的方式也得随之改变。"他的意思就是说,当面对不同性格的人时,就要选择适合对方的说话方式与其交谈,从而才不会使对方觉得厌烦。

比如说,和小孩说话要浅显易懂,和专家学者探讨问题则要有深度;和领导说话要恭敬、有分寸,和朋友说话则可以随意、自在……通俗来说便是"见人说人话,见鬼说鬼话",说话之道,也正是为人之道,是一门值得深究的学问。

虽然季羡林先生说:"说话,就事论事而言,最基本的要求就是讲理,要有理由,要讲道理。"但是在现实生活中,很多时候人们在说话时,会把意思扩大化、深层化,毫无道理可究。一般来说,语言表达要准确、清楚。不过在现实生活中,说话最好不要直来直去,委婉含蓄地表达,不仅更容易让人接受,还可深得人心。

如果你的朋友穿着一件新衣服兴高采烈地来让你评价，虽然在你眼里，这件衣服并不适合她，可是朋友正在兴头上，你自然不能直接了当地说出来。这个时候，你可以委婉地先夸赞一下这件衣服，然后告诉她，你觉得如果这件衣服的某个细节变成什么样子之后就更适合她了。这样说即不会让你的朋友觉得没面子，也能让她知道你在很认真地为她出主意。

言在明处，意在暗处，既能达到说话的效果，也不至于让听者尴尬。据他分析，一千种人就有一千种性格，因此我们在说话做事的时候就要对每个人的性格特点进行具体的分析。

总之，会说话的人总是讨人喜欢，不会说话的人却是人见人厌，这更加体现出了语言艺术中懂得变通的重要性。

叶曼：谨言慢口，话留三分

古语有云："君子不失足于人，不失色于人，不失口于人。"又云："临行而思，临言而则。"两句话表达的是一个同样的原则，即说话之前多加思索，不要脱口而出，想什么就说什么，说话之前思索一番，也不失为一种智慧。与人交往，谨言慎语，话留三分，这是国学大师叶曼与人交往的准则，看似简单，可能够真正做到的人却少之又少。

《礼记》有云："君子道人以言而禁人以行，故言必虑其所终，而行必稽其所敝，则民谨于言而慎于行。"也就是说做人要"谨言慎行"，所谓"谨言"即是言语之间要谨慎，所谓"慎行"即是举止之间要慎重。不该说的话不要说，不该做的事不要做，说话做事之前多考虑、多思索，因为言语之间的不慎很有可能会酿成大祸。

在一家公司里有两名优秀的员工，他们是同期进公司的，两人感情很好，可是性格却迥异，一个谨言慎行，整日里埋头苦干，另一个却恃才傲物，大大咧咧。一开始的时候，大大咧咧的这个员工很是受领导们的看重和同事们的喜爱，可是慢慢地就出现问题了。这个人由于过分自负而且口无遮拦，总是说些不该说的话，令别人很是尴尬，同事们虽然明面上不说什么，可是渐渐地都疏远了他。领导们也逐渐对他的玩笑行径产生了不快，因为他口无遮拦，曾惹得某上司在公众场合下不来台，又因为他恃才傲物却成绩平平，最终被撤职下岗。而谨言慎行的那个员工因为成绩显著，不久之后得到了领导的提拔。由此不难看出，所谓言多必失自是有其道理。

叶曼作为我国的著名国学大师，当然不可避免地要与数不胜数的人打交道。但凡是与她熟识的人，无一不称赞其说话有度。其恩师南怀瑾先生曾这么评价她："叶曼这人吧，就是太聪明了。她永远知道在当时的情况下什么话该说什么话不该说，该说的话又该说到哪里停下。"

叶曼的一生都在演绎时时处处留余地是为人处世的大智慧。我们不是圣人，无法做到无时无刻都保持着高度警惕，时时都要谨言慢口。但我们一定要有的一个底线就是，要给自己留下一点余地，毕竟饭吃七分饱，话留三分好。

叶曼：病从口入，祸从口出

在一本介绍说话的艺术的书中有一段话是这样说的："当别人用喋喋不休的话语责难你或无理取闹时，沉默是最好的选择。"适当地保持沉默，就是智者的表现。

在一次采访中，记者请叶曼女士介绍一些佛家养生之道。叶曼女士介绍到："慎言语，节饮食。慎言语，因为'祸从口出'。这就是我想给大家的忠告。"

肖子良在《口铭》中说道："病从口入，祸从口出。"无论是修行人还是世间人，对此都应值得注意。有些人也许是不懂，由于父母没教、老师没讲，故说出来的语言，最后给自己带来许多危害。

在古代有这样的一个故事：相传古人乐羊子外出求学七年未归，其母亲与妻子相依为命、苦守贫寒。有一天，乐羊子的母亲饥饿难忍，偷了邻居的一只鸡。乐羊子妻子知道后十分生气，可是作为儿媳，又不能责备自己的婆婆，于是她便沉默不语。当乐羊子的母亲把煮熟的鸡肉端上桌时，乐羊子的妻子一直不动筷子，乐羊子的母亲问她怎么了，她便一边抹着眼泪一边悲伤的说道："是媳妇不孝，没能照顾好婆婆，竟然让婆婆不能吃到自己家的鸡肉。"乐羊子的母亲听后十分愧疚，从此以后哪怕生活再怎么艰辛也没有再去偷盗。

乐羊子的妻子知道什么话该说，什么话不该说，故而她在说话时讲求了一些技巧。说在明处，意在暗处，正所谓说话如用兵，劝人要讲求技巧，这一来不仅尊重他人、照顾了他人的情绪，也使得忠言不再逆耳，完美地避免了因为祸从口出而引发的家庭矛盾。

叶曼女士在讲述《道德经》的时候提到："挫其锐，解其纷，和其光，同其尘，湛兮，似或存。吾不知谁之子，象帝之先。"我们知道道之用是要柔要弱。老子非常反对刚强，所以道体永远要柔要弱。"挫其锐"，就是把锋芒挫去。不但"挫其锐"，还要"解其纷"。是非是怎么来的？是从竞争中来的。人们为了一些蝇头小利争个不停，事情没办成多少，反而惹了更多的纠纷。我们说"病从口入，祸从口出"就是这个意思。

叶曼：有礼有节，攻心为上策

叶曼女士理解"礼"，首先是"理"的践行过程，其次是"敬道"之表现。为女子者，贵在有礼有节。在她看来："礼"是德之心、德之本。试想，德之再好，无"理"便难好了。所以，"知书达理"之"明理"，便成了中华女子的一个良好形象。德之再好，无"敬"便难好了。所以，"知书达礼"之"有礼"，便成了中华女子的又一个良好形象。

有理之人不见得处处有礼数，然有礼者必然要懂理、知理、守理。说话要有"礼"，即是要尊重你所说话的对象。朋友甲帮朋友乙解围时这样说："他这个人其实心不坏，就是不会说话。"这样的表达恰当么？就算是陌生人也应该给予尊重，这种不恰当的语言表达方式，甲难免会给乙留下阴影，甚至可能产生误会，也许换一种方式，以礼而言，兴许会更容易让人接受。

有礼有节指遵守人和人交往的礼仪规矩，不妨碍他人，对他人表示尊重。而"攻心为上策"其实是说要从思想上瓦解敌人的斗志，这个计策便被称为上策。

早在三国时期，诸葛亮就已经用到了"攻心为上"的策略。诸葛亮的心意在北方，又知道南人叛乱问题严重，便用马谡提出的"攻心为上，攻城为下，心战为上，兵战为下"的策略，要孟获心服口服。因此便笑着将他放走再战。诸葛亮对孟获七擒七纵后，仍要继续放他走。孟获及其他土著首领终于对诸葛亮彻底信服了，于是带领蜀汉大军到滇池，与诸葛亮盟誓，蜀军成功平定南中。

中国是礼仪之邦，说话自然也要讲"礼"。正如古人所云："夫礼，德之范也。"礼数和礼法是教人遵从长辈和官长的意愿，教诲开导比自己年轻的同辈和晚辈的依据和准则，使之能够自愿履行人际之间的规矩。所以说言之有礼，尊重了他人，也会赢得他人的尊重。

韩非子：兼听则明，偏信则暗

"兼听则明，偏听则暗。"这句话出自汉代王符《潜夫论·明暗》："君之所以明者，兼听也；其所以暗者，偏信也。是故人君通必兼听，则圣日广矣；庸说偏信，则愚日甚矣。"意思是说，听取多方面的意见，才能明辨是非；听信单方面的话，就分不清是非。所以说，要同时听取各方面的意见，才能正确认识事物；只相信单方面的话，必然会犯片面性的错误。

《韩非子》中的《内储说上七术》中的关于叔孙豹的故事，告诉我们：当我们判断一件事情，千万不可以人云亦云，一定要听取不同意见的人的阐述，不要任性，要理智，要结合自己的社会经验进行思考。一个人的意见，只代表了社会的一面，而社会是多个层次、多种利益关系构成的，不去思考各方的利益和看问题的角度，偏听则暗，很可能将自己带入万劫不复的境地。

说到"兼听则明，偏听则暗"韩非子是这样解释的，他认为："一听则智愚不分，责下则人臣不参。"故而只有全面听取意见，愚和智就不会混乱；督责臣下行动，庸和能就不会混杂。

唐太宗曾经问魏征："君主怎样能够明辨是非，怎样叫昏庸糊涂？"魏征回答说："兼听则明，偏听则暗。广泛地听取意见就能明辨是非，偏信某个人就会昏庸糊涂。从前尧帝明晰地向下面民众了解情况，所以三苗作恶之事及时掌握。舜帝当政时耳听四面，眼观八方，故共、鲧、欢兜都不能蒙蔽他。秦二世偏信赵高，在望夷宫被赵高所杀；梁武帝偏信朱异，在台城被软禁饿死；隋炀帝偏信虞世基，死于扬州的彭城阁兵变。所以人君广泛听取意见，则显贵的大臣不敢蒙蔽，下面的情况才能反映上来。"

魏征在这里利用前车之鉴把"兼听则明"说了个透。但千百年来依然有许多人在这方面犯糊涂，闹出许多丑剧、悲剧、滑稽剧。这又是为什么呢？归根结底，不过是因为"知易行难"罢了。

在《失空斩》这出戏里，马谡因为拒绝王平的良言，最终丢了脑袋；孔明因为没听刘备的提醒，从而丢了街亭；司马懿因为拒听左右的建言，痛失了作战良机。其实马谡、孔明、司马懿三人均是聪明能干的人，可他们输就输在了"偏听则暗"上，最终导致了聪明反被聪明误的悲剧。

除了韩非子以外，还有许多名人在自己的文章中提到过"兼听则明，偏听则暗"的道理。毛泽东的《矛盾论》里就有这样的记载："多方面听取意见才能辩明是非得失；只听一方面的意见，就信以为真，往往要做出错误的判断。"由此可见，"兼听则明，偏听则暗"是尤为重要的。

NO.5

国学中的为政之道：政之所兴，在顺民心

南怀瑾：为政以德，而众星共之

南怀瑾先生说，"为政以德，而众星共之。"这句话，表面上看，很浅显易懂。孔子提出，君子为政，最重要的是"德"。他认为，一个真正的大政治家应当具有领袖的风范，像天空中的北斗星一样，不会因时令而有所改变。

我们都知道"德"表示好行为的成果和作用。古时人云："德者得也。"南怀瑾先生在《论语别裁》中说：孔子非常推崇尧、舜、禹、汤、文、武、周公，正是因为那时谈到"为政"，讲究"德"字。所以说，一个领导如果以道德来感化手下的人的话，那么他只要站在那里发号施令，下面的人就会像无数的星星一样服从他。

《吕氏春秋》说："处大官者，不欲小察。"意思是说官做得越大，越不会计较小事；人的道德修养越高，也越懂得宽容待人，那么愿意为他做事的人也就越多。

所以作为一个领导者，要有一颗宽厚仁爱之心，尽可能的原谅下属的过失，能原谅下属的一些小的过失，就是对下属人性的一种把握，也是一个成功的领导者制造向心效应的有效方法。

战国时期，楚庄王设酒席大宴群臣，日暮时分，正当酒至酣时，灯烛被风吹灭了。这时，有一个人因为垂涎于庄王美姬的美貌，再加上饮酒过多，难于自控，便趁黑暗的时候，抓住了美姬的衣袖，想要非礼。美姬一惊，左手奋力挣脱，右手趁势抓住了那人的帽子上的系缨，并告诉庄王："刚才灯烛灭了的时候，有一个人牵拉我的衣袖，我扯断了他头上的系缨，现在还拿着，赶快拿灯来，看看这个断缨的人是谁。"

庄王听了以后就说："赏赐大家喝酒，并让他们喝多了酒而失礼，这是我的过错，怎么能为要显示你的贞节而辱没别人呢？"

于是，庄王命令左右的人说："今天大家和我一起喝酒，如果不扯断系缨，说明他是没有尽欢啊。"群臣听了以后，在座的一百多人都扯断了帽子上的系缨，并且继续热情高昂地饮酒，一直到尽欢而散。

过了几年，楚国与晋国打仗，楚庄王发现有一个臣子常常冲在最前面，作战异常勇猛，在他的带动下楚军士气高涨，连战连捷，最后打退了晋军，取得了胜利。庄王感到十分惊奇，

他叫来那个人问道:"我平时对你并没有特别的恩惠,你打仗时为何那样卖力呢?"他回答说:"我就是在喝酒那夜,那个被扯断了帽子上系缨的人。"

南怀瑾在与彼得·圣吉谈管理的时候,说到想成为一个伟大的领导者,首先领导者必须要注意自身的修养,成为一个有德的人。为什么这么说呢?因为领导者所管理的是人,只有自己成为有德的人的时候,对人性的理解才会把握得更全面,才能把别人领导好。楚庄王可以说是一个很了解人性的领导者了,他懂得对待下属要宽厚仁慈,能洞察人性的本质,却不揭穿它,还想方设法地维护了那个人的尊严。这样的领导,谁不愿意为他效力卖命呢?

南怀瑾:以孝治天下

南怀瑾先生曾说:"'孝'可以治天下。由个人的孝父母,扩而充之爱天下,就是孝的精神。为政的人以孝子之心来为政,也就是我们所讲公务员是人民公仆的道理一样。"古语也云:"不孝之人不可交也。"由此可见,在古人看来,不孝顺父母之人是不可以信赖的。

子夏向孔子请教孝道。子曰:"色难。有事,弟子服其劳;有酒食,先生馔,曾是以为孝乎?"南怀瑾先生很赞同孔子的这种看法,他曾说:"现在的人不懂孝,以为只要能够养活爸爸妈妈,有饭给他们吃,像现在一样,每个月寄生活费给他们,就是孝了。其实,光是养而没有爱的心情,就不是真的孝。"

同样的,以孝治国,也是帝君应遵守的一项原则,历史上著名的君王唐太宗、康熙、乾隆,都是十分有名的孝子,因而也成就了历史上的著名盛世。康熙皇帝天生就有一副威严之相,他年少登基,有一副皇帝的架子,跟母亲说话也十分严肃。某天他问近臣,为什么感觉大臣当着他的面都不敢说话。近臣就告诉他,因为皇上很威严,对母亲说话也不笑,大臣们看见这样,就被皇上的严肃表情镇住了,因此心中紧张害怕,所以他们讲不出几句话来。康熙帝听完之后,于是改变严肃的态度,经常陪母亲听戏谈笑,尽心侍奉,见人也常常微笑,慢慢使自己的神态变得和蔼起来。大臣们都认为皇帝是一个真孝子,大有仁爱之心,因而敢于和他谈论天下之事,商量对策,国家便越来越和谐昌盛。

西汉时期的汉文帝刘恒,是汉高祖刘邦的第三个儿子,从小就奉行孝道。刘恒被封为代王时,生母薄太后跟随他住在一起。刘恒与母亲感情深厚,倾心侍奉母亲,尽力让她感到快乐和满足。然而薄太后身体虚弱,常患病,连续三年都卧病在床。三年里,汉文帝每日勤理朝政,下朝后便衣不解带地陪伴在薄太后病床前。给太后煎好的汤药,他总要亲自尝过才放心让母亲服用,唯恐药饵失调。那些日子里,汉文帝往往通宵达旦,陪伴在母亲身边。三年后,母亲的身体终于康复,他却由于操劳过度累倒了。汉文帝的仁义和孝顺感动了天下人,加上他治国有方，国家一派兴旺景象，与后来的汉景帝一起开创了历史上"文景之治"的繁荣时代。

我们可以看到刘恒是真的孝，并不是在走形式。孔子曾在回应孟武伯这位世家公子的问孝说，你只要做到当你病的时候，你的父母那种着急的程度，你就懂得孝了。孔子为什么说得这么简单呢？南怀瑾先生在《论语别裁》中这样解释道："以个人而言的话，所谓的孝就是对父母爱心的回报，你只要记得自己出了事情，父母那么着急，而以同样的心情对待父母，就是孝了。历史上流传这样一句话：'不知民间之疾苦。'据传，孟武伯是一个世家公子，将来一定会当政的，所以孔子告诉孟武伯，爱天下人，就要知道天下人的疾苦，如父母了解子女一样，将来从政，记住这个道理，才会将国家治理的繁荣昌盛，自己被国民所赞扬歌颂。"这样看来，孝是最去伪存真的存在，以孝治国，又何愁国不昌盛？

南怀瑾：以大事小，以小事大

《孟子》中提出的政治外交观点："惟仁者为能以大事小，惟智者为能以小事大。以大事小者，乐天者也；以小事大者，畏天者也。乐天者保天下，畏天者保其国。"

南怀瑾解释了"以大事小"和"以小事大"的意思，一种是"以大事小"，这是仁者的风范。虽然自己的国土大、国力强，但是仍旧愿意配合领土比他小、国力比他弱的小国的政策。另一种"以小事大"，这是小国自保的策略，为了保持国家的强盛，屈从于强国，保持自己国家的尊严。

南怀瑾先生在解读《孟子》时提到，以自己的大国地位去尊重小国，不愿意欺负比自己国家弱小的国家，就是顺应"天地生万物"的乐天主义。天地间的规律，不容许大国肆意而为。最后，孟子进一步说，凡具有效法天地的博爱精神，不以强欺弱的大国，结果一定天下归心，可以保有天下；而弱小的国家，如果能够畏天道，服从强者的领导，不怀叛逆之心，那么就可能保住自己的国家。

夏朝的时候，汤国以亳为都城，地大人众，国力强盛，它的邻国葛在领土、人口、财力上都不及汤。汤虽有专事讨伐的特权，但对葛仍然是平等相待，客气尊敬，绝对不因自己的权势大，而去欺凌力量弱小的葛国。因而两国世代友好，百姓也能安居乐业。

商朝末期，西方的犬戎经常入侵接壤的周国。文王当时所统治的周国，不论文化经济都非常发达，地广民众，比犬戎强盛许多倍。可是文王为了行仁政，不愿意生灵涂炭，百姓受苦，竭力避免用军事手段解决问题，在诸侯国内赢得了很高的声誉，为后来周朝的建立打下了牢固的政治基础。

国家以小事大，这属于明智之举。商朝末期时，姬周诸侯由太王当政，这时周国虽是小国,却正在励精图治。自五帝时期以来,北方的游牧民族非常强悍,常在边界上生事。周太王为了内政的发展,为了在安定中求进步,不去和游牧民族力争,而采取退让的态度,以免扩大战争,影响了内政建设。最后国力变得强大起来,在周武王时期灭了商朝,建立了周王朝,而周边的游牧民族此时早已不是其对手。

随着国力的提高,我们的国家已从三十多年前的"小"变"大"了。所以我们依据以大事小、以小事大的原则,需要调整政策了,要以大国的胸襟和姿态来看待国际问题。

南怀瑾先生说:"以大事小,以小事大"是一种人生的智慧,不仅是体现在国与国之间的交往中,更是体现在个人对待事情的态度上。唯仁者,能以大事小,这样的处世观是豁达的;惟智者,能以小事大,这样的处世观是灵活的。在生活中,处理好这"大"与"小"的辩证关系,会使我们的人生受益无穷。

南怀瑾:唯大勇足以定天下

孟子曾说:"乐以天下,忧以天下,然而不王者,未之有也。"春秋无义战,统治阶层施政的目的不是为了造福人民,而是为了王霸天下,永固权威。然而春秋时国多势杂,王侯想要定鼎天下,就不能没有异于常人的手段。而作为国君,什么最重要?当然是眼界,是格局。

在南怀瑾先生的《孟子旁通》中曾提到齐宣王问政于孟子,说要与邻国外交,有没有什么好的办法。孟子说当然有,一为"乐天",一为"畏天"。若一个国家能够以敬畏谨慎的心态,顺应国际上的大趋势,把握时机,便可生存。而齐宣王却听不进去,认为强权便是公理,自称好勇武。孟子便以小勇与大勇劝诫齐宣王,说大勇才能定天下。

孟子与齐宣王讨论勇气,说道:"王请无好小勇。"意思是说,君王好勇没关系,但不能逞小勇,因为那是匹夫之勇。因此南怀瑾先生认为,英雄豪气冲天,大勇可安定天下,逞匹夫之勇,就会"任气尚侠",就会睚眦必报,最后走向犯罪的道路,自取灭亡。在孟子和齐宣王的对话中,我们可以领略到孟子关于大勇的哲学思想。勇气,是一种面对困难时可以披荆斩棘的力量。我们提倡勇气,但是更提倡大勇,因为安天下、定民心的大勇更加难能可贵。

若单论勇武,在楚霸王项羽与刘邦之间,我们肯定会选择项羽。项羽天生神力,有拔山扛鼎之勇,纵横驰骋,无人敢阻挡,而刘邦则远远比不上项羽。而两人之间,谁是大勇?

秦王朝覆灭后,项羽本来处于优势,却一意孤行,致使优势变成劣势,在最后会战中,项羽在千军万马之中无人能挡,奈何只是孤家寡人一个,被刘邦团团围住。项羽称要与刘邦两人出来单打独斗,决一死战。刘邦却一笑了之,回应说只斗智不斗力。最终霸王别姬,乌江自刎。

项羽与刘邦,谁才是正确的大勇?一味的呈匹夫之勇,任侠尚气,不过是小勇。大勇者,智勇双全，一定要先有格局后呈勇，这不仅适用于治国，也适用于做事。

易中天在《品人录》中谈论大勇者和匹夫之勇的区别，他认为大勇者是君子之勇，"泰山崩于前而色不变，麋鹿兴于左而目不瞬，骤然临之而不惊，无故加之而不怒，这就是君子之勇"。至于匹夫之勇，只要有几分血气和力气，不需要志向和修养，也不会有什么辉煌的战果。路见不平，拔刀相助，这样的勇气很多人都有，都能做到。

大勇是一种为正义而奋斗的精神，也是感天动地的人格力量，也是开启成功大门的钥匙。因为君子之勇，无畏无惧，敢于正视坎坷，可以安定天下。

南怀瑾：学有所用，用有所长

南怀瑾先生曾说："治国之道，讲究人尽其才物尽其用。"南怀瑾先生在《孟子旁通》中以孟子的遭遇来讲国家整治的要理，虽然孟子的思想并不被齐宣王看好，但是孟子的理念却具有深刻的现实意义，大到治国，小到企业、家庭，都是值得深思的。孟子治国思想的理念之一就是学有所用，用有所长。

"学成文武艺，货与帝王家。"这是中国古人的文化、武艺学习到一定程度的时候，就用来换取政治地位的真实写照。那些有学问、有武艺的人，如果没有一个合适的机会或是际遇，好本领却没法张扬出来，那就什么用也没有。这就如同一匹千里马需要伯乐的辨识，而人才则需要赏识者的挖掘。大到治国，小到管理企业，领导者就是要发现人才，让人才发挥出他的才能。

刘邦登基之后，有一次和手下的功臣将相一起讨论问题，刘邦问道："请大家说一说，我和项羽争天下，为什么最后是我胜了，而项羽却丢了天下？你们都说真话，不要有所隐瞒。"

这时候就有大臣说道："我们认为，皇上您很傲慢，而且不太尊重人，项羽这个人却有爱心，非常仁厚，这就是实话。但是，皇上您得了天下，项羽却失了天下，原因就是您每次打下一座城池，就把地方分给功臣和手下，好处大家一起享受，所以我们乐意拥护您。"

这时刘邦说道："你们只说了其中一个原因，还有一个更重要的原因，就是我比项羽更懂得用人。比如我任用张良做军师，他运筹帷幄，指挥部署战略方针，决胜于千里之外，最后取得决定性的胜利。我重用萧何为相，因为他懂得管理国家，安抚体恤百姓，筹集粮饷，支援军队的战备军需，保证后勤供应。我还认命韩信为将军，他能统帅百万大军，战无不胜，攻无不克。这三个人都是杰出人才，因为我重用他们，让他们各显其才，所以我能够夺取天下。项羽呢？他只有一个范增，却不能重用，因而丢掉了天下。"刘邦认为让人才各显其长才是他夺取胜利、取得成功的根本原因。

刘邦得了天下，治国安邦，成了大汉天子，他认为自己最重要的优点就是能够知人善任，人尽其才。治理国家、管理企业一定要依靠团队的力量，仅凭一个人的力量永远不能取得整体的成功。

南怀瑾先生认为，孟子的思想在当时战乱的时代也许不能发扬，但其中蕴含的道理却是不会过时的。知人善用，唯才是举，治国之道最难的不是选拔人才，而是怎样使用人才。历史上高明的君王都深谙此理：擅用人才的长处和优势，能用得恰到好处，就能不失时机，赢得最终的胜利。

南怀瑾：过忠，则为愚忠

泱泱中华，上下五千年，虽然每一个朝代，体制不同，当权者不同，可是它的行走轨迹却是一致的。一个朝代，有起有落；一个朝代，有君有臣。君在上，臣在下，这是自古以来不变的铁律。而忠臣良将也成为了世世代代都会出现的一种标志性产物。然而在谈到忠臣良将时，南怀瑾先生是这样说的："过忠，则为愚忠。"

从古至今，历史上最不乏忠臣。比干剖心劝；周公旦天下归心；介子推割股充饥；屈灵均怀石跳江；苏子卿北海牧羊；关云长千里单骑；诸葛亮死而后已；岳鹏举壮志未酬；文天祥丹心汗青；陆秀夫厓山跳海……这些都是忠臣。历史上所谓的十大忠臣：诸葛亮、魏征、寇准、包拯、文天祥、于谦、海瑞、史可法、郑成功、林则徐都为后人所熟知。

这里面不乏对当时和后世产生过巨大影响的忠臣。如魏征，他不仅帮唐太宗制定了"偃武修文，中国既安，四夷自服"的治国方针，也时时刻刻修正着唐太宗的谬误。他为唐太宗讲解了"民可载舟，又可覆舟""兼听则明，偏信则暗"的治国道理，也常常犯龙颜而直谏。从贞观初到贞观十七年魏征病故为止，十七年间魏征谏奏的事，有史藉可考的达二百多项，内容涉及政治、经济、文化、对外关系和皇帝私生活等等，都知无不言，言无不尽，甚至有时竟让唐太宗下不了台。而在魏征死后，唐太宗极为伤感地对众臣说："以铜为鉴，可以正衣冠；以古为鉴，可以知兴替；以人为鉴，可以明得失。今魏征逝，一鉴亡矣。"

可是，在历代的忠臣中，也不乏有愚忠的。三国演义中的诸葛亮神乎其神，可是他却是一个典型的愚忠。在刘备死后，他为了对刘备尽忠，一心扶持刘阿斗。他当初的聪明才智却没有帮他认清刘阿斗并不是当帝王的材料；也许认清了，但是对刘备的忠却让他不能舍弃刘阿斗，结果最后就落得一个那样的下场。

南怀瑾先生就说过，愚忠过了头就是毛病。他举岳飞的例子说，岳飞这些建议真是忠，完全是好意，可是超过了他的职权，使高宗受不了。他还说，所以忠不得过职，而建议也不要超过职权的范围以外，不要干涉别的事。

由此可见，忠是有一个限度的，过度的忠并不见得是好事。心里的是非观念已经不是那么清晰明了了。看待事物的标准，不再是内心的审时度势的客观分析，而是关于自己对效忠的那人的利害分析。在这种情况下，很容易被愚忠蒙蔽了头脑。此时，他们忧心的不再是天下，而是那一人而已。

南怀瑾：大智兴邦，重集思也

"千古人才难遇，智术各有短长。"意思是说每个人都有所长，只是涉及的方面各异。南怀瑾先生对人才的认识是："大智兴邦，重集思也"。

南怀瑾先生曾说："我常说做好事非常难，是要有智慧去做的。没有智慧，你觉得是在做好事，其实会增加别人的烦恼，所以六度万行以智慧为主。"这里的"好事"并不是普通意义上的好，它是一个范围，可以在各个方面上提及，所以"智慧"二字也就会有大智慧和小智慧之分，小生活受益于小智慧，大国家依托于大智慧。

南怀瑾先生在书中借子路的幽默话说："有人民焉，有社稷焉。"人民是各个层次的汇集者，个人见识因人而异，自然会存在意想不到的主张，倘若能集思广益，定会创造新的风貌。古今中外，凡成大事者，必然少不了求贤若渴的智慧。

商汤用伊尹，周文王用吕望，"王天下"成大功。汉高祖用陈平、张良，刘备用诸葛亮，齐桓公用管仲等等，都成就了一番伟业。领导者拥有求贤之智，便是国家之福。古代有贤之士在受到时代的限制下，很多都被埋没，所以凡能举贤任能的统治者，都会有大成。如今已是人人平等的法制社会，相对过去，确实达到了民主。

谈及商的灭亡和周的建立，南怀瑾先生将更多的缘由归结到了纣王，"到纣王的手里，政治腐败到了不可收拾的地步，完全丧失了人民大众的信赖。"回顾历史，确实可以清楚的看到商纣的无道，将朝中有才能的人全部搁置一旁。王者居庙堂之上，自然会有高人一等的优越感，但并不代表可以不亲民、不近民、不系民。换句话说，其实老百姓才是社会的心骨，占据着底层，却有最多的人群、最多的智慧，多少有才之士起于平凡，得到任用而能有大贡献者比比皆是。这就需要一种大智，能聚集各种思想、各种人才的智慧。

"大智兴邦"是智慧，"重集思也"是策略，有勇有谋方成大器。每一个时代都不乏思想，不欠人才，需要的就是能展示他们力量的途径和平台。真正的智慧不受制于条件，不局限于时空，它是兴邦的利器。

南怀瑾：大愚误国，好自用也

"一般人觉得自己聪明的，其实是笨人。"这就是通俗意义上讲的自大好功。然而我们并不能否认它存在有一定意义，但是绝对可以说它是"愚昧"的。"真正的智慧到了最后，无所谓智慧不智慧，用世俗道理说，最聪明的人是最平凡的人，看起来是最平凡最笨的人，却又上上智。"这是南怀瑾先生对"大智若愚"的深刻理解。喜好自用的人就脱离了"智"，无不在显示自身的"愚"。

"愚而好自用。"这是摘自孔子在《中庸》中的一句话。"大愚误国，好自用也"也说的是这个道理。

蜀汉之地本"重险之固"，却在战中落败，它占据着独一无二的地利，还是逃不掉这样的结局，只能说是"人为"导致了它的悲剧。刘禅昏庸，在他身上很难看到一个统治者的智慧，他是"大愚误国"的写照。"大愚误国"与"好自用也"有着紧密联系，真正的智者是不会自用的。

袁绍不听谋士田丰的劝告，坚持出兵攻打曹操，到白马后不听沮授劝告将主力集结于官渡，导致战线拉长而战败，从此失去了与曹操抗衡的优势地位。明英宗朱祁镇不听大臣的劝告，一意孤行，结果土木堡之变，成了蒙古俘虏。这些"愚者"不能认清形势，更不能听取别人的建议，自以为是地按照自己的想法布局，终究是一盘乱棋。倘若能以"智"换"愚"，以"善取"换"自用"，他们的国家就不会倾覆，历史的页面也将刷新。

从南怀瑾先生对"大愚误国，好自用也"的理解中就可以明白，一个有智慧的人对于一个国家的作用是多么重要。独断专行必会带来更多人的不满，国家的衰亡也就会成为一个必然，统治者也自然会被戴上"昏庸愚昧"的帽子。

南怀瑾先生的观点是对先代经验的总结，直到今天，仍具有不可估量的作用。启迪后世，做真正的智者，于国于己都有非凡的意义。

南怀瑾：百心不可得一人，一心可得百人

南怀瑾先生对于佛学有自己的理解，他认为："一心不乱不光是念佛法门的初步目标，其他任何修行方法，基本上都要做到一心不乱，即使修学一切外道功夫，也同样以此为追求对象。"虽然说是念佛，可是其中的道理却不是在意识妄想的层面上，南怀瑾先生的做为都是他"百心不可得一人，一心可得百人"的反映。

南怀瑾先生对佛学的要求是"一心一意"，但对他而言不仅仅要在这样的修行上专一，还要扩大到各个领域，于事要诚心，于人要诚信，无论哪一种，都集中在"诚"之上。不能做到"一心"，做事就很难达到自己预期的目标，做人也会显示出轻浮，因此想要别人信服便会变成一道坎。

近代中国的发展史可以用曲折来形容。当时，面临着来自世界列强的威胁，主权丧失，卖国求荣的事时有发生，太平天国运动的兴起就成为必然。一开始一呼百应令更多的人相信曙光会到来，万众齐心为国家而战。然而谁又能料想到最后会有王朝权力之争，导致人心涣散，功亏一篑。这也正是南怀瑾先生所言，"一心"可得多人相助，同样的目标，同样的心态，便会是一种凝聚的力量。但权力总会让人迷失方向，改变最初的想法，也就出现了"百心"，最终的结果便是空无一人。

南怀瑾先生最终真正追求的一心不乱，不是在意思妄想层面上的，而是"法界一心"，也等于所谓的"真如法界"。求佛与处事自然不能混为一谈，可是本质相通。念佛心诚，便会上升到佛学的一定境界。处事"一心"，便会少了猜疑、距离，心距小了，接触的人自然就会增加，真正交心的人也会增加。从来不要试图"三心二意"，即"百心"，一旦尝试过了，也就失去了让人信任的资本。

南怀瑾先生在论"心"的过程中，无时无刻不在体现着他的态度，处事随心，但要"一心"，正如他对念佛的执着。"百心不可得一人，一心可得百人"既是对南怀瑾先生的诠释，也是对时代的诠释。万事不分大小，有事必然用心，怎样用心，用怎样的心，这就取决于自身。

梁启超：德业双修，缺一不可

"德业"一词，最早出自于《后汉书·杨震传》："自震至彪，四世太尉，德业相继。"所谓"德业"，即德行和功业，一个人的品德和功绩。

梁启超先生非常注意人格品德的培养，这一点可以体现在很多事情之中。在1916年，梁启超在为曾国藩辑录的《曾文正公嘉言钞》写序的文里，曾流露出对曾国藩的崇敬之情。在此序中，梁启超指出曾国藩并非拥有过人的才智，却凭借"铢积存累"成就了立德、立功、立言"三不朽"的伟绩，究其原因与其"一生得力在立志"有关。梁启超在引用《左传》中"三不朽"的说法来褒奖曾国藩的同时，表现出其对曾国藩的认同，并指出先"立德"，后"立功""立言"的必要性，从中可看出梁启超把曾国藩当成品德修养方面的学习目标，同时也没有忽略其"自拔于流俗"的立志。梁启超认同人应当拥有不凡的品德与志向。

那道德品行又如何培养呢？梁启超在阅读《曾国藩家书》时，得到一个结论："非学道之人，不足以任大事"，所以"养心立身之道断断不可不讲"。这一点当梁启超流亡海外，处于人生低谷时，用自己的实践证实了曾国藩所谓"患难忧虞之际，正是德业长进之时"的说法的正确性。因为流亡日本，梁启超有机会写下了《自由书》《国民十大元气论》《少年中国说》《新民说》《新民议》《保教非所以尊孔论》等一系列警励国人、自省上进的文章，并提出了他的改造国民性理论与"新民"学说，希望能够教化国民，这其中的拳拳爱国之情让我们钦佩。

梁启超认为人的品德修养并不是让人独善其身的修身论，而是可以扩大和延伸到国家层面上的救国救民的广度和深度。

梁启超除把立志，即品德，放在第一位，另外他还主张人的功业，就其自身经历而言，梁启超先生在政治、学术和文章方面均有所成。在政治方面，世人对梁启超先生政治立场多变的事迹，多有诋毁，但他的功绩也无法磨灭，他与康有为发起了戊戌变法，虽未成功，但也对中国产生了积极影响。梁先生在晚年对学生说，他有自己的中心思想和一贯主张，绝不是那见风使舵的投机者。后人曾说，梁启超一生最伟大之处、最可表现他磊落的地方是他的"善变"，但不管他怎么变，他始终是爱国的人。

在学术方面，梁启超发表了《自由书》《少年中国说》《新民说》《新民议》等多本激醒国人、自省上进的著作，并提出了他的改造国民性理论与"新民"学说。梁启超的"新民"思想一方面吸取了西方近代启蒙学者的观点，另一方面又是对王阳明心学的发展，希望能够教化国民。他还注重"陆王派的修养论"，强调经世致用，内心志向和心性的培养。

另外，梁启超写出了《饮冰室合集》《夏威夷游记》等作品，并在其中推广"诗界革命"，它批判了以往那种诗中运用新名词来表新意的方法，提出了"以旧风格含新意境"的诗歌理论，它对中国近代诗歌的发展起了指导作用。

在梁启超看来，人应该拥有良好的品德和炽热的爱国心，同时要为国家做出自己的贡献。这对于现代青年人来说，仍有极大的激励作用。

孔子：立志当心存大道

"三军可夺帅也，匹夫不可夺志也。"所谓立志，即树立远大志向；所谓大道，则是中国道家的哲学。道在中国哲学中很重要，可以表示为"终极真理"。道的概念被儒家流派、宗教、哲学流派所重视并使用。大道即指大道理、基本原理和方法。而在孔子身上，大道则是世家正义之道、为国做事之道路。

那什么是立志当心存大道呢？孔夫子认为，立志，是君子所必要的，对于志向，认为人首先要有社会责任感，要以天下为己任，人更应该将立志寄予心存大道上，树立大志。这才是孔子所追求的。

孔子曾经说道："吾十有五而志于学，三十而立，四十而不惑，五十而知天命，六十而耳顺，七十而随心所欲，不逾距。"这句话总结了其人生经验，可从中看出，孔子在十五岁时就已经立下学习的志向。

因此，孔子十分注意对学生进行立志教育，孔子希望他们能以为国为民做事为己任，以便实现自己的人生抱负。《论语》中记载，他的弟子樊迟立志当农民，孔子很不高兴，便骂他是"小人"，并不是因为樊迟真是小人，而是因为孔子认为人应该拥有远大的理想和追求，应当承担更大的责任。他想让樊迟成为一个有价值的承担者，而非农民。其实，这正是立志当存大道的体现。

孔子生于乱世之中，他有自己的一套治国理想，立志于宣传自己的思想，以期为国家和天下做出贡献，他心怀"仁"和"礼"，尽管无法实现，却仍心怀大志。孔子的仁说是一种大道、人道，而这种人道主义和秩序精神是中国古代社会政治思想的精华，他给人类留下了他的智慧，用自己的亲身经历说明了"立志当存大道"的必要性。

在孔子看来，人要在少年时代就应树立远大人生志向，并且要遵守志向，时刻谨记。他认为，环境并不能阻挡人的志向，相反，"岁寒，然后知松柏之后凋也"。环境越艰难，就越要保持自己的坚定态度，不因环境恶劣而丧志。并且人有了志向，还要积极实践自己的志向，君子当言行一致，不因外物改变。

孔子认为人立志后，要守志、践志，最重要的是酬志，即实现志向。但孔子此生未能有一个很好的政治舞台，可以让他宣传自己的治国思想，他最终也未能酬志。可是他在各国积极宣传，即使艰难困苦，也要让自己的志向实现，这种追求正是其竭尽所能酬志的表现，也是他要向世人阐述的大道追求。

孔子在《论语·里仁》中说的"君子喻于义，小人喻于利"，说到由"义"和"利"可以区分君子和小人，由此看来，君子当立大志，立志当存大道。

孔子：成大事者不拘小节

春秋时期，鲍叔牙曾说过："成大事者，不恤小耻；立大功者，不拘小节。"《后汉书》中评价虞延说："性敦朴，不拘小节。"由此可得，古代之成大事者，历来不拘小节。在《辞海》中"不拘小节"的意思是待人处世不拘泥于小事，不为小事所束缚。

孔子所在的鲁国处于叔氏、孟氏和季氏的控制下，他们被称为"三桓"，权力很大。孔子起先在鲁国国君的支持下，用礼治来治理国家，取得了一定成效，连齐国人都为之感到不安。后来孔子因触动"三桓"势力，被迫离开鲁国，周游列国，四处奔波，到处宣传他的救世治国理想，可是却总是被拒或者遭受磨难。可孔子并未因此而消极，他和弟子被困于陈国与蔡国边界时，不但弦歌不断，还向弟子们谈论"君子固穷，小人穷斯滥矣"的道理。由此看来，孔子为成大事胸怀大志，不在乎于个人细节。

在逃难时，孔子曾与弟子们走失，立于城门口，后被人嘲笑说如丧家之犬，孔子也只是随他们一笑，这时的孔子已经不再计较这些了，其胸怀天下，致力于国家，又怎会受到小节的干扰。"成大事者"就是要在纷繁复杂的客观世界中，拨开各种小节的干扰，把自己主要的精力用于解决关键问题。

孔子挣脱了小节的束缚，跳出了小节的牢笼，不拘小节、宽以待人，才能提出了包含大爱的"仁"的学说，并且他在晚年也提出"大同"论，希望社会和谐发展，可以人与人更好相处。孔子身上有着不拘小节而敢想敢作为的魄力。

孔子在周游列国十四年后，终于回到鲁国，仍有心从政，但仍是被敬而不用。由于政治上的不得意，孔子将很大一部分精力用在教育事业上。孔子开创了启发式的教育，因材施教，学生具体情况不同，用得教育方法也不同。其弟子三千人，成才者七十二人，开创了学堂，培养出了德行、言语、政事、文学等多方面的人才。孔子热爱教育，后来积极教育学生，而他在实践基础上提出的教育学说，为中国古代教育奠定了理论基础。

孔子晚年开始整理图书典籍，他是中国最早的图书整理者，相传他整理《诗经》《尚书》

等文献，并把《春秋》加以修改，使其成为中国第一部编年体的历史著作，为我国图书典籍方面做出巨大贡献，并成为我国著名思想家、教育家，为后人所学习。

老子：君无为而民有为

老子有云："道法自然，无为而治。"其中所谓的"无为而治"即是使民自治，也就是说，若是想要通过"君无为"而达到天下大治的状态，那便需要"民有为"。

战国时期，群雄相斗，战争不断，社会不安。在诸位大家纷纷而起，大谈如何自上而下治国安民时，唯独老子独辟蹊径，振臂长呼："我无为，而民自化；我好静，而民自正；我无事，而民自富；我无欲，而民自朴。"他强调无为才能无不为，"无为而治"的本意是不妄为，而不是不为。也就是让为君者要顺其自然，使万民能够发挥自我创造力，从而做到自我实现。

"君无为"是对于帝王个人而言的，它要求为君者清心洞察、知人善任；"民有为"是让人民自化、自正、自富、自朴。故而要想实现"无为而治"便要减少统治者对百姓进行过多的干预，让百姓的生存空间更自由，恢复并保持社会的和谐与秩序。

老子以后，黄老学派均坚持其在治国方面的主张，认为君主必须无为，而臣子则必须有为。正所谓"君无为而民有为，我无为而民自化"，这便是道家思想的精华所在。而之所以提出"君无为而臣有为"，第一是为了区分君臣的不同角色，并保证君主处于主动的地位；第二是为了有效发挥大臣的能力，使臣子们能够各尽其责。总之，这是对上对下都有利的原则。

齐国盛行"黄老之学"，汉初沿用"黄老政治"，这才成就了齐国霸业和"文景盛世"；唐初推行垂拱而治，才会出现"贞观之治"；明初力推"休养生息"，才得"仁宣之治"；清初轻税减赋，方成就"康乾盛世"。由此可知，"无为而治"的道家理论在治国方面的作用可见一斑。

简单来说，对于"无为"的思想，最正确的理解应当是做事不违背事物的本性。"人主之术，处无为之事，而行不言之教，清静而不动，一度而不摇，因循而任下，责成而不劳""上操其名，以责其实，臣守其职，以效其功"，这些话实质上都是"君逸臣劳"，以臣下等众人的智慧来实现君主的"无为"，君主的"无为"则在于因势义导，把合适的人才摆在合适的位置上，具体事情分摊给臣下去做，不必事必躬亲，这样才能达到最好的目的。

孔子：为政以德

孔子生活在春秋末年，这是一个社会变革时期。此时土地私有制出现了，大量的人开始不择手段扩大对土地的占有，于是礼崩乐坏、王室衰微，诸侯国兼并不断，战争频仍。

在这样混乱的时代背景之下，孔子提出了"德治"之道，"为政以德，譬如北辰，居其所而众星共之"，意思是"以道德原则治理国家，就像北极星一样处在一定的位置，所有的星辰都会围绕着它。"孔子提出的这一德治思想来源于他对现实政治深刻反思，"为政以德"是一项顺应社会发展潮流的治国方法。

在孔子眼里，礼治是实现"为政以德"的根本保证。"礼"从对人和社会的理性认识出发，对于人的一切社会行为产生约束。孔子认为，人的生命，是自然生命和理性生命的组成。"仁义"是人的本身的心性，处在人的自然生命之中。而通过血缘沟通的人伦，后天的社会关系，包括等级统治关系，处在人的理性生命之中，这些关系约束人的行为，是维系秩序的基本法则。因为这些法则，使得人类社会区别于动物社会。

孔子认为，身为人，都应该自觉地用"礼"修心养性，以达到克制私欲杂念的目的。这样才能实现"仁"的追求，人类社会才能和谐。所以，做人的道理，是发扬善心尽心尽性，必须遵守礼法；而治理国家的道理，是要弘扬仁道，必须把"礼"这项自然法制上升为政治制度的层面，要求人人遵守。

孔子认为教化可以使天下人遵守礼制、维护礼制。教化能开启天下的"仁"心。因此，他说："礼云礼云，玉帛乎哉？"，"人而不仁如礼何"？如果一个人丧失了仁心，就算他知道了"礼"也不过是个伪君子。孔子举例说："其为人也孝悌，而好犯上者鲜矣。不好犯上而好作乱者，未之有也。君子务本，本立而道生。孝悌也者，其为仁之本欤。"这就告诉我们，"孝悌"是仁的基本，"犯上"和"作乱"，都属于大逆不道，"礼"法是不能容许的。人有了"孝悌"这样的仁心，就不会犯上作乱了。真君子，一定是以仁来修心养性的人。同样，一个人只有仁义之心，而不以"礼"修身养性，同样不是君子。

孔子把"以民为本"当作"为政以德"的政策纲领。这就要求执政者在"使民"时，必须认真考虑人民的利益，切忌"伤民""害民"，要做到"利民""惠民"，使民能够修养生息。统治阶层不应该与民争利，因此，他十分反对季孙提高了农民的税率。他指出："君子之行也，度于礼。施取其厚，事举其中，敛以其薄。"

孔子的"为政以德"思想，在以后的近两千年的封建统治中都被运用。今天，这种思想虽然不能直接作为治国之道,但是其中的合理内核能够为当今的治国方略提供思想资源。如今,我们将以德治国、依法治国结合来讲,法治和德政都是治国的手段,两者能够相互完善。

老子:功成身退,天下大道

"持而盈之,不如其已。揣而锐之,不可长保。金玉满堂,莫之能守;富贵而骄,自遗其咎。功遂身退,天之道也。"老子在《道德经》中如是说。意思是说:拿着碗让它盛满了水,不如适时停止。锤打金属使它锐利,不可能长久。金玉满堂,没人能守得住。富贵骄傲,自己招来灾祸。功业完成就退位归隐,这就是自然大道。

老子提出的"功成身退",这个"退"字作何解释?"退"是告诫我们成功的时候要保持内敛、及时反思,不要一味前进,要停下来想一想。只有停下来,后退几步,才能走得更远。就像虫子爬行,收缩一下才能继续往前伸展。老子认为只有后退才能积蓄力量,获得更大成功。芸芸众生中追逐名利、倾慕荣华之人太多了,能做到超然物外的很少。人类的贪欲无穷无尽,这一劣根性决定了人类会一直追逐名利富贵。当名利双收的时候,该如何留住它们,不致于让它们如云烟般飘散呢?老子为我们做出了回答。手拿一个杯子往里加水,如果水满的时候,我们还不停地往里加,会出现什么结果呢?这是连三岁的小孩都能回答的问题,水满了当然会溢出来。换一个问题:我们拉满弓后继续用劲拉,结果会怎样呢?毫无疑问当然是弦被我们拉断了。这两个问题生动解释了"满招损",这个道理很多人明白,但与我们的实际生活和自身的欲望挂起钩来,恐怕就很少有人能够真正明白了。一把锋利的剑,它又尖又锐,然而锋刃易卷,经过一段时间的磨损,就会被人丢弃,因而老子说越尖锐的东西,越不会长久保存。

一个人在成功的巅峰,往往自负骄傲,在拥有巨大财富的时候,往往难以割舍,因为他会想到的是取得成功和财富道路上经历了千辛万苦。于是一旦拥有,就总想要永远拥有。为了给自己的艰辛索取回报,不少成功者总是创造各种机会炫耀自己,富豪们总是一掷千金,极尽享乐之能事。而那些没有成功的人,则渴望成功,而他们真正渴望的是成功带来的功名利禄。老子一针见血地指出满盈则亏损的道理,月满则亏,日中则昃,水盈则溢。金玉满堂,同样不可长久,富贵骄傲就会招来灾祸。

老子告诉我们:物极必反。太满会溢,太尖利会断,他启示我们要适可而止,进退有度。太露锋芒就会遭人嫉妒和陷害,不如到一定的时候退而隐之,即"功遂身退",绝对不能最大限度地满足自己的欲望。退而隐之并不是形式上的退居深山,而是要不居功自傲,不恃名而骄。这就叫遵循大道。

　　大道就是如此，它滋养万物而不居功，万物接受大道的恩典，不去报答，大道和万物似乎毫无关联，所以它们之间没有怨恨和嫉妒，一切都是自然而然的。人类只有和大道同步才能做到收放自如、进退有度，才能达到失即是得、退即是进的境界。

老子：治大国若烹小鲜

　　史传伊尹原为夏有莘氏家奴，作为庖人，陪嫁到了商汤武王之处，但其心存高远。一次，伊尹借汤询问饭菜之事，说："做菜即不能太咸，也不能太淡，要调好作料才行；治国如同做菜，既不能操之过急，也不能松弛懈怠，只有恰到好处，才能把事情办好。"商汤听了，很受启发，更觉相见恨晚，便重用伊尹为相。后伊尹"以割烹要汤"之术力促汤取得天下，又辅弼商朝五代帝王，使"治大国若烹小鲜"的伊尹，成为五朝贤相。

　　老子作为东周史官，十分了解"治大国若烹小鲜"这个说法，因此他借用这个典故，来谈治国。因此老子的意思是："治理大国就要像伊尹做菜那样，不带有自己的主观要求，照它们各自的基本法则去做。"而所谓基本法则，便是老子所追求的道。

　　由此，老子又接着说，如果万事万物能各行其道于天下，就连那些妖魔鬼怪们都不会再兴风作浪。这就有人会感到疑惑了，老子这里怎么会提到妖魔鬼怪呢？其实老子只是用妖魔鬼怪来做个比喻，就是说不是这些妖魔鬼怪不想兴风作浪，而是因为"万物并育而不相害，道并行而不相悖"，它们的作用并不会伤害到我们。这些妖魔鬼怪不会伤害人类，那些有道的圣人更不会去伤害他人。大家能够互不相伤、和平共处，我们的"德"性就会逐步与道的理念相吻合了。

　　现代社会，我们还可以从这句话背后发现更深刻的社会、经济、政治命题。第一，大国多民，面对芸芸众生，政府要有自知之明，承认自己力有不逮、作用有限。第二，老子讲的一锅"小鲜"，可以是一类鱼，也可以是小杂鱼，形形色色，良莠不齐。如何煎煮呢？最好的办法是不挑、不拣、不分类，一锅煮之。治大国的道理也是如此，面对芸芸众生，政府要有治无类，一视同仁，大而化之，而不能对人群划分左中右以及搞什么阶级或阶层分析。第三，面对泱泱大国、芸芸众生，政府要不断提高执政水平，如做菜般用心体验，吸取了经验教训从而达到一种新的境界。

　　而对于个体的人来说，"治大国若烹小鲜"告诉我们，处理大事要特别小心，不能匆忙大意。但谨慎小心又不要过分，太过分用心，火太大了，就会烧焦。如果完全不管，则火熄了就煮不熟了，这便是"烹"蕴含的道理。

其实我们每人各有不同的人生境界，在遭遇烦恼问题时，很困扰的时候，记住老子这一句话，"治大国如烹小鲜"，冷静地思考，慢慢清理，不怕艰难，终可顺利为之。

老子：清净为天下正

老子作为道家的创始人，最具代表的思想之一便是清静无为，其出处在《道德经》第四十五章中。

老子认为，世上最完美的东西，因物而成，看起来好像有缺憾，但它的作用却永无止境；世上最圆满的东西，因物而有，看起来好像空虚，但它的作用却没有穷尽；最正直的东西，随物而成，看起来好像有弯曲；最灵巧的东西，因自然而成器，不强为造作；最卓越的辩才，因礼而言，仿佛木纳。

老子十分幽默地以辨证的思维告诉我们有缺陷的东西，反而不容易坏。所以宇宙万物，但凡大成功大圆满的，天然都存在着一定的缺陷。老子阐述"舍得"的关系，舍即是得。大盈就是大满，真正的充满，如瀑布一样，不停地从山上流下来，看起来是在不断失去，却又天天盈满流动，这就是"冲"的作用。活的东西是永远在流动的，所以其用无穷。

老子在告诉我们不能强求，要顺应天道自然。为人不可太张扬，应知礼内敛的道理。清静能胜躁动，寒冷能胜暑热。"躁"和"静"，"寒"和"热"是相对的，是阴阳双方且互为转化，运用这一辨证原理去治理国家，具体措施就是"清静"二字。

同时，浮躁产生寒凉，宁静生成温热。大家都知道运动产生热量，静止就会觉得清凉，为什么老子偏要反过来说呢？举个例子：当运动后会出大量的汗，再有一阵小风吹一下，会非常凉爽。可是往往由于这样，使得我们受了风邪，得"伤寒病"，从而损伤了正气；反过来会发现，当哪里不舒服的时候，我们往往希望静止不动，也正由于减少了不必要的活动，使得难受的部位减轻了不适感。这是因为减少了对正气的消耗，促使体内热量积聚，从而对邪气进行了有效抵抗。

人如果很躁虽寒却不会感觉到；心静时虽热也不会在意。由此推之，则天下纷纷纭纭，若用智术以相逐，则愈乱而不可理。唯有以清静处，就会无为而自化，像静之胜热一样。

总之，老子为了凸显最后一句话"清静为天下正"，清心方能寡欲见性，宁静则可循道致远，清静中和乃是天下正道。也可以理解为清是无为之治，静是不言之教。无为之治就可以发扬民主使政治清明，不言之教可以消除狂热、浮躁，使民心安宁、政通人和、人心思定，这才是人间正道。自然万事万物既然如此生长，便是自身所蕴含"道"的外显，我们不能因自身欲望强求它改变什么，顺应它，就是正道了。

也许正是看到了这一点，看到了这乱世中自己的无力，自己只能独善其身，老子在不惑之年毅然离开了朝堂，只给世人留下一个隐逸的背影。

老子：欲先民，必以身后之

老子著书论事喜欢先用小故事或有趣的比喻开头，谈论"欲先民，必以身后之"时，便以江河汇川开篇，说江海之所以能成为百川汇聚的地方，是因为它善于处在最低的地方，所以能成为百川汇合之地。然后联系人事，讲到遵循道的圣人想要成为百姓的领袖，他的言论必须要符合下层民众的心愿；他要领导百姓，必定要把自己的利益放在百姓的利益之后。

因此，圣人居于上位而百姓不会感到有负重，居于前方而百姓不会受到危害。而天下人喜爱善良、智慧、勇敢的像鹰隼那样的执政者，却对"居前""居上"的执政者不满意。老子告诫统治者"欲先民，必以身后之"，要以民为本，才可以得到百姓的拥戴，从而维护统治。

可见人本观念也不是儒墨首倡，老子的心中也是有百姓的。遵循道的领导者不与百姓相争，所以天下没有人能与他争王者之位。圣人不用他自己的主观意志去明审善恶是非，天下就没有比他更清明智慧的人了。罪恶没有比"可欲"更严重的了，灾难没有比"欲得"更可怕的了，祸害没有比"知不足"更令人担忧的了。人要是懂得满足就会满足，这样就是处在本体恒道境界上了。

这犀利的言辞证明了，老子并不是那种谦谦君子，更不是唯唯诺诺的善弱者，而是一个超然物外、高踞云端的革命指导者。他的内心并不厌世，反而是对时事抱有热情的，但一次次被现实打击后，他看到了自己能力的有限。于是向世人娓娓道来如要入世，所应有的态度。希望更有才能的人在完成了使命后，内心的信念也不要变质，更好地造福于百姓，使天下保持长久的安定。

老子：顺势而为是"曲"智慧

顺势是在老子思想中的最大的智慧。老子是被后人称为圣贤的人物之一，追溯到汉代，老子的思想就已经入主到管理领域。而且特别需要我们注意的是，中国历代有成就的帝王毕生追求的治国方略，都有一个共同的特点：内用黄老，外饰儒术，重用法家。所以，说老子对于中国古代统治的贡献无人能及毫不为过。

顺势而为作为老子最大的智慧，可以从《道德经》中体现出来。顺着历史的隧道回望，在老子西出函谷关之时，他被"关令尹喜"拦下，"关令尹喜"请老子为他做书，《道德经》才得以产生。那我们不禁要问，老子究竟为什么要西出函谷关呢？这个问题在现在看来已经不难理解，当时的老子感觉到当时的周朝已经岌岌可危，他为了避祸才飘然西去。在《道德经》中所说的话是老子不能说出口的话。也就是说，其实老子那时候就已经很清楚，他的治国思想根本没有用武之地，要不然也不会选择归隐。讲到这里我们可以明白一点，老子的实践行为不就是"顺势而为"吗！这个势是整个人类社会发展的大势，是没办法逆转的未来前景。我们再看老子之后，没过几年，就从春秋走入到了混乱不堪的战国。历史的发展似乎也在无形中印证着老子的观点，不是吗？

有句古语叫作"国有国势、家有家势"。小到企业，大到国家，它们的发展都有他们的"势"的存在。所以，无论你是一个企业家，还是一个管理者，都应该学习老子的"顺势而为"的思想。

再看《道德经》，在这本书里面的"无为而治"思想，"顺势"也是它最重要的前提。只有顺势，才可"无为"。也正因为这样，任何一个聪明的管理者在进行决策之前首先要做的就是"造势"。

接下来我们就要谈一谈"势"。诚然，有些势可以由我们制造。但另一些存在于大自然中的大势却是由不得我们的。那是历史发展的必然，我们的力量根本没有办法与之抗衡。对于这种势，我们除了顺其自然别无选择。就像老子的归隐，就是一种顺势的智慧，因为当时的社会发展并不是靠人类就可以逆转的。

仔细研究历史，我们不难发现，每当朝代更迭之时，在新帝王身边总会有一些"道家"人物出现，比如汉代的张良、陈平，以及后世的刘伯温、周颠等等。这便体现了道家人物的聪明，他们都是顺势而来的。

那么，作为企业领导者，我们必须把握的势有哪些呢？首先要注意的肯定是社会发展大势；其次是行业发展大势；最后一定是自身企业的发展大势。

顺势，不仅是老子思想的最大智慧，同样也是作为现代领导者和管理者最需要具备的最大智慧。

老子：善利万物而不争

在这自然界中存在着万事万物，老子最欣赏什么呢？当然是以水为最。在他的观念里水德最接近道。水是什么样子的呢？老子说，水善利万物而不争，即水给万物带来好处却不求回报。老子把理想中的管理者称为"圣人"，也即道的体现者。他认为崇高的德行应像水一样："上善若水，水善利万物而不争，处众人之所恶，故几于道。居善地，心善渊，与善仁，言善信，正善治，事善能，动善时。夫唯不争，故无尤。"他尝试用水的品格为我们树立一个榜样:水万分柔弱,它给万物带来舒适温暖却丝毫不争。老子说的"不争",就是不争利、不争名、不争功。

东汉光武帝刘秀手下的名将冯异就很具有这种不争的特性。冯异跟随刘秀起兵,以治军有方出名。每当战斗后为战士们评功论赏的时候,各位将军都为争功争得面红耳赤。只有冯异每次都单独坐在旁边树下,任凭光武帝评定。所以大家都叫他"大树将军"。冯异直到去世,从来都没有居功自傲,并且一生为王室尽忠。诚然,他也深得刘秀的信任,最终得到了善终。

用老子的话说,不争所产生的理想效果,就是"以其不争,故天下莫能与之争"。需要特别注意的是,老子提倡我们效仿水的"不争",并不是教我们事事无所作为,而是让我们用无为的心来做有为的事,也就是无为而无不为。那么,具体的准则是什么呢?老子通过水的"七善"做过解释:居善地,一个人的行为要像水一样甘居下位;心善渊,心境像水一样深沉安静;与善仁,待人像水一样仁爱友善;言善信,说话像潮水一样准时有信;正善治,从政要像水一样持正平衡;"事善能,做事要像水一样发挥最大效能;动善时,行动要像水一样把握时机。老子讲:"善为士者,不武;善战者,不怒;善胜敌者,不与;善用人者,为之下。是谓不争之德,是谓用人之力。"懂得用人的领导是谦下不争的,他不需要争人们便自觉向他聚拢,主动献策出力,只有这样才可以培育出优秀的团队。

老子:至公乃是至私

老子讲易中的《阴符经》说道:"天之至私,用之至公,禽之制在气。"所以说,至公乃是至私。

这个世界的奥妙就在于,虽然天道最终的目的是为了自己,但是它似乎从来都没有为它自己。细细想来,圣人不也是这样么?圣人虽是"至私"的,但是不为自己着想,终能成其私。他最后满足的是他自己。当圣人需要私的时候反而按相反的方向——"公"去作为。这便是"天之至私,用之至公",是没有分别心的大公无私。

那怎么理解"天之至私"?我们可以试着考虑一下另外一个问题,即人和天之间的关系,然后再来理解这个问题。天对自己的感觉毫不保留。正如"天性在人"所说的那样,它把感觉放在了人身上,因此"人"就是"天人合一"的这个"天"。由此可知,中国道家的"天人合一观"大概也是这样来的吧。因为人身上体现着天的感觉,人的心又在机巧中发展。正因为这样,人的道性越来越弱薄,越来越趋向于"天之至私"的一面。

老子认为,人应该如同天道那样。本身为自己着想无伤大雅,但是如果你要"长生久视"就不要这样。那你应该怎么做呢？你要大公无私，要有天下为公的境界。人性需要用私和公作为评判标准去判断人的行为方式是不是像天道那样反向运动。如果是顺向发展，就会有个性的出现，无限制地发展个性要求和私利就是"至私"。而"至私"最后是不能成其私的。假若连天道都不保留"至私"面，人却逞之，那人之"至私"就必然成为天道的牺牲品。

"天性在人"，人是天的要素之一。人性自私很正常，天道也给了人灵活的思维和觉悟能力，造物把这两方面都给了人。人有什么理由不照着天的样子去做呢？今天的我们明白了这个道理，就要向老子这样的圣人学习达到"圣人不为私终能成其私"的境地。那么，"至公"呢？"至公"就如同老子在《道德经》里说的那样："天地不仁，以万物为刍狗；圣人不仁，以百姓为刍狗。"它强调平等地看待问题。如果我们在日常生活总带有大量的不公的状态和不平的内容，对我们的生存一定会特别不利的。

那么我们可以从现在就开始改变自己的生存观么？改变与否在于自己的心，所以才说修炼以修心为基础。道理很容易就可以明白，但实践却很难做到，所以老子说："圣人常难故无难。"圣人常常考虑这个问题，实践起来却要遇到很多很多的障碍。最起码很多心理障碍就很难闯过去。生活在大千世界，我们要把这些问题都弄清楚，特别是"天之至私，用之至公"这个问题，我们一定要搞明白。之后如果我们可以不畏艰难、不图自利地实践到底，那么天地之长久就是我们的长久。

老子：适可而止，不与强者为敌

老子曾言："适可而止，不与强者为敌。"适可而止，意思是到适当的程度就停下来；不与强者为敌，意为不与比自己强很多的人直面起冲突，以免自身处于危险、尴尬之境地。

善于战胜敌人的人，不会选择与强大的敌人发生正面冲突，因为他会选择凡事做到恰到好处，以免使自己陷入尴尬之处。善于战胜敌人的人，不在于动辄跟敌人争斗，这样便叫作不与人争的"德"，这叫作利用别人的力量，这叫作符合自然的规律，这是古来就有的最高准则。这让笔者想起老子说的另一番话，其大意大概是如此：持执着盈满之杯，不如就此适可而止。锤制尖锐的器物，其势太锐利，终是难以长久。家中即便是金玉满堂，财富终究是无法永远守藏的。太过富贵则会生骄横，反而种下灾祸。这一番话也是揭示了其同样的深刻道理。

若是想做到符合自然规律，功成名就之后，就要做到不居功贪位，知道要适时而退。老子在诗中说到了"盈"即是满溢、过度的意思，持"盈"的结果，将不免于倾覆的祸患，暗示了知进而不知退、善争而不善让的危害，希望人们凡事把握好度，适可而止。老子以生活中一连串实际的例子告诫人们不可满溢，一个人在功名成就后，需要做到不居功贪位，指出急流勇退才是长保之道。

既然我们已然了解了老子所说的"适可而止"，那么再来谈谈"不与强者为敌"。人们一般会下意识地去鄙弃那个弱势的人，尊崇强者。可我们所忽略的是，弱者也是有长处的。比如水乃最为柔弱之物，但柔弱的水却可以穿透坚硬的岩石。水表面上软弱无力，却有任何力量都不能抵挡的力量。这就清楚地说明，老子所说的不与强者为敌的弱者，其软弱、柔弱，并不是通常人们所说的软弱无力的意思。此处，由于水性趋下居卑，因而老子阐扬卑下屈辱的观念，实际上反而能够保持高高在上的地位，具有坚强的力量。这种理论之所以可以得出这种结论，正是老子的"正言若反"辩证法思想的集中表现，其含义十分深刻、丰富。张松曾经说过："在世界上，弱能胜强，柔能制刚的事例是不乏见的。"老子也同样如此认为，水虽然表面上看来是柔弱卑下的，但它能穿山透石，淹田毁舍，任何坚强的东西都阻止不了它、战胜不了它。因此，老子坚信柔弱的东西能胜过刚强的东西。这里，老子所说的柔弱，是柔中带刚、弱中有强，坚韧无比。所以，我们应该加以深入理解，不能停留在字面上。因此，老子认为适可而止，不与强者为敌，便是弱者以退为进的一种解决方式，而非逃兵或者无能力者，其实这是一种更智慧的解决方式。

荀子：君子贫穷而志广

何为君子，古往今来，其断定标准数不胜数，不过有一句话，却是令人印象深刻，那是荀子曾说过的一句话："君子贫穷而志广。"

所谓"君子"，并不是以金钱财产来衡量，而是以其人品乃至志向而断定。即使君子所处贫困之地，其志向也是远大的，其对利益的追求也不是斤斤计较的，他们对于道义的奉行是勇往直前的。

君子由于有远大的志向而克制自己，即使身处潦倒之，却依旧能够遵从自己的本心；即使身处富贵之处，坐拥无数珍宝，并无嚣张跋扈之态；即使生活安逸，无忧无虑，清闲自在，但精神并不松懈懒惰、随意消沉；即使劳累疲乏之极，但容貌依然端庄，不轻易展露任何疲惫、邋遢之态；发怒的时候也不过分地处罚人，或因为自己的怒火迁怒他人，克制自己的怒气；高兴时也不过分地奖赏人。人若在贫穷之时，还能坚持其远大的志向，必定是人人敬爱的君子。贫穷而志广，还会潜移默化的促进其他良好品德的形成。

君子虽然处于贫穷之境遇，但始终持有远大的志向，这是因为他有一种高贵的品质——

尊重仁德；此种人即使得到富贵，处世也始终是谦恭的，这是因为他不依势作威。他深刻地知道，贫穷并不可耻，没志向才叫真的可怕。贫穷而志广的人，就另一种层面而言，其实更具优势，因为贫穷的人比起常人更多了一分坚韧、一分自制和一分自强。贫穷而志广的人，有时候比起常人更容易成功。

荀子：君子役物，小人役于物

所谓"君子役物，小人役于物"，究其字面之意，君子是以自己为主体，而凌超万物，役使万物；而小人恰恰相反，受制于外物，羁绊于俗世。

荀子开始以财务和人这两个具体事务的关系，简单通俗地理清了君子、小人、物三者之间的关系。他曾指出志向美好就能傲视富贵，而不是被财务所奴役，看重道义就能鄙薄王公贵族，而不是阿谀奉承；内心时刻注意省察自己，就觉得外来的财物轻微了。这样我们便容易理解"君子支配外界事物，小人则被外物所支配"。这句话的道理了。

荀子再以身体和内心的关系举例。他说道身体劳累，但内心感到安适的事，就去做它；利益少但自己却是觉得意义重大的事，就去做它。又加以说明，侍奉暴君违背礼仪而显达，不如侍奉穷困的君主而按照礼仪治理国家。紧接着，他又以此推广到，好的农民不会因为遭到水灾、旱灾就不再耕种，好的商人不会因为亏本就不再做买卖，有志向和学问的人不会因为贫穷而怠慢道义。外貌恭敬，内心忠诚，遵循礼义并且性情仁爱的人走遍天下，即使困顿在边远地区，也没有人会不敬重他；面对劳累辛苦的事总是抢先去做，有利可图、享乐的事却能让给别人，诚实守信，谨守法度而又明察事理，这样的人走遍天下，即使困顿在边远地区，也没有人会不信任他。荀子又举出反例为他的言论增加可信度。他说道，外表傲慢固执，内心阴险狡诈，滥用墨翟的学说，并且性情肮脏的人走遍天下，即使显贵四方，也是会有人轻视他的；遇到劳累辛苦的事就逃避，遇到有利可图、得以享乐的事就用花言巧语地谄媚，毫不谦让地迅速抢夺，并且邪僻恶劣又不忠厚，轻贱而不善良，这样的人走遍天下，即使显贵四方，也会被所有人摒弃的。

所以，面对世间万物，若是可以做到不为世俗杂务所奴役，自身便可轻视富贵权力，也可为自己内心守住一方净土，做自己所喜爱之事，更是可以支配外界事物而不做外物的奴隶，如此一来，人人都是没有理由去拒绝做君子的。

荀子：君子善假于物

《劝学》是荀子著名的文章，他在文中写道："君子生非异也，善假于物也。"这是一个非常重要的观点，荀子认为"善假于物"这是一个人事业成功的重要因素。

荀子又说道："假舆马者，非利足也，而致千里；假舟楫者，非能水也，而绝江河。"这说明，君子不是有比别人更厉害的天然能力，而是他们善于借助外物的力量为自己所用。另一位学者孟子，也赞成"善假于物"的观点。他说："离娄之明，公输子之巧，不以规矩，不能成方圆；师旷之聪，不以六律，不能正五音；尧舜之道，不以仁政，不能平治天下。"

古代学者"善假于物"的思想，给了我们颇多启发。即使是千年后的当今，这种方法也同样适用，不仅是中国人，"善假于物"的思想西方人也非常认同。

周易：尚贤尊贤，用其所长

中国有一位具有传奇色彩的皇帝——汉高祖刘邦，他是第一位由平民登上皇位的皇帝。他在中国历史上并不是一位能力超强的皇帝，却依然稳居皇帝宝座，开创汉王朝盛世，对后世产生了不可磨灭的影响，连唐太宗也"言必称汉"，而这其中的原因都是在于他尚贤尊贤，用其所长。

刘邦是一个非常善于吸纳各界人才为自己所用的君王。他豁达开放，以礼待人，所以大部分的文臣武将都十分愿意把自己的胆识才学奉献给他。他曾说过："夫运筹策帷帐之中，决胜于千里之外，吾不如子房。镇国家，抚百姓，给馈饷，不绝粮道，吾不如萧何。连百万之军，战必胜，攻必取，吾不如韩信。此三者，皆人杰也，吾能用之，此吾所以取天下也。项羽有一范增而不能用，此其所以为我擒也。"这些话说明了刘邦善于用人，体现了《周易》中的尚贤尊贤之理。

善于用人、尽其所长，这不是一个简单的事情，它是蕴含着深奥智慧的。单纯的奖赏惩罚制度是远远不够的，能够发现每个人的优点和长处并把它激发出来，科学合理的部署人才更为重要。刘邦是这方面的行家，用尽一切方法招揽人才为己所用。

韩信会带兵，他就把兵放手给韩信；张良有谋略，他将心交于张良；萧何有经营之才，他敢把钱交给萧何管。正是因为他用人不疑，疑人不用，信任他手下的人才，这才将天下良将聚他周围，人尽其用。

中国虽是泱泱大国，最不缺乏的就是人力资源，但在知人用人、发掘人才这方面还做得远远不够。如果想真正向综合超强的大国迈进，还需要在人才管理上狠下功夫。"智者用其谋，愚者用其力，勇者用其威，怯者用其慎。"便是努力的目标，使人才全方位发挥作用。

完全了解一个人是知人的第一步，明了他的优点和缺点。通过认真的考察，把每个人都安排到最适合他的一方天地去，让他们发挥其才能，施展一番拳脚。

周易：变则通，通则达观天下

变则通，通则达观天下的观点是为人们所熟知的，这句话的原文是这样的："穷则思变，变则通，通则达"，出自于《周易》。意思是说，做事要思变，做人要懂得变通。

李白的才华令人叹服，他少年时期就展现出非凡的能力，想将自己的才学用于仕途，用一腔热血报效国家。但是无奈帝王并不赏识，同僚中也无人与之心有默契，反而反对他，这一切都让李白黯然失意，使其忠君爱国的从政之路幻灭。李白痛苦万分，濒临崩溃，但幸好，他及时看透一切，走上另一条道路。饱读诗书的李白定懂得《周易》的智慧，从此纵情山水，诗酒为伴，终成一代"诗仙"。这就是变则通，通则达。

《周易》中这句话的意思是，大千世界，有成千上万条道路，这条路封死了，那就变通，另辟蹊径，学着改变方向，生活也许会被更加灿烂的阳光照射，从而走上另一条成功道路。

当然，变通精神要适合自己所擅长的领域以及社会大环境。弃医从文，用手中的笔作为战斗工具的鲁迅先生，就是看到社会的需要才转变的角色，在乱世中坚持真理不懈追求，终成文豪大家。中国革命经过无数次思变和浴血奋斗，在中国共产党的领导下，最终使饱受苦难的中国走上光明之路。穷则思变，变则通，通则达，《周易》精神无处不在。

NO.6 国学中的经商秘诀：天时生财，地利盈仓

南怀瑾：仁者以财发身，不仁者以身发财

南怀瑾说："财富是德业之基。"正如他在《孟子旁通》中论述经济、文化与道德之间的关系时所言："礼节、仁义这些德性，是以安定的生活与财富为基础的。一个君子富有了，就更乐于行善积德；而普通的人有了财富，也就安守本分，不会作奸犯科。"正所谓"仓廪实而知礼节，衣食足而知荣辱"。

一个人在食不果腹、衣不蔽体时，很难让他去舍己为人、无私地去帮助他人，如果一个人将要饿死、冻死，还跟他讲论道德情操、仁义礼智信，恐怕也是没有用的。因此，只有让他吃饱穿暖，解决了生计问题，道对他的德教化才有意义，才能指望他拥有高尚的情操。

这样的道理朴实而又深刻。社会的发展就暗含了这样的道理，我们的社会发展，首先要保证的不是人民的思想教育，而是生存能力、生活保障。没有经济财富的支撑，精神文明建设就如同是无根之木、无源之水，是长久不了的。经济、文化与道德之间的关系是相辅相成的。

喜欢钱财并不是坏事，钱财是发展的基础，如果缺少了钱财，那么就无法振兴经济、富裕百姓，无法组织军队、卫国强邦。

《史记》的作者司马迁对经济有着很深的认识。在人们都在看轻货利的时候，他却把货利当作一件重要的事。在他的眼中，姜太公、范蠡和孔门子贡都可以被看作是经济专家。在《史记》中，他明确地指出了商业发展的重要性，司马迁把齐桓公和管仲作为事例，来阐述政治、经济和文化三者不可分离的关系，并且重点表明了经济对其他两者的重要性，他引用"仓廪实而知礼节，衣食足而知荣辱"来论述经济与个人品德的关系。有了坚实的经济基础，才有机会去发展更高层次的道德文化。满足了正常生活才会安分守己，才会追求品行上的完美。

南怀瑾先生看来，每个人的追求不同，安身立命的价值也不同，但无论是求喜乐、求功名、求财富、求子孙，说到底都跟一个"利"字有关，也就是经济问题，这是每个人生存的基础。但同时，世人也有陶渊明那样不为五斗米折腰的高洁品质，那是一种对精神文化的追求。此外，有的人也会经历孟子所说的"舍生而取义""取义而忘利"的时刻，这是对无上道德的追求。

仁者以财发身，不仁者以身发财，因此，对于每一个人来说，生命中的经济、文化与道德，三者不可分割，我们不能做唯利是图、见利忘义的人，也不能一味地清高、远离人群，不

食人间烟火。就像南怀瑾先生所说，拥有财富并不是错误和罪过，一个有钱的富豪同样可以成为高洁之人，成为道德高尚的慈善家，经济、文化和道德，本来就可以相辅相成，一点也不矛盾。

南怀瑾：水至清则无鱼

老子曾高声质问："唯唯诺诺与慷慨直言有多大区别？美好与丑恶又有什么不同？"老子认为，人人都畏惧令人惊恐的事情，自古以来就已经是定数，从来也不可能停止。人们每天熙熙攘攘，一副兴高采烈的样子，好像去参加盛大的宴会一样，对任何东西都充满好奇。而真正的得道者却淡然冷漠、无动于衷，混混沌沌如同刚出世的婴孩，又十分懒散，好像没有归宿的浪子。

所谓"水至清则无鱼，人至察则无徒"，人们拥有太多的东西，就会身心俱疲，而得道者什么也没有，只想拥有一颗"愚钝"的心。他在众人高声炫耀时昏昏沉沉，在众人严厉苛刻时宽宏朴实，既可像大海波涛汹涌，又能像云朵漂泊无依。这世上人人聪明睿智，唯独得道者愚昧笨拙。

南怀瑾先生在强调人要认清一个观念，就是什么叫"清"，什么叫"浊"。佛学在《阿弥陀经》上有"五浊恶世"之说。因此，我们也常描写这个世界为"浊世"，而形容一个年轻人很英俊潇洒，就说他是"翩翩浊世之佳公子也"。

那么处于浊世，我们应当"自清"。出淤泥而不染是自清，遗世独立是自清，众人皆醉我独醒是自清，做到洁身自好，在乱世中保持良知，不找借口去做错事，就是自清。

孟子说，伯夷当隐士，人品极其清高，他严格地选择领导，连周武王都看不上。他认为不是理想的领导，就不替他做事；不够朋友的人，不和他做朋友；朝廷里有坏人当政的话，他就不到这朝廷中去。即使纣王是他的本家，但因为是坏人，他就走开了。他也不愿意和坏人说话，如果让他站在坏人当政的朝廷上，或者和恶人说话，他就感到难过万分，好像自己穿了礼服坐在烂泥坑里或煤渣堆上一样，觉得别扭难过。他对是非善恶分得太清楚。

但是我们要知道，水至清则无鱼，人太清则无福，是非善恶分得太清楚了，就没有福报。是非看清楚之后，必须能包容，如果变得愤世嫉俗，这也算是一种毛病。

南怀瑾先生在《楞严经》讲座中提到："贵不是富啊，什么叫贵？清贵，人很清贵。贵多半属于清贵，清的才贵。过去在历史上，算命看相说某某人这个相很清贵，清贵是位至三公，没有实权的，穷一辈子，很贵，很清高。所以关于富贵，中国文化自古以来有一句话叫清贵浊富。"

南怀瑾：以诚为先，大道至简

南怀瑾曾说："一切本来就是如此，一切法便是一切法的理由，更没有什么其他原因不原因的，这样就叫'法尔如是'。从'法尔如是'来看道法自然，最清楚不过了。"老子讲："有物混成，先天地生。寂兮！寥兮！独立而不改，周行而不始。可以为天下母，吾不知其名，字之曰道。"其中的"道"看不见也摸不着，它超越一切万有之外，悄然自立，不动声色，不因自然的变化而变化，不因世界的生灭而生灭。总结一下不难得出，其实他们要说的不外乎就是"大道至简"这个道理了。

所谓"道法自然"，就是自自然然即谓之道，若不如此，便不是道了。普通的人，照修炼的人来看，都是凡夫俗子。然而凡夫俗子只要能做到在日常生活中，一切听从自然，便不离道了。

有这样一个故事。一个农民从洪水中救起了他的妻子，他的孩子却被淹死了。事后，人们议论纷纷。有人说他做得对，因为孩子可以再生一个，妻子却不能死而复活。有人说他做错了，因为妻子可以另娶一个，孩子却没法死而复活。哲学家听说了这个故事，也感到疑惑不解，他就去问农民。农民告诉他，他救人时什么也没想。洪水袭来，妻子在他身边，他抓起妻子就往山坡游。待返回时，孩子已被洪水冲走了。

自然是一种最睿智的生活方式，这个农民如果进行一番抉择的话，事情的结果会是怎样呢？洪水袭来，妻子和孩子被卷进旋涡，片刻之间就会失去性命，哪有时间进行抉择？这与南怀瑾先生的看法是一致的，道法自然的意思应该是道本来就如此，正如佛家的名词"法尔如是"，说明诸法本身就是这个样子。你为什么这样选择呢？一切本来如此，一切法便是一切法的理由。

人心随着年龄、阅历的增长而越来越复杂，但生活其实十分简单。保持自然的生活方式，不因外在的影响而痛苦，便会懂得生命简单的快乐。人生当中，许多时候，我们并没有机会和时间进行抉择。人生的抉择是最困难的，也是最简单的，困难在于你总是把抉择当作了抉择，简单在于你不去考虑抉择问题，遵循生命自然的方式，答案自会浮现。

很多时候，我们四处寻找解脱的途径，殊不知，并没有谁捆住你的手脚，真正难以摆脱的是困于心中的那个瓶颈。我们需要做的，不是向外寻找解脱之"道"，而是向内打破自己心中的瓶颈，清除内在的污浊，就可以看到一片蔚蓝的天空。

"人生天地之间，若白驹过隙，忽然而已。"人的一生不过是数十载罢了，无论是几经沉浮，或是几番激荡，总归是要有收帆归航的时候，总有那么一天，人要除却周身尘埃，去独享安乐之时。所以，不要刻意追求什么，不要向生命索取什么，不要给自己设置障碍，简单而自然，那么我们本性中的道，就会引导我们走向幸福的生命殿堂。

南怀瑾：举而措之天下之民，谓之事业

南怀瑾曾说："真正成功的事业，没有不经过困难来的。"一言以蔽之，说的即是"举而措之天下之民，谓之事业"的意思。一个人，在自己的一生里所做的对人类世界有功劳、对家人有利益的事情就可以被称为事业，同时，这也是一个人人生的价值。

依南怀瑾先生所言，找个工作赚钱吃饭不叫事业，譬如说，上到皇帝，下到乞丐都不是事业，而是职业，真正称得上事业的，古往今来没有几个。所以孔子赞叹大业，其中赞叹的就是指尧、舜、禹、汤、文、武等人的事业，他们的事业是自己创下来的、拼下来的，这才叫事业。

南怀瑾先生在《易经杂说》中讲，创业就好比是一种事物的新生，刚柔相交产生矛盾，矛盾产生新的事物，矛盾推动新的事物发展。刚柔始交而难生，创业者必须有开拓者的精神，做好迎接种种困难、克服艰难险阻的准备。创业并不是一件简单的事，它需要各种能力的发挥。我们都希望创业成功，品尝到最后成熟的甜美果实，但是想要摘取果实必须得忍受辛劳与痛苦。

南怀瑾先生认为，刚柔始交，就像一对男女谈恋爱，在开始交往的时候，中间有很多的困难，也好像经营一份事业，交一个朋友，都会遇到一些问题。透过"刚柔始交而难生"这句话，可以了解很多做人做事的道理，让我们明白，一件好事的产生，并不那么简单。一个好局面的形成，更不容易，不知道要经过多少艰难困苦。

事业是永远的，在南怀瑾先生看来："有志气的人，要想建大功、立大业的人，就要讲事业，而这个事业一定要对天下国家有所贡献。因此人生有两种事业：一种是当世现身的事业，那很有限。活着时人家不知道名字，一死了以后，也就人死灯灭，不要多久，人家已经淡忘了。像释迦牟尼、耶稣、孔子，在地球没有毁灭以前，他们的大名就永远存在，永远活在人们的心中，因为他们对人类有了贡献，这样才叫千秋大业，是另一种事业。"

故而，要能"举而措之天下之民"的，才可以算做事业。所谓"措"，是指安定，举措之间能使国家社会都安定了，这就叫事业。所谓一个事业，就是这件事情做了，起码影响五十年、一百年，乃至千秋万世，真正的事业是为人类社会生存而做的。

南怀瑾：见其所见，不见其所不见

《易经》屯卦第一爻讲："初九，磐桓，利居贞，利建侯。象曰：虽磐桓，志行正也，以贵下贱，大得民也。"南怀瑾先生在《易经杂说》中以屯卦第一爻讲对于时机的把握，磐是大石头，桓是草木的意思，这个现象是说一块大石头压在土地上，那么土地就不能利用了，但土地上的草木怎么办呢？草木有生发之根，虽有那么多大石头压在上面，可是这个要生发的根，是压不住的，终要破土而出。

这个道理告诉我们要生出根来，站稳脚跟，得积蓄力量，厚积薄发，见其所见，不见其所不见，在外界种种艰难险阻的困扰下先立足，不要动摇，只有这个根立稳了，才有更进一步的可能与机会，接下来便是待机而动，一飞冲天。

所谓的"见"，即是见其时机，而时机就如同是这有朝一日的春雷，潜龙在渊，必须蛰伏暗蓄力量，在现代社会中就是预想要什么结果，必须做好完全准备，静待最佳时机的到来。南怀瑾先生在《易经杂说》中提及把握时机，不可轻举妄动，一旦准确抓住了时机，就会一击必胜。同时，时机并不是想要便有的，可能需要漫长的等待。

若问《三国演义》中最受欢迎的人物，绝大多数人都会想到诸葛亮。而诸葛亮就是一个懂得把握时机的人。起初，他在南阳隐居，亲身耕种，只是一介乡间草民的身份。但他博览群书，上能知天文，下能晓地理，日日躬耕不辍，读书不息，积蓄了经天纬地的才华、治国安邦的能力，自比管仲乐毅，号称"卧龙"，可谓是天下的大才。同时，他仰观政治风云，通晓天下之形势，又结交了很多南阳名士，这一切都是在积蓄力量，为走出隆中做了充分的准备。

等他在南阳站稳了脚跟，虽然立足于偏僻的茅庐，却也已经盛誉满天下。当时有一些人请他出山做军师，但都被诸葛亮拒绝了。他虽然胸有韬略，能运筹帷幄，却一直不出仕，是因为在等待一个最合适的时机到来。

后来一代明主刘备三顾茅庐，诸葛亮充分发挥了自己的才华，表达了对时局的真知灼见，使刘备连连感叹："孤之有孔明，犹鱼之有水也！"随后，诸葛亮离开隐居之地，大才横空出世，推动了三国鼎立之势，辅佐刘备建立了一个王朝。这期间火烧博望坡、新野之战、赤壁之战，更令诸葛亮名声天下，连东吴英才周瑜都要感慨：既生瑜何生亮！

南怀瑾先生对此有这样的看法，草木的根芽发出来是好事情，可是需要时间，也需要等待，不可急躁，不能动歪脑筋，不能走邪路，要见其所见，不见其所不见。事业也好，生活也好，都讲求一个稳，合抱之木生于毫末，九层之台起于累土，凡事都讲求根基。要生发的根，是永远也压不住的，最终会磐桓出来。

南怀瑾：赚钱花钱皆学问

谈及财富，南怀瑾先生说："你一生再多的钱，只有临时支配的使用权，并不是你的所有，而且只有你用到、真用得对的，才是有效的，否则都不是。"故而，他提出了一种思想，即赚钱花钱都是一门高深值得研究的学问。

南怀瑾先生认为："世界上所有的财富银钱，在哲学的道理上来讲，是'非你之所有，只属你所用'而已。"我们来到这个世界的时候，两手空空，身无一物，最后我们离开这个世界的时候，还是两手空空地走，很多东西，都是生不带来死不带去的。

释迦牟尼佛曾经讲了这样的一个原理，他说："对于钱财，你只有五分之一的临时支配权，有五分之四不属于你的，无论财富多少，你对它的支配权都是一样的。"分成的五份中，第一份要给政府，第二份要给盗贼，即是那些骗你、抢你的、偷你钱的人，第三份则属于你的疾病，而第四份是给你的家人、兄弟、朋友的，除去这些，你只剩下一份。然而就是这一份，也并非你的所有物，它只是你可以支配使用的资产而已。南怀瑾先生认为，人的欲望遏止不了，对于金钱的欲望更甚，所以我们一定要学习掌控它、疏导它，将欲望控制在一定的合理范围之内，并且让它不断的产生价值，这样，才能发挥金钱的真正作用。

南怀瑾先生说："我的经济原则是今天赚了一百万用掉了，才算赚钱。我看你们钱很多，一毛钱都舍不得花，那你比没有钱的人还可怜，买黄金放在家里怕被偷，放银行，利息降低怎么办？一天到晚在那里发愁。赚了钱，但是你用钱的本事有没有？花钱要有意义才行，这个要本事啊！撒手千金，要撒得有意义。"所以说，在他看来，一个人既要学会赚钱，也要学会用钱。比如说，今天赚了一万块钱，在你把它放到口袋里的时候，它还不算钱，因为在这个阶段，这些钱可能会被小偷扒走，也可能会在某个场合被你不慎掉落，从这意义来看，这些钱就不是你的钱。只有当这一万元用完了，才可以说赚了一万块钱，因为赚钱要有使用的价值。

"赚钱难，聚财难，但是用钱更难，散财更不易。"谈及赚钱与花钱，南怀瑾先生是这样总结的，只有能够赚钱聚财，又能够善于用钱和散财的人，才可以说是人中豪杰。当然，所谓的花钱也不是让你乱散钱财，钱要花在有用的地方，要花出它的价值。

南怀瑾：胸怀天下，实干先行

南怀瑾先生讲《易经杂说》，说《易经》有三个重要的大原则，分别为变易、简易和不易，其中排第一位的就是变易。变易就是变通的智慧，他说："《易经》的智慧广博渊深，变通实在是我们应该时刻谨记的道理。"

日常生活中，我们常会与周围的人有这样或那样的矛盾，有时因为一件微不足道的小事而恶语相加，甚至是大打出手。矛盾的产生往往难以预料，原因也通常很可笑，而结局总是令人痛苦。我们怎么避免与人冲突呢？那就是把对手变为朋友，化敌为友，退一步海阔天空，胸怀天下，务实实干。

南怀瑾先生说，世界上的事，世界上的人，乃至宇宙万物，没有一样东西是不变的，就算敌人也可以成为朋友，时刻谨记宽容变通，海纳百川，有容乃大。一切的人和事都是不断在变化的，我们不能固执地看待问题，以前对自己有利的，以后或许是有害的，以前是自己的敌人，以后或许成为朋友。成大事的人必然要懂得包容人的道理，一个朋友一条路，一个敌人一片堵，化敌为友就是要将"堵"变成"路"，使未来的生活道路畅通无阻，这就是所谓的胸怀天下，实干为先，若是做到了这些，难道还怕大事不成？

《易经》中的智慧引导人们学会适应变易，这些道理看似简单，但是付诸行动是非常困难的，这需要我们有广大的胸怀和宽容的心态。我们都知道，心胸狭隘的人，容不得他人，也永远不懂得宽容，只会斤斤计较，大动干戈。不宽容别人的时候，同时也苛待了自己，令自己陷入愤怒和痛苦当中。正如南怀瑾先生所说的那样，生活当中，摩擦和矛盾不可避免，有的时候我们不必看得如此严重，多一些宽容和爱心，生活中就多了温暖。事实上，宽容别人就是释放自己的胸怀，远离嫉妒和纷争，也就远离了痛苦和伤害。

江河湖泊汇入大海，是因为海的心胸足够宽广，所以才世代不绝、长流不息。只有心胸宽广的人，才会包容对手，才能化敌为友。宽容体现一种超凡的人格魅力，包含着一个人的爱心、理解和修养。宽容不是懦弱的退缩和妥协，而是建立在一种强大的自信之上，愿意与对手和谐相处，共生共赢。

胸怀天下，实干为先，这就是《易经》的变易之理对我们的指引。将胸怀放宽一点，眼界放开阔一点，把精力都放在干实事上，要知道干大事者，应当务实，不拘小节。

孔子：知己知彼，而后决策

子曰："不患人之不己知，患不知人也。"他的意思即是说，不要怕别人不了解你，而是要担心你不了解别人，正所谓知己知彼，才能做出理智的正确的决策，实现百战不殆的常胜目标。

在《论语·为政》中，孔子评价管仲时说道："视其所以，观其所由，察其所安。人焉廋哉？人焉廋哉？"由此可见，孔子看人往往都是从全方位去看，在对一个人做出综合评价之前，他首先会详细地考察这个人的各方面情况，所以说，他不仅能看到一个人的不足，同样也能看到一个人的长处，不会把人一棍子打死，也不会一味地吹捧某一个人。所以，孔子对一个人的评价往往都是很恰当的，正如他所说的那样，在与人交往时，一定要对这个人用最恰当的方式，做出最正当的评价，正所谓知人深透，只有达到知己知彼的境界，而后再考虑一切决策，这样才会有致胜的把握。

故而，孔子在知人论世方面的能力是被世人认可的，他不仅眼界开阔而且眼光甚高，看问题也从来都不拘泥于一家一姓，而是从大局的利益去考察和分析问题。这一点，从他对管仲的评价上就能看出，说道管仲的不节俭、不知礼时，孔子曾经十分不满地说了一句："管仲之器小哉！"其中批评的分量是很重的。但是当子路因管仲没有为公子纠死，反而跟在公子小白身边为相而说管仲不仁时，孔子却极力为管仲辩解，在他看来，管仲有仁的一面，因为"管仲相桓公，霸诸侯，一匡天下，民到于今受其赐。微管仲，吾其被发左衽矣！岂若匹夫匹妇之为谅也，自经于沟渎莫之知也"。可见，孔子对于管仲的评价是客观而又全面的，其中既有批评，又有赞美，按照孔子自己的意思来说是这样的，一个人不仅要知道自己的优点和缺点，也要洞悉他人的优点和缺点，只有做到这一点才算真正做到了知己知彼。

不仅如此，对于自己的学生，孔子也能够对他们做出正确的评价。颜渊可以算得上是孔子的得意门生了，但是孔子在褒奖他的同时不忘指出他的缺点，针对颜渊缺乏怀疑态度的缺点，孔子就可以毫无偏颇地说："回也非助我者也，于吾言无所不悦。"从这两个方面可以明显的看出孔子的性格特点，他看待任何一个人的眼光都是深刻的，从来都不会因为自己欣赏去袒护某一个人，也不会因为自己的偏见而轻视某一个人。也正是基于这样一个知彼知己、谦虚谨慎、不骄不傲的基础，所以孔子才能在了解一个人的基础上，一方面去帮助别人变得更好，另一方面也让自己变得更好。

所谓"知己知彼，百战不殆"，要想战胜一个人就得清楚这个人所有的优点缺点，尺有所短寸有所长，这个世界上没有十全十美的人，只要是人都毫无例外地会有缺陷，要想做出成功的决策就得做到知己知彼。

孔子：人无远虑，必有近忧

《论语·卫灵公》有言："人无远虑，必有近忧。"这句话的意思大概是说一个人要是没有深谋远虑，就会马上面临忧患。也就是说，如果一个人对未来没有任何考虑，那么他必定会遇到不可预测的忧虑；对未来没有任何忧患，那么他必定会在当下就遇到重重困难。无准备之仗，不打已败。一个拥有远大志向的人，必然是有先见之明的人。虽然说人们始终无法估量和预测未来发生的事情，但是如果可以做到积极防范，以绝后患却是很有必要的。正所谓虑事不远，必有忧患，所以说对于事物的发展一定要有深谋远虑，消灾于事前，防祸于未然。

在《论语·阳货第十七》中就有这样的记载："子曰：饱食终日，无所用心，难矣哉！不有博弈者乎，为之犹贤乎已。"孔子用博弈来做比喻，表面上说的是下棋的技巧，下棋尚且需要花费心思，走一步想三步，更何况做其他的事情？在这里，孔子痛批的是那些懒散的人，这些人只求饱食终日，从来都无所用心，一天到晚只知道吃饱穿暖，不干一丝一毫的实事，这样的人生又有什么意义？正所谓"饱暖思淫欲"，一个人如果没有追求和志向，时间久了难免不会走上作奸犯科的道路，而这个人一旦达到恶贯满盈的境界，就算有好心人想要帮助他，最终也怕是会有心无力。

孔子告诫世人要有忧患意识，要知道未雨绸缪，从而尽量避免祸患的发生。在这里，孔子所说的"忧"不仅指的是个人的担忧，更指向于对他人、对国家的担忧，所谓"乐以天下，忧以天下""先天下之忧而忧，后天下之乐而乐"，说的就是这个意思。所以严格意义上来说，孔子的"忧"基本上指向的都不是物质方面，而是归于精神层面。对此他曾将未发生的事情总结为三个步骤："知机，见机，防微杜渐"。

孟子曰："时衰道微，邪说暴行有作，臣弑君其者有之，子弑其父者有之，孔子惧，作春秋。"孔子之所以因担忧而作《春秋》，是因为他以长远的目光看到了大义与大道对于天下的重要性，故而因"道之不行"而"忧"天下之治，由此可见，孔子的忧主要侧重于道，"人无远虑，必有近忧"，孔子的言论开启了人们忧患意识，在军事、做人、做事、国家发展、个人发展上都给予了警示作用。

孔子：小胜凭智，大赢靠德

"小胜靠智，大胜靠德"出自《世说新语·笺疏》中："德成智出，业广惟勤，小胜靠智，大胜靠德"一句，意思是说：一个人的成功固然要靠聪明才智，但更重要、更根本的是靠优秀的品德。据史书记载，孔子曾任中都宰大约一年，在任职期间推行德政，行之一年，管辖之内"长幼异食，强弱异任，男女别途，路无拾遗，器不雕伪"，一年以后，他升迁为司空、大司寇。孔子之所以能够取得如此杰出的成就，这与他以德治世的思想观点是分不开的，正所谓只有德行者才能够做到仁者无敌，说的就是孔子这一类人。

季康子曾经问政于孔子，他向孔子请教领导国家走上正道的方法，孔子答曰："政者，正也。子帅以正，孰敢不正？"这句话的意思是说只要你作为领导人能够做到"正己"，那么下面的风气就自然而然的正了。他认为领导人本身的端正，是一个良好社会的开端，所以不用严厉的法令，社会风气自然会随之转化而归于端正的。如果领导人本身的修养不够，仅靠下达命令要求别人执行，是没有用的。领导者所管理的是人，只有自己成为真正的人的时候，对人性的理解才会把握的更全面，才能把别人领导好。"小胜凭智，大赢靠德"，孔子所强调的正是"德"这一个至关重要的字，而强调"德"的目的就在于"正己、正身"，从而达到"正人"。

《吕氏春秋》说："处大官者，不欲小察。"意思是说官做得越大，越不会计较小事；人的道德修养越高，也越懂得宽容待人，那么愿意为他做事的人也就越多。所以作为一个领导者，要有一颗宽厚仁爱之心，尽可能的原谅下属的过失，能原谅下属的一些小的过失，就是对下属人性的一种把握，也是一个成功的领导者制造向心效应的一种有效的方法。领导处在核心位置，自然就成为众人关注和模仿的对象。一个严格自律、品德高尚的领导者具有强大的人格魅力，这种强大的人格魅力会让周围的人如众星捧月一般地围绕着他，那么他很轻松的就可以率领自己的员工完成目标了。

孔子曾说过："以德治国，譬如星辰，居其所而众星共之。"后世赞同、效仿孔子德政主张的大有人在，也都取得了很大的成效，都能实现国家的长治久安，由此可见，为政以德，才是大赢。

老子：少则得，多则惑

老子曾说："夫唯不争，故天下莫能与之争。淡然洒脱，清心寡欲，方得人生真谛。少则得，是真得，是用专注收获清静，多则惑，是迷惑，是为贪欲所迷，为执着所惑。"由此可见，当世人对于某种事物充满渴求之欲时，如果少取便会倍加珍惜，但是一旦因为欲望膨胀而贪多，便会堕入迷惑。少则得，多则惑，这样看来，把握得失关键在度。

诱惑有的时候十分致命。在这个世界上，一些人总是觉得自己手中拥有得太少，看到别人拥有一些东西而自己没有，于是会羡慕、会渴望，甚至因此而嫉妒发疯。有的人铤而走险，有的人不择手段，费尽心思想得到这些东西，这对他们来说不一定是福气，反而是灾祸的开端。

有一个匪徒在山里抢劫一个珠宝商人，商人立刻逃到一个山洞里躲避，匪徒也跟了进去，在山洞深处抓住了商人，抢走了他的珠宝和手电。山洞里十分黑暗，没有一丝光亮，匪徒庆幸抢了手电，于是照着亮光去找出口，但是走错了方向，越走越深，最后饿死在山洞里。商人没有光亮，只好摸黑去找洞口，每当发现前方更黑的时候，就换一个方向，终于被他捕捉到一抹非常细微的光亮，顺着那丝光亮往外走，最终逃离了山洞。

我们总想要得到更多，不愿意失去，但却不知道，有时候失去会让我们有更好的结局。因此，面对诱惑我们要考虑清楚，是否有能力拥有，是否应该拥有，应该怎样拥有，拥有之后要承担什么样的后果。总而言之，面对花花世界的诱惑，孰轻孰重，三思而后行。

老子认为："物壮则老，是谓不道，不道早已。"当事情发展壮大达到满盈的程度时，就必然会逐渐走向衰老死亡。正所谓"多言数穷，不如守中"，话说多了，往往会使自己陷入困境，倒不如保持沉默，把话留在心里。

老子的本意是想借此告诫世人，对世间万物，不要过多改变，过多贪奢，以无为之法处之，顺应自然，少求惜求，才能真正得道、顿悟。

老子：和则两利，斗则两败

老子说："天下熙熙，皆为利来；天下攘攘，皆为利往。"名与利是人心欲望的外在彰显，世上很少有人能跳出名利权势的圈子。而《老子·五十八章》中也曾经提到过："祸兮福之所倚，福兮祸之所伏。"既然祸与福是互相依存共生能够转化的，那么就不难得出世事变化无常的道理。正所谓福祸对立，淡然处之则为和，"和则两利，斗则两败"，只有把二者合而看之，才能从中受益,故而老子强调即使是处于对立的两面,只要能从无为出发,便能寻求共合。

"莫言名与利,名利是身仇。"唐代大诗人杜牧的两句诗看似直白,其实蕴含了多么深刻的道理,名利不过如清晨露水,山间云雾,极易逝。它看似华丽璀璨,却随时能够化作尖利的匕首伤及自身。一个人善欲而争,那是一种坚定的信念,而一个人为贪婪的恶欲而争,只会是自寻烦恼。人若没有健康的心态,只一味的追名逐利,称霸天下,那又能有什么欢乐呢?

有一个和尚来到佛祖面前,手里拿了两个花瓶。佛祖说:"放下。"和尚放下左手的花瓶。佛祖又说:"放下。"和尚放下右手的花瓶。佛祖还是说:"放下。"和尚很奇怪,问道:"我手中没有东西,两手空空的,你让我放下什么呢?"佛祖说:"我要你放下六根虚尘,六识之欲,把这些统统放下,做到真正的空,就能从红尘生死的桎梏中完全解脱。"和尚此时才明白佛祖让他"放下"的道理。舍得放下私欲,是一种可以看破生死的大智慧,可以使人真正做到不受私欲操控。

老子认为:"道生一,一生二,二生三,三生万物。"在他看来,道是先于天地万物的一个亘古不变、自然而生的宇宙真理。"道之为物,唯恍唯惚。惚兮恍兮!其中有象;恍兮惚兮!其中有物;窈兮冥兮!其中有精;其精甚真,其中有信。"这个"道"是浑然天成的,是天然的,道中万物求生必合,求存必合,如若相斗,必败必伤。

"天人一同,万物和谐,利生。"老子将个人与社会与天地宇宙都置于"道法自然"的系统中,把有限的人生、社会、人类放到无限的时间和空间中来,置放万物于无形,并将此两者有机和谐地统一起来,从而使"和则两立,斗则两败"思想在其中尽显无疑。

人生在世经历劳苦,担负重担,为钱财,为事业,奔忙一生,到生命的最后一刻,似乎也没找到幸福的答案。追逐名利是一场骗局,可悲的是人人都曾陷入骗局当中,被名利愚弄过,倒头来终是一场空。当你不再计较得失名利,身上就又少了一重枷锁,更能自由自在。天高随我飞,地阔任我行,没有什么能够阻挡前行的脚步,不在意名利,才能获得真正的幸福。

老子:宁受损,不失信

《老子》六十三章有言:"夫轻诺必寡信,多易必多难。是以圣人犹难之,故终无难矣。"这句话告诉我们轻易许下诺言的人一定缺少信用。把事情看得很简单,实际做起来时一定会困难重重。前半句话是告诫我们不要轻易向别人许下承诺,而是要看中每一个许下的诺言,一旦许下,就应当信守诺言,为此不惜付出任何代价,哪怕自己利益受损。

诚信是做人最基本的行为准则和最起码的道德修养。诚信,是中华民族的传统美德,是中华民族的民族精髓。待人以诚,待人以信,不但是人的内在品质和精神要求,也应该是社会的规范。

商鞅为求得百姓的信任,在南门搭了一个台子,站在上面对老百姓说:"如果你们当中谁能扛着这块木头穿过那一个城门,我就赏他一百金。"当时老百姓们都议论纷纷,说:"做这么简单的事情就能得到一百金?这位大人一定是在开玩笑的吧?"这时有一个大胆的农民,走上去扛起一块木头,穿过了城门,商鞅果然赏了那位农民一百两黄金。百姓们都说商鞅说话算话,商鞅的信用也随之建立了起来。

"人而无信,不知其可也。"做人当以信为先,讲求信用,说到做到。一个人如果总是失信于人,那么在别人心目中他将毫无信用可言,反而言之,如果他无论何时何地都讲求信用,那么他将得到别人的信任。

据传,在赵国有一名叫赵奢的大臣,他因为遭到奸臣屠岸贾的诬陷,被赵王判为死刑。临死前,他对他的两位门客仵臼和程婴说:"我死后,你们要保住我的儿子,把他培养成人,除掉屠岸贾。"当时赵奢的儿子只有半岁,程婴也有一个半岁的儿子,于是他们就便把赵奢的儿子从宫里偷出来,养在程婴家里。屠岸贾发现孩子不在宫中,就到处搜查,并且下令全国:若查不出来,就把全国一岁以下三个月以上的孩子全部杀光。仵臼和程婴二人于心不忍,就把程婴的儿子藏在仵臼家里,由程婴去"告密",果然在仵臼家里搜出了孩子,结果孩子被摔死了,程婴带着赵奢的儿子隐居在深山十九年。

这个故事不外乎是为了告诉世人,做人就要信守承诺,只要是自己答应的事情,不管多难,都要去做,这也正是老子口中"宁受损,不失信"的表现。

承诺是什么?它不是简单地"许下"就可以表达,因为,它包含着人与人之间的信任。古往今来,信守承诺一直是中国人为人处世的根本,也正因如此,才会有"一言九鼎"这个成语的出现,才会有"一言既出,驷马难追"这个俗语的流传。既然古人们都能做到这点,后人们又怎可以忘却呢?

老子:守柔而不争,伤人于无形

《老子》中有言:"不自见,故明;不自是,故彰;不自伐,故有功;不自矜,故长。夫唯不争,故天下莫能与之争。"其中所说的便是"守柔而不争,伤人于无形"的道理。

这一点在《老子》第八章中也是有所体现的:"上善若水,水善利万物而不生,处众人之所恶,故几于道。居善地,心善渊,与善仁,言善信,政善治,事善能,动善时。夫唯不争,故无尤。"老子在这里又用水来比喻"道",这里的"道"应该"利万物,不争"。而之所以说"上善若水,水利万物而不争",是因为在老子看来,水自是世间最柔之物,它能够做到遇阻则改形貌，使自己游刃有余于万物之间，不论是惊涛一怒，还是波澜不惊，都能溺人于无形，故而没有人能伤不争之水，也正是因为它的不争，才使得天下没有人能够争得过它。

老子在《道德经》中一直在强调两面的相互转换与圆形运动，恰如有无相生、难易相成、福祸相依，争和不争也是可以相互转换的。按照老子的说法，不争的另外一面就是争，没有争就没有不争，两者相辅相生，但又截然不同，很多时候争到极点就是不争，不争到极点就又变成了争。就比如说，如果一个人非常自私，他不管做什么事情都以自私自利为出发点和最终目的，那么就不会有人愿意跟他交往。他看似斤斤计较，想要得到很多东西，可是实际上却只能得到一无所获的结果。但是，如果这个人恰恰相反，他十分无私，不争、不抢、不计较，对朋友们也都关怀备至，那么他的朋友在感受到他的善意之后自然会有所回报，这个人看起来什么都不争不求，可是最终他却什么都可以得到。

在这里，老子想要我们看清的是这样一个道理：在这个世界上，很多人都是为了名与利而活，他们整日里蝇营狗苟、追名逐利。但是如果从哲学的观点去仔细剖析这些问题的话，就很容易发现，这其中存在许多虚假的东西，就比如说名与利，这些东西在人活的时候要受其所累，在人死去的时候又无法带走，所以说，争那么多又有什么用？倒不如不争，这里所说的不争倒不是让你消极避世，而是说做人不要追逐太多虚妄的东西，虚的东西追逐得多了，长此以往，到头来不仅会使人毫无所获，也会连累很多本来就拥有的东西都一并失去。

除此之外，老子所说的"守柔而不争，伤人于无形"，也不是要教会我们如何去伤害他人，他强调的点在于与世无争之人本无所求，无欲无求之人自然也不会受制于人，这里"受制"指的不仅是身体的受制，更是心灵的受制。

老子：师敌之长，取敌之优

《老子》有言："善人者，不善人之师；不善人者，善人之资。"这段话是说善人可以做为恶人们的老师，不善的人也可以作为善人的借鉴。如果把这里老子所讲的善人与不善之人可以互为其师的道理引申开来，便是讲敌人的优点长处也是我们可以学习的，正所谓"师敌之长，取敌之优"。

《老子》中提到的"祸莫大于轻敌，轻敌几丧吾宝"，便是对敌时应遵从的一个原则。只要能够做到不轻敌，凡事谨慎处理，认真对敌，这样就会逐渐培养出优良的品格，当品格达到一定境界，便能做到游刃有余、战无不胜。但是如果轻敌的话，就会"几丧吾宝"，最后连宝贵的生命都会丧失掉。

《三国演义》中记载一个故事：诸葛亮进川的时候，把守卫荆州的重任交给了关羽，并嘱咐他一定要联孙抗曹。可关羽骄傲自满，目中无人，没有把诸葛亮的话放在心上。早在刘备在汉中自立为王的时候，曹操就派人联络孙权，并商议共同夺取荆州。孙权不仅没有答应，反而愿和关羽结为儿女亲家。关羽听说后对使者说："我的虎女怎么能嫁给他那个犬子？"孙权因为关羽的傲慢无礼恼羞成怒，就决定趁关羽和曹军交战之时夺回荆州。

孙权的大将吕蒙化妆成商人趁关羽毫无防备占领了荆州，同时曹操派大将徐晃带大队人马攻打关羽，就这样，在两面夹击之下，关羽最终只得败走麦城。攻克了荆州之后，吕蒙又把麦城紧紧围住，关羽无奈，只得派廖化找刘备的亲信刘封求救，刘封胆小怕事，不敢出兵。吕蒙见关羽久拒不降，便加大兵力继续攻打。关羽知道麦城支撑不了多久，于是安排小部分人留守，自己带领两百多名士兵从北门冲了出去，最终不幸在山谷里遭到袭击，成了孙权的俘虏。

细查关羽的一生，极少有败绩，被称作忠勇英雄，颇受人爱戴敬仰。但他后期生出骄傲之心，刚愎自用，对战东吴时没有谨慎部署，屡次轻敌，以致走上了覆灭的道路。因而，在军事对抗中，轻敌是将领们最大的忌讳，若将领轻敌，军队便不战而败；若轻敌，国家则不战而亡。

正如老子所说："师敌之长，取敌之优。"在学习他人方面本来就是不分敌我的，只要是比我们有能力的人都必然有值得我们学习的地方。比如说，在经营生意中我们可以通过了解对手的价格、经营理念、待客之道等方式来取长补短，我们可以通过学习对手的经验、方法等来取长补短。同时，对于对手，我们也要充分了解他的缺点，以便于我们进行有目的地攻击，或者制造机会让对手出错，以此实现战胜的目标。

韩非子：小信成则大信立

子曰："人而无信，不知其可也。大车无輗，小车无軏，其何以行之哉？"这句话的意思是说如果一个人不讲究信用，那么就不知道他还可以有什么样的作为了，就好像牛车没有輗，马车没有軏一样，它还能靠什么行走呢？其中意思与韩非子所说"小信成则大信立"的法家思想可谓是有异曲同工之妙。

做人也好，处世也好，为政也好，言而有信都是关键所在，而且是能够起到至关重要的作用的，所以说，无论站在哪个立场来看，人无信是绝对不可以的。

曾子杀猪的故事想必大家都知道。据说，曾子的妻子要到集市上去赶集，孩子哭闹着非要跟着去。曾子的妻子为了哄住孩子，便对他说："你老实在家呆着，等妈妈回家把猪杀了给你吃。"等到曾子的妻子从集市上回家后，看见曾子正磨刀霍霍准备杀猪顿时大惊，立刻劝阻道："你怎么真的要去杀猪呢，我不过是为了哄孩子跟孩子开个玩笑而已。"曾子听罢，对妻子说道："玩笑岂是可以跟孩子随便开的？他们心智还没有完全长成，不具备全面的思考和判断力，所以一言一行都是通过身边人的言传身教学习来的，你现在欺骗他，那就是在教育孩子学会骗人。再说，作为母亲，如果因为你的欺骗，导致孩子以后不会再信服你了怎么办？"曾子为了实现这个诺言杀了猪。

韩非子说："父子有亲，君臣有义，夫妇有别，长幼有序，朋友有信。"说的就是这样的道理。君子一言，驷马难追，是讲究诚信的一种表现，诚实守信不仅能显示出一个人良好的德行和修养，也是一个人最起码的品行和操守，一个人若想得到他人的信任，首先要自己做到诚信待人。

周武王伐纣成功，结束了殷商的统治之后，有一天闲来无事，出宫体察民情时遇见了一位毛发花白的老人，便问他殷商的统治灭亡的原因，这位老人当时并没有回答，而是推脱说自己等到晌午的时候会再来回答周武王所问的这个问题。周武王耐着性子等到了中午，可是老人却没有如约前来，周武王非常生气，打算派人去抓这个老人。这时，周公闻讯赶来，便对武王说："其实老人家已经把殷商灭亡的答案告诉您了。"武王不解，周公就接着说："殷商之所以会灭亡，正是由于不守信啊。"周武王听后顿时醒悟。

正如韩非子所说的那样，话不能轻易出口，一旦出口，就必须要实现它，不然，便会失信于人，失信于天下。所谓"民无信不立"，一代君王，如果不能做到对百姓诚信以待，便不能得到百姓的信赖和拥护；只有对百姓讲诚信，才能在世人面前建立起自身的"诚信之威"。

韩非子：在商言商，利益分明

韩非子说："在商言商。"意思是说，经营即是经营，没有其他的私交感情可言，不能因为私底下的感情好、交往甚密，便在经营处事上便不分良莠的任意裁断，这是不可取的，也是为商者最大的忌讳。

李鸿章是曾国藩的学生。他曾经给曾国藩写信，要推荐三个年轻人到老师帐下效命。曾国藩接到李鸿章的书信之后，便令人将那三个人招到了府上。三人被带到府中以后，曾国藩只是站在不远处暗暗地观察这三个人，而并没有直接出去召见他们。曾国藩看到：第一个人从进到庭院开始，便不停地用眼睛观察打量四处的陈设，好像是在思考着什么；第二个人则一直低着头，老实规矩地站在庭院里，并不再有其他的举动；而剩下的第三个人，虽然相貌平庸，却给人一种气宇轩昂的大气感，只见他背负双手，仰头望着青天上的流云。

曾国藩在仔细观察了这三个年轻人之后，才走出去，同这三人攀谈起来。曾国藩渐渐发觉，那个不停打量客厅院落摆设的年轻人，与自己的交谈最为投机，他似乎早就洞察了自己的喜好。而另外两人，比较起来口才就没有他那么出众了。不过，那个抬头望云的年轻人对人和事都很有主见，可是说话太耿直，令曾国藩也有点尴尬。

让大家都始料未及的的是，那个被众人都看好的第一位年轻人，却并没有被曾国藩委以重任，虽然与他谈话最为投机，但还是只给了那人一个有名无权的虚职；第二个很少说话的年轻人，则被派去管理钱粮马草；而最后一个仰望浮云、甚至还会偶尔顶撞他的年轻人，却被派去军前效力，并且曾国藩还三番五次叮嘱，这个年轻人一定要重点培养。

众人都不解曾国藩为何如此处理三人委任，曾国藩向大家解释道："第一个年轻人在庭院等候时，用心打量四处的摆设，可在跟他谈话的过程中，明显可以感受到他其实对很多东西都知之肤浅，与之谈的投机仅仅是投我所好罢了，由此可见他不过善于钻营，品行不端，不可托付于大事；第二个年轻人遇事唯唯诺诺，空有沉稳而不足魄力，只能做一个刀笔吏；而最后一个年轻人，竟然有闲情仰观流云，这种不焦不躁的淡定从容是难得的大将风度，不仅如此，面对显赫，竟不卑不亢敢于有所见地的说出自己的想法，这才是我需要的人才！"

而这位年轻人果然不负众望，经过多年锤炼，终成大器。他不但因为赫赫战功被朝廷加官进爵，还率领台湾居民痛击法国侵略军，扬名海内，他就是台湾首任巡抚刘铭传。

韩非子曰："君子先择而后交，小人先交而后择，故君子寡尤，小人多怨。"有智慧的人先选准人再交往，不聪明的人先结交再选择人，于是有智慧的人很少因交友而麻烦，不聪明的人则常因结交而带来烦扰。在商言商，利益分明，这是一种高明的处事哲学，也是一种知人者的智慧。

孟子：义与利，乃千古一辨

孟子生活在战乱纷繁的时代，在大多数士人追名逐利的时候，他始终坚守着君子的"气节"，并号召人们"舍生取义"。《孟子·告子上》说："生，亦我所欲也，义，亦我所欲也。二者不可得兼，舍生而取义者也。"在战国利欲熏心的时代环境中，孟子为了人伦正义，保有不受时代环境影响的气节，使得"君子气节"成为由古到今备受推崇的高尚品德。

朋友相交，如果交于义，那么两人一定同修同德。但是如果只是以利害相交，那么结果必定不会圆满，更有甚者还有可能以怨恨而终。因为这种不稳固的"朋友"之情难以经受住风吹雨打，无利可图时自然形同陌路。

正所谓"君子之交淡如水，小人之交甘若醴"，真正的友情，向来都不是依靠财产、权势、利益获得的，因为真正的朋友之间，从来不会在乎金钱利益的得失，知己之情，一个"义"字足矣。

管仲和鲍叔牙交情深厚，两人幼年常常一起结伴出行，游山玩水。管仲年轻的时候，家里很贫穷，还要奉养自己年迈的母亲。鲍叔牙知道了这件事，便主动去找管仲一起投资做生意。因为那时管仲没有多少财产，所以投资的本钱几乎全是鲍叔牙拿出来的。可是，当生意盈利之后，管仲却先用与鲍叔牙一起挣得的钱还了一些自己之前欠的债，而到了最后两家分红的时候，鲍叔牙又主动分给了他一半的红利，管仲没有推辞也接受了。管仲的这种做法令鲍叔牙的仆人看了非常不平，可是鲍叔牙非但没有流露出一丝对管仲的不满之意，反而严厉地教训了自己的仆人一番。后来管仲入伍随军出征，多次在战场上临阵脱逃，便有许多人出来嘲讽管仲贪生怕死，这时鲍叔牙又出面极力为管仲逃跑的行为辩解。

当管仲和鲍叔牙步入政坛以后，鲍叔牙辅佐的是公子小白，而管仲辅佐的则是公子纠。最终公子纠争位失败，公子小白取得了齐国的王位，也就是历史上赫赫有名的齐桓公。齐桓公得到王位之后要杀辅佐过公子纠的管仲。鲍叔牙知道后一再请求齐桓公不要杀管仲，称管仲才是真正的王佐之才，自己不能胜任国相一位，并甘愿作为管仲的下属。管仲与鲍叔牙的情义被千古传唱，正是因为他们丝毫不计较利害得失，所以才被历代称颂。

利益之交，交情胜不过利益至上，这种关系，常常利穷则人散；道义之交，却是相交相识自凭本心，全然不掺染一丝利害的杂质，这才是最为可贵的舍利取义的君子之情。

孟子：无愧于天，光明磊落

孟子曰："君子有三乐，而王天下不与存焉。父母俱存，兄弟无故，一乐也；仰不愧于天，俯不怍于人，二乐也；得天下英才而教育之，三乐也。"这里所说的"君子三乐"就是君子的三种人生乐趣。在孟子看来，这些乐趣分别是，父母都健在，兄弟也都没有什么灾病事故；为人处事合乎道义，上不愧对于天，下不羞对于人，对得起自己的良心，做什么事都问心无愧；还有就是能够得到天下的英才并且与之为伍，共同学习。

孟子思想是中国崇高精神的源头之一，许多人文气节的标准实际上也是他所制定的。虽然有些标准很高，但的确时时激励着中华民族。即使难以实现，但知道天子臣下与庶民不偏离人文的大方向，社会依旧会趋于富强。孟子的"舍生取义"就论证了"仰不愧于天"，"俯不怍于人"的观点，即当生命与道义不能兼得时，要舍生命而取道义，宁死也不苟且偷生，决不屈从避死。

春秋战国时期，许多人认为公孙衍、张仪这些辩士是英雄大丈夫，因为他们"一怒而诸侯惧，安居而天下熄"。但是孟子却不这样认为，只有"富贵不能淫，贫贱不能移，威武不能屈"的才是真正的大丈夫。而那些追逐名利、曲意奉承的都是"妾妇之道"。

真正的儒家圣人,"居天下之广居,立天下之正位,行天下之大道;得志,与民由之;不得志,独行其道"。只有这样才配得上"大丈夫"之名。所以孟子的浩然正气,与那些纵横家的游说之士完全不同,他四处游说诸侯,是为"弘道",绝不谄言媚上。孟子也曾向弟子明确自己的游说原则:"说大人,则藐之,勿视其巍巍然。彼,丈夫也;我,丈夫也;吾何畏彼哉?"无论去就、穷达,孟子都能以平静之心处之。

孟子的浩然正气,能够促使他当面指责梁惠王的过失,毫不掩饰地训斥其"察邻国之政,无如寡人之用心者"是以五十步笑百步。他抨击梁惠王以政杀人,与那些"以梃与刃杀人"的盗贼没有什么区别。面对齐宣王这样的大国君主,孟子仍当面斥责他"恩足以及禽兽,而功不至于百姓"的假仁慈,并质问齐国"四境之内不治"的责任应由谁负。

在孟子看来,这种"仰不愧于天","俯不怍于人"的浩然之气,就是人间正气,即大义大德造就的一身正气。一个人有了这种浩然人间正气,就能"富贵不能淫,贫贱不能移,威武不能屈"。这是需要用正义去培养成世间最伟大、最刚强的充塞于天地间的气,它必须将义与道相结合,缺乏这些,就会萎靡。这种正义之气是经年积累而成,是一种无愧于天的光明磊落,而不是可以通过偶尔的正义行为就能得到的。

荀子:小事糊涂些,大事精明些

《荀子·天论》中有言:"大巧在所不为,大智在所不虑。"其中意思是说,最能干的人不要去做不该做的事,最聪明的人不要总考虑不该考虑的问题,要学会审时度势,决定取舍,选择重要的事情去做,而不做或暂时不做某些事情,因为一个人的精力是有限的,只有舍弃一些事情不做,才能在别的一些事情上做出成果。

正所谓"有所为,有所不为"才是大智慧,在这一点上荀子与孟子见解相同。荀子认为,糊涂也是一种境界,难得糊涂也就是难得有疑问,能够提出问题,因为人知道得越多,就越会感到知识的无穷尽,因此想要学的东西也就越多,所谓"入道弥深,所见弥大"就是这样。

大巧在所不为,大智在所不虑。小事糊涂些,大事精明些,这也是荀子的大智慧之处。因为最高的智慧已经看穿了内与外、荣与辱、盈与虚的界线,达到物我浑同为一、万物与我并存的境界,所以糊涂才叫真聪明。因此,荀子又把糊涂和"浑沌"联系起来理解,将其解释为"大象无形,道隐无名"的智慧。

中国历史上有名的贤后长孙皇后就是一个会"装糊涂"的人。一次,唐太宗上朝与魏征争论,魏征向来直言不讳,在朝堂之上与皇帝争得面红耳赤。唐太宗怒气冲冲地回到后宫,长孙皇后见状,问出前因后果,然后假装糊涂地笑着问唐太宗:"皇上为什么生气呢?"太宗说:

"因为魏征跟朕争吵。"皇后又问:"魏征为什么跟皇上争吵?"太宗说:"因为他指责朕做的不对。"皇后立刻说:"他为什么要指责皇上做的不对?"太宗哑口无言,想了片刻只好说道:"因为魏征是一个忠臣,见朕做的不对,就指责朕。"长孙皇后便立刻下拜,笑道:"臣妾恭喜皇上,能够得到一位如此忠言的良臣。"唐太宗会意,心中的怒火也便消了下来。

又有一次,唐太宗因为一匹心爱的骏马突然无病死掉了,因而要杀掉养马的宫人,长孙皇后假装糊涂地问道:"皇上杀养马的官当然可以,但是得给他列出罪状才行,他究竟有什么罪过呢?"想了一会说道:"臣妾帮皇上给他列出罪状,他养的马死了,这是他的第一条罪;让皇上因马死而杀人,老百姓知道了必定埋怨,因为皇上觉得人命还不如一匹马,这是他的第二条罪;各国使臣听到这个消息,必定轻视我们大唐,连百姓的命都不爱惜,怎可与大唐结交,这是他的第三条罪。有了这三条大罪,他真的很该死。"太宗听后,便赦免了养马人的罪。

长孙皇后从始至终都是不糊涂的、清醒的,甚至聪明的。可是她却没有直接指出唐太宗的不对,而是用了一种看似糊涂却十分委婉的、让唐太宗能够接受的方式来劝谏夫君,也就是假糊涂,装糊涂。假糊涂在于睁一只眼,闭一只眼,不是每件事都非对即错,不是每件事都需要分得一清二楚,少一些计较,多一些糊涂,真正聪明的人大都懂得小事糊涂、大事聪明的处世之道。

孙子兵法:得将才者,企业兴

《孙子兵法》是孙武及后世编著的现知最早的一部兵书,在这本书中,着重提出了发挥人在战争中的主观能动性的重要性,并论述了择人、用人、管理人的方法与必要性。

其中《势篇》中有言道"择人而任势",其中所谓的"择人"就是指必须要选好优秀合适的将帅。将领的优秀与否关乎着战争的进程和整个国家的发展。而这部兵书的作用可不仅仅停留在千年前的战争中,现如今它在各个领域尤其是企业的发展方面也占据着至关重要的地位。

日本是最早将《孙子兵法》中的谋略运用到企业管理与发展上的国家,著名管理学家乔治也曾强调过:"若想成为管理人才,必须先读《孙子兵法》。"由此可见,《孙子兵法》在企业管理与发展上占据着至高地位。

得将才者,企业兴。企业想要得到腾飞发展的一个重要前提是必须要懂得辨别人才,发现每个人身上的闪光点和优秀之处。还要懂得使用人才,若是一个人明明擅长的是另一个领域,你却偏要把他放到一个他不擅长的地方,这就不能很好地发挥他本身的优点,用人不当随即带来的也就是人才的流失。

　　从这些方面，就可以看出，人才和如何使用人才是有多么的重要。《谋攻篇》说道："将者，国之辅也，辅周则国必强，辅隙则国必弱。"这句话很好地阐释了将才是否优秀对国家的重要影响，与此相对应的，也就是管理者的好坏对企业兴衰的决定性作用。

　　企业是人的集合体，企业和企业之间的差距总的来说其实也就是人和人之间的差距。也许两个企业的战略目标都是完美无缺的，在计划上面不分上下，但是这之后的"执行"便涉及到人才的使用，执行的成与败都是企业所选择的人所决定的。对于企业而言，这些执行者的水平和位置才是决定输赢的关键，这就是《孙子兵法》中所谓的"为将之道"。

　　"有人则企，无人则止。"企业得到发展壮大的最应该依靠的就是人才，是对企业发展有益的合适人才。《行军篇》中"兵非益多也，惟无武进，足以并办、料敌、取人而已"。所讲的就是这么一个道理。

　　要选择合适的人才，就应该精兵简政。将那些对企业发展无益的人剔除掉，如工作不上进者、能力不够者、文化素养低下者等，以达到优化整个企业的管理阶层的目的。就现代企业来说，人才是其永恒的核心竞争力，只有做到人尽其才、才尽其用，才能更好地做到企业兴盛。

孙子兵法：求之于势，不责于人

　　《孙子兵法》中言："善战者，求之于势，不责于人；故能择人而任势。""势"者，大局也。这句话的意思是说，凡是擅长用兵打仗的人，都有一个共同点，那就是努力寻求对自己有利的态势，不苛求于下属，并且能够立足于全局态势的发展变化合理的量才用人，选择适合有用的人才。

　　那么如何能够做到根据态势合理的择才、用才呢？从"任势者，其战人也，如转木石；木石之性：安则静，危则动，方则止，圆则行。故善战人之势，如转圆石于千仞之山者，势也"。众所周知，木石的特点是放置于安稳平坦的地方就静止不动，放置于陡峭险峻的地方就会滚动不止，形状方正就容易静止，形状圆滑就容易移动。木石之性，代表的也就是"势"，必须要懂得利用各种外部条件，不论是否有利于自己，都能依据态势，选择合适的方法，来将态势转变为有利于自己的方面。

　　"求之于势"，最重要的是"造势"，意味着竞争优势不是靠消极等待而得来，而是靠主动创造；"造势"后还要懂得"任势"，即要凭借对自己有利的态势，来以势压敌。木石沉重，用力搬事倍功半，以势动则事半功倍。

《孙子兵法》认为，战略的最高准则绝对不是以苛责部下、用苦战来取胜，而是要用"势"来取胜。这就把"势"提到了有关指挥艺术的地位。孙子并未给"势"下定义，而是巧妙地借助自然现象来做说明，"激水之疾，至于漂石者，势也"。意思就是，飞流而下的急湍之所以能够冲走石头，都是因为迅猛的水势，成语中有一词"势不可挡"说的也是如此。只有"识势""任势"才能做到势不可挡的境界。

"势"不是静止毫无变化的，所以仅仅只是"取之于势"是远远不够的，"取势"的前提是"识之于势"，要对形式的发展和趋向变化有着敏锐的洞察力。大局往往表现在牵一发而动全身的一些关键时机、关键问题上，想要把握好大局，需要不失时机地抓住态势，并利用好态势才能做到游刃有余、从容制胜。

所以说，做到"求之于势，不责于人"就是不管是做什么，不要把问题都归结在他人的身上，更不要随意的责备他人，要在"以利取势""以权谋势"的过程中学会因势而用，量能而使，以势酿势，最终成功地达到"制敌"的目的。

孙子兵法：上下同欲者胜

"上下同欲者胜"一句语出《孙子兵法》，意思是说，只要官民有着共同的追求和目标，齐心奋战，共赴时艰，就能出奇制胜。一直以来，这句话都被作为治国准则，为历代推崇沿用。

所谓"上下同欲"，其前提首先要建立在倾力通下情上，这就要求在决策之前，必先通社情民意之道。人民群众是对为政得失、世情冷暖感受的最真切的人，故而问政于民，有利于为政者头脑清醒，科学决策，纠偏正向。倾力通下情，要问需于民。决策最忌"一厢情愿"，应"零距离"倾听民声，使决策贴近群众最急切、最盼望、最现实的需求。

由此可见，上下同欲的根本是务实解民难，而务实解民难则是上下同欲的最高境界。《荀子·富国》有言："自古及今，无有穷其下而无危者也。"目前，我国民生虽然显著改善，但仍有很多农村贫困、低收入人口，务实解民难，迫在眉睫。所以更要做到言出行随，躬身力践，要有"把群众当亲人"的解难感情，沉下身、沉下心、沉下力，少在餐桌酒店觥筹交错，多到田间棚区解民苦，到百姓家里坐得下、粗茶淡饭吃得进、家长里短聊得来、难事苦忧解得开，形成"民难一线解决、办法一线研究、措施一线落实、领导一线指挥"的工作格局。

消极腐败是沸腾民怨、离散民心的导火线，清廉为政，关系人心向背和党的生死存亡，是赢得民心、上下同欲的永恒主题。马克思主义认为，内因是事物变化的决定因素。清廉赢民心，关键要严于自警，常鸣警钟，自觉抵御各种诱惑，做到行举自省，永葆政治本色。同时，在日常工作生活中，"欲出一言，即思此一言于百姓有利否"，时刻不忘对自己严格要求，如此才能赢得上下同欲。

小到一个家庭，夫妻同心其力断金；大到一个国家，上下同心无往不胜。正所谓"人心齐，泰山移"。上下不同欲，就是一盘散沙，所以说个人绝对要服从集体、局部绝对要服从整体。在我党之内，党员干部要发挥先锋模范作用，敢于担责、勇于担当，争取使每一个人都发挥到自己的作用，做到真正的人尽其才、才尽其用。

不仅如此，上下同欲还必须坚持以人为本、执政为民的指导思想，因为只有根植人民、造福人民，任何时候都把人民利益放在第一位，从人民伟大实践中汲取智慧和力量，才能使党和国家的一切工作始终立于不败之地。

NO.7

国学中的管理策略：
选天下之才，为天下之务

南怀瑾：用师者王，用友者霸，用徒者亡

伯乐曾经叹息着说道："得其精而忘其粗，在其内而忘其外。见其所见，不见其所不见；视其所视，而遗其所不视。"意思是说，深得它的精妙，而忘记了它的粗糙之处；明悉它的内部，而忘记了它的外表。只看见所需要看见的，看不见所不需要看见的；只视察所需要视察的，而遗漏了所不需要观察的。这是他总结九方皋选千里马的精髓，同样也适用于识人论事。

南怀瑾先生也在《列子臆说》里解释这个故事。秦穆公特别喜欢马，当时有个名马师叫伯乐，他懂得相马，可以给马治病，还能够同马说话。所以天下所有的马，只要经过他的眼睛一看，就知道是不是良马。所谓"用师者王，用友者霸，用徒者亡"，故而对于人的一生来说，遇到懂得赏识才能的人，是十分重要的。但是茫茫人海当中，看出哪些人是英雄，哪些人有才能，这是非常困难的。

世人的面孔多种多样，人心更是各有不同，变幻多端，很难判断真伪企图。因此，识人不能只看表面，还得用心去进行辨别判断。古语云："画虎难画骨，知面不知心。"也说明看人要看内在本质，不能被表面蒙蔽。

刘邦是历史上出了名的慧眼识人、明察秋毫的智者，一个争霸获胜的帝王，因为他的身边有众多能人帮助他。刘邦对人才有敏锐的洞察力和判断力，楚汉战争后，他向大臣解释自己胜利的原因，说道："张良擅长运筹，定策帷帐之中，决胜千里之外。萧何擅长管理国家，安抚体恤百姓，供应馈饷，支援军队的后备。韩信是一个将才，统领百万大军，战无不胜，攻无不克。这三人都是贤能的人才，我有幸能重用他们，因而才取得了天下。"

在楚汉之争的过程中，刘邦任用张良、萧何和韩信，从定制战争策略，到安抚治理百姓，再到战场打仗，都安排得井然有序，发挥出每个人的长处和潜能。试想如果刘邦仅仅凭借自己的力量，很难对抗项羽大军，更不要说成为开国皇帝。但正因为他网罗天下英才，准确的判断出贤能人才的长处，使之各尽其才，从而形成了巨大的合力，取得了楚汉战争的最后胜利。

南怀瑾先生认为，人才并不是道德家，任用人才不必事事都追求完美，挑剔所有的方面。对人才应该有大胸襟，宽容不苛责。

南怀瑾：知人者智，自知者明

《道德经》七十一章谈到："知不知，上矣。不知知，病也。圣人不病，以其病病。夫唯病病，是以不病。"这句话解释起来就是，知道自己有所不知，这样的人很有智慧。不知道却自以为知道，这样的人很愚蠢，圣人通常都不愚蠢，知道自己有缺点并且及时改正，正因为他很清楚自己的缺陷，因而他才没有缺陷。

南怀瑾先生在《老子他说》中将这一论点引到为政上，又有新解认为，世上很多人天生拥有聪明智慧，但不能轻易用个人的智慧和能力处理天下大事，因为有智慧的人更需要博采众议，集思广益，采纳各方面的意见之后，才有所取裁定夺，否则就会成为骄傲自满、刚愎自用之人。知人者智，自知者明，所以拥有大智慧的人，都应该清楚地知道自己其实与普通人一样，都有优点和缺点。

那些善于运用众人智慧和长处，积极入世而成就不朽的功勋伟业，这样的人算是拥有大智慧。通常来说，一个国家的当政者，如果能认识到政治上的弊端和劣势，能够虚心采纳多方面的合理建议，努力完善自身，这才称之为"知不知，故而不病"。

政治家的胸怀和肚量是成功的关键。管仲曾对齐桓公说，"君若欲治国强兵，则需要设立外交使臣、管田地的司田、管军事的司马、监管法律的司理，以及负责谏言和弹劾的谏官。但是若欲称霸天下，有管仲在此。"因为管仲自认有超于常人的雅量，可以海纳百川，后来果然协助齐桓公成就霸业，"一匡天下，九合诸侯"。

南怀瑾先生认为，能够透彻明白这些道理，用在济世之功的，千古以来，自知且又知人者，如刘邦、管仲之辈，大都是真正有大智慧的人，他们为人谦逊谨慎、胸怀若谷，雅量可容天下。故而知人者智、自知者明可谓是圣贤之道。

南怀瑾：谤随名高，超脱毁誉

鹖子曰："去名者无忧。"道家思想认为，所谓名利者，可有可无，永远不是最重要的。但世间众人却趋之若鹜，追逐不止，认为拥有名利则是尊荣的象征，没有名利就是一种卑辱。得了尊荣就可以逸乐，整日卑辱就过愁苦的日子。因为人人都不愿愁苦，人人都渴望逸乐，因而就将追求名利当作人生第一要紧事。事实上，追求名利拖累了人生的本质，人们只想着名利，生命精神垂危而不知自救，计较那些逸乐忧苦又有何用？

南怀瑾先生在《列子臆说》中引用鬻子的名言，来说明生命本质与名利之间的关系，并发出这样的感叹："名固不可去，名固不可宾耶！人为什么那么愚蠢啊？被这个虚名骗，被这个外客骗了。"只有真正的"去名"者，才能做到人生无忧，即达到谤随名高、超脱毁誉的境界。

世上大多数人一辈子追求的不过是功成名就、衣锦还乡，但是奋斗一生却忘记了生命的本质是什么样子的，迷失在功名利禄里的心灵，就如洁白的美玉有了斑点，精美的绸缎有了污痕，实在令人感叹。但是也有的人，不忘初心，只是为了自己的理想而奋斗，既不庸庸碌碌，也不随波逐流，畅快淋漓的战斗过后干干净净的离去，他们真正明白了生命的价值。

春秋时期，晋太子重耳被迫流亡途中，在一处渺无人烟的地方，又累又饿。大家万分着急，介子推走到僻静处，从自己的大腿上割下了一块肉，煮了一碗肉汤给太子，重耳渐渐恢复了体力，当他发现肉是介子推从自己腿上割下的时候，感激地流下了眼泪。十九年后，重耳做了国君，也就是历史上的晋文公。即位后晋文公重赏了随他流亡的功臣，唯独忘了介子推。很多人为介子推鸣不平，劝他去讨赏，可是介子推最鄙视那些争功讨赏的人。他打好行装，同母亲悄悄地到绵山隐居去了。

晋文公听说后，羞愧莫及，亲自带人去请介子推。然而绵山山高路险，树木茂密，寻找一个人谈何容易。于是有人献计，从三面火烧绵山，逼出介子推。大火烧遍绵山，却没见介子推的身影。火熄后，人们才发现背着老母亲的介子推已坐在一棵老柳树下死了。晋文公见了，悲痛不已。之后，从树洞里发现一封血书，上写道："割肉奉君尽丹心，但愿主公常清明。"

介之推这样的人，正是把名利视作过眼云烟，坚持自己心中的正义，实现了自己的抱负后归隐田园，安贫乐道。正如南怀瑾先生所说：虚名是假的，生命的现实才是真的，所以人不要被外面的虚名所骗。名是客人，我们活着才是主要的事。

南怀瑾先生说："芸芸众生，形容众生有那么多。可是这世界上一般人都被名所骗，拼命求名。"求名之外呢，我们是不是应该把手段与智慧用到实现自己的抱负上呢？人生白驹过隙不过短短数十载，不妨将名利放下一些，做有意义的事情才能让自己的生命闪闪发光，不辜负这一世人间。

南怀瑾：用人不疑，疑人不用

列子曰："色盛者骄，力盛者奋，未可以语道也。故不班白语道失，而况行之乎？故自奋则人莫之告。人莫之告，则孤而无辅矣。贤者任人，故年老而不衰，智尽而不乱。故治国之难在于知贤而不在自贤。"

这段话的意思是说，有些骄傲的人，气势十分强盛，有些勇猛的人，力量十分强大。但这样的人都觉得自己很强大,没有耐心听别人讲道理。这种人往往刚愎自用、独断专权,不重视别人提出的建议,付诸行动时会以失败告终。一个自持勇猛强大的人,别人不会告诉他道理,更没人提醒他的错处,最终成为没有人帮助的孤家寡人。因此贤明的国君能知人善用,即使自己年老时也不至于衰败,就算智力用尽了,力气没有了,也不会给国家造成混乱。所以治理国家的难处,在于是否能任用贤人,而不只是自己贤能。

南怀瑾也说:"对人才要忍、要等,能够知贤,信任别人,你就成功了。"他在《列子臆说》中这样解释这一观点:贤者重用人才,年老的时候就不会因糊涂犯错。但是选拔人才任用人才很难,需要一个人养成不凡的气度。因为任人恰当合适,就可以培养年轻一代,辅佐事业,即便年老也不担心。所以,所有贤能的领导者,都拥有一双慧眼,能够充当"伯乐"角色,才会是一位成功人士。

正是因为千里马常有而世上伯乐罕见,能慧眼识英雄的人堪称贤人。故而南怀瑾先生在《列子臆说》中说道:"创业,做个领袖,成功的难处在哪里?在知贤,认得人,这人是不是人才,要看得准,拿得稳。"

一般与"贤者任人"相连的还有一句"无爱于士",意思是说对人才不要有吝啬之心、苛责之心和怀疑之心,更不要斤斤计较,用人不疑,疑人不用。

南怀瑾先生认为,一个领袖完全信任属下,这是要有气度的,就好像一个老板,听说属下偷了他一百块钱,气得一夜睡不着,第二天就开除手下,这样的人很难做一个成功的老板。毫无证据就怀疑人,已经是很没有气量了,即便真有偷钱的事情,如果手下一天能替自己赚来五六万块钱,丢的百十块钱,也完全不必计较。成大事者,要有这样的气度和胸襟。

人才并不是道德家,任用人才不必事事都追求完美,挑剔所有的方面。对人才应该有大胸襟,宽容不苛责。"士为知己者死",一些有小缺点的人,如果能够得到重用,就会怀有感激之情,这是他们前进的最大力量。所以找到人才,留住人才,是作为领袖最基本的素养,也是贤者用人的根本之道。

南怀瑾:人情练达,"大贞则凶"

南怀瑾先生在《易经杂说》中说,"乾"代表君王和领导者,"坤"就是广大百姓,上下要经常沟通调和、化解矛盾,以阴阳交泰之道治理国家,就能产生亨通之象。人情之间的交流需要通达,不能一味地墨守成规、食古不化,要依照具体的环境和对象处理人情世故。在人际问题上,不能千篇一律地坚持某种原则,事事都坚持讲原则,就会破坏人际关系。因为"大贞则凶",贞是讲原则,大贞就是做过头了,一定走向凶兆。

南怀瑾先生说，六十四卦都要人走正路，摆得正，走得正，则样样都好，偏差了终归要出毛病，所以小吉是贞是吉，但是过了这个度呢，就是所说的"大贞凶"。他解释说："什么都死死板板得很正，像学理学的人，在这个时代，还是言行呆呆板板，矫枉过正，并不是好事，所以大贞则凶。"因此人情最讲究练达，要谨言慎行，也要能看懂眼色，化解危机。

明朝时，大将军石亨因为帮助被迫成为太上皇的明英宗重新夺回政权而恃宠而骄、目中无人，不懂得结交众臣的他总是将自己的功劳放在嘴边，若有人不服气，就肆意欺压排挤。在许多朝臣眼里，这样不懂人情世故的人，即便地位再高，早晚有倒霉的一天。

果然不出所料。有一天，明英宗在恭顺侯吴瑾的陪同下，登上宫廷内的最高建筑翔凤楼散心，走着走着，放眼一望，突然看见宫廷外有一座新建的宅楼，相当宽广华丽。于是，英宗便顺口问起那是谁盖的。吴瑾当然知道这是当朝大红人石亨的新宅，不过，他最懂得察言观色，故意装糊涂地回答说："这一定是王府。"心中有数的英宗说道："不对。"眼看英宗心中自有定见，吴瑾立刻补上一句："这不是王府，难道有谁敢这么嚣张，修建这么一座气势逼人的豪宅？"事实上，石亨建造宅院并没有功高震主之意，但是他在朝中树敌太多，没人愿意维护他。时间一久，英宗也对他信心动摇，不久便将他罢官下狱处死。

石亨与吴瑾的言行对比让人深思，我们不得不说人情练达十分重要。小贞吉大贞凶，处世之道并不仅仅是个人的能力发挥，人生一定要通达，知进退，懂是非，并不是刻板地循规蹈矩。真正聪明的人是懂得人情世故，知道如何与他人相处，善于沟通，及时化解矛盾，适时向别人学习，借鉴成功者的经验。

人生路途波折，磨难重重，并不是一帆风顺，在我们的人生道路上总会遇到形形色色的拦路之虎。我们每个人都渴望走在坦途，迈向人生的成功之路，因而会不自觉地遵循一些规律和成功的范例。但是，并非每一种范例都是适合自己的，食古不化，不懂变通的人，是很难成功施展抱负的。

世事洞明皆学问，人情练达即文章。南怀瑾先生说，人生要通达，食古不化就不对了，不知道变就是大贞凶。人情世故正如水中行船，顺风时一路高歌，逆风时小心谨慎，行正道，不同流合污，不贪功冒进，遇礁石时及时变通。这样看来，人情果然是一门值得琢磨的学问。

南怀瑾：见小利，则大事不成

南怀瑾说："一个人一旦有了欲望就无法再刚强起来，碰到你喜爱的事物，你无法不投降。"然而，欲望是每个人本性中就带有的东西，普通人不可能做到无欲无求，如果将人正常的欲望像堵洪水一样压抑住，也许最后会决堤泛滥，造成更大的危害。因此，南怀瑾先生认为，人的欲望遏止不了，但是我们可以学习掌控它、疏导它，将欲望控制在一定的合理范围之内，那么我们就能免受其害而得其利。但若是抵不住小利益的诱惑，那么这个人也很难成就大事。

庄子有言："安时而处顺，哀乐不能入也。"就是说人们凡事顺其自然，这样的生活就是最好的生存方式。而所谓的"无求"，也就是做到顺其自然地去生活。这话虽然容易明白，但怎么样才能顺其自然呢？

对此，南怀瑾先生是这样解释的，顺其自然就是人应当把握现在，因为现在就是你的人生，就是你所存在的价值。而我们常常会有各种各样无谓的忧虑，担心明天还没发生的事情，渴望未来得到某些东西，这并不是顺其自然。

万事万物都有自己的运行规律，我们不能改变也改变不了。不要因为事物没有顺从我们的心意而忧虑难过，或者试图去改变，也不要因为眼前的小利而放纵自己的欲望。我们要做的就是，把目光放长远一点，以平静的心态去理解、去接受，如果我们能够做到这一点，就是以理性控制欲望，达到"无求"的境界，对身心不会造成坏的影响。无求于万物，便是顺其自然于生命，便是享受我们存在的此时此刻。

欲望时刻存在我们的内在之中，根除它可谓是难而又难，但是，我们可以掌控欲望，不让它肆意泛滥。南怀瑾先生认为，有本领没脾气是上等人，有本领有脾气是中等人，没本领脾气大是下等人。那些无求的人，通常都是有本领没脾气的上等人。中国古代有一个最长寿的人叫彭祖，商王赠其万金，他用来接济贫困之人，自己一分也不留。周王向他讨教长寿的秘诀，他说人如果不计较名利得失，不追求物质享受，情绪恬静而达观，就可以长寿。

无求的人，不受"慎喜毁誉"所累，始终保有好的精神状态，这样的人必定有高尚的品格。高尚的品格不需要刻意彰显，只要有无欲无求的境界，自然能达到伟大的人格。恰如南怀瑾先生所言，人生有所为，有所不为，能够"不降其志，不辱其身"，不被眼前的小利束缚，这样才能走得更加长远。

蔡元培：区分方正与拘泥

蔡元培先生曾告诫我们："做人一定要区分方正与拘泥。"说到这里，很多人怕是要问一句，方正是什么？方正指的是不偏不歪、正直、正派。而正直则是我们民族一贯重视的优良品德。那么拘泥又是什么呢？所谓拘泥，指的则是固执成见而不知变通，有所束缚、有所困顿的意思。

说到做人要方正这一点时，蔡元培先生强调说："做人一定要做到仰不愧于天，俯不怍于人，表里如一，坦坦荡荡，才算是真正的方正。"说话、行事，坚持正确的原则是体现正直人品的关键所在，恰如蔡元培先生所说："我们要有能力去坚持你认为是正确的东西，在需要的时候义无反顾，并能公开反对你坚信是错误的东西。坚持实事求是地对待或处理问题，坚持正确的说法和做法而反对错误的，也不能因为受到压力或其他缘故而后退，放弃原先的主张，违心地随声附和。"

如此看来，方正与拘泥当属两个层面。然而，事实上拘泥之人与方正之人却有一个共同性，那就是太死板，太过于墨守成规，不懂得变通。用蔡元培先生的话来说就是："拘泥于陈旧的、固定的模式、准则，不知变通，是不合时宜的。"做人应当学会见机而作，临机行事，要像水一样因物赋形，遇到什么东西就是什么形状。北齐颜之推在《颜氏家训》说道："但知抱令守律，早刑时舍，便云我能平狱。不知同辕观罪，分敛追财。"就是在告诫后人切记不可拘泥。

不懂得变通，思想僵化，是蔡元培先生所诟病的，在他看来，拘泥会使人冥顽不灵、愚昧无比。战国韩非《韩非子·五蠹》有言："不期修古，不法常可。"对此，蔡元培先生解释说，过去的制度和方法，虽然在以往是行之有效的，但那是根据过去的具体情况而制定的。社会不断发展，情况不断变化，要解决当世的问题，治理当今的社会，就不可一定按照过去的制度和方法去办。正确的作法应该是研讨当代的形势，从而采取合适的措施。如果头脑僵化，一味照搬过去的条条框框，而不思变革和创新，那是办不好事情的。

古往今来，有许多人陷入了拘泥与方正的围圈，不能自拔。故而蔡元培先生倡导，行为固然要遵守一定的规范规则，但在实际生活中，却不能因过于正派而显得死板。所以，要在理解规则的基础上遵守规则，在特定的情境下，打破规则才是真正的遵守规则。在为人处事方面，我们要做到刚正不阿、正直，遵守生活中的规范。与此同时我们也要懂得变通，不能够拘泥、迂腐、愚昧、顽固不化。正如蔡元培先生所说，变通，是使人生活更加美好更加幸福的高尚哲学，懂得变通，才是人生的智者。

叶曼：不患寡而患不均

"不患寡而患不均"的意思是说，不担心分得少，而担心分配得不均匀，因为人与人之间是平等的，所以每个人都应该得到应有的地位和利益。叶曼女士在《世间情》中给心慈女士的答复中写道："天下事都是不患寡而患不均的，财富的分配是如此，劳力的分配也是如此。在孝敬父母方面，每个作为子女的都应当尽全心去照料，而不应该单独由某个子女承担。"

叶曼女士说，感恩父母、孝敬父母是我们中华民族的传统美德。在人的一生中，对自己恩情最深重的莫过于父母。是父母给予了我们生命，是父母辛勤地养育着我们，我们的成长凝结着父母的心血。每一个人都是在父母的悉心关怀、百般呵护和辛苦抚育下慢慢长大的。父母的亲子之爱、舔犊之情只能用两个词来形容：无私、伟大。他们可以为子女付出一切，也心甘情愿付出一切。所以说，父母之爱位于人世间各种各样的爱之上。

我们中华民族历来崇尚受恩不忘、知恩必报，这也是做人的基本道德，也即一个人的良心。一个人如果对给予了自己生命和辛勤哺育自己长大的、恩重如山的父母都不知报答，不知孝敬，那他就丧失了人生本来就该有的良心，那是没有起码的做人道德可言的。叶曼女士认为，人世间一切的爱都需要从爱父母开始。用心来孝敬父母，是每一个人必须做的一件事，也是很容易做到的一件事。

然而在许多多子女家庭中，却常常出现赡养孝敬父母的重担仅由某一方子女承担，这就出现了"不患寡而患不均"的矛盾。叶曼女士说，孝敬父母，不应当像雇佣人一样斤斤计较报酬，可是对于其他子女的不管不问，自然会心怀不平。劳逸不均，自然会产生怨怼。要同所有子女一起，共同赡养父母。不应当用两个标准来评判子女间的孝道，父母是所有子女的父母，每个子女都应当公平地恪尽孝心。

叶曼女士认为，孝敬父母是做人的根本，不只是在心里想着、口里念着，更重要的是要付诸于行动，不要以工作忙碌为借口，而忽视了父母的存在，冷落了父母的情感。在闲下来的时候，多多陪伴在父母的身边，让他们享受到天伦之乐的亲情体验也是难能可贵的。子女们不去计较谁更加照顾父母，不去争夺继承权利，也不去相互指责对方过失，只要每个子女做到孝敬父母，就能消除孝心上的"不患寡而患不均"。

对此，叶曼女士告诫我们要懂得和为贵、家和万事兴的道理，同时要学会反躬自省和宽以待人，"以责人之心责己则寡过，以恕己之心恕人则全交"。

鬼谷子：欲取先予，欲擒故纵

《鬼谷子》中有言："欲闻其声，反默；欲张，反敛；欲高，反下；欲取，反与。"这里的"欲取反与"，即"将欲取之，必先与之"。有些人只想得到，却不想付出，但聪明的人是懂得运用"欲取反与"的策略的。想要听到对方说话，就应当保持沉默；想让对方张扬，自己就要收敛；想让对方高大起来，就让自己谦卑；想要从对方得到一些东西，就要先给予别人一些东西。

《三十六计》中也有与之类似的说法："将欲歙之，必固张之；将欲弱之，必固强之；将欲废之，必固兴之，将欲取之，必固与之。"更是中国军事史上成功运用次数最多的良计。诸葛亮率蜀军征南蛮时，七擒七纵蛮王孟获，对诸葛亮来说，七擒七纵皆手段，他的目的始终只有一个，那就是征服南蛮首领和百姓的"心"。

《鬼谷子·谋篇》中说："去之者纵之，纵之者乘之。"欲擒故纵中的"擒"和"纵"，是一对矛盾，在军事上，"擒"是目的，"纵"是方法。古人有"穷寇莫追"的说话，实际上，不是不追，而是看怎么样去追。把对手逼急了，他只得竭尽全力，拼命反扑。不防暂时放松一步，使对手丧失警惕，斗志松懈，然后再伺机而动，歼灭对手。鬼谷子认为在与人交往时，你想从别人那儿有所得，那你就要对别人有所给予。两个对立事物既相互排斥又相互促成，即相反的东西也相互依赖，具有同一性。

在为人处世的时候也是同样的道理。生活中的矛盾、冲突、痛苦，使大部分人都会处于战争状态。用欲擒故纵的办法，回避锋芒，不直接对抗，能让你的心灵自在、祥和，矛盾也会在迂回曲折中得到妥善解决。但是在运用欲擒故纵的谋略时，还应该注意"擒"与"纵"的度，达不到一定的度，也就达不到既定的目的。"取"和"与"，是"阴"和"阳"的关系，鬼谷子的哲学思想是以"阴"谋"阳"，就是用"阴"的手段来达到自己的目的，但同时也需要用"阳"的表象来蒙蔽他们，就是说要采用适用的"阴"的手段引导对方朝"阳"一面发展，最终达到预期结果。

鬼谷子：先知己而后知人

《鬼谷子》中有这样的一段记载："故知之始己，自知而后知人也。其相知也，若比目之鱼；其见形也，若光之与影也。其察言也不失，若磁石之取针，如舌之取燔骨。其与人也微，其情也疾。如阴与阳，如圆与方。未见形圆以道之，既见形方以事之。进退左右，以是司之。己不先定，牧人不正。"在这里鬼谷子充分地说明了知己与知人的关系，两者相互依靠。只有先了解自己，才有可能了解别人。对对手要时刻保持关注，自己在做一些事时也要联想到对手，充分做到由己及人。

对此，鬼谷子曾总结道："故知之始己，自知而后知人也。"即先知己而后知人。首先必须了解自己，自己有了定见，才能正确而灵活地用各种策略，进退自如。正所谓"知人者智，自知者明"，能了解别人的长短善恶，固然算得上聪明；但若能知人更能自知，才真正算得上大智慧。

能够看清其他人，这就是一种智慧和能力；那么如果能够看清自己则可以称为是圣者贤人。人一辈子最难做到的是准确、客观地认识自己。在人的一生当中，很多人因为不能正确认识自己，所以终其一生不知道自己应该做什么、适合做什么、能够做什么，不能有准确的人生定位。因为不能正确认识自己，所以时常陷入自卑或自大的误区；因为不能正确认识自己，所以出现了错误，往往找不到问题的症结所在；因为不能正确认识自己，所以总是牢骚满腹、怨天尤人，却不知从自身找原因。当对自己了解了，知道自己需要什么了，知道自己该做什么了，那么再去面对他人时就能够从容不迫，同时能够更加全面到位的了解别人。

处在自身的立场和角度，难免会自我设限，这就是一种"心障"，"心障"会蒙蔽自己的双眼，对自己认识不清、不全面或者有失偏颇，这就需要放低自己、放宽心胸，借助和求教于别人，看看别人眼中和心中的自己究竟是怎么样的。

古人有云："以铜为镜，可以正衣冠；以古为镜，可以知兴替；以人为镜，可以明得失。"有时候单单通过别人对自己的评价来认识自己也是远远不够的，所以人要认识自己，还在于能够以人为镜，反照自己，做到时刻自省。只有时时处处反省自己，总结经验，吸取教训，才能不断进步和完善自我。

认识自己，绝非一朝一夕的事，而是需要一生的时间和阅历。如果我们能及时发现自己的不足和过错，在实际可行的基础上，取彼长，补己短，自我调整，我们就是聪明人中的智者。

鬼谷子：养精蓄锐，以静制动

孙子曾说："凡先处战地而待敌者佚，后处战地而趋战者劳。故善战者，致人而不致于人。"意思就是说，凡是先到战场上等待敌人的，就从容、主动，后到达战场的只能仓促应战，一定会疲劳、被动。鬼谷子"养精蓄锐"的思想也如出同理。

正所谓"变生于事、事生谋、谋生计、计生议、议生说、说生进、进生退、退生制，因以于制事"。鬼谷子正是根据这些来达到以静制动的效果的。在他看来，"天下之牝，常以静胜牡，牝以静为下"，环境总是会变动的，人事总是有纷争的，在纷扰的世事中，只要持一颗平静的心去对待，才不会陷入神智迷乱的境界。

　　鬼谷子认为做人行事当学会以静制动，因为静往往被视作阴，只有在静下来之后才能更好地思考问题。而动则被视作阳，世间一切事物都在不停地运动变化，那么在事物运动变化过程中如何把主动权掌握在自己手中呢？这就是需要我们能够以静制动，而不是单纯的物动我才动，别人动我才动。当问题出现的时候，首先不能慌张而胡乱地做出决定，内心汹涌不能安静，而是需要使大脑冷静下来思考对策，一个成功的人所需要的是一个冷静的头脑。运用以静制动的原理取得成功，而不是头脑发热，一时冲动，感情用事，从而导致事情一发不可收拾。

　　正如鬼谷子所言："善用兵者，避其锐气，击其惰归，此治气者也。以治待乱，以静待哗，此治心者也。以近待远，以佚待劳，以饱待饥，此治力者也。"这样就达到养精蓄锐的目的，消耗敌人的同时，就是对自己的壮大。因此，善于作战的将领，总是尽力把敌人掌控于自己手中，从而能调动敌人，而不会被敌人调动。善于运用兵力的人，一定都是首先把敌人旺盛的士气钝化，当敌人疲于奔命、士气低下时再出击，这就能够把敌人的士气压倒；严格整治训练自己的军队，等待敌人发生混乱，要始终保持自己的淡定从容，等待敌人的焦躁不安，这就能够在心理上战胜敌人；用接近阵地的军队迎击远道而来的敌人，用休整好的部队攻击疲惫不堪的敌军，用饱食的士兵来对付饥饿的敌人，这就能够在实力上取得对敌人的优势。

　　正所谓"己欲平静以听其辞，察其事，论万物，别雌雄。虽非其事，见微知类"。焦躁是人生的大敌，急躁之人急于求成，说话、做事前没有制定周密的计划，结果往往欲速而不达。由此可见，"养精蓄锐，以静制动"，就是要首先发展壮大自己，同时隐藏自己的力量，在发展中寻找敌人的弱点，在关键时候给敌人以致命的打击。

鬼谷子：弱而示强，欲取先骄

　　《淮南子兵略训》中有言："故用兵之道，示之以柔，而迎之以刚；示之以弱，而乘之以强。"这句话可以解释为要用柔弱的态度去迷惑敌人，用刚强的态度去打击敌人。弱而示强，欲取先骄，假如你本身是弱小的，那么就要有刚强的态度，既可以迷惑敌人，又可以增强自己的信心。

　　无论做什么事都需要谋略，有了谋略、计策才能"因以制于事"。谋略要因人而生，"仁人轻货，不可以利诱之，可使出费"，这就是相当于因人而异的思想方法。"为人凡谋有道，必得其所因，以求其情"，大凡筹划谋略，鬼谷子认为首先要求得到事物的起因，才能掌握事物的总体情势。而后，才可以根据不同的人制定不同的应对方法。鬼谷子还认为，如果想要取得最后的胜利,必须要做到行不变于色。不能一惊一乍,把什么表情都表现在脸上,让敌人发现自己的破绽。然后,我们可以根据求得事物的实情来设立一套"三仪"标准。所谓三仪是上智、中才和下愚。综合分析这三仪,就能产生奇计。

所谓奇计,是指出乎意料的计谋策略。鬼谷子认为,事物在不停的发生变化,这样的话问题也就会不断的产生。因为要解决问题才需要谋划,只有通过谋划才会产生计策,所以说,谋划是一个纵横家所必须掌握的。愚昧的人是很容易被蒙蔽的,而聪明的人则是很难被迷惑的。弱小的力量只有经过不断积累才会变强大。"欲戴皇冠,必承其重",没有不劳而获的事情,只有懂得谋略的人,会恰当的安排好自己的人生,我们才能战胜那所谓的天骄。

天骄不是一成不变的,任何人都可能变成天骄。任何人都有缺点。愚昧的人是容易被蒙蔽的,不肖之徒是容易被吓住的,贪婪的人就容易被引诱,好色的人是意志不坚定的。只要抓住每一个生命个体的弱点,那么就没有什么是立于不败之地的。

有些人表面上亲善而内心疏远,那么我们要从表面上入手去说服他。可以根据对方所疑惑的问题,来改变自己游说的内容,根据对方的表现来判断游说是否见效,根据对方的答辞来确立自己的游说的要点,根据情势的变化来征服对方。用弱的姿态来应对强敌,必要时给予强力一击,才有可能战胜天骄。如果要游说君主,就一定要向他进谏奇策;游说臣子,一定要同他讨论所关注的切身利益。所以说,因人而异,因事而异,这样才能取得成功。

孔子:选准时机,使民以时

孔子认为,不论做什么事情都要选准时机。因为只有选准了时机,才能在人生中把握先机,从而取得成功。

子贡问:"有美玉于斯,韫椟而藏诸,求善贾而沽诸?"子曰:"沽之哉,沽之哉!我待贾者也。"此为"待价而沽"。孔子自称是"待贾者",他一方面游说,以宣传礼治天下为己任,期待着各国统治者能够推行他的政治主张;另一方面,他也随时准备把自己推上治国之位,依靠政权的力量去推行周礼。孔子在此刻说出这番话,说明了机遇的重要性。

机遇是一项重要的发展资源,是增强竞争力的有效手段。抓住机遇就是要善于捕捉、抓住和利用各种机会,当机立断,使事物朝着有利的方向发展。作为众多人的精神领导者,能不能在思想纵横激荡的乱世中保得节操,准确地认识各种磨难,是判断他能否成才的重要手段。

孔子认为,实力是重视实践,这并不是意味着十拿九稳,但却具备了赢的基础。只有把握了机遇,才能显示出一个人的实力。经验是可以积累的,能力也是可以培养的。山外有山,人外有人，机遇对于每个人来说都是平等的，只不过有人在不断的获取，有人却在不断地失去。抓住机遇，它也许将是人生的一个重要转折点。我们要善于发现机遇，机遇总是垂青于有准备的人，它无处不在，发现它的前提是你必须有所准备。机遇具有隐蔽性，只有拥有睿智灵魂的人才有可能发现它。机不可失，时不再来，机遇稍纵即逝，优劣之间的转换往往在转瞬之间。要不怕吃苦受累，要敢于冒风险，才有可能抓住机遇。

子曰："道千乘之国，敬事而治，节用而爱人，使民以时。""使民以时"，就是统治者役使百姓要不误民时。孔子的学说是"爱人"，泛指爱一切人。但是这里他所说的"人"不是百姓，而是官吏，是有地位的人。孔子针对统治者和官吏提出学说，在当时是合理的，从一定程度上讲，孔子这里是为统治者治理国家、统治百姓，出谋划策。

孔子认为使民以时既可以保证国家的稳定富强，又可以使百姓辛苦劳作，这很大程度上可以缓解国家与百姓的矛盾。所以"使民以时"是用人要在时间上恰到好处，这样部属才能听你的指挥，乃至全国老百姓才能真心诚意地对你好。

孔子：识人，用人，以"孝"为重

子曰："今之孝者，是谓能养。至于犬马，皆能有养；不敬，何以别乎？"孔子认为，只有孝敬父母的人，才是一个有责任心的高尚的人。如果想要认识和重用一个人，那就必须把"孝"作为判断的重要标准。如果对父母没有孝顺的心意，那么赡养父母与饲养动物又有什么区别呢？

孔子教导其学生子夏说，看重实际的德行，轻视表面的姿态。侍奉父母要能够竭尽全力。服侍君主能不惜献出自己的生命。同朋友交往要言而有信。如果想要做到识人用人，就必须做到"内诚于心，外信于人"，在内心上诚心实意，外在上要对他人充满信任，而在此之先的标准是必须把"孝"作为重中之重。如果一个人没有基本的孝心，那么不管他的才能有多高，他都可能背叛你。毕竟，连照顾生养自己的父母都没有那最基本的孝心，又怎么能让别人对你充满真心实意、有事托付与你呢？

那么，孝的标准是什么呢？孔子说，当他父亲在世的时候，要观察他的志向；当他父母死后，要考察他的行为；若是他能长期遵守父亲生前传下来的正道的话，就可以说是尽到孝了。择人的艺术就是要"识人"，"识人"首先就需要对所用之人有一个较为全面的了解，在"识人"的基础上才有可能选择合适的人才。

亲贤臣，远小人，这是孔子的一贯主张。荐举贤才，选贤用能，这是孔子德治思想的重要组成部分。任人唯贤，以孝为重，这种思想即使在今天仍不失其珍贵的价值。孔子之所以这么看重"孝"的重要性，主要是儒家十分重视个人的道德修养，以求塑造理想人格。孔子在《论语》中多次谈到自省的问题，要求自己及其弟子自觉的自省己身，进行自我批评，反省自己是否对父母尽了孝心，是否对自己亲近的人奉献了真心。他这种反省的道德修养方式，在今天仍有值得借鉴的地方。

"人而无信，不可知其也"，一个人如果不讲信用，就不知道他能做什么。对于识人用人同样如此。如果我们在认识一个人的同时，发现他不能讲信用，那么我们最好的方法便是不去任用他。孝道与诚信有着千丝万缕的联系。如果一个人有孝道而无诚信，那么他是不能委以重任的；如果一个人有诚信而无孝道，他必然是奸诈的。只有孝道与诚信并举，才能真正放心地起用一个人，这也是儒家传统伦理准则之一。

孔子：推"礼治"而施德政

"礼治"是中国儒家学派创始人孔子的重要治国思想。孔子在《论语》中说："为国以礼。"而"以礼让为国"和"德政"的思想主要集中体现在孔子的"为政以德"和"道之以德"两句话上。

孔子主张德政，提倡把政治道德化，以仁心施行政，反对暴政。执政者必须通过修身提高自身的道德水平，并以此道德力量感化老百姓，以便顺利贯彻实施自己的政策和指令。孔子认为推行礼治的原则来治理国家，实行道德政治，国家才能治理好。统治者拥有民心，国家才能兴旺发达。

春秋时期，战乱不断，国家四分五裂，孔子不满当时"天下无道"、动荡不安的社会，抱着强烈的忧患意识和救世情怀，奔游列国，游说上书，孜孜以求，倡导"德化""礼治"。他说："为政以德，譬如北辰，居其所而众星共之。"他提出的"为国以礼"集中表达了他对礼在政治中的地位和作用。

孔子继承周礼这一思想，认为以"礼"来教化引导民众是最有效的方式之一。"道之以政，齐之以刑，民免而无耻。道之以德，齐之以礼，有耻且格。"在他看来，用刑法等法治手段来惩罚不道德的人或事，人们虽犯法而受到惩罚，可心里却没有悔改之意；如果施行德政，以"礼"的精神来教化引导民众，那么人人都不敢做坏事、错事，心里时时有毂觫之感，要是这样，社会也就可以达到稳定。

"德政"与"礼治"都是儒学大师孔子的治国思想，其目的在于国泰民安、长治久安。想要达到"齐之以礼"的治民效果，执政者本身要讲仁礼道德，正所谓"泛爱众，而亲人"。任何社会都必须有他律性的法律，否则就没有行为标准。如果执政者不具有内在的德行，不能自觉遵法，任何好的法律都不可能得以实施，既形不成上行下效的"法治"的环境，也达不到"道之以德"、自觉尊法的治国效果。

孔子：知人善任，人尽其才

孔子说："为政在人，其人存，则其政举；其人亡，则其政息。"正所谓得人才者得天下，失人才者失天下。任何一个朝代，国家的兴衰存亡，都与当政者能否知人善任有关，一般来说，有作为的政治家，都是能够知人善任的。

所谓知人善任，先知人才能善任。在孔子的观点中，知人重在选才，善任重在用才。借鉴孔子的人才思想来说就是，"知人"要言行并举，广纳言路；"善任"则是说用才要求大贤、舍小过。

孔子说："听其言而观其行。"一个人有没有真才实学，会不会工作，善不善于与人交往，不仅要听他怎么说，更要注重看他怎么做，所以，知人要言行并举。"不知言，无以知人也"，在孔子看来，判断一个人的优劣之分，察言观色是一个好办法。但仅仅这样是不够的。一个人言行并重，既展现一番好口才、好思想，又体现出好作为，这才能够得到别人的赏识与器重。

不仅如此，孔子还提倡广纳言路，他说："不以言举人，不以言废人。"高层领导一定要广泛听取群众的意见，而不是只听取一个人的意见，一定要听取不同方面不同人的意见，既要听取赞同的意见，又要听取不赞同的意见。总之，兼听则明，偏信则暗，一定要给每个人说话的机会，广纳言路，这样才会公正客观、平等地对待每个人。

孔子明白，想要改变社会，一是自己成为统治者，二是培养一批人，让这些人去帮着改造社会。识人就像耕田种地，如果管理者做法得当，四面八方的老百姓就都会投奔而来，哪里用得着管理者自己去种庄稼。在现代社会里，如果管理者讲求大义，处处要求仁义为先、爱人为重，甚至可以牺牲自己而帮助别人，讲求诚信，那么就会贤名远播，求职者都以能进你的企业为荣，都以能和你共事为安。

孔子：信任，最好的授权方式

子曰："人而无信，不知其可也。"这句话的意思是说，任何人只要不诚实可靠，就有可能做出狡诈欺骗的事情来。一个人如果不讲信用，真不知道他怎么处世。所以说，人与人交往信任很重要，信任是人与人交往的基本条件。信任有极大的价值，在某种程度上也可以说它是一种无形的资产。

在东方的寓言故事里"说假话的孩子会被狼吃掉"，在西方的寓言故事里"说假话的孩子会长出可怕的长鼻子"，如此可见，无论是东方文化还是西方文化，都让人们明白说假话的可怕和讲真话的重要。

孔子曾云："内不欺己，外不欺人。"即是说做人不能欺骗自己，也不能欺骗别人，因为谎言于人而言就是病毒，一旦沾染便很难从中脱身。季羡林先生也说过谎言是毒药，会让人迷失了心智。

在《皇帝的新装》中，两个裁缝为了获得个人利益编造了一个弥天大谎，造出了一件完全不存在的新装，却没有人提出异议。大臣们为了迎合皇帝，满足皇帝的虚荣心，也满足自己的虚荣心；人民为了安心生活，不愿意对大街上裸身的皇帝吐露真言。皇帝面带着微笑在大街上"唱自己的独角戏"，整个国家都被谎言笼罩。

两个骗子用谎言的毒药蒙蔽了国王、大臣、百姓，可是只有孩子的眼睛是干净的，他们看得清真实的现状。

谎言是难以长久的，再怎么看似完美的谎言终究会有被戳穿的一天。一个人没有办法永远都生活在谎言里，当有一天谎言被戳穿，再也无法遮掩的时候，就会把最丑恶的一面呈现出来，说谎的人也将为此付出代价。

为政的根本是取信于民，而民是国之本，一个为政者如果脱离了民众，没有民众的信任，那就失掉了民心，失去了治理国家的基础。失民心者失天下，最后则会导致这个国家的灭亡。由此可见人与人之间需要信任，国家与人民之间需要信任，信任是最好的授权方式，建立在信任之上的关系将会更加牢固。

孔子：不能居功自傲

对于一个人而言，做好事并不难，但难的是在做了好事之后能够不骄不躁，沉得住气，不声张，不炫耀。

孔子曰："孟之反，不伐。奔而殿，将入门，策其马，曰：非敢后也，马不进也。"据《左传·哀公十一年》记载，鲁国在与齐国的战争中大败，作为统帅之一的孟之反，为了不使军队遭受更大的损失，就主动殿后，抵挡追兵，掩护部队回城。在大家都安全撤回迎接他入城时，孟之反却用鞭子赶着马说："不是我甘于殿后，是我的马跑不快啊。"孔子在对学生讲这事时，非常赞赏孟之反。虽然孟之反他们是打了败仗，但孔子并没有以成败论英雄，而是教育学生要像孟之反那样要谦虚做人。

一般人都是生怕别人埋没了自己的功劳，担心别人不知道自己的贡献。有了功劳而不居功自傲的人是很少的，东汉著名的"大树将军"冯异就是其中的典范。东汉初期，冯异跟随着刘秀南征北战，创建东汉王朝。每次打仗他总是冲锋在前，非常勇敢，立下了不少战功。而每次战斗结束后，当军官们坐在一起评论功劳之时，冯异常常只身一人躲在大树之下休息，从不去为自己争功。所以人们就称他为"大树将军"，以此赞扬他为人的谦逊。

这种不居功、不争功，也是立身处世的一种智慧。试想，打了败仗，作为败军之将，本来就是有责任的。在这种情况下，你还居功，还去争功，就很缺乏自知之明，很难不遭到国人的蔑视和抨击，所以低调一些是很聪明的。即使没打败仗，也不要去争功，因为你有功劳，那是客观存在，并不会因为你去争而放大，不去争而被抹杀。特别是在人际关系复杂的环境下，不居功自傲，不锋芒毕露，是一种高深的修养。因为这样可以减少他人的嫉妒，能赢得很好的口碑。

然而事实上，现实生活中拥有这种智慧的人是不多的。每逢评选先进，或者提职加薪之时，有的人就说自己有如何地称职，怎样地做出了贡献，唯恐没评上自己。一旦没有评选上，则牢骚满腹，甚至诋毁他人，这实在是不明智之举。

要做到不居功自傲，那就要多从大局考虑，不能只从自己考虑。要把自己放在一个集体、一个团队之中，要考虑功劳是大家的，一个人的力量毕竟有限。只有这样看问题，才会比较客观，也才有可能谦虚地对待他人。

孔子：不要言过其行

子曰："君子耻其言而过其行。"现实生活中，我们常常看到这种现象：有的人事还没有做，就夸夸其谈，唱着高调，结果并不是那么回事。而有的人低调得很，只是默默地做事，结果却创造了奇迹，令人赞誉。孔子对第一种人是极不赞成的。子贡问孔子如何成为一个君子？孔子回答说："君子总是先去实践，然后再说出来。"

这是孔子对言行问题的一次明确表态。正所谓"敏于事而慎于言""先行，其言而后从之""欲讷于言而敏于行""古者言之不出，耻躬之不逮也"。从这些语句中不难看出孔子对于言行的认知，这些说法虽然在表述上来看有些不同，但是强调的却是相同的道理：那就是要少说话，多做事。

生活中从来都不缺少夸夸其谈的人，我们总是看到一些人跟别人讲起道理来头头是道，也喜欢在一些场合大谈特谈，但他们从来没有把所讲的付诸行动，做的事没有说的话多。他们这些言行不一致的做法虽然在一开始时能够迷惑别人，但是时间长了总会被人发现端倪的。这种"言语的巨人，行动的矮子"是最不值得我们信任的一类人。

有位学营销的青年，自以为懂得很多现代营销理论。毕业后他进入了一家大型的民营企业，他总感觉企业的营销观念太落后了。因此他和同事们大谈营销理论，同事们很佩服他说的新概念、新名词。老板对他寄予厚望，就破例派他筹划一次活动。他很得意，就和大家大谈他的意见和主张，对别人的观点不屑一顾。结果遵循他的方案实行后，企业不但没有赢利，还出现了亏损。事实证明这位青年只是一个言过其行的空谈家，说起来好像很有一套，但经不起实践的检验。

真正有实力的人往往是那些做得多而说得少、默默无闻地工作着的人。再看看那些先进模范人物，没有一个是夸夸其谈的。他们不是凭说而是凭做来赢得人们的认可和赞誉的。

一位刚刚大学毕业的女青年小李，应聘到一家公司上班，部门负责人为了欢迎她开了一个小型的座谈会。部门领导让小李做自我介绍，小李介绍自己时十分低调，一再表示要向大家学习。小李平时从不多说话，只认真工作，每天不但完成自己分内的事，还总是主动帮助他人。大家发现她的电脑技术很好，她成了为部门里的计算机专家。每次开会她发言不多，但总是提出很好的办法。在年终总结时，小李的业绩最好，到这时，人们才惊奇地发现，这位年轻姑娘是个难得的人才。人们都喜欢少说话多做事的人，讨厌那种夸夸其谈的人。

孔子的话言简意赅，他把这种"言过其行"的作风视为君子之耻。我们要牢记孔子的话，注意自己的言与行，要脚踏实地，多做少说，勤勉办事，做一个言行一致、实实在在的人。

孟子：正己，方可正人

《孟子·公孙丑上》里曾说："仁者如射：射者正己而后发；发而不中，不怨胜己者，反求诸己而已矣欲正人者，先正己意；欲正己意，先正己身；欲正己身，先正己心。"正者修也。在我们的儒家大师孟子看来，正己，方可正人，就是修身。只有修养自己的身心才能正己、正人。

诸葛亮在《诫子书》中说道："夫君子之行，静以修身，俭以养德，非淡泊无以明志，非宁静无以致远。"因此，修身还需常怀律己之心、常修为政之德、常思贪欲之害。

勤于自省。古人说"见贤思齐焉，见不贤而内自省也。"自省是不断完善自我、不断超越自我、不断升华自我的一个必不可少的过程。经常"三省吾身"，有利于我们正确、如实地认识自我，发觉自我的优点，捕捉自我的不足，从而净化、提升自身的修养。时时自省自律，久久为功，就能自觉树立严、实之风，就会成为品德高尚之人。

慎独慎行。《官箴》有云："当官之法，惟有三事，曰清、曰慎、曰勤"，讲的就是要守得住清贫、耐得住寂寞、稳得住心神、经得起考验。领导干部面对错综复杂的考验和形形色色的诱惑，必须慎独慎行、自省自律，勿以恶小而为之，勿以善小而不为，始终做到不放纵、不逾矩。做到人前人后一个样、八小时内外一个样、有没有监督一个样、台上台下一个样，始终恪守自己的为人风范和处事品格，在持之以恒的积累中日臻完善。

做好表率。曾国藩有句名言，"律己足以服人，量宽足以得人，身先足以率人"，因此，作为领导干部，必须要做到以身作则，在执行制度规定时，行动先于一般干部和群众，标准高于一般干部和群众，要求严于一般干部和群众。要求下级做到的，自己首先做到，要求下级不能做的，自己首先不做，自始至终，端正作风，树好形象，始终发挥好示范引领作用。

一名品德高尚的好干部，犹如高山景行，让人仰止。国无德不兴，人无德不立。厚德才能远行。作为领导干部，一要厚道做人，二要诚信立人，三要正直为人。

孟子：言行一致，表里如一

孟子"言行一致，表里如一"的思想在另一层面上而言就是诚信。古人云："人无信不立"。为人行事要想言行一致、表里如一就要心怀诚信。唯有诚信方会言必行、行必果，才会言行一致、表里如一，不会两面三刀、笑里藏刀。

孟子在教我们做人的道理。无论做官、做事、做学问，基础都是做人。"人"字一撇一捺，看起来简单，写起来利索，但真要把人做好，相当不易。堂堂正正是一个人的立身之本。做有责任心的老实人，现在一提到老实人，好像有贬义的味道，好像就是那种木讷呆板、只知道埋头做事的人。人要真实，我们的价值观要树立老老实实做人、实实在在做事的思想。

一个人道德的好坏，不是天生的，而是后天学习养成的一种习惯。大家知道这个"道"字，像一个人昂首挺胸地走了，"德"字就是站着双排的人以每人十双眼睛盯住你是否一心在干好事，是否在一心工作。对你的评价而得出"道德"两字。人要实实在在地做到"慎独"，"慎独"就是以自省作为起点和基础，强调道德修养必须在"隐"和"微"上下功夫。在最隐蔽的言行上能够看出一个人的思想，在最微小的事情上能够显示一个人的品质；强调道德修养必须达到这种境界，即在无人监督，无人知道的情况下，也能严格按道德的原则办事；强调在社会公利和个人私利的对抗中要自我教育、自我监督、自我克制、自我完善，始终保持"慎独"的坚定性和自觉性。如果一个人连做人的道德都不具备，不如不做人。在红尘滚滚中，孟子的言行一致、表里如一在闪耀着它独有的光芒。

在现实社会里，许多人为了功名利禄、事业地位虚与委蛇、两面三刀、溜须拍马、无所不为。社会上存在大量贪污腐败等不良风气。孔孟等人的至理名言被人嗤之以鼻，公民道德低下。习主席上任后，大力倡导中华优秀传统美德，为这个社会射进了一道光芒。

孟子：仁、义、礼、智、信

孟子曰："人皆有不忍人之心。今人乍见孺子将入于井，皆有怵惕恻隐之心，非所以内交于孺子之父母也，非所以要誉于乡党朋友也，非恶其声而然也。恻隐之心，仁之端也；羞恶之心，义之端也；辞让之心，礼之端也；是非之心，智之端也。"孟子提出的仁、义、礼、智，并对中国的发展起了很大的作用。

孟子提出的仁、义、礼、智，被董仲舒扩充为仁、义、礼、智、信，后称"五常"。这"五常"贯穿于中华伦理的发展中，成为中国价值体系中的最核心因素。仁，是孟子政治思想的核心，是最普遍的德性标准。以仁为核心形成的古代人文情怀，经过现代改造，可以转化为现代人文精神。义，与仁并用为道德的代表："仁至义尽"。义成为一种人生观、人生价值观，义是人生的责任和奉献，至今仍是中国人崇高道德的表现。礼，与仁互为表里，仁是礼的内在精神，重礼是"礼仪之邦"的重要传统美德。北京曾为迎奥运大力开展礼仪教育。"礼之用，和为贵"，其价值取向为"和谐"。智，从道德智慧可延伸到科学智慧，把科学精神与人文精神结合和统一起来。信，是做人的根本，是兴业之道、治世之道。守信用、讲信义是中华民族共认的价值标准和基本美德。

仁、义、礼、智、信，被称为封建社会中人们的行为规范，它是指导人们举止行为的常理，不可以违背和搞乱。对人宽厚有爱心，是仁；为人正派，爱憎分明，是义；待人彬彬有礼，行为端庄，是礼；处事果断周密，是智；做人诚实稳重讲信誉，是信。按照这"五常"去做，就可以成为正人君子；反之，则可能成为遭人唾骂的坏人。

孟子说："仁义礼智根于心。"也就是说仁义礼智的道德是天赋的，是人心所固有的，是人的"良知、良能"，是人区别于禽兽的本质特征。

孟子在孔子基础上形成的仁、义、礼、智、信，不仅对中国古代有深远的影响，对中国当代的影响更是不可估量。孟子的仁、义、礼、智、信，是促进良好风气养成的一剂良药。

孟子：虽为良医，愿人无病

"虽为良医，愿人无病"一语最早源自孔子语："听讼，吾犹人也，必也使无讼乎。"意思是我审判案件和别人没有什么不同，但是我的目标在于使人们不争讼。而孟子作为"亚圣"，发扬、完善并推广孔子思想和儒学，将这一观点发展成为现在人们所看到的"虽为良医，愿人无病"。

孟子这是以孔子谈诉讼的话来阐发"物有本末，事有终始"的道理，强调凡事都要抓住根本。审案的根本目的是使案子不再发生，这正如"虽为良医，愿人无病"的道理一样。审案和治病都只是手段，或者说是"末"，使人心理畏服不再犯案和增强体质不再生病才是目的，或者说才是"本"。孟子告诉我们做事要抓住关键，不要本末倒置。在日常生活中，我们平常时会抱怨这件事没做好或没有达到预期的效果，那是没有用对方法，没有找到事情本身的"本"。想把一件事情做对，关键就在于使用正确的方法，而不是只靠蛮力闭着眼向前闯，那样只能是徒劳无获的。试着去仔细研究问题，找出关键所在，运用正确的方法，事情就能圆满解决了。

孟子说："人有不为也，而后可以有为也。"（《孟子·离娄下》），意思是人只有对某些事舍弃不干，然后才可以有所作为；要想有所作为，就必须有所不为。如果样样事情都想干，结果什么成就也没有。而这里的"不为"即为"末"，而"有为"就是"本"的意思。任何事物都有自己的特征，如果我们能够注意根据事物的本质特点做事情，各种问题就会迎刃而解。

不抓关键，失败的根源。就像《韩非子》故事中那个买椟还珠之人，对于那个华丽的装宝珠的盒子十分感兴趣，将珠宝买到手后，却将匣子留下，将珠宝还给卖家，这不是滑天下之大稽吗？只重视表面而轻视本质，将并无多大价值的盒子当成珍宝的人在现实生活中真实存在。只顾眼前，忽视长远；只顾外表，忽视实质；只顾自己，忽视集体。这是本末倒置。

做什么事情都要分清主次，不强身健体增加体质，只单单追求好的医生、高疗效的药品是没有用处的。不管做什么事情，都不要过分追求形式，否则就会影响或者是疏忽内在、本质的东西，结果造成主次不分，表里不分，把非本质的误认为是本质的，只会带来失败。

林语堂：读书不思考，等于吃饭没消化

孔子有言："学而不思则罔"，这句话说出了求学的要诀，学习必须与思考有机结合起来，才有成效，这也可以看出，"思"对于"学"，对于"做"来说是多么重要。其实，日常生活中，我们不管做什么都需要"思"。一个只能实践而不注意思考的人，只能庸庸碌碌浪费一生。

林语堂先生说过："读书而不思考，等于吃饭没有消化。"他认为，学习是件难事，难就难在要开动大脑这台机器，多思考、多质疑、多联想。而人和动物的根本区别，就在于人会思考。所以，人们才能不断改变自己的生活、环境和地位。没有思考，就不会有探求新事物的欲望，就不会有发明创造，就不会有人类的演变和时代的进步。每一个人都要学会思考，不会思考的人是一个不完整的人。

林语堂：思考让人领悟事情的全部

只有思考才能领悟到事情的全部。林语堂先生在他随笔中写道："青年人思想活跃，富有创造力和想象力，有时灵感有如神助。"这话当然是在赞美年轻人，因为年轻人相对于老年人而言，思想活跃，勇于创新，而他们就是这个社会未来的中坚力量。对于林语堂先生而言，他善于思考，他写作的素材大多是由他的幻想演变而来，而幻想，则是一种更高境界的、脱俗的思考。他在寻找灵感的时候，总喜欢点燃一支烟，在烟雾中捕捉情节。他的文章以闲适幽默为格调，以性灵超远为立场，大多是由于他思考，使自己的脑子动起来的结果。只有懂得思考，才能在原来的基础上得到提升和发展。假如思想永远停留在一个阶段，那么，生命只不过在无休止地重复某个过程，完全没有必要把它继续下去。

人，总是需要很多思考，思考不仅能帮助人们认识到自己的缺点，不断完善自己，还能让我们发现很多生活中鲜为人知的真理。爱思考的人，往往更容易获得成功或者成功的机会。因为他们能从多个角度看待事物，从而考虑问题更加全面，做起事来，方向也更明确。而忽略思考的人，对待事物总是很随意，容易受习惯和个人性格趋向的影响，不能进行正确的判断，导致造成不必要的麻烦或损失。总之，思考对每个人来说，都在其人生道路上起着关键作用。它甚至影响到你的前途和命运，它是成功者必备的"武器"，是失败者不能成功的原因。

学会思考并不难，关键在于"勤"，要多思考、常思考，养成勤思考、勤动脑的习惯。遇到困难，不要望而生畏。林语堂先生说过，思维着的精神是地球上最美的花朵，思对于学，

对于做，甚至对人类发展过程每一个质的飞跃和人类历史文化的显著提高都起着促进作用。小而言之，多思能举一反三，活学活用，使人领悟人生，洞察社会，增长睿智；广而言之，从刀耕火种到铁器畜耕，从蒸汽机到现代电信科技的腾飞，人类每一个划时代的进步，无不凝聚着思想者的智慧。因此思考是人类最具价值的东西，在这复杂的社会群体中，我们要冷静思考，用理性去观察社会，去思考人生。

林语堂：知足常乐，安贫乐道

知足常乐，是极其符合儒家的"中庸之道"的一条观念。一切行为适中、折中为宜，不能什么也不追求，也不要过分追求，凡事讲究个"度"。简言之，就是对幸福的追求持一种极易满足的态度。而安贫乐道则形容人为了自己信仰或理想的实现，宁愿处于贫困恶劣环境。知足常乐应是人世常态，贫贱荣华有如过眼烟云，真正达观的态度应安贫乐道，万事大吉。

古人的"布衣桑饭，可乐终生"是一种知足常乐的典范。而林语堂先生说半玩世半认真是最好的处世方法，不忧虑过甚，也不完全无忧无虑，才是最好的生活，这就是他知足常乐的幽默。他说："不满足使人生在欲望与失望之间痛苦不堪。"他认为，快乐、幸福都是建立在知足的基础上的。这里并不是说不思进取，不前进，而是在自己的能力控制范围内循序渐进。不要把太多不实际、不可能完成的事摆在眼前，不达到目的就绝不放手。

林语堂先生说："知足者想问题、做事情能够顺其自然，保持一份淡然的心境，并乐在其中。"而老子说："祸莫大于不知足，咎莫大于欲得。故知足之足，常足矣。"意思是说，祸患没有比不知满足大的了；过失没有比贪得无厌大的了。所以知道满足的人，永远觉得是快乐的。人要知足常乐，什么事情都不能想冗杂，心灵超负荷，就会怨天尤人。这应该并不是削弱人的斗志和进取精神，而是在知足的乐观和平静中，认真洞察取得的成功，总结经验，之后乐于进取，乐于开拓，为将来取得更大的成功鼓足信心，做好充分的准备。知足常乐，是个人永远的精神追求。

林语堂先生称《闲情偶寄》为中国人生活艺术的袖珍指南，他认为李渔的冬日情趣则充满精神安慰法的意味。李渔在《冬季行乐之法》中指出"冬天行乐，必须设身处地"，即设想自己正遭受风雪之苦，然后再于家中的现实相对应，则无论现实生活中多么寒冷，和想象中的比较后，快乐胜过百倍。他还提倡可以将绘有人拿着破伞独自走在雪景中的画挂在中堂之上，用来抵御寒冷。林语堂先生风趣地称李渔这些想象力丰富的自我安慰方法为"善讨便宜之第一法也"。秉持安贫之心，拥有乐道的情怀，衣着不过御寒，饮食不过一饱，安榻不过七尺，又何必执着于身外之物呢？

能忍者自安，是对知足常乐、安贫乐道的补充和强化，联用就构成一个高尚的肉体境界。林语堂先生说："'仁义礼智信'是中华儒家学说的中心。人，任何事情都容易学，而最难学会的就是宽容、忍让。"宽容忍让是一种修养、一种博大的胸怀、一种超然洒脱的态度，也是承认和满足现状，这也不失为一种自我解脱的方式。

不与他人攀比，不把人生目的定得太高，不刻意追求完美，不时时苛求自己，不屡屡吹毛求疵。如有可享乐的物质，就知足享受，但如果无福可享，则亦不怨天尤人，安于贫穷，这是中国人"知足常乐""安贫乐道"的精义。

NO.8 国学中的领导艺术：功加于民，德称其位

南怀瑾：在其位，善谋其政

《易经杂说》有说："上六，龙战于野，其血玄黄。象曰：龙战于野，其道穷也。"南怀瑾先生在解释这一现象时认为，乾卦六爻，都是用龙来代表，龙战于野，其血玄黄，是说一战争就要流血，流下的血为玄黄色。如果《易经》是根据天象来谈人事的，那么事态一旦发展到极致，就会引发争斗，也许是一种推翻重来的革新，也许是一场改朝换代的战争。因为穷极则生变，变而生通广，走入一个极端，到了某一个情况非变不可，因为"其道穷也"。极端则要求变，变的时候，自然有龙战于野的流血之象，这是一定的。

南怀瑾先生认为，做事应当中庸行事，不偏不倚，欲速则不达，物极则必反。不守住自己的位置，而想去抢占别人的地位，这样也是一种不明智的做法。因而，做人做事，都不要过了头。

古往今来各个朝代，都有许多因为不在其位却妄图谋其政而造成物极必反的例子。武曌是唐高宗时的皇后，她在高宗死后，就临朝听政，不久，她废了中宗，改立国号为周，自称为则天皇帝，也就是武则天。当她临朝听政的时候，太子中宗已经长大了，可以处理国家的大事了，但是武则天还是不肯放手。那个当时，许多的大臣都很不满，纷纷上书劝止。其中有一位叫作苏安恒的大臣，也上了一本奏疏，劝谏则天皇帝。奏疏上说："太子现在的年纪已经很大，才德也不错，你却还贪恋着皇帝的宝座，而忘了母子情分。时间已不能让你拖延下去，我认为上天和百姓们，都是倾向李家的，你现在虽然还平安地坐在皇位上，但总要知道物极必反、器满则倾的道理吧！"

武则天并不听劝，结果遭致几次谋反事件，臣民对她也多有不满。晚年的时候，她用强硬的手段废黜李氏子孙，自立为皇帝，这件事本来已经偏离中庸之道，而她在夺权过程中诛杀政敌，甚至连亲人都不放过，更是做事过了头，必然招致怨怒。最后，武则天认识到这一点，将皇位和政权又重新交给李氏后人。

南怀瑾先生所谈的物极必反的道理，告诫大家当"其道穷也"，必然会出现龙战于野的事情。因而，如果一个人想谨慎安稳度日，就要警惕事情不要走极端，凡事不要做过了头，只要不出现"其道穷也"，就不会产生巨大的变化，也就是说，在其位谋其政，不在其位不

谋其政。所以说，无论做什么事，都该遵循适可而止的道理，凡事有度，过犹不及，在其位谋其政，不要把事情做得过头了，也不要做和自己身份不符合的事情，否则当事情超出控制之后，你就只能自食恶果了。

南怀瑾：与其顺势，不如造势

南怀瑾曾说："人要懂得处世，要懂得自己的人生，所以要知道'得时'的重要性。"这句话与"得时者昌，失时者亡"相似，意思是待人处事一定要看准时机，认清对象，假如自持本领而没有找准对象，不仅无法发挥自己的特长，反而会带来严重的后果。

古时，鲁国一户姓施的人家有两个儿子，一个喜好儒学，另一个崇尚兵法，最后喜爱儒学的到齐侯那儿获得了重用，成为了公子们的老师。而崇尚兵法的担任了楚王军队的长官，亲戚们为此都感到非常荣耀。

而施家的邻居孟家也有两个儿子，于是他们就效仿施家，让一个儿子学习儒学，另一个儿子学习兵法。一天，学儒学的儿子跑去觐见秦王，秦王说："当今诸侯力争，所务兵食而已。若用仁义治吾国，是灭亡之道。"意思是如今各国诸侯以武力去争夺天下，当务之急是预备兵马粮草。如果用仁义道德来治理国家，是自取灭亡。于是把这个学儒学的儿子处以宫刑，然后驱逐出境了。而孟家的另一个学兵法的儿子前去游说卫侯，卫侯说道："吾弱国也，而摄乎大国之间。大国吾事之，小国吾扰之，是求安之道。若赖兵权，灭亡可待矣。若全而归之，适于他国，为吾之患不轻矣。"意思是说，我们是一个弱国，夹在几个大国之间勉强生存，强大的国家我们要侍奉，弱小的国家我们要安抚，如果依赖军事策略，亡国便指日可待了。像你这样的人才，要是被别国利用，肯定会对我国造成非常严重的祸害。于是被处以刖足之刑，之后放回了鲁国。

回家以后，孟家捶胸顿足去找施家算账。施家父子解释说，凡是顺应时机的就昌盛，违逆时势的便灭亡。你们所学的东西与我们相同，可是结果却大不相同，这是违背时宜的原因，并非是学错了东西。何况天下并没有永远正确的道理，也没有永远错误的事情。之前所使用的方法，今天有可能被废弃了；今天所废弃的东西，未来还有可能会被采纳。用和不用，并没有一定的对或错。只有迎合时机，抓住机遇，应对事变，不拘成法，才是智慧的表现。假如智慧不足，即便博学好像孔丘，计谋好像吕尚，也终会穷困潦倒，抑郁不得志。孟家父子听后，才恍然大悟。

南怀瑾先生在《列子臆说》中说："得时者昌，失时者亡。"在他看来，时间不对，便得不到机会；即便有相同的本事，眼光不对，机会也把握不住，只能怪运气不好。人生所有的境界，时间、空间这些都是条件，机会到了要知道把握，还要把握的对，这样才能成功。无论是天下大事，还是个人事情都是一样的，只要机会错过了，即使你在后面不停地追赶，也没有不失败的。正如上面所说的孟家两兄弟和施家兄弟学的一样，为什么孟家的成功了，而施家的却失败了呢？主要原因就是因为他们不懂得把握时间，把握机会，对环境和机运并不了解。

南怀瑾先生解释"得时者昌，失时者亡"时，也强调凡事要随时机而变，以精准的眼光抓住当前的时机，千万不能墨守成规，与其顺势，不如造势。

一个人如果随波追流，见有人成功，便立刻模仿，不顾一切追随过去，十有八九不会成功。但只要用心分析变动的时机，找准机会把握住，或许就成功了一半。人要懂得处世，懂得自己的人生，所以要明白"得时"的重要性。

南怀瑾：方以类聚，人以群分

南怀瑾先生在《易经杂说》中解释"方以类聚"，"方"的古字形就像一只猴子蹲着。所以有人说，将猴子一只只地聚在一起，就是方以类聚。也有认为"方"就是"位"，意思是空间和方位。在每一个空间中的人和物，都有独特的情绪和个性，按照空间分类聚在一起。就好比说高山上和陆地相同温度的地方，都种同一种蔬菜，种出来的蔬菜外形尽管相似，但是吃到嘴里的感觉还是大不相同，这就是方以类聚造成的不同。

《战国策·齐策三》中记载，齐宣王用高官厚禄招揽贤能之士，齐国有一著名学者叫淳于，他在一天之内举荐了七位贤士。齐宣王大感疑惑，问他去哪里找到这么多贤能之才。淳于说道："他们都是我的朋友，因为天下同类的事物，总要相聚在一起。我既然算得上是贤才，那么我举荐的朋友也都是贤士，就如同黄河里取水，燧石中取火一样容易。"

齐宣王听了十分高兴，给淳于双倍的赏金，连同他举荐的贤能朋友一起封赏封官。有一个喜欢吹嘘拍马的官吏知道此事，于是找到他的狐朋狗友，说只要向齐宣王举荐，大家都能封赏得官。于是这人也一天举荐了七个朋友，齐宣王说道："你自己就不是贤者，你举荐的这些人都是你的朋友，正所谓物以类聚，可见他们也不是贤士。"不但没给他们高官奖赏，而且还重重惩罚了他们。

这个故事就是方以类聚产生吉凶，与淳于在一起的贤士朋友，因物以类聚得高官，而另外一伙人则被齐宣王惩罚。因此，喜欢与什么样的人相处，就是吉凶的反映。一个人愿意与游手好闲的人来往，自然是一种凶兆，而愿意跟勤奋好学的人一起，当然是一种吉兆。

中国有句古话："近朱者赤，近墨者黑。"意思是指周围的环境对人的影响很大。美国也有一句谚语：和傻瓜生活，整天吃吃喝喝；和智者生活，时时勤于思考。这说的其实都是同一个道理。

《易经》解释吉凶，即为"在天成象，在地成形，变化见矣"。群体的变化也可能产生吉凶之兆。老子云：道不同，不相为谋。人在某种程度上是"群居动物"，每个人都更倾向于和自己志同道合的人在一起，大家为了同一个梦想或者同一个事情聚集到一起。但这样的群体一旦发生变化，也能产生吉凶。当群体中有人改变，特立独行的时候，往往就出现利益的冲突，就会发生矛盾，产生分歧。

南怀瑾先生认为，交友合作是否吉凶，只要看懂其中的变化原理，就可以掌握和预测出吉凶。合作中的变化不仅可以产生吉凶，还可以改变吉凶。只有当变化的过程符合自然规则，顺应自然，这种变化才是趋吉的。

南怀瑾：不能接受的赠予

"不能接受的赠予"出自《列子臆说》，讲的是列子的一个故事。南怀瑾先生解释"不能接受的赠予"时，特别强调当一个人陷入困顿时，他的判断力尤为重要，什么样的馈赠可以接受，什么样的情况可以求人，这不仅要审时度势，还要拥有一定的智慧和勇气。

南怀瑾在《列子臆说》中告诉我们，一个人越是穷困潦倒，接受别人的赏赐越要谨慎，特别是上级轻率的恩惠，有可能招来意想不到的祸害。他认为，列子没有接受赠予，并非是故意清高，因为他肚子饿了也是要吃饭的，而是他考虑到了这种赠予会给他带来什么样的后果。过于轻易得到的东西，不一定会给我们带来幸福，反而是痛苦，甚至会让我们的处境更加恶化。

古人说："人到无求品自高"，意思是说一个人到了处世无求于人的时候，他就是天地之间第一等人，品格自然就高尚了。古人还说："求于人者畏于人。"拿人的手短，吃人的嘴软，不讲原则地求人，很容易令自己陷入尴尬之地。

有一次，庄子去向朋友借粮食，一进门，什么客气话都没讲，开门见山地对朋友说："我今天是来借粮的，你有没有？"朋友说有，庄子拿到粮食说："今天我没时间，有什么话下次再谈。"说完就走了。有人对庄子说，借粮的时候不客套几句，这样好像很没礼貌。庄子说道："求人的时候最怕客套，假如他说没有粮，那么我会说没关系，我去找别的朋友借，再见了。这样是非常痛快的。但是如果我坐下来，和他聊上几句，最后再拐弯抹角地开口借粮，那时实在很难开口。即便我开了口，对方告诉我现在没粮，彼此既难过又伤感情。"

庄子求人时表现得干脆利落，绝不多啰嗦一句话，这既是一种勇气和智慧，也是他做人的原则。因为只有行事坦荡，才可以避免尴尬，不会在求人问题上低人一等。

在人际关系中，唯求人一事十分困难，无论是高高在上的君王，还是平凡生活的老百姓，谁都无法在求人的时候维持原则，做到胸怀坦荡。古代的智者认为，当你坦荡地去求一个人的时候，对方无论拒绝或答应，也能坦荡回应，这样的人都值得交往。

南怀瑾对此深以为然，他认为人生处世，不仅要有智慧，还要有高度的判断力。人的一生总有困顿之时，不随便接受别人的赠予，不轻易让自己陷入难堪，这是做人的哲学，也是带有智慧的判断力。

南怀瑾：问号就是最好的答案

庄子在《逍遥游》里提出了一个问题："天之苍苍，其正色邪？其远而无所至极邪？其视下也，亦若是则已矣。"在《庄子南华》中，南怀瑾先生对这些问题加以解释："天之苍苍，其正色邪？"当我们仰头看天，天气晴朗得一点云都没有，空中的颜色是青蓝的，那叫"苍"，所以我们认为那就是蓝天。庄子却对此表示怀疑，天真是蓝的吗？你真的爬到天上看过吗？假如那个蓝色的就叫天，那夜里这个黑色天空叫不叫天？早晨空中白白的一点曙光，那是不是天呢？

南怀瑾先生说："每一个人的气度、知识范围、胸襟大小都不同。如果要立大功成大业，就要培养自己的气度、学问、能力，像大海一样深广才行。要够得上修道的材料，也要像大海一样汪洋才行。"要想自己的知识像汪洋大海一般，就要积极去寻找问号背后的答案。

爱迪生小时候就热爱科学，凡事都爱寻根追底，都要动手试一试。有一次，他看到母鸡在孵蛋，就好奇地问妈妈："母鸡为什么卧在蛋上不动呢？是不是生病了？"妈妈告诉他，这是在孵小鸡。听了妈妈的话，爱迪生感到新奇极了，他想，母鸡卧在鸡蛋上就能孵出小鸡来，鸡蛋是怎样变成小鸡的呢？人卧在上边行不行？于是，他决定试一试。

爱迪生从家里拿来几个鸡蛋，在邻居家找了个僻静的地方，他先搭好一个窝，在下边铺上柔软的茅草，再把鸡蛋摆好，然后就蹲坐在上边，他要亲眼看一看鸡蛋是怎样孵成小鸡的。天快黑下来了，还不见爱迪生回家，家里的人都非常着急，于是到处去找他。最后在邻居的后院找到了爱迪生，原来，他正在用心地孵小鸡呢。

妈妈没有责怪和取笑他，因为她知道这孩子的性格，微笑着说："人的体温没有鸡的体温高，你这样孵是孵不出来的。"从这个故事里我们能看到一个善于发现问题并且积极主动去探索答案的小爱迪生，正是因为这种精神他才能成为闻名世界的"发明大王"。

由于时代发展，科学进步，很多现代人习惯于坐享其成，缺少了敢于质疑、敢于提问的精神。如果世界少了敢于质疑的人，那么整个社会就会停滞不前，人类会因此退化。所以我们在做学问时，应当多想、多问、多钻研。

南怀瑾：看似无情却有情

在《庄子·德充符》中，庄子和惠子一起讨论人的情性问题。惠子问庄子："人是不是无情的？"庄子回答是。惠子又问："人如果没有感情，又怎能叫人呢？"庄子说："生命本体给了我们人的形貌，老天给了我们人的形体，怎么不叫人呢？"

庄子的意思是，一个人若想超凡脱俗，必定在外表上具备普通人的样子，而内在没有普通人的感情。外表拥有人的模样，才可以与别人和睦相处，而内在抛却人的喜怒哀乐，才不会沾染人间是非，不受凡俗琐事所累。从渺小的外表来说，属于人；从伟大的内在去讲，是能与天为友的圣人。因而，"有情之人"是庸碌之人，而"无情之人"是得道之人。

庄子谈论理想中的人格与人情，惠子未能理解，认为只要是人，就不可能做到无情。庄子解答道："我讲的无情，是指人如果无喜无悲，便可无欲无伤，能够遵循自然而然，并非有意培植感情。道给予人以相貌，天赋予人以形状，人不应该刻意追逐外在的东西，惹出烦恼、忧虑和悲伤，伤害到自己的身体和心灵。当人追逐外物，精神和身体都处于劳顿，心力交瘁，无精打采地呻吟打瞌睡，岂不是伤害了自己。"

"人之生也，非情之所生也。生之所知，岂情之所知哉！"南怀瑾在《庄子讲记》中解释这番话，认为人的生命，不是因为情而生。我们生来的时候，是有一点灵知之性的，这种灵知之性可以跨越日常琐碎，超脱喜怒哀乐，让我们做一些光明而伟大的事情。"灵知之性"所追求的崇高，是用情感无法解释和取代的，因为人所以成为人，人所以与动物有区别，不在乎有"感情"，而在于拥有"灵知之性"。

一个有情人，容易被喜怒哀乐、悲伤欢爱所困扰，因而那个光明和伟大的灵知之性，就困在一个微茫的小点上。虽然人们努力想要使它豁达，希望心境伟大，思想伟大，操守伟大，但却永远也做不到。如果我们的修养和心境能够离开感情的困扰，就会变得非常旷达逍遥，那就是一种圣人境界。普通人终日为情所困，要达到圣贤境界，永远无法成功。而圣人抛开世俗情感，一心做"无情"之人，方可达到伟大的境界。

南怀瑾先生指出，庄子的"无情"论是为了让人追求崇高，实现自然的超脱，一个人修养到心中没有杂想，没有妄念，恢复到婴儿般清净无为的状态，生命的伟大就会展现出来。无情之人最有情，道家老庄如是，佛家菩萨如是，基督耶稣如是。无情只是不纠结于世间的小情小爱，而是去追求大慈大悲的大爱，南怀瑾先生也正是这个意思。

南怀瑾：相濡以沫，不如相忘于江湖

相濡以沫，不如相忘于江湖，源出《庄子·内篇·大宗师》和《庄子·外篇·天运》。泉水干涸了，鱼靠吐沫相互滋养，其寓意是身处患难的环境中，用微薄的力量相互帮助。然而这种苟延残喘的互相扶持，不如相忘于自然，而彼此之间施与小惠，不如相忘于浑沌，各得为乐。

南怀瑾在《庄子南华》中对这句话的解释是鱼儿离开水，便活不下去，所以相互之间只能彼此慰藉，相互依存活下来，但是这种活着并不自由，所以不如将它们放入水中，放到江湖中，回眸而相忘。那么，当人们忘记了有江有湖，便不受任何的管束，便进入一个全新的人生境界。

南怀瑾先生对相忘于江湖有非同寻常的领悟，我们每个人都是离开江湖的鱼儿，因为缺水的缘故，我们彼此流连，彼此牵绊，维持相对稳定的人际关系。但事实上，鱼儿都渴望游在水中，自由自在，不受相濡以沫的束缚和限制，轻松又自在地活着。

对于我们而言，放下心中的执念，是寻求真正自由的一种超凡境界。现代社会中的人们，追名逐利，熙熙攘攘，男欢女爱，苦乐无常，烦恼与痛苦多来自于心中执念。如同纳兰性德曾经悲叹："人生若只如初见，何事秋风悲画扇。等闲变却故人心，却道故人心易变。"执念别人的变或不变，永远不会快乐，惦念着昨天，永远不会享受今天，向往明天。

庄子"相濡以沫"的哲学让人们放下执念，南怀瑾先生则引申为"相忘于江湖"。

鲁迅先生逝世前，躺在病床上嘱托年幼的儿子周海婴："孩子，忘记我，好好生活。"长大后周海婴念书上学，钻研理工科，在文学之外的领域中获得成就。鲁迅先生的割舍是一种决绝，周海婴的忘却是一种勇气，他不必活在父亲名气的压力下，不必顾及周围众人的殷切期望，他是一条自由自在的鱼儿，找到了属于自己的江湖。

相忘是一种决绝的浪漫，不在乎天长地久，只在乎曾经拥有。人生苦短，快乐尤缺。在短暂的生命旅程当中，人们的相逢和相知，犹如错综交叉的网线，世上没有绝对的平行线，因而也没有永远相伴的人和事。当两条线相交一处，彼此珍惜相知的一刻，随后转身离去，也是清风明月，唯美浪漫，永不牵绊，万般潇洒。

南怀瑾：从观身到观天下

《道德经》第四十五章提到："善建者不拔，善抱者不脱，子孙以祭祀不辍。修之于身，其德乃真；修之于家，其德乃余；修之于乡，其德乃长；修之于邦，其德乃丰；修之于天下，其德乃普。故以身观身，以家观家，以乡观乡，以邦观邦，以天下观天下，吾何以知天下然哉。"

这段话的意思是，有能力为自己量身定做道德规范的人，永远不会动摇，能够按照自己认定的原则行事的人，永远不轻易气馁。一个人以这样的原则修身，那么他的德行就会很淳真。用这样的原则持家，德行必然是出众的；用这样的原则处理乡务，德行必然成为他人学习的榜样；用这样的原则安邦立国，德行将会更加丰硕；用这样的原则治理天下，德行便会被普及世间。

南怀瑾先生在《老子他说》里这样解释，一个人如果能够创立伟业，他的意志必然是坚韧不拔的。因为人的悟性由天地秉承而来，并反映到自身的修养和行动上，这是一种客观存在的反映。所以，智慧通常表现为多种目标和多个层面：以自身为目标的人，一生则着眼于自己，以家庭为目标的人，一辈子则为家庭忙碌，还有以乡里、国家、天下为己任的，他的视野和眼界就会在乡里、国家和天下。因此，许多伟人明白天下之理，而一般人不行，就是因为眼界的不同。

南怀瑾用通俗的语言总结了这样一个道理：眼界决定高度，眼界决定见识，眼界决定处理事情的方法，从而决定事情的结果。不沉迷面前的小利益，而着眼于千秋万世的幸福，这样的人往往可以用一个词来形容，叫作"高瞻远瞩"。

说到"以身观身，以家观家，以乡观乡，以邦观邦，以天下观天下"，是从一身讲到天下，这与儒家经典之一的《大学》中所讲的"格物、致知、诚意、正心、修身、齐家、治国、平天下"的所谓"八条目"十分相似，也是从一身讲到天下。后来的庄子也说，"道之真，以治身，其余绪，以为国。"所谓为家为国，应该是充实自我、修持自我以后的自然发展，提高自己的眼界，才能有更高的境界。

一个人的眼界决定了他的未来，眼界宽者其成就必大，眼界窄者其作为必小。在我们的现实生活中，有的人缺乏理想，不敢规划美好的未来，结果只能守着自己的"一亩三分地"勉强度日；而有的人好高骛远，不切实际，想要一蹴而就，结果四处碰壁，前途暗淡，这两种心态都不应该有。我们应该放开眼界，同时踏实努力地去奋斗，那么事业自然就会水到渠成、瓜熟蒂落。

南怀瑾：花花世界奈聋盲

老子说："五色令人目盲，五音令人耳聋，五味令人口爽。驰骋畋猎，令人心发狂。难得之货，令人行妨。是以圣人为腹不为目，故去彼取此。"这句话是说五颜六色混杂在一起使人眼花缭乱，各种声音交织在一起使人听觉失灵，品种丰富的事物使人食不知味。

物质文明的现代，自然科学的进步，精密科技的发展，促使声、色、货、利的繁荣。我们无论眼睛、耳朵、鼻子、嘴巴早已不再满足于过去自产自足的旧时光，我们已经习惯了五彩的霓虹并深深地依赖它们。因此南怀瑾感慨道："常常使人低徊有感，不胜惆怅。由机器人来治事的日子，快要来临，甚至说，与外星人的交往，也不是幻想的虚言。那么，反观我们今日的人样，真真假假，也就不足为奇，只当大家都在活世的大银幕上一番表演而已。"

诱惑有的时候十分致命，我们生活在世界上，总是觉得自己手中拥有的太少，看到别人拥有一些东西而我们没有，于是会羡慕，会渴望，甚至因此而嫉妒发疯。有的人铤而走险，有的人不择手段，费尽心思想得到这些东西，这对他们来说不是福气，反而是灾祸的开端。

因此，面对诱惑我们要考虑清楚，是否有能力拥有，是否应该拥有，应该怎样拥有，得手之后要承担什么样的后果，将此物收入囊中是否值得，是否会打乱原本的计划。总而言之，面对花花世界的诱惑，孰轻孰重，三思而后行。毕竟我们的生命有限，可以拥有的东西、承受的重量都是有限的，不自量力只能是自食恶果。

南怀瑾：专注小事情，成为大赢家

南怀瑾先生也认为，对于想要成功的人来说，表面上每天经历的都是小事，但事实上，事业当中没有任何一件是小事。很多时候，一件事看起来微不足道，或者毫不起眼，却能影响一生，成为成功的关键。因此，从小处做起，慢慢积累经验和能力，再小的溪水也能汇成大河。

有这样一个小故事。从前，有两个和尚，他们分别住在相邻两座山上的庙里。两个和尚每天都在同一时间下山砍柴，久而久之，他们就成为了好朋友。他们每天砍柴，不知不觉地过了二十年。有一天左边这座山的和尚没有下山，右边那座山的和尚心想：他大概睡过头了，便不以为意。哪知道第二天左边山上的和尚还是没有下山，第三天也一样。直到过了一个月，右边那座山的和尚终于受不了，他心想："我的朋友可能生病了，我要过去拜访他，看看能帮上什么忙。"

于是他爬上了左边的山，去探望他的老朋友。等他到了庙里，看到他的老友之后大吃一惊，因为他的老友正悠哉地打坐念经，一点也不像生病的样子。他很好奇地问："你已经一个月没有下山砍柴了，难道你不用柴火做饭吗？"朋友说："来来来，我带你去看。"于是带着他走到庙的后院，指着一大片树林和灌木丛林说："这二十年来，我每天下山砍柴时，都会从山底带回来一些小树苗，把它们栽种到后院里，这些小树苗慢慢长大，我再从大树上分出小树苗，就这样不停地栽树，庙里的后山上都是我栽的树。如今这些树已经长好了，我就不用再下山砍柴，我可以有更多的时间念经修佛。"

这个故事讲的就是小事的积累，时间一久，就成就了一件大事。

南怀瑾：顺应天时，不违农时

孟子曰："不违农时，谷不可胜食也。数罟不入洿池，鱼鳖不可胜食也。斧斤以时入山林，材木不可胜用也。谷与鱼鳖不可胜食，材木不可胜用，是使民养生丧死无憾也。养生丧死无憾，王道之始也。"

南怀瑾先生在他的《孟子旁通》里提到，在中华民族文化里，人的地位是高于天地的。的确，人类是万物中最有智慧的生物，是万物之灵。这是因为人懂得思考，会分辨利弊得失，有着强大的思想力。因而在"天时地利人和"中，"人和"是最重要的。"天时不如地利，地利不如人和。"但是人如果在天时不利、地不利的时候非要闯出事业来，恐怕就要受到大自然的惩罚了。

"天时"是一个很重要的问题，这一点在战争中体现得很充分。赤壁之战中，先是周瑜用反间计让曹操把两个水军都督张允和蔡瑁杀掉。庞统给曹操出计把船用锁链锁紧，以便在火攻时取得最大的战果。一切都做全了，只剩最后一步"只欠东风"，如果东风真的不来的话，是无法大败曹军的，历史上也是无法出现这么经典的战例的。

大自然是有一定规律的，如果人在自然万物中毫无节制地任取所需，最后一定是会被大自然惩罚的。举个例子说，如果滥砍滥伐，没有足够的树木来固定土壤，锁定水分，直接后果会造成严重的水土流失，紧接着空气恶化，洪灾泛滥。因此，人类只有在合适的时机，做遵守自然法则的事，才是顺应天时。

南怀瑾先生一生信佛，相信凡事都有因果。很多老年人活得有滋有味，像年轻人一样充满活力，也有很多老年人担心垂老之年到来，郁郁寡欢。事实上，年老是人人都要经历的阶段，每个人都要面对人体自然的衰老，要承认这个事实，顺应这个天意。但是，我们也可以发挥主观能动性，保持一颗年轻的心，生活中充满欢笑，就可以让衰老来得更迟一些。这是一种因果，心若年轻，必然不老。

南怀瑾先生认为，因果具有循环不息的特性：因果无头无尾，循环往复不曾间断。人只有遵循"天时地利人和"的法则，积极发挥主观能动性和实践创造性，才能得到最好的结果。

梁启超：敢为天下先

戊戌变法是有觉悟的读书人为挽救民族危亡所进行的政治改革，历时103天，虽在慈禧的阻挠下，以失败告终，却在历史上留下了一笔浓墨。作为发起人之一，梁启超先生深度参与了中国从旧社会向现代社会的变革，他以敢为天下先的精神，以拯救民族危亡为己任，成为那个时代的翘楚。

敢为天下先，不仅要有勇，还得有谋，只逞匹夫之勇，是难当大任的。有勇无谋，只会被人当作出头鸟；有谋无勇，再好的计划也只会烂于胸膛，勇谋两字，缺一不可。梁启超先生以自己独特的思想认识，在历史更替的时期，走出了自己的路，同时，他又以自身的胆识，令武将也不能小瞧这个文人。近代，面对纷乱的时局，打破这个局面的，却是梁启超先生这样敢为天下先的文人。

经济、政治、思想等各个领域都有突出的人才，每个领域都有敢为天下先的人。商鞅变法，将秦军训练成虎狼之师，更是打下了一统七国的基础。然而作为功臣的商鞅，却惨遭车裂之刑。虽然如此，但他却成功地对抗了古制，引领了另一种时代潮流的兴起，天下也因此改变了面目。

中国人的发展需要掌握在中国人自己手里，诸如梁启超先生等人，虽然学习西方先进知识，却从没把振兴民族希望寄托在外人身上。

时代是变化的，历史是发展的，我们要从梁启超先生那一代人手中结果敢为天下先的接力棒，将困难与危险抛诸脑后，中华民族最终崛起之梦一定能实现。

林语堂：人世浮沉，宠辱不惊

"宠辱不惊，闲看庭前花开花落，去留无意，慢随天外云卷云舒。"林语堂先生一生不急不躁，人世虽浮沉，却能做到宠辱不惊。正所谓为人做事能视宠辱如花开花落般平常，才能不惊，视职位去留如云卷云舒般变幻，才能无意。反之，若得之则惊，失之亦惊，难成大器。

林语堂先生出身于基督教家庭，基督教提倡上帝的爱，救赎人类的罪与灵魂。林语堂先生一生都在用爱践行自己的准则，严于律己，宽于待人，用平和的心态对待世间万物，他的思想境界与他的文学作品一样超然。林语堂先生的一生都在各地辗转，中国人传统的思想是扎根生活，林语堂先生却将自己的根收起，去各地实现自己的抱负。没有人会是一帆风顺的，更何况是各地行走的林先生，成功或失败，在他看来并不重要，这从他的著作中就能看出。文章能真实地反映一个人的心路历程，而林语堂先生的文字半俗半雅，深入浅出，字字都能体现其超然与豁达。林语堂先生推崇"宠辱不惊"，或许就是因为他自己能在浮沉的世间做到宠辱不惊，所以他相信会有更多的人能做到这一点。在他看来，宠辱得失，皆是对人的考验，过之骄傲不行，过之谦虚也不行，只有心中无欲，心态平和，万事万物顺其自然，才会真正的不惊。

在林语堂先生看来，热心冷眼看人间是一种智慧。身在乱世，一颗心是无论如何也做不到冰凉的，人民的哀嚎，山河的破碎，作为炎黄子孙，如何能做到冷眼旁观。但是，只要身处期间，心必然深受其乱，看问题会被自己的双眼蒙蔽，事情无法全面看待，自然找不到真正能解决的方法。热心要有，冷眼也要有，林语堂先生的"中庸"之道，在此处也是一种体现。人世间，浮少沉多，不如意之事太多太多，若每件事都要争个公平，哪里能体现出宠辱不惊的大智慧。

在林语堂先生的哲学中，他追求人世中，有惊有喜，有得有失，若是件件都能引起自身极大的情绪波动，这不仅是对于所发生的事件无异，更严重的是伤害了自己的身体。林语堂先生深受孔子思想的熏陶，孔子思想不以功利为主，它重视自身的得行，讲究自身的修养，修身齐家治国平天下，最基本的便是要做到修身。修身，修的是心与身，万事万物，守住本心，不以物喜，不以己悲，将心态锻炼得平和端正，便是极好了。

人生中跌跌撞撞，起浮漂泊，有太多的不易与艰辛，所以失败过后的成功显得尤为珍贵，可惜的是，有的人经历了前面的失败，将这份成功看得太紧，束缚了前进的步伐。若能做到宠辱不惊，将失败与成功，都看为再平常不过的事，曾经的失败，哪能成为走向真正终点的阻碍。宠辱不惊，这是林语堂先生对自己的鞭策，也是对世人的期翼。

梁启超：时势造英雄

时势与英雄，纵观历史发展，二者之关系，非三言两语能说清。

《三国演义》描写了顺应时势之英雄。东汉末年，群雄皆起，这是一个造就英雄的最好时代。这个年代，也是梁启超先生所说，自能孕育英雄的年代。吴蜀魏三国鼎立，山河破碎，这便提供了最好的平台。诸葛先生借东风袭曹军，他以己身之力，为蜀国谋求了最大利益，为自己国家而战，这便是英雄。但这事若放在现在，火烧三十万军人，只会遭到人道主义的谴责，不会有人将他再看作英雄。时势与英雄的关系，梁启超先生曾有评论："英雄固能造时势，时势亦能造英雄，英雄与时势，二者如形影之相随，未尝少离。既有英雄，必有时势；既有时势，必有英雄。"时势造就了英雄，英雄也需要时势，二者需要辩证看待。

虽说不能将二者分开来看，但时势造英雄却是主要潮流。李鸿章是令梁启超先生感到最为惋惜的一人，李鸿章虽不是民众普遍认可的英雄，但他的才识却得到了梁启超先生的认可。晚清时期，列强个个都想将中国收入囊中，而李鸿章在推迟他们的计划中起了不可磨灭的作用。他无力拯救中国，只能尽自己的努力不让中国完全沦陷。如果不曾有列强妄图瓜分中国的背景，李鸿章可能只会是中国历史中一个才能突出的官员，而例数从先秦到清朝，才能突出的官员难道不多吗？李鸿章又凭什么在历史长河中保留住他的一席之地。这便是时势的优点，时势造就了李鸿章此人。

对于真正能造时势的英雄，梁启超先生说过："越千载而未一遇也。"毕竟有的问题，需要辩证看待，两者却不能单独拿来出说。中华五千年历史，文明悠久，才子佳人，历代都有，而每一代的人物，则肯定是他所处的时代所需要的。只有时代需要他，他才能在众人中脱颖而出，展现在世人面前。

时势与英雄的关系，想究其根源，怕是难以实现，只能说，主流方向，乃是梁启超先生所持观点："时势造英雄。"

梁启超：责任最重、最苦

梁启超曾言："人生什么事最苦呢？贫吗？不是。失意吗？不是。老吗？死吗？都不是。我说人生最痛苦的是，莫过于身上背了一种未了的责任。人若能知足，虽贫不苦；若能安分，虽然失意不苦；老，死，乃人生难免的事，达观的人看得很平常，也不算什么苦。凡是在人世间一天，便有一天应该做的事。该做的事未做完，便像是有几千斤的重担子压在肩头，再若是没别的了。为什么呢？因为受那良心责备不过，要逃脱也没处逃脱呀！"

这大概就是责任的核心吧！这就像你借了别人的钱财未还，还有承诺别人的事情为办到，然后你就不敢理直气壮地面对他人，但有可能在梦里的时候它会来纠缠你。因为你没有尽到应尽的责任。

梁启超认为："凡虽我受过他好处的人，我对于他便有了一定的责任。"这一方面来说，是对现在的自己和将来的自己的一种承诺，有了这承诺，那个良心就会时时刻刻提醒着你，只要是你的责任没有尽到，那么临了的时候这个责任则会随着你进入你的坟墓中的。

有人说：既然苦是从负责人中而产生的，我若是将这责任卸却，那么就永远没有苦了吗？但这却不然，责任只有真正地像危机一样解决掉，并不是卸了就没有了。人生总不能够像小孩子那样，本来没有任务的责任，也就没有了人生的苦痛。但是随着年龄的增长，责任也就会自然而然地强加到你的身上，这是任何人都避免不了的。而这就像那句谚语：是福不是祸，是祸躲不过。每个人都有自己的使命，或许是老天爷安排的，或许是个人的要求，但无论如何，只要去做，去忍受那种责任的最苦，最痛，那么无论最终的结果如何，都不是最重要的，重要的是你在责任的磨炼中汲取到了什么对自己是有帮助、是裨益的。这也不会枉费了自己的一番苦心。

尽了责任心里就会变得轻巧些，就会突然感觉到心里的一块顽石落地了，会感觉到爽朗的气息。若是一味地躲躲藏藏，那么就会一事无成，永远陷入责任的无尽深渊中。那么多年之后再回首，你将会无限的懊悔当初怎么没有做什么事情呀！若是做了的话现在该是多么好的事情呀！

孟子说："君子有终身之忧。"梁公评说：越是圣杰贤达，那么他的责任也就越大，而且还要时时刻刻地把这种责任强加到自己的身上，从来没有放下过，甚至把它们当作自己身体的最重要的一部分，不可分割。

曾子说："任重而道远，死而后已，不亦远乎？"梁启超说那些仁人志士忧国忧民，他们在一辈子中感受痛苦，但是他们日日在尽责任，便日日得到真正的快乐，他们是乐而不苦的。

蔡元培：区分自由与放纵

蔡元培先生在《自由与放纵》一书中开篇便说："自由，美德也。若思想，若身体，若言论，若居处，若职业，若集会，无不有一自由之程度。若受外界之压制而不及其度，则尽力认为之，虽流血亦若不顾，所谓不自由毋宁死是也。然若过于其度而有愧于己，有害于人，则不复为自由，而谓之放纵。放纵者，自由之敌也。"

在他看来，人的思想没能被宗教与世俗的礼节所牵绊，那么这就是以自己的良心为标准，这才是真正意义上的自由。但是如果有卑劣肮脏的思想意识，那么这是不被良心所允许的，是要被深深地谴责的。那卑劣的思想和行为就是无限的放纵，而没有真正地理解自由的含义，结果就导致了让别人和自己都不能接受的事情，而这才是我们的硬伤。明明知道是错误的，还要"勇往直前"，那么这种人是世人所不齿的。

如果一个人一直放纵着自己的脾气，久而久之就会大量地积存下来，那么这种放纵就会高于良心的范围，其实这也就是放纵了自己的思想。

而自由的真正含义莫过于在做自己的事情的同时不妨碍别人的自由，在这样的情形下，做自己想做的、能做的的事情。如扔石子和学英语，一个孩子把石头扔向路人就会给他人的安全造成不必要的威胁，那么这种行为就是放纵。但是孩子学习英语与否完全是他自己的事情，是一厢情愿的，他有一定的自由来行使自己的权利，其他任何人是不能够强迫和干涉的。

倘若是放纵没有制止，就属于危害他人利益，可能是要受到批评和教育的，严重的话会遭到父母的责怪。一个人其实只有把握好自己的"度"，没有逾越自己的那道墙，才能够按照自己的本性去快乐的健康成长。

蔡元培先生还说："饥而食，渴而饮，倦而眠，卫生之自由也。然使饮食不节，兴寐无常，养成不良之习惯，则因放纵而转有害于卫生也。"蔡元培先生是告诉世人凡是都要做到节制，节制才是最好的约束，能够按规律办事，遵循天命，不任性地放纵自己的过激行为。否则，结果只能是养成不可除去的恶习，那么就可能危害身体了。

除此之外，他还说："我国是崇拜自由的，但是其他的国度也是很讲求民主的，只是较我们有点激进罢了，他们为了自由，可以造成恐怖，可以滥杀无辜，而这些就是放纵最残忍之处。"如此看来，在他眼里，自由虽然也是一种美德，然而一涉及到放纵，那么就会变得近乎粗暴、残忍。就像某件美好的东西上沾染了杂质，但却不可以小觑，因为这可能是致命的危害。

蔡元培：责己重而责人轻

蔡元培先生曾引用过孔子的一句话："身自厚，而薄责于人，则远怨矣。"韩愈则进一步阐述说："古之君子，其责己也重以周，其待人也轻以约。重以周，故不怠；轻以约，故人乐为善。"以上讲的都是为人处世应当责己重而责人轻的原则。蔡元培先生是非常赞同古代先贤的哲学思想的，他认为生活中不要要求别人尽善尽美，而是要凡是都应该从自身出发，不断地严格要求自己，不是仅仅对他人高要求。若是没有遵循这个法则，那么你就有可能走进极端，不能正确地估量自己的实力，导致盲目自大，久而久之，就会造成害人害己的的局面。

俗话说："金无足赤，人无完人。"当我们仇恨那些随意插队的人时，却不要忘了自己也曾做过同样的事。当我们一边做着违反公德的事情，但却厉声呵斥那些没有公德之心的人。我们总是在为自己的过失找各种各样的理由，却很少反省自己。这些都是缺乏自知之明的表现。

蔡元培还说："倘使按照人人平等的原则，似乎严格要求自己的人，也同样可以用同样的方式要求他人；对别人不严刻，那么对自己也是漫不经心的。"他的意思大概是说，自己本来就能做到的，别人为什么不能做到呢？再者，既然别人都能够做到的而我为什么不可以做到呢？虽然讲求人人平等，但是不同的人也要以不同的方式对待。

蔡元培说，有的时候，我们会因一些自己的疏忽大意而造成了不可弥补的错误，我们也一定会深深的自责。但若是因为迫不得已的原因而造成的，那么应该原谅自己而非深陷在自责之中。但至于别人的过错，还是应该让别人自己去纠正，我们不要越俎代庖为好。

蔡元培：戒失信，戒谤毁

道德修养，乃是老生常谈之事。被誉为"学界泰斗，人世楷模"的蔡元培先生对人生修养之事，有着与常人不同的见解与思考，他的观点把具有中华特色的传统修身和现代公民教育的观念相结合，实事求是，用简单易懂的思想、容易实施的方法来直接引导人们的道德发展。

子曰："人而无信，不知其可也。大车无輗，小车无軏，其何以行之哉。"在春秋战国时期，孔子便强调了"信"的重要性，一个人不能够不讲信用。这就好像大车没有了輗、小车没有了軏，它凭借什么去行动呢？

"夫人与人之关系，所以能预计将来，而不失其秩序者，恃有约言。约而不践，则秩序为之紊乱，而猜疑之心滋矣。愆期之失，虽若轻于食言，然足以耗光阴而丧信用，亦不可不亟戒之。"蔡元培先生认为人和人交往时，既能够预见将来，又不会乱了秩序的原因是有约定。不遵守约定，那就会失去规矩，就会产生不信任感。不遵守约定时间，虽然带来的损失比食言稍轻一点，但是会浪费时间、失去信用，这是要立马禁止的。

在蔡元培先生看来，他的世界观教育是：对于一个人来说，他的幸福就是能够吃饱穿暖，不遭受天灾人祸的折磨，这是人们现实的愿望。现今教育理想的目的主要是现实生活的幸福，还要重视人的精神熏陶。做学问，去教育别人，不能忘记本真，要以成人为目标，要去培养一个人的成熟的人格，那么道德修养的培养往往就显得必不可少。

失信，是对己，自己会失去别人的信用，而谤毁，则是对他人，损人不利己。这是修养问题。蔡元培先生认为，每一个人都有辨别是非的能力，对错分明，没有疑问。但是在不同情况下，对与错、善与恶的关系错综复杂，是不能轻易下定论的。有时候，具体问题需要具体分析，对和错，有时候判断的结果并不恰当，那么这时候产生的危害就会很大。可以想象一下，假如，自己做了一件好事，却硬是被别人说成是坏事，那么自己的心里一定会很不舒服。

"诽谤，是我们应该戒除的。"蔡元培先生如此说。评判一个人，如果对公共利益和社会责任无害的话，就应强调他的善。如果他有恶，不要刻意宣扬、批评，根据实际情况加以惩罚，也就足够了。若这个人的过错与罪恶,是我们虚构编造的,是他没有做过的,或者加重他的罪行,那么这就是诽谤的行为。己所不欲,勿施于人,这样应该就能有所体会了。

蔡元培:舍己为群

"积人而成群者,所以谋各人公共之利益也。然使群而危险,非群中之人,出万死不顾一生之计,以保群,而群将亡。则不得已而有舍己为群之义务焉。"蔡元培先生提出了他的群体主义观,这种群体主义观将儒家学说中的"仁"、爱和"忧天下"等中国传统的伦理思想结合起来,对中国道德原则在近代社会发展提出了新要求。

子曰:"无求生以害仁,有杀身以成仁,此善求生者。"根据孔子的这个思想,严复则提出了"群己并重,则舍己为群,此善为己者"的主张,蔡元培先生对这两位的观点则是非常赞同的。蔡元培先生认为,要以符合人身发展为目的,当处理公与私的关系时,要做到舍小为大、先公后私,将个人利益与集体利益相结合起来,形成崇高的、永久的"大我"。

蔡元培先生说:"权利者,为所有权自卫权等,凡有利于己者,皆属之。义务,则凡尽吾力而有益于社会者,皆属之。"由此可以看出,蔡元培先生也是具有道义论的倾向的。对于权利和义务关系的问题上,他认为"权利轻而义务重"。在蔡元培先生看来,根据生物和人类进化史,权利意识的产生相比于义务意识要早。"权利之意识,较为幼稚;而义务之意识,较为高尚也。"

在蔡元培先生看来,人的本性中是有合群这一部分的。人们结成的一种相互依赖的关系是一种社会群体,"人情喜群居而恶离索,故内则有家室,而外则有朋友",这是从人的自然本性上来说的。"群者"并不是仅仅几个人放在一起。马克思曾经在论述人本质的问题时指出:"人并不是单个人所固有的抽象物,在其现实性上,它是一切社会关系的总和。"从这一点出发看来,"社会逃不出世界,个人逃不出社会"。社会与人是索和网的关系,社会关系就能看作网上用于连接的结,三者缺一不可,这是一种相互联系和依赖的关系。

每一个人都是无法脱离群体生活的,从古至今,一切人类生存的实践活动,都是集体社会性的活动,单单靠个人的力量,所产生的作用是有限的。正因为群体的重要性,所以"舍己为群"在蔡元培先生看来也就显得尤为重要。

孔子：不在其位，不谋其政

子曰："不在其位，不谋其政。"说的是一个人只要做好自己本分的事情，不要思考和自己没有关系的事情。也就是说"在其位，谋其政；不在其位，不谋其政"。

作为我国古代著名的大思想家和大教育家、大政治家，同时也是儒家学派的创始人，孔子则认为"政"与"位"这两者是相互配合，二者缺一不可的，有了"位"，方能有权利，而只有有了权利，才能拥有权责去支配自己范围内的资源，去真正实施自己的方针政策，凸显出个人的才干。而要想谋好这个"政"，就要定好"位"。如果没有"位"，却越"位"某事，这是做不到的，没有"位"怎么去谋"政"，也就是说"位"是谋政必不可少的条件。

孔子说，不要去思考和自己无关的事情。那么，这一观点从字面上来说和"国家兴亡，匹夫有责"这一句话相矛盾。于是便引起了偏见，认为这是一种自私的想法，是"本位主义"，是"自扫门前雪"，是"事不关己，高高挂起"。但事实上，孔子所说的"位"，不是固定的，也不是独一无二的。它的存在可以通过一个人的职位、身份、地位等等来表现，也就是说，通过各种各样的角色来表现。角色、地位的不同，决定了职责的不同，只要完成与自己地位相应的职责就好。况且，人的角色是多重的，不断变化的，承担不同角色的不同的职责，这就叫作"在其位，谋其政"。

儒学是我国几千年来的正统思想，在中国人脑中根深蒂固。封建时期，封建统治者对孔子儒学蓄意的歪曲，从而达到思想上统治的目的。他们为了迎合专制统治者，将"不在其位，不谋其政"和儒家的"名分"问题掺和到一起，认为"不在其位，而谋其政"，是不合乎于"礼"的立场。

"天下兴亡，匹夫有责"，这个看似和孔子相对的观点其实是没有矛盾的，天下是指我们国家，国家有难，人人有责的理解完全没错。因为对于国家来说，我们是属于国家的一分子，那也就是说，我们有"位"，也应该谋。

孔子：不以言举人，不以人废言

子曰："君子不以言举人，不以人废言。"也就是说，君子不因为某个人说话好听就举荐他，也不因为某个人不好，就否定他的一切言论。

《论语·宪问》中有句话说得好：有言者不必有德。什么意思呢？话说得好的人，不一定品德高尚，所以孔子主张"听其言而观其行"。另一方面，一个人虽然人品不好，但如果话说得有道理，那么也应该采纳，而不能断然否定。

毛主席在《为人民服务》里说得好："不管是什么人，谁向我们指出都行。只要你说得对，我们就改正。你说的办法对人民有好处，我们就照你的办。"

与之相反的一种情况：一个人原本荣耀显赫，"咳唾成珠玉，挥袂出风云"，说的都是金玉良言。后来又风云突变，其人身败名裂，结果说出的话，又都成了反动言论，人人说不得。这就是典型的因人废言，在圣人看来，不是君子风范。

孔子有弟子三千，贤人七十二。其中宰予能言，是孔门中最善辩的，孔子对他寄予了很大期望。然而他却白日睡觉，孔子说他"朽木不可雕"。后来，宰予又担任齐国大夫，参与田常作乱，身死族灭。孔子感慨道："若只凭言论与口才取人，就会错误地听信宰予那样的人。"他又反省道："开始时，我听了别人的话就相信他的行为，现在我听了人家的话，还要去观察他的行为，我是因为宰予才这样的啊！"这就是圣人所言的"不以言举人"。

明代陈眉公对人际交往中的虚言假语深恶痛绝，感慨道："当场与你谈笑风生，都像本真面目之外的好人；一旦背地里有什么风波，谁又是能替你仗义执言的慷慨之士呢！"人们往往"听其言而信其行"，而智者却"听其言而观其行"。无论何时何地，都不能因为言语而轻信他人，还要看行为。

"不以人废言"相比"不以言举人"更上一层楼，也更难做到。一个人的品行再怎么不端，在某些地方也会有可取之处。比如南宋末年，奸相韩侂胄下台，依附于他的著名词人史达祖受牵连而被处以黥刑，最后在贫病交加中去世。史达祖尽管政治上受人唾弃，但与他齐名的姜夔并不因此否认他的词作成就。在为他的《梅溪词》作序的时候，姜夔说道："这样的词奇秀清逸，有李贺的气韵，能熔情与景于一炉。"单是这份豁达，姜夔的气度令人折服！

生活中，人们往往"以人废言"，甚至彻底否定一个人，偏激得无法透出一丝光亮。孔子却认为，不论一个人地位多卑微，品行多不端，只要他说出的意见是可行的，我们也应该听取，更不能因为品格上的瑕疵就否定这个人在其他方面的成就。姜夔深谙此理，所以可以客观地看待史达祖。

君子不以言举人，不以人废言。这句几千年前的名言在当今仍有重要的现实意义。唯有这样，方能锻炼出"心如明镜，洞照万物"的慧眼，客观识人，提升内在修为。

孔子：道不同，不相为谋

《论语》中有一句话："道不同，不相为谋。"什么意思呢？就是说，价值观不同，不能够在一起共同谋事。孔子想借这句话来说明什么呢？窃以为，圣人说的是君子和小人之间的一条标准！

道，就是大道！心中的大道，也就是价值观！不是观点不同，而是观念不同。走着不同道路的人，是不能在一起共同谋事的。君子可以容纳观点不同的人，却无法容纳目标不同的人。而道不同，就是目标不同，观念不同。

鲁迅在《两地书·六六》中说道：文人论书，屠夫道猪，道不同，不相为谋。古书里也有管宁割席的典故，说的是管宁和华歆在园子里一起锄菜，看见地上有金子，管宁继续挥锄，就好像看见的只是普通的瓦石，而华歆则拿起金子，放在了一旁。又一次，两个人在一起同席读书，有达官显贵的马车从门前经过，管宁不受干扰，继续读书。而华歆却站起来出门去看，羡慕不已。华歆回来后，管宁便割断席子和华歆分坐，并且说："你不是我的同道朋友啊！"从此以后，再也不与华歆为友。

这是君子交友的标准啊！志趣不相投的人，又怎么可能在一起呢！中国有句话，叫作"人各有志"，还有一句话，叫作"燕雀安知鸿鹄之志！"其实这些都是"道不同，不相为谋"。当然，这里的"道"含义比较广，既指人生志向，也指思想观念。

伯夷、叔齐不食周粟，最终饿死在首阳山。司马迁感慨道："道不同，不相为谋。真是各人随各人的志向啊！"这又是政治态度不同的典型。《史记·老庄申韩列传》中又说："世上学老子的人不屑于儒学，学儒学的人也不屑老子。道不同，不相为谋。是不是说的这种状况呢？"这就是典型的学术思想不一样的"道不同"。

道不仅仅指简单的志向或兴趣，它在哲学中是宇宙的本源，是最深刻的哲学道理，也是为人处世的一种大境界。有道不同时的"不相为谋"，也就有道相同时的"与君子伴行，路遥不知其远"。

人，都有自己的性格。性格也决定了人的志趣，志趣相同，便是志同道合。志趣不同，便只能是"不相为谋"。君子之间的交往，是以心交，交的是感觉，是彼此间的默契、志趣上的相投。

人，都有自己的长处和短处，与真正志趣相投的朋友相交，能够取长补短，能够相互宽容,相互包纳,这就是"君子之交淡如水"的友谊。所以,"道不同,不相为谋"也是交友的准则,否则,便是玩世不恭或别有用心了。

孔子:海纳百川,有容乃大

海纳百川,有容乃大。这句话在我们日常生活中评价一个人的德行修养时时常用到。这句话的意思是说大海有广阔的胸襟才能容纳千百条江河湖海,比喻人的心胸宽广可以包容一切。

日常生活中,我们常会与周围的人有这样或那样的矛盾,有时因为一件微不足道的小事而恶语相加,甚至是大打出手。矛盾的产生往往难以预料,原因也通常很可笑,而结局总是令人痛苦。我们怎么避免与人冲突呢,那就是把对手变为朋友,化敌为友,退一步海阔天空。南怀瑾先生说,世界上的事,世界上的人,乃至宇宙万物,没有一样东西是不变的,就算敌人也可以成为朋友,时刻谨记宽容变通,海纳百川,有容乃大。

据说美国总统富兰克林年轻时,曾经把所有的积蓄,都投资给了一家小印刷厂。他为了能够得到为议会打印文件的机会,想了很多办法,做出了非常大的努力。可是谁也没想到出现了一个非常不利的情况。在议会里有个议员,非常有钱而且很能干,很有威望,他却非常不喜欢富兰克林,并还在公开场合斥骂他。

这种情形非常危险,因此,富兰克林决心使对方喜欢他。富兰克林听说他的图书室藏有一本非常稀奇的书,就给他一封便笺,表示想看一看这本书,请议员把书借给他几天,好让他仔细地阅读一遍。议员马上叫人把那本书送来,过了大约一个星期,富兰克林把书还给他,还附上一封信,强烈地表示了谢意。

于是,下次他们在议会里相遇时,议员主动跟富兰克林打招呼,并且极为有礼。自那以后,议员随时乐意帮忙,于是他们变成了很好的朋友。

富兰克林这种处理人际关系的方法值得大家学习,如果他一味地怨怒,不知变通,那么这个议员还会乐意的帮助他么?南怀瑾先生说,一切的人和事都是不断在变化的,我们不能固执地看待问题,以前对自己有利的,以后或许是有害的,以前是自己的敌人,以后或许成为朋友。成大事的人必然要懂得包容人的道理,一个朋友一条路,一个敌人一片堵,化敌为友就是要将"堵"变成"路",使未来的生活道路畅通无阻。

而理解了孔子对于"海纳百川,有容乃大"的诠释,对于"容度"在我们的现实生活中应该怎么理解呢?在生活中,我们不是任何时候都要宽容。有"容"的宽容,即有限度的宽容才是真正的宽容,才是一个人海纳百川、有容乃大的德行修养的表现。

江河湖泊汇入大海,是因为海的心胸足够宽广,所以才世代不绝,长流不息。只有心胸宽广的人，才会包容对手，才能化敌为友。宽容体现一种超凡的人格魅力，包含着一个人的爱心、理解和修养。宽容不是懦弱的退缩和妥协，而是建立在一种强大的自信之上，愿意与对手和谐相处，共生共赢。"海纳百川，有容乃大"，这句话可以成为我们做人的准则，要有像海洋一样宽阔的胸怀，宽容对待他人。

老子：上善若水，厚德载物

"上善若水，厚德载物"是中华多年流传的名言，这句话的前半句主要出自于《老子》，而后半句则是出自《周易》。它的意思是说：最好的品格，最高的修养，像水一样，深厚的德性能承受万物。

《老子》第八章云："上善若水。水善利万物而不争，处众人之所恶，故几于道。"意思是说，最好的品格，最高的修养，像水一样。水滋养万物，而它自己无所争夺；水总是处于人们所不愿处的地方，人皆向上，而水偏向下流，故近于道。众所周知，道，是老子哲学的中心范畴，是天地万物的本体，可谓是道的最高评价。"上善"也就是道德。人达到了上善的境界，仿佛就如同水一样不再受形体的拘束了。水善利于万物，却不与万物相争。水总是呆在人们不愿呆的地方，这样的性格，几乎和道没有两样。人只有做到"不争"的时候，才能无忧。

"厚德载物"出自《周易》中的卦辞："天行健，君子以自强不息；地势坤，君子以厚德载物。"其意思是说，天即是自然的运动刚强劲健，相应于此，君子应刚毅坚卓，奋发图强；大地的气势厚实和顺，君子应增厚美德，容载万物。也就是说，人生要像天那样高大刚毅而自强不息，要像地那样厚重广阔而厚德载物。所以君子处世要效法"坤"的意义，以厚德对待他人，无论是聪明、愚笨还是卑劣不肖地都给予一定的包容和宽忍。不仅如此，"厚德载物"还是中华民族的优良传统。它教导世人，一个人在做人与处世时，要心胸开阔，立志高远，严于律己，宽以待人。

古人用"上善若水，厚德载物"作为自己处身立世的准则，意在暗示自己像水一样，以自己宽广深厚的胸怀，美好的品行来承载万物，包容万物，滋养万物，造福万物，这样看来，思想境界是多么崇高呀！我们中华民族自强不息，生息繁衍，由弱到强，发展壮大，以其五千年文明延续，为子孙后代在亚洲开创了一大片美丽富饶的生存空间。

老子：高处不胜寒

有人说，人往高处走，水往低处流。也有人说，人往高处走，高处不胜寒；水往低处流，低处纳百川。最初知道"高处不胜寒"是在苏轼的《水调歌头》中那句："高处不胜寒，起舞弄清影，何似在人间。"

老子是发现大道运行规律的第一人，是宣扬"道""德"规律的第一人。虽然他坦言"吾言甚易知，甚易行"，但是"天下莫能知，莫能行"，没有几个人了解他，听从他。"知我者稀，责我者贵"，老子像"被褐而怀玉"的卞和，孤寂的生活在世间。

老子宣扬"大道"，有屈原"举世皆浊我独清，众人皆醉我独醒"之感，人世间的"唯之与阿、善之与恶"与"人之所畏，不可不畏"，让他有了"荒兮，其未央哉！"之叹。"央"是尽、边际的意思。"未央"就是无边无际，没有尽头的意思。他虽然生活在熙熙攘攘的人群中，却有着活在荒寂的大沙漠中孤独无依之感。"众人熙熙，如享太牢，如春登台"，而他自己"我独泊兮，其未兆，如婴儿之未孩，儽儽兮，若无所归"，像一个漂泊的游子，又像无家可归的孩子。"众人皆有余，而我独若遗"，别人都活在"有余"之中，而自己仿佛丢失了什么东西；"我愚人之心也哉，沌沌兮！俗人昭昭，我独昏昏。俗人察察，我独闷闷"，别人仿佛都很精明，而自己仿佛是一个混混沌沌的傻瓜；别人仿佛都很清楚、明白，而自己仿佛暗昧、糊涂；别人仿佛都很明辨是非，而自己仿佛愚昧浑噩。"众人皆有以，而我独顽似鄙"，别人似乎都有足堪仗恃的本领，而自己却冥顽不化、不堪成器。老子"独异于人"的原因，是因为他"贵食母"，他一人得"道"了。

老子虽然孤寂，但他不是屈原似的孤寂，而是像"水"一样"渊兮"的孤寂。"居善地，心善渊，与善仁，言善信，政善治，事善能，动善时"，他懂得"后其身而身先，外其身而身存"，所以能够象"天、地"一样"天长地久"。他懂得"功成事遂"，西出涵谷关，飘然而去，和范蠡一样避免了"鸟尽弓藏、兔死狗烹"。据说那个二十四孝之首"戏彩娱亲"的老莱子，就是老子退隐后的化身，七十多了还装作小孩子哄他的父母快乐，百姓皆谓他"自然"。

《西游记》中的太上老君，是人间老子在天上的化身，生活在三十三重天上，善练长生不老之药，还有许多神鬼难测的宝贝。孙悟空在取经途中碰上了太上老君的六样宝贝：用来炼魔的七星剑、扇火的芭蕉扇、勒袍的幌金绳、盛丹的紫金红葫芦、盛水的羊脂玉净瓶及金刚琢，让他吃尽了苦头。其实老子哪有这些宝贝？他有宝贝不假，不过不是这些神器，而是人世间修行的道理，"吾有三宝，持而保之：一曰慈，二曰俭，三曰不敢为天下先"，靠着这三样宝贝，老子才得以长存世间，立于不败之地。所以并非高处不胜寒，而是"道"不深。

老子：以出世之心，为入世之业

"出世心境入世行"从字面上的意思理解，就是怀着出世的心态在凡俗中生活。类似于《道德经》中提到："小隐于野，中隐于市，大隐于朝。"正所谓小者隐于野，可独善其身；中者隐于市，可保家保族；大者隐于朝，保身保家保社会。

事实上，出世离尘不易，若是能在山林荒野处苦修一世倒也罢了，如果在尘世中隐居，难免被人间烟火所感染，为各种情感纠缠到不得脱身。所以在尘世中保持出世心态的人，着实难能可贵。

出世与入世相反，入世是积极作为，追求功成名就，为国为民，而出世多是为修身养性，保全自身的自由和安宁。严光，字子陵，是汉光武帝刘秀年轻时的朋友。刘秀做了皇帝以后，非常怀念这位昔日的好友，认为严光有政治才能，因此便派人到处查访，希望他来见一见，在朝中做个大官。严光喜欢自由自在，不想卷入政治当中，因此避而不见，悠游方外。他反披羊裘，在浙江桐庐的富春江上垂钓。作风很像老子所说的："众人熙熙，如享太牢，如登春台。我独泊兮其未兆，如婴儿之未孩。"后来，他与刘秀见了面，但是脾性仍如年轻时代一样，与皇帝同榻而眠过了一夜，睡相不好，把脚搁在刘秀的肚子上睡觉，放任而为。

刘秀见他如此，知道他对政治不感兴趣，便不再强迫他作官，放他还山，仍然让他继续悠游自在，去过江上垂钓的日子。相传后世有一位上京考功名的秀才，路过严子陵的钓台，题一首诗说："君为名利隐，我为名利来。羞见先生面，夜半过钓台。"严光在皇宫里那么自如，是因为他看透了权利与生命的关系，虽在俗世当中，仍然有出世的心境，而且不畏不惧，无牵无挂，心中淡然。

再者，古代出世隐居的人，并不都是两耳不闻窗外事的，有的时候，他们心存大善，有一种悲天悯人的精神。陈抟，生于唐末五代末世，道号希夷，被道家推为神仙的祖师，民间称他为陈抟老祖。他一生不关心世事，高卧华山隐居修行。后来宋太祖赵匡胤在陈桥兵变，黄袍加身做了宋朝皇帝，他听到这个消息时，十分高兴地说，从此天下可以太平了！因为陈抟对赵宋的创业立国有这样的好感，所以赵氏兄弟都很尊重他。后来赵匡义继哥哥之后，当上了皇帝，还特别召见过陈抟，将他请到宫中，送他金银财宝，又派人送去几位宫女侍候他。结果陈抟把钱财和宫女全数退回，并做了一首诗："冰肌为骨玉为腮，多谢君王送到来。处士不生巫峡梦，空劳云雨下阳台。"

陈抟是出世隐者，关心天下百姓的疾苦，但对于世间荣华富贵、香车美人不感兴趣。他为世道兴衰而忧悲，如老子一样，"我愚人之心也哉！沌沌兮，俗人昭昭，我独昏昏。俗人察察，我独闷闷"。表面上是远离俗世，不染红尘之事，其实却是悲天悯人、心胸旷达，以己之情度天下人之心。

我们生活于这个世界，行走浊世之中，虽不能像隐者一样避开凡尘，但却不必畏惧外界的风霜，保持一种出世的心境，坚守内心的良知和自我，是非分明，悲天悯人，便能真正做到出世心境人世行。

老子：无用之中的有用

所谓"无用之有用"说的即是道家学派主张的重要人生哲学。其中"无用"也并不是绝对的一无用处，这里的"无用"和"有用"在道学家的眼里，都是应该用辩证的眼光来看待的。

与主张积极入世、建功立业的儒家思想相比，道家的"无用至有用"学说在许多人眼里明显表现出不思进取、消极思想的倾向，其实这一思想从更深的角度上来说就是道家"道法自然"的思想。

"山木自寇也；膏火自煎也；桂可食，故伐之；漆可用，故割之。人皆知有用之用，而莫知无用之用也。"美丽的树木、桂枝等等这些凡是有用的、有价值的事物，往往都会被破坏。

在道家看来，使得个人的生命和人格得以保全，然后感悟人生才是更加重要的，所以世人认为的"有用"是对生命的一种戕害，是对人格的一种贬损。而那些看上去无用的事物或方法却在一定程度上使得我们远离伤害，因而这才是"无用之中的有用"。"无用之用"从这一层面上理解就是可以使得个体生命继续得以延展。

有些人认为"无用之用"这种避祸免灾、安保性命的目的是自私消极的，如果每个人都都信奉"无用之用"，不去反抗，不去斗争，社会就不会进步。诚然这种想法也不是不无道理的。只是道学家的"无用之有用"思想的侧重点在于使得有才之士在险恶的环境下更好地保护自己，不被乱世所扼杀，更多的有才之士被保留下来，显然会更加推动社会的进步。同时其中包含的对生命的珍重和对待现实的理智，也是十分具有积极意义的。

不从单独的个体上看，从整个宏观的角度理解也是行得通的。庄子在继承老子的思想后曾在《外物》中论述过这样一个寓言：广大的土地，似乎只有我们双脚站立的地方是有用的，四周的土地貌似无用，若我们把四周这些无用的土地挖走，那么脚下的土地也就变成无用的了。他用这种宏观联系的方法告诉人们万事万物都是互相依托、互为前提的，如果仅仅是用片面的目光来分辨事物的"有用"和"无用"，显然是不合理的。物各有其用，关键在于人如何看待其的"无用"和"有用"。

"无用之中的有用"本身就充满了辩证的智慧，世人眼中大多数的"有用"之物往往只能在一定程度上满足人们物质需求的东西，而真正使得人类文明进步的动力可能就是往往看上去"无用"的事物。没有什么东西是全然无用的，"无用"和"有用"常常会表现出辩证转换的联系，很难对两者有一个明确的界定，物尽其用，无用之中也是有用。

墨子：君子以人为镜

"君子不镜于水而镜于人，镜于水，见面之容；镜于人，则知凶吉。"这句古训最早出自于《墨子·非攻》。墨子所倡导的"以人为镜"就是指人们在追求完美的时候，能够接纳其他人对自己言行举止的评价，把他人成功或失败的经历、教训、感悟当作借鉴。

镜子自发明以来，其任务就是映照个人的容颜，让人看出自己是否衣冠整齐？是否仪态端正。而事实上，以铜为镜，不一定会真实，就像《白雪公主》所描述的，王后每天照魔镜，虽然魔镜诚实地说出了最美丽的人是白雪公主，但却映照不出王后阴暗丑陋的心灵。但是如果一个人能做到以人为镜的话，其情形就大不一样了。

唐太宗李世民身边有一个直言纳谏的大臣魏征，用唐太宗的话来说，魏征就是镜子，当他有做得不对的地方时也只有魏征敢直言指出他的错误，甚至有时候，魏征丝毫不给皇帝留面子，有几次惹得皇帝对他起了贬斥之意，幸好长孙皇后时常在唐太宗耳边劝慰。而做为一个圣明的皇帝，唐太宗也能够分清事情对错，他把魏征当作自己的镜子，有魏征在，便会有人时时刻刻提醒他不行差踏错。魏征死后，唐太宗李世民痛哭流涕，直言自己失去了一面明镜。

古往今来，能够以人为镜的人往往很容易就能取得成功，而自高自大的人往往会很容易就走向失败。以人为镜，不仅可以明得失，还可以知方法，得技巧，谙规律，补短缺。其实，每一个人的身边或者心里都有这样一面镜子，只是很多人都看不见这面镜子，也有很多人不喜欢用这面镜子。

每个人的心里都有一面镜子，这面镜子不仅能够照出自己的内心，也能替别人照亮内心。对于一个人而言，从出生到垂垂老矣，不管哪个阶段遇见了什么事，都真真实实地在内心有反馈，内心的这面镜子是骗不了人的。

有一次，孔子和弟子颜渊逃到荒野，三日不进米水的孔子已无力行走，躺在荒天野地里。幸好弟子颜渊讨得一些米。颜渊生火煮饭，孔子闭目养神。当孔子闻到饭香，馋目圆瞪时，却发现弟子偷吃。事后孔子对颜渊说："刚才我梦到亡父，想用这米饭来祭奠他老人家，不知这饭干净否？"颜渊答道："不干净，刚才有烟灰落入饭中，怕丢掉可惜，就吃了。"孔子懊悔莫及，感叹道："吾不知人矣！"从颜渊这里，孔子找到了认识自我的那一面镜子。

唐太宗曾说："以铜为镜，可以正衣冠；以人为镜，可以明得失；以史为镜，可以知兴替。"孔子从自己的心里找到了一面镜子，而唐太宗从魏征那里找到了自己的一面镜子。无论这一面镜子是从哪里得来的，一个人的心里总该有一面镜子。因为君以人为镜，方能知得失。

国学中的教育理念：生也有涯而知也无涯

季羡林：开卷有益

所谓开卷有益，在国人听来实在是老生常谈。如若要追根溯源，则要追到一个皇帝身上，宋王辟之于《渑水燕谈录》第六卷中有云："太宗日阅《御览》三卷，因事有缺，暇日追补之。尝曰：'开卷有益，朕不以为劳也'。"

在季先生看来，这段古文说不定是所谓的颂圣之辞，但正因为它说到了读书求学的点子上，先生却"宁信其有"。一代文豪鲁迅先生的一句口头禅是"随便翻翻"，季羡林认为鲁迅先生之所以博古通今，博闻强记，其实正是得益于"随便翻翻"的习惯。

"随便翻翻"翻的是书，"卷"指的也是书。人类社会产生了语言，发明了文字，有了自己的文化和文明。要让文化生生不息地传承下去，书是重要的媒介。可以说，人类要生存下去，就必须让文化传承下去，就必须读书。在当今信息大爆炸的时代，只有高效获取信息，才能潇洒地生活下去。

我们需要思考，什么样的人需要读书？虽然当今社会还存在着个别人不读书、不学习，但通过某些途径仍然成功了的现象。但是，就像季先生所说，这只是一个时代处于过渡期时的暂时现象，是没有生命力的，也不会长久。中华文化之传承不应该也不可能寄托在这些人身上，而应该寄托在已毕业或尚未毕业的大学生、少年人身上。正如季先生所说，"他们是我们的希望，他们代表着我们的未来。他们是任重而道远。为了人类的继续生存，为了先对得起祖先，后对得起子孙，大学生必须读书。"诚然，这是一位将一生心血扑在教书育人工作中的教育工作者的肺腑之言。

身为北大教师，季先生与大学生有着频繁而密切的接触，并对他们进行了长期观察。令他欣慰的是，当今时代绝大多数青年人还是肯读书、爱读书的。在求知的过程中他们心生迷茫、不知所从。为了解决心中的困惑，他们成立了许多社团，一起研究问题，探讨人生，甚至探索宇宙和人生的终极奥秘。俗话说"良书益友"，肯读书、爱读书，同时还要选择好书为伴。不仅要读自己的专业书，专业之外的书也要有所涉猎。知识面越广，获得的信息越多，视野也就越开阔。

这样勤于思考、乐于思考的年轻一代，让季羡林先生觉得可亲可爱也值得信任，他们代表着国家的未来。所谓"开卷有益"也正是季羡林先生要传达给每一个青年人的话。

季羡林：实话实说，把学术还给人民大众

季羡林先生曾说，做学问的人要讲良心，要实话实说，该是什么就得是什么，要把学术还给人民大众。诚然，这番话值得每一个人去深思。这也就是说做学术的人要对得起自己的良心，是什么就是什么，不要随意地去歪曲事实，做学术如此，做人亦是如此。

实话实说，不论是说话还是做学问，都要秉持良心。季羡林先生早年的日记曾被曝光，里面有许多所谓"不思进取、不积极向上"的言论，出版方在出版时多次联系季羡林先生，问他是不是要删去这些可能造成不良影响的言论。季羡林先生拒绝了，他说这些本来就是他写的，是他最真实的看法，为什么要删去？删改之后也许会更完美，但却丧失了真实性，季羡林先生说，那是他的良心所不允许的。

子曰："知之为知之，不知为不知，是知也。"也就是说知道就是知道，不知道就是不知道，这样才是智慧的表现，而明明不知道，却依然装作知道的样子，这也是最愚蠢的表现。

世界著名物理学家、诺贝尔物理学奖的获得者——美籍华人丁肇中在接受中央电视台《东方之子》采访时，曾对很多问题都表示"不知道"。据说他在为南京航天航空大学的师生作学术报告的时候，面对同学们提出的问题"三问三不知"，学生们问他："您觉得人类在太空能找到暗物质和反物质吗？"丁肇中回答道："不知道。"学生们又问："您觉得您从事的科学实验有什么经济价值吗？"他答："不知道。"学生们再问："那么您能不能谈谈物理学未来20年的发展方向。"丁肇中还是回答："不知道。"当众人为之诧异时，丁肇中只是淡然的说道："这些问题确实是我现阶段无法回答的，但是我不知道它的答案却并非代表这个问题永远无解，它的答案需要我们大家共同努力的去解开。"

也许，在现实生活中，很多人在说"不知道"的时候往往会被看作是孤陋寡闻的人或是无知的表现，但是丁肇中先生的"不知道"却体现着一个学者做人的谦逊和一个科学家治学态度的严谨。正如法国著名数学家笛卡尔所言："知识学得越多，我们越容易发现自己的无知。"知识是无止境的，越是钻研就越能发现问题，从"不知"到"知"是一个不断进步的过程。在学术的世界里，不知道并不是多么难以启齿的一件事，知道就是知道，不知道就是不知道，要尊重学术的严谨性，不以不知为知。

列宁曾经说过这样一句话："做人，要做一个实事求是的科学家，而不应成为一个空想家。"是的，古今中外大凡为人类事业做出贡献的人，都是追求客观真理、实事求是的人。把学术还

给人民大众，本着实事求是的心态去做学问，是就是是，不是就是不是，切忌歪曲事实。

季羡林：搜集资料，竭泽而渔

季羡林先生曾说："我要指出我从何处学得了这些治学方法，实在是很不容易的。我想比较妥当的方法，是我从考据学方面着手逐渐地学会了校勘学和训诂学。由于长期钻研中国古代典籍，而逐渐地学会了这种治学方法。所以我要总结我的经验的话，我最早的资本或者就是由于我有怀疑的能力。"

近现代著名学者胡适的治学方法是"大胆的假设，小心的求证"。季羡林先生认为，无论是人文社会家，或是自然科学家，真正想做学问的，都离不开这十个字。其中最关键的是"大胆"和"小心"。因为研究任何一个新问题，必先有某种假设，否则就是抄袭别人的旧论，拾人牙慧，而假设则是越大胆越好，越大胆越有创新力量。有了假设之后，不要认为轻而易举就能得到结论，必须要严谨小心地求证，千万不要看到一些表面现象，就信以为真，一定要多方探索，慎思明辨。有了确凿的证据之后，无懈可击了，然后才下结论。

众所周知，季羡林先生在佛典语言研究方面是翘楚，《吐火罗文〈弥勒会见记〉译释》是他重要的创造性研究成果。早年在德国留学期间，季羡林先生便跟着西克教授学习吐火罗文。在深入地学习吐火罗文后，季羡林就用《福力太子因缘经》中一些译文翻译与吐火罗文进行对比研究，用来解决吐火罗文在语义上的一些问题，正是这一点让西克教授"大喜过望"，对季先生"奖誉有加"。季羡林先生正是采用这种取平行异本比较研究的方法，翻译了大量的异文文献，为翻译工作做出了卓越贡献。

季羡林先生在 1982 年开始对《弥勒会见记》译释时，也是采取平行异本比较研究的方法，历经五六年的时间才完成翻译工作。这是迄今为止规模最大的吐火罗文作品的英译本，也使吐火罗文的研究工作更进一个台阶。

季羡林先生认为学术的创造性不是凭空想象，新的见解也不是主观臆想，要有材料为依据。观点来自于材料，有一分的材料，就有一分话语权。因此，季羡林认为在学术研究上要重视考证，收集材料方面也要有"竭泽而渔"的气魄，辨析材料方面更要有"如剥春笋"的精神。

季羡林曾在 1944 年发表一篇名为《中世印度语言中语尾 am 变为 o 和 u 的现象》的论文。为了完成这篇论文，季羡林先生考据了大量的语言材料，譬如那些生僻的阿育王铭文、新疆尼雅俗语文书、和阗俗语残卷、混合梵语佛典乃至阿波布朗舍语、于阗塞种语和吐火罗文。同时，季羡林先生也翻阅了龟兹文资料，正是这些丰富而严谨的考证，才使季羡林先生发现了中世印度西北方言中有一个十分重要的语法特点，从而才有了这篇论文的问世。

学术问题不是单一而论的，一两篇的论文转注并不能把所有问题全部解决，还是需要不断发掘新的材料，通过验证、修订和完善。而"彻底解决"一直是季羡林先生的目标，只要有不解的地方，他一定会抓住不放，直到解决了问题。学术上的创新、重视考证和追求"彻底性"，无疑是季羡林先生治学精神的精髓所在，也是季羡林先生留给学术界以及现代中国人宝贵的精神遗产。

季羡林：抓住一个问题终生不放

胡适先生曾经说过这样的一段话："每个人离开学校，总得带一两个麻烦而有趣味的问题在身边作伴，因为只要有问题跟着你，你就不会懒惰了，你就会继续有智识上的长进了。"而在此方面，季羡林先生却认为，光带着问题还是不够，他认为做人就得"抓住一个问题终生不放"。

在季羡林先生看来，这个世界纷繁复杂，处处都隐藏着问题，而对于一个人来说最重要的就是要会寻找问题，要会抓住问题，在现实的层层掩护下一眼看出问题的关键所在，抓住问题，然后去思考。

面对生活中的问题时，也许抓住它很简单，但是要在抓住问题之后一时间很难找到解决的方法时，还要继续抓住这个问题就变得很难了。所以说，在生活中，无论你遇到什么样的问题，都要尝试着抓住问题，不要逃避，多加思考，多问几个为什么，多想几个为什么，学会抓住问题的关键，然后通过思考去探索，总归会有新的发现。

"根据我个人的观察，一个学人往往集中一段时间，钻研一个问题，搜集极勤，写作极苦。但是，文章一旦写成，就把注意力转向另外一个题目，已经写成和发表的文章就不再注意，甚至逐渐遗忘了。我自己这个毛病比较少。我往往抓住一个题目，得出了结论，写成了文章，但我并不把它置诸脑后，而是念念不忘。"季羡林先生在自己的文章里如是说。

而现实中他也的确是这样做的。季羡林先生在1947年写过一篇用中文和英文同时发表的论文《浮屠与佛》，但是由于当时各方面条件的限制，也因为国内外研究水平与资料的制约，季羡林先生在论文里有几个问题解决得并不令他自己满意，在他看来，那些问题只是迫于研究限制得到了勉强的解决。这件事在季羡林先生的心里耿耿于怀了四十多年，一直到1989年，他得到了一篇新材料，又写了一篇《再谈"浮屠"与"佛"》，才解决了那一个悬而未决的问题。

当时对于季羡林先生而言值得欣喜的是，他在四十多年前在文中大胆假设部分居然得到了证实。由此可见，季羡林先生在学问研究方面超级敏锐的洞察力，可是即便如此，季羡林在日后的研究学习里依旧没有放弃小心求证的态度。在他看来，一个问题只要它没有被解决，那么哪怕是用一辈子的时间去质疑也是值得的,因为在学术的世界里容不得半点虚假。

抓住一个问题终身不放,这是一个学术爱好者在学术研究方面不容质疑的态度。在日常的生活与学习中,每个人都应该抱着这样的态度去学习、去思索,对待学术问题不要敷衍,要像季羡林先生那样,敢用一生去研究。

季羡林:去其糟粕,取其精华

季羡林先生曾说:"原来这两个(精华和糟粕)表面上看上去像是对立面的东西,不但不是泾渭分明,而是界限不清;尤有甚者,在一定条件下,双方可以向对立面转化。"

文化是一个时代的产物,只要时代在走,文化的进步自然就不会停息。对文化的继承和发展少不了先分辨其中的精华与糟粕,至于泾渭分明,或是含糊不清,如何继承,如何摒弃,这就需要用理性的头脑去看待。

季羡林先生在《志虑心物》中强调,在讲出所谓的"批判继承"和"分清精华和糟粕"时,先要动一点脑筋,不能让套话变成一堆废话。因为精华和糟粕的判定并不是绝对的,有时候二者存在对立转化的关系。事实上凡事都有对立面,存在着就必然会有好坏。至于是好还是坏,更多的来自人们的评判。十有九个说坏,那么剩下一个多半也会说坏,即使意见不同,也显得无关紧要。文化的继承和发展也同样,这个时代人人说好,到了下个时代可能人人说坏,没有绝对的标准。

对于"文化"的理解,向来都是五花八门的。而季羡林先生所说的文化,是指广义的大范围方面的文化,包括全人类创造的一切物质和精神财富,以及一切优秀的东西。文化除了广度的范围之外,还有深度的特点,连接着过去与未来。一般来说,传统文化代表着文化独特的民族性,而现代文化则体现了文化本身的时代性。二者之间既有矛盾关系,又是相承关系。

季羡林先生认为,无论是过去还是未来,文化本身必定存在精华和糟粕两方面。在时代的发展大潮中,外来文化传播进来,也是精华和糟粕同时涌入,一定会影响本土文化的发展。

另外,季羡林先生还认为,一种文化如果想达到世界水平,那就不是一个国家或者一个民族的事情,多方面的文化交流成为最重要的发展方式。"大力吸收外来文化,加以批判接受。而对于传统文化,也要批判继承,二者都不能原封不动。原封不动就失去生命活力,人类和任何动物植物失去了生命活力,就不能继续生存。"文化的发展同样如此。

每一个时代的文化都是全体人类智慧的结晶,又是一代又一代人思想的凝聚。因而文化是思想的展现和碰撞,很难区分出是与非,所以无论继承还是抛弃,都要考虑扬长避短。

中国的现代文化正面临如何继承发展的问题。从清朝末年开始，华夷文化之争就无休无止，一些有识之士意识到，如果不开放不交流，国家就必无前途，而保守派则死抱住国粹不放，决不允许开放交流。比如"文革"时期，坚决拒绝一切外来的东西，谁想学习外国一点，就是"崇洋媚外"和"洋奴哲学"，当时是人人谈"洋"色变。改革开放之后，又出现一个新派别，主张全盘西化，什么都是外国的好，西方的月亮都比中国的圆。

"纵观几千年的中国历史，人们不能不承认，现在是盛世之一，也是最高的盛世，是正确处理传统文化与现代化这一对矛盾的典范。"季羡林先生说。如今我们的立场很清楚，既要提倡保护传统文化，加以分析批判继承，又要提倡对外开放，大搞现代化。传统和现代缺一不可，这样文化才能兴盛起来。

季羡林：真理愈辩愈明

众所周知，人类的历史是探索真理、追求真理、传播真理，帮助摆脱蒙昧无知的历史。季羡林先生说："哲学家同诗人一样，是在作诗。作不作由他们，信不信由你们。"人人皆有自己的言论和真理，旁人对此无法控制。有的情况下，过多的辩论并不会达到越辩越明的效果。真理也是一种客观的存在，你若相信，它就是真理；你若不信，它便是谬误。鼓不敲不响，理不辩不明，在人们的普遍认知里，真理是需要辩一下才会更明白。

人们在长期追求真理的过程中，对真理的认知越来越清晰，古罗马的李维也曾说过："真理之火有时会变得暗淡，但它永远不会熄灭。"如此看来，追求真理是一个过程，但结果是"真理愈辩愈明"。

季羡林先生曾经也很虔诚的相信"真理愈辩愈明"这句话，可是在后来某一个节点，季羡林先生却突然大彻大悟，那个时候的他反而觉得"真理愈辩愈糊涂"。季羡林先生的意思并不是要打破常规的结论，而是因为他口中所说的"辨"是告诉世人要学会分辨，并不断为此而辩论。哲学上经常说，世界上没有两片完全相同的叶子，任何两个人也不会有完全相同的思想。大家都会提出自己所认为的"真理"，如果说出这些"真理"的还是有名望的人，那倒霉的可就是听众，根本就不知道该听谁的了。所以，季羡林先生认为，当你提出自己认为的"真理"的时候，还是为之辩一辩的好。

季羡林先生说，在人世间，有多少哲学家就有多少学说，就有多少真理，因为每个哲学家都认为自己说的就是真理。而在这种时候，我们就需要有自己去"分辨"真理的思想，做出正确的抉择。

季羡林先生告诉我们，要相信真理，也要敢于追求真理，因为没有谁会喜欢在蒙昧无知中过完一生的。也并不是说被大部分人所坚持的就是真理,也不是说圣人所说的就是真理,真理不一定掌握在大多数人手里,也不一定掌握在极少数人的手里。面对那些所谓的真理要敢于争辩,敢于提出自己的见解,敢于从蒙昧谬论中寻找真理,要坚信真理是会愈辩愈明的。

生活中存在着许多诡辩家,历史上也有很多诡辩的言论事例流传下来,对于这些,你明明知道他说得不对,却又找不到任何反驳的地方和理由,而面对这种情况,只能看个人的应变能力来决定辩论的发展以及结果了。然而,季羡林先生一直认为,类似于欧布利德斯和庄子的辩论是无论如何辩论下去都没有什么用处的,这样的言论显然是不会愈辩愈明的。换言之,面对这样的诡辩,只能凭借自身分辨真理的能力了,至于辩论得出的结果,信不信就都是你自己的事情了。

季羡林:人生的意义和价值在于工作

法国的罗曼罗兰曾经说:"命运并不存在于一小时的决定中,而是建筑在长时间的努力、考验和默默无闻的工作基础上。"也就是说工作可以创造生命的价值,可以实现生命的意义。缠绵病榻依旧不放弃学术创作与研究的季羡林先生也说过:"人生的意义和价值就在于工作。"如果一个人连工作都放弃了,那他要如何去实现自己的人生意义?那他还有什么资格选择活着?

工作可以让一个人实现自身的价值和意义,但是它依旧需要一个前提,那就是认真。不论干什么工作,不论面对什么样的人群,都需要保持认真这一相同的态度。

季羡林先生一生致力于自己的学术研究,直到晚年缠绵病榻,他依旧没有放弃。当他躺在病床上输液时,大脑里依旧反复琢磨推敲着一篇学术报告或者是文章,等到一输完液,他就赶紧拿起笔,把刚才的想法和灵感记录下来。对于季羡林先生而言,学术研究是他的事业,通过学术研究可以实现他的价值,他可以失去一切,却唯独不能失去自己的价值。

一个人活着便该活出属于自己的精彩,不能让生命浪费,要活出属于自己的意义,这个时候就需要用工作、用毕生的事业来创造生命的精彩,实现生命的意义。

被称为"当代保尔"的张海迪因为五岁时不幸患了脊髓病,导致胸以下全部瘫痪。从此以后她再也无法像别的孩子一样蹦蹦跳跳,也没有办法再继续上学。可是在残酷的命运面前,张海迪并没有因此而沮丧、沉沦,她虽然没有机会走进学校,却依旧坚持学习,她自己在家学完了小学、中学的全部课程,接着又自学了大学的课程,除此之外,她还自修了英语、日语、德语等多门语言,并攻读了硕士研究生的课程。从1983年开始,张海迪先后翻译了《海边诊所》等数十万字的英文小说,编著了《生命的追问》《向天空敞开的窗口》《轮椅上的梦》等多部书籍。不仅如此,张海迪还在学习之余攻读了十几种医学专著,学会了针灸,并且时常无偿为他人治疗。

命运对张海迪非常的残酷，可是张海迪并未因此而向命运低头，她凭借自身顽强的意志力，坚持不懈地与命运之神抗争。张海迪并没有因为残疾而放弃积极的生活态度，她坚持学习、努力工作，正如她曾经所说的那样："我要像颗流星，把光留给人间。"正是因为她怀着这样的理想，努力学习，坚持工作，用残疾的身体走出了别人穷极一生也走不出的人生精彩，使自己的生命之花盛开、绽放，让自己生命的意义得以实现。

人生的价值和意义就在于工作，如果没有工作，每天白白地浪费生命，这样的一生又有何意义？一个人只有努力学习，坚持工作，才能创造出属于自己的生命价值。

季羡林：我害怕"天才"

中国文学艺术史上，常常有"几绝"的说法，其中最常见的便是"三绝"，即诗、书、画三绝。而"绝"的意思可以解释为顶峰、超越常人，换言之就是现在我们通常所说的天才。然而古今中外真正能够融会贯通，全面发展的人少之又少，能够参透"天才不才"的道理的人更是寥寥无几。

许多人常常自命不凡，以"天才"之姿傲视一切，一旦在某一领域稍有成就，便自命不凡起来，眼高于顶，轻视所有的人，一副"天才"之气，令人作呕。这样的人往往在群体中无法团结他人，有的甚至成为了"害群之马"。从前在某大学中有一位十分年轻的教授，自诩"天才"，认为自己天命不凡，不屑与其他人交流，常常瞧不起人，觉得谁都比自己矮一截，说这人是"狗蛋"，那人也是"狗蛋"。最后的结果便是：人民群众联合起来，把"狗蛋"的尊号原封不动地还给这个人，他便成为了自己不屑的"狗蛋"。

蒙田的《论自命不凡》中写道：对荣誉的另一种追求，是我们对自己的长处评价过高。这是我们对自己怀有的本能的爱，这种爱使我们把自己看得和我们的实际情况完全不同。我决不反对一个人对自己本能的爱。应该把这种爱引向正确的方向。如果把它引向自命不凡，引向自命"天才"，引向傲慢，则会损己而不利人。

《伤仲永》中的仲永无疑是个天才，但却因为没有系统的学习，终究变成了常人。许多人也常常爱自诩"天才"，又或者被他人认为是"天才"。有个数学家，别人容易忽视的问题，他能够发现；别人难以解答的方程式，他可以轻易地计算解答。由此，众人称之为"天才"。然而，一但遇到现实生活中的问题，他的智商居然还比不了一个小学生。例如：猪肉三角五分一斤，五斤猪肉共值多少钱呢？被问到时，他却只有瞠目结舌，无言以对。

不管是仲永还是那位数学家，他们都是"天才"，但也是"偏才"，他们只是在某一方面擅长，然而在其他许多领域，他们却根本不擅长，又或者随着时间的流逝，他们的"天才"很可能会消失，因为还会有更多的"天才"涌现。"天才不才"即是如此。

这样的"天才"便是令季羡林先生害怕的"天才"，也是令我们寒心的"天才"。每个人都有属于自己的一扇窗，不可能做到十全十美，能在某个方面或领域做到不凡，确实值得骄傲，但是这不是自负、瞧不起别人的资本。我们不做这样的"天才"，不做令人害怕、甚至是厌弃的"天才"。

季羡林：学海无涯，要有苦中作乐的精神

季羡林先生是语言学家、民族学家、翻译家、史学家、教育家、佛学家，研究领域涉及宗教、语言、哲学、文学、历史、经济等。仅在语言方面，成就便超越许多语言学家，除了汉语之外，他还精通英文、法文、德文，涉猎俄文、斯拉夫文和阿拉伯文。他的研究专长是冷门的印度古典梵文以及中亚西亚的吐火罗文。

季羡林的成就令人惊叹不已，我们不禁要问，他何以有如此的精力和时间做研究？季羡林的生活是不是时刻与书籍打交道？事实上，季羡林生活中除了研究以外，经常忙里偷闲，外出散步，静心冥想，栽种花草，逗弄小动物，他笔下那些为人称道的散文，大多都来自忙里偷闲的时间。季羡林认为，忙里偷闲是一种智慧，不仅保持身体健康，怡情养性，而且还留下许多美好的人生回忆。

季羡林常年在北京大学任教，他对学生们有过很多启发，其中最重要的就是，他教会学生用乐观的态度去学习。季羡林说，同学们，你们可能感觉当学生很辛苦，每天要完成那么多作业，还要上课，还要听老师讲话。其实，你们不如换个角度，那些喜欢功夫的同学，可以想象你做的每一道题和每一个知识点，都是武功的一招一式，你学好了，将来你就能成为绝世高手，问鼎巅峰。那些喜欢大房子的同学，可以想象你上的每一节课，都会变成一砖一瓦，将来能盖成摩天大楼。

季羡林教育学生要保持乐观的心态，开开心心地做学问，这其中确实有很深的哲理：我们把一个很大的艰难目标，按照自己的兴趣分解成一小块一小块，这样每做到一步，心里都会得到很大的欣慰。正如先师圣贤孔子说过："学之者不如乐之者，乐之者不如好之者。"不一定只有苦心孤诣才是做学问的态度，开开心心一样也可以去做学问。

《人性的弱点》的作者卡耐基说："成功的人懂得欣然接受自己不想做又必须要做的事情，失败的人一味地抱怨自己所做的东西自己不喜欢。"季羡林回忆说，自己儿时刚开始对读书不太喜欢，而且那时候年纪小，正是爱玩的时候，于是常常溜出去。无奈家里人强迫，只好埋头

在书桌前读书，后来学了很多有意思的内容，越来越感觉读书有趣，渐渐地爱上了读书的感觉。

开开心心学习研究，是一种原始的推动力，可以让人有更大的创造力，达到连自己也无法想象的成就。古希腊时代的"雅典学院"，大家在其中一起讨论知识，互相辩论，沉浸在知识的海洋，其乐融融，每个人都怀着一种对知识渴望的心态去参与其中。因此，无数的哲学家、科学家、艺术家、文学家产生了，共同缔造了古希腊文化的辉煌。

季羡林：慢节奏是时间最大的"敌人"

季羡林先生在德国读书时，曾在一本书上读到这样一句谚语："所有的人都怕时间，时间独怕东方人。"其实无论王公贵族，亦或贩夫走卒，时间都对他们一视同仁。"逝者如斯夫，不舍昼夜"，时间奔流的无奈感和无力感，每个人都深有体会。正所谓"朝如青丝暮成雪"，生命在朝朝暮暮的更迭间转瞬即逝。要想让生命更有意义，必须要克服慢节奏这个时间的"敌人"，在有限的时间里让生命绽放出最大的价值。

季羡林在《志虑心物》中解读过上文那句谚语，其中的"东方人"指的是中东一带的人。正如季羡林所说，古代一部分有钱或悠闲的波斯人，过着闲散的、慢悠悠的生活，所谓"树荫下一卷诗章，一瓶葡萄美酒，一点干粮"，正是对他们惬意生活最写意的描述。正因为他们所表现出来地对时间这种大无畏的精神，时间不得不拜倒在他们脚下，拜倒在这种慢节奏生活的脚下。然而，这种慢节奏的生活既是时间的克星，也让生命白白虚度。

在季羡林看来，中华民族是一个自古懂得珍惜时间的民族，时间自古有"光阴"之称，"一寸光阴一寸金，寸金难买寸光阴"更是家喻户晓的名言警句。

不过，中国历史上确也存在因浪费时间而误己误国的例子。南唐后主李煜在历史上被称为词学皇帝，当时他已经向宋称臣，国难当头他却不理朝政，一心沉醉于诗词之中。正因为李煜生性浪漫多情，敏感多思，闲适生活大段大段的时光和心头积压的苦闷都为他的诗词创作赋予了极佳的条件。然而，身为皇帝，这种悠哉的慢节奏生活却最终导致了李煜丧身丧国的悲剧下场。

季羡林在《志虑心物》中提到了"铁饭碗"这一现象，希望人们能够警醒，严肃认真地对待一去不复返的光阴岁月。"铁饭碗"的存在为当代社会培养了一批懒人，他们终日无所事事，"只吃干粮，喝美酒，却没有什么诗章"。他们同样对时间表现出不屑一顾的神情，让时间对他们束手无策，却将生命白白虚度。

所谓"盛年不再来，一日难再晨"，在生与死之间如流水般潺潺流淌着的是时间。所有时间里的事物，都永远不会回来了。你的昨天过去了，它就永远变成了昨天，你再也不可能回到昨天。而那些被我们虚度的光阴，如果能够加以充分有效利用的话，完全能让我们消逝的时间更有价值，让我们荒废的生命更有质感，让我们自己成为更好的人。

季羡林：夕阳红时，春色满寰中

《论语·季氏》有曰："君子有三戒：少之时，血气未定，戒之在色；及其壮也，血气方刚，戒之在斗；及其老也，血气既衰，戒之在得。"

年盛之时气壮山河，喜争强好胜，哗众取宠，以彰己身英雄本色。唯惧老迈，耄耋之年，对生活失去了渴望的目标，便毫无原则地随遇而安，知足于夕阳无限好的老迈当中，墨守成规，不思进取，这却是老年人应警惕的事情。

有一首调侃生死的打油诗这样说道："人生何必久睡，死后必定长眠。"这首诗虽然让人忍俊不禁，却也值得仔细把味。季羡林先生说："只要有一口气，就得干活。"一寸光阴不可轻，人最怕无所事事，什么也不干。季羡林先生还曾谈道："如果非让我讲出一个养生秘诀不可的话，那就是千万不要让脑筋懒惰，要永远不停地思考问题。"

过了千禧年，季羡林先生因为身体原因，开始频繁住院。面对大小手术，冷冰冰的针头，大家都很担心和心疼他，可季羡林先生却从来不把自己当成是重病号。

从季羡林先生住进医院的第一天起，他就把办公室挪到了医院。按照医院里的日志安排，每天上午应当是病患的疗养时间，可季羡林先生怜惜一天之计在于晨，凡输液，绝不可以扎针右手，因为要留下右手握笔书文，无所谓写多写少，于是《病榻杂记》就这么一点一点地做了出来。

季羡林先生如此不辍笔耕，正是怕光阴虚度，惧怕晚年的时光在蹉跎中而逝。余华的小说《活着》中有这样一句话："人啊，只要不死就得活着。"究竟如何个活法，这是我们自己需要思考的。老骥伏枥，志在千里；烈士暮年，壮心不已。人老但要心不老，杰克·凯鲁亚克在《达摩流浪者》中说："永远年轻，永远热泪盈眶。"不要向年纪低头，惯于勤奋，则无忧无虑，黄昏自然无限好。

季羡林先生说："对什么事情都不嘀咕，心胸开朗，乐观愉快，吃也吃得下，睡也睡得着，有问题则设法解决之，有困难则努力克服之，决不视芝麻绿豆大的窘境如庐山般大，也决不毫无原则随遇而安，决不玩世不恭，应尽便须尽，无复独多虑。"

人到迟暮之年，世间的辛酸苦辣、悲欢离合多已尝尽，无所谓凄凄惨惨戚戚，更不必自寻痛楚，只要放开胸襟，心态豁达，很多繁杂便会烟消云散，海阔天空。

不惧发疏，不怕体衰，心若年轻，人便永远都是壮年；日照晖晖，谈何夕阳，生命永远都是春天。

季羡林：社会进步，为代沟点"赞"

季羡林先生在《志虑心物》中谈道："一个人活在世界上，必须处理好三个关系：第一，人与大自然的关系；第二，人与人的关系，包括家庭关系在内；第三，个人心中思想与感情矛盾与平衡的关系。这三个关系，如果能处理很好，生活就能愉快；否则，生活就有苦恼。"

社会就像是一个大家庭，年轻一代和老一辈的关系就像家庭关系，这个关系该如何处理，则关系到整个社会的和谐问题。两代人之间的"代沟"是不可避免的，因为社会总是在前进发展，如果没有了"代沟"，那一定不是个好现象，因为社会可能止足不前了。所以我们要理性地看待"代沟"问题，用宽容去努力减少"代沟"，用两代人的传承拉近"代沟"，如此，社会、大家庭才能不断进步。

季羡林先生在医院治病时，有位年轻的学者在报上撰文，开篇便对季羡林大肆指责，毫不客气地说他"自封大师"，接踵而来的满篇都是刻薄之语，连医院里的医生、护士们读了这篇文章都义愤填膺，纷纷为季羡林先生打抱不平。甚至有人要为季羡林找那位年轻学者理论，或者干脆起诉对方。

而相比大家的态度，季羡林先生却对此处之淡然。他平和地说："人家说得对，我本来就不是什么大师，只不过我运气好，好事都往我这流。"他还说道："我就两条：爱国和勤奋。我总觉得自己不行，我是样样通，样样松。"季羡林先生看到妻子不高兴，便劝夫人端正态度，并说："人家说得对的是鼓励，说得不对的是鞭策，都要感谢，都值得思考。即使胡说八道，对人也有好处。就怕一边倒的意见，人就晕了。"

对待别人的错误或责难，要做到宽容大度；对自己则必须严格要求，力争做到精益求精。少一辈人要以虚怀若谷的心态多去学习老一辈人的优良风骨，老一辈则要以身作则，用自己的一言一行，以言传身教的方式给少一代人做榜样。一来二去，社会风气就正了，"代沟"也磨合了。

季羡林先生在《志虑心物》中如是说："我主张，一个人一生是什么样子，年轻时怎样，中年怎样，老年又怎样，都应该如实地表达出来。在某一阶段上，自己的思想感情有了偏颇，甚至错误，决不应加以掩饰，而应该堂堂正正地承认。这样的文章决不应任意删削或者干脆抽掉，而应该完整地加以保留，已存真相。"

传承不仅仅是文明的火种在老一辈人和年轻一代人之间的传递，同时也是年轻时的自己与年老时的自己两个时空间的接力。当代作家韩寒在接受媒体采访时坦然道，对于自己年幼时说出的一些狂语，如今的年龄再看来已觉有多少语失，甚至"恨不得砍自己两下"以自省。

社会需要进步，文化需要传承。一个社会是否和谐，两代人之间能否切实沟通，这不仅体现了一个社会的包容度，更是体现了一个社会的文明程度、一个民族的性格和品质。

季羡林：我以朴素为美

季羡林先生曾经骄傲的说："我以朴素为美。"他为何要这样说呢？因为在生活中有太多的浮华、虚荣，掩盖了人们心中的那份淡雅与朴素。世界上充满了各种诱惑，许多人沉迷虚浮的名利、声色犬马。而季羡林先生却主张回归本真，因为朴实与淡泊是人类心灵最原始的姿态。繁华就像树木的花叶，终会凋落飘零，而朴素则是树木的根系和枝干，任风雨严冬来袭，仍可生长持久。

季羡林先生晚年对朴素之美深有体会，他说生活中不需要过多的装点修饰，不需要宝马香车相伴相随，只需要一些清爽的"佐料"，如阳光、空气、健康、理想。这种朴素代表了一个人的情绪，贯穿到生活和工作当中。因季羡林先生有朴素之情，就连他写的文章也如行云流水，不事雕琢。

季羡林先生的文章从不提倡华丽辞藻，他认为语言的最高境界是朴素，因此写文章做学问，都以朴素为前提。读者在季羡林先生的文章中永远看不到过度修饰的文华，但字字真挚动人，简单素雅犹如出水白莲。

在生活上，季羡林先生更不愿追求奢华复杂，他吃饭穿衣都简单自然，从不贪恋饕餮大餐，一件衣服可以穿十几年，对那些昂贵的奢侈品更没有概念。这样的生活态度简单大气，摒弃浮华虚无，知道自己真正想要的是什么，已经达到一种崇高的人生追求。

季羡林：朴素之心

在季羡林先生起伏波动的人生当中，他看到了金钱权贵、虚情假意都是一场泡沫般的繁华。世间有再多沧桑，原本的朴质之心不该荒芜。这个世界其实很简单，只是人心变得复杂，其实人心本来也很简单，只是被名利所困，熙熙攘攘，忙忙碌碌，丧失了朴素之心。

简单的一碗饭菜足以填饱肚子，再富有的人每顿也只能吃那一碗饭，满桌鸡鸭鱼肉只是满足眼目的欲望。同样，简单的衣服足够使一个人外表干净，简单的婚礼足已令两个相爱的人甜甜蜜蜜。生活得简单是为自己，只有简单朴素，才能真正获得身心的健康。吃奢华的食物，穿繁琐的衣服，身边环绕过多不必要的物品，只会让人越来越累，却永远填不满虚荣的心。

季羡林先生一生追求简单的快乐，随心随性地生活，如同唐代诗人王维所言，"行到水穷处，坐看云起时。"朴素的简单才是人生的升华。以朴素为美，是智慧大师季羡林的生活写照，他将平淡的生活过出不一样的韵味。在他的文章中，在他的书籍里，人们能悟出这种简单与淡然。

季羡林：洞明世事，反求诸躬

俗语有云："洞明世事，反求诸躬。""躬"在这里指"自身"，"反求诸躬"，即"反求之于自身"。这句话大致就是说：看明白了人情世态，再反观自身，反过来剖析自己、要求自己。季羡林先生"责己也严，责人也宽"的胸怀便从这句话中得到了体现。

季羡林先生的生命历程，可谓一波三折，好运与多舛结合，坦途与坎坷混杂，他几度倒下，又几度爬起来。季羡林先生回忆，当他"官"复原职，而且还加官晋爵后，自己又开始了一段辉煌，从门可罗雀，又变到宾客盈门。

季羡林先生后来是这样说的："世态炎凉，古今如此。任何一个人，包括我自己在内，以及任何一个生物，从本能上来看，总是趋吉避凶的。因此，我没怪罪任何人，包括打过我的人。我没有对任何人打击报复。并不是由于我度量特别大，能容天下难容之事，而是由于我洞明世事，又反求诸躬。假如我处在别人的地位上，我的行动不见得会比别人好。"

趋吉避凶是每个人的本能，因此，无论发生了什么事，都不应该怪罪任何人，这并不是要求你"以德报怨""大肚能容天下难容之事"，而是换位思考一下，站在对方的角度上，或者换做我们处在别人当初的处境，我们是否可以做得更好？正如季羡林先生所说："假如我在别人的地位上,我的行动不见得会比别人好。"能有如此高的境界与修养,一定是在洞明世事的基础上,不断修炼自己的结果。

所谓"世事洞明皆学问,人情练达即文章"自然非是虚言,如此看来,做人不可糊涂度日,得过且过。既然世人永远无法做到不食人间烟火,那么自然当看清世事,洞明缘由。虽说做人难得糊涂,但也不能真的糊涂,该看清的、该看透的自当看清看透。

季羡林:"世故"并不是贬义词

世故是什么意思?翻开词典,"世故"之下有如下三条释义——其一,是指处事经验或人情世故;其二,是形容做事圆滑;其三,是指应酬或者敷衍。而题中"世故"又指的是什么?季羡林先生说,做人可以深沉,却不可不世故。这句话前一个深沉是名词,指做人要懂得世间的道理,理清人与人之间的关系;第二个世故是形容词,可以引申为圆滑、左右逢源的意思。故而,"世故"在季羡林先生看来,指的应该是处事经验以及人情世故。

"世故",于季羡林先生而言,其所强调的并非让人学会要弄心思、圆滑处事,而是在于懂得人情世故,明白为人处事的原则。有人说世故是完全可以理解的,因为那是明哲保身的生存手段。为什么这么说呢?要知道,生活有点像捆绑销售,你追求你想要的,同时也要承担和面对你不想要的。当然,从另一个角度,明哲保身求生存也是一个理由,面对一汪不想趟的浑水,为何要光着脚而不穿上雨鞋呢?

如季羡林先生所言,所谓世故指的是要懂得世间的道理,能理清人与人之间的关系,那么又该如何做到世故?所谓世故,并非玩弄心机,做一些阴歹权谋,而在于知道什么事该说,什么事不该说,什么事该做,什么事又不该做。

虚情假意的人往往为了实现某种目的,获得现实利益,而去妨碍或利用他人;阿谀奉承的人往往为了维护自身的利益而低声下气违心地去迎合他人言论。人们在提起这些人的时候往往会骂他们圆滑世故。可是准确地说世故不该被这样误解,所谓的世故是指在当今社会尚不够发达的生产力条件下,尚不够富裕的生活环境下,人们为了更好地生存而被迫选择委曲求全的行为。面对生活中很多难以控制的事情,可以选择世故,可是世故并不是虚情假意,也不是阿谀奉承,选择世故是指在更好地保全小我的同时不放弃努力奋斗,以聪明的方式适应社会,让自己更好地生存下去。

"世故"并不是一个贬义词,它是一个人高情商的表现,我们每个人都有自己为之奋斗一生的方向,每个人也都在为了自己的心愿而努力,面对纷繁复杂的人生,完全可以选择做一个世故的人,但一定要记得的一点就是要给自己留一颗真心,用正确的方式"世故"。

季羡林：我的诀窍在于"笨"

古人有云："勤能补拙。"亦有人言："笨鸟先飞。"智慧大师季羡林先生在谈到做学问时就曾经提到，一个人不怕他笨，就怕他懒，你笨的话可以通过多学、多读、多看去弥补，比旁人多一些努力，总归是能学会的。"笨"并不可怕，可怕的是明明就笨还不思进取的人，这样的人才是真的没救了。

"勤能补拙是良训，一分辛苦一分才。"道理其实很简单的，重要的是付诸行动，去努力坚持。"一份耕耘，一份收获。"付出和收获是成正比的，伟大的成功和辛勤的劳动也是成正比。诚然，笨并不可怕，可怕的是明明很笨却不思进取；聪明、有天赋也并不值得骄傲，只有守得住这份天赋、永远聪明下去的人才值得学习。

据说，在这个世界上，可以爬上埃及金字塔顶的动物只有两种：一是鹰，一是蜗牛。雄鹰展翅高飞，可以搏击长空，它可以飞上金字塔顶是毫无疑问的，可是对于蜗牛而言，这只小小的动物居然能够爬上金字塔顶，就让人觉得有些诧异了。其实，蜗牛爬上金字塔顶是完全有可能的，因为它知道金字塔顶有它的梦想，即使在别人看来它是多么微不足道，它依旧用最笨的方法去努力取胜，而它爬上塔顶的诀窍其实就是"以笨取胜"。

在杏梅村里住着两个人，一位是哑巴，他的梦想是金榜题名；另一位身体健康，他的梦想也是出人头地。为了实现自己的梦想，那个哑巴时常把自己关在破破烂烂的房子里面，不管是风吹雨打，还是酷暑严寒，他都坚持三更睡五更起，虽然他的一日三餐只是半碗粥，可是物资的匮乏却没有压垮他，他依旧不断努力，朝着自己的梦想奋斗。而另一个健全的人，却总是偷着懒不肯用功读书，太阳高照的时候他嫌太热，于是就跟大伙们一起到树下去乘凉，鹅毛大雪的时候，他又嫌太冷，就一个人躲在屋里烤火。不仅如此，他还时常讽刺那个哑巴不知道享受生活，只知道一味地读死书。

光阴似箭，很快就到了考试那天，他们两个都精神饱满地去应考，结果，勤学苦练的那个哑巴果然实现了自己金榜题名的梦想，而那位只知道贪图享乐的健全人自然落了榜。其实上帝从来都是很慈爱的，他对每一个人都是公平的，从来都不会抛弃任何人，也许他曾为你关上了一扇门，可一定曾给你多开了一扇窗子。

笨不要紧，要紧的是明知道自己笨，却还不努力。既然笨就做好充分的思想准备，比别人多一些辛苦努力，总有一天梦想会变成现实。

季羡林：成功之道的三重境界

王国维曾经以美学家的敏感、诗人的灵动、哲学家的参悟为标准，将本来不相干的三句词连缀在一起，总结成为人生的三重境界："独上高楼，望尽天涯路；衣带渐宽终不悔，为伊消得人憔悴；众里寻他千百度，蓦然回首，那人却在灯火阑珊处。"这三重境界从迷茫到执着再到释然，很形象生动的总结出了人生的三个不同的阶段。而成功之道同样拥有三重境界，即百折不挠、周济天下、功成身退，只有真正领悟了这三重境界中的奥秘，离成功也就不远了。

水受热会变成水蒸气挥发，进入大气层之后又变成雨水回归大地，遇冷会变成冰，越是寒冷的天气越能催发它体内坚如钢铁的特性。这便是成功人生的第一种境界——百折不挠。

道家有言："水生万物。"由此可见，水虽然是寒物，却还有着一颗和善而谦卑的心，"水往低处流"，它从不参与争斗，自甘从高高的山头流向低洼之地。万物因水而生，没有哪一种生命可以离开水而存活。水虽然哺育了世间万物，但是他从不向万物索取。这便是成功人生的第二种境界——周济天下。

雾虽然飘渺无力，又无形可依，可它却有着最为自由的本身，它随心变幻，聚到一起可以成云结雨，变成有形的水；随风飘散便可变得无影无踪，飘忽在天地之内。这说的就是成功人生的第三种境界——功成身退。

如果把三重境界用一段充满禅机的语言来总结便是："看山是山，看水是水；看山不是山，看水不是水；看山还是山。看水还是水。"一切从无到有，又从有归于无，没来就没有什么需要迷茫与执着的，只有真正领悟到了成功，才能够释然，以一颗平实的心态去面对新的成功，这便是季羡林先生所说的成功之道的三重境界。

傅佩荣：培养思考的习惯

傅佩荣先生在《哲学与人生》中提到培养思考习惯的重要性，他认为思考是我们生活中很重要的一件事，但培养思考的习惯却更为重要。

傅佩荣先生认为一般人通常没有思考的习惯，因此发生事情时都凭着本能的感觉立即反应，并且很容易受到别人的影响，喜怒哀乐都表现在脸上，其实这是缺乏理性思考的结果。若是养成了思考的习惯，遇到事情发生时，就会先冷静下来。那么如何培养思考的习惯？就是"要在不疑处有疑"，在没有任何怀疑的地方产生怀疑。如果对任何情况都能加以思考，就会发现，虽然有很多事情现在如此，但他没有必要一定是要如此，也有可能是别的样子。这样一来，就可以在很多看似理所当然的事情中，找到新的可能性。

培养思考的习惯还需要有系统的方法，例如理解逻辑的概念和判断。人有理性，可以思考，思考有一定的规则与方法。逻辑是为解说这些规则与方法的学问。当我们接受一个人的见解时，会承认他的说法合乎逻辑。而逻辑包含哪些内容呢？大体而言，有概念、判断与推论三部分。

概念是我们平常使用的语词，约定俗成之后，仍有两种指涉：一是意象，二是意义。前者伴随个人的主观经验而来，夹杂着情绪感受；后者则是字典里的定义，为大家所公认。如果想做正确的思考，首先就要考察自己使用的概念，排除意象，界定意义。

将自己的概念澄清，总是正确思考的第一步。接着要做的是"判断"。两个概念以"是"或"不是"连结，即是基本的判断。配合概念的周延性，如"全部"或"有些"，我们得到"判断"的四个原型：全称肯定、特称肯定、全称否定、特称否定。

在傅佩荣先生看来，逻辑推论的训练是培养思考习惯的另一个方法。当然，逻辑中有"双刀论证"，成为诡辩者的利器。傅佩荣先生为我们列举了一例：譬如，希腊一位辩士普罗塔哥拉曾与一个学生约定：暂时免交学费，待学生结业后，到法庭辩论赢了再付钱。结果学生结业后，始终不肯交学费，老师只好找他谈判。老师说："我到法院告你不交学费。若法官判我赢，那么依照判决，你必须交学费；若法官判你赢，那么依照合约，你还是必须交学费。"学生怎么回答呢？他说："老师，看来我可以不交学费了。因为若法官判我赢，那么依照判决，我不必交学费；若法官判你赢，那么依照合约，我也不必交学费。"究竟谁是谁非？谁也说不清。

傅佩荣总结道：逻辑不问是非，只讲求命题之真伪，以及推论是否有效。逻辑并不提供特殊装备，只是帮助我们把天赋的思考能力锤炼得更为敏锐、迅速而有效。帮助我们更好地培养思考的习惯，更好地认识世界。养成独立思考的习惯。

在生活中，如果我们对任何事都能加以思考，那我们的思想也会变得更有深度。知道了思考的重要性后，我们也应该掌握关于思考系统的方法。而培养思考的习惯，能带给我们很多好处，也能让我们发现事物的另一种可能。

傅佩荣：力求知行合一

"知行合一"的观点在中国哲学史上是由王阳明先生最早提出的，说的是理论与实践相结合，才能获取真知。庄子也说"吾生也有涯，而知也无涯，以有涯随无涯，殆已"。可以这样理解，我的生命有限，而知识的范围确实是无限的，以有限追无限，是不可能的。人的一生学到的知识只是一小部分，如果我们学了一些知识以后，又不能把它用在生产、生活中，那学到的些许知识又有什么用呢？由此观之，知行合一，才能真正的获取知识。

俗话说"光说不练假把式"，求知亦是如此。每个年轻人都经历过这样的痛苦：初入社会时，信心满满地想要为社会奉献自己的一份力量，谁知自己被施以填鸭式的那一套教育，并不能应用在现实社会中。傅佩荣先生以年轻人的这种困惑作为起点，全方位地分析了其原因，在《哲学与人生》中提出了唯一的救命法门——力求知行合一。

在《哲学与人生》中，力求知行合一可以说是非常具有时代意义和现实意义的一个章节。知行合一从古至今都是哲学论坛上一个不断融入时代意义的论题。某书记的跛脚理论——"八仙之首铁拐李过一斜桥，桥面倾斜度正好弥补其左右脚高低平衡，甚合其体，惊叹：此桥甲天下！笑料虽是杜撰，寓意却颇深远"。由此，傅佩荣先生更加认定，理论与实践缺一不可。再联系当代社会，傅佩荣先生提到，现在有很多为人师表的"大家"整天教育别人所谓的"圣贤之道"，自己却不能实践，到头来自己却陷入跛脚理论之中。要想摆脱跛脚理论，就要做到知行合一。此处傅佩荣先生引王阳明先生的语录："真知即所以为行，不行不足谓之知"，"知解"与"行持"合一，就好比鸟儿有了双翼，如同人有了指导思想和行动指南，这样一来，避免陷入跛脚理论的泥潭就轻而易举了。

但是，"力求知行合一"说起来容易，做起来可就没那么简单了，现实生活中，如果每个人都能做到知行合一，那岂不是人人都能成为圣人了？因此，傅佩荣先生的观点非常合理——力求知行合一，所谓"力求"，就是要我们努力追求知行合一，不断地完善自己的言行举止，一步一步地让自己越来越满意，实际上体现出傅佩荣先生对"中庸"思想的实际运用，不偏不倚，恰到好处，这才是人生的大境界，这才是高深的处世智慧。

傅佩荣先生又结合阳明心学的观点，强调发挥人的主观能动性，根据自己的能力和实际情况来力求知行合一。在书中，傅佩荣先生站在现实的高度展望了"知行合一"的未来，并表现出一副胸有成竹的样子，因为傅佩荣先生深知，"知行合一"不是空洞虚无的哲学思想，而是适用于每一个行业，并可以用多种角度去解读，不言而喻，其生命力也是强大的。

在傅佩荣先生看来"力求知行合一"，是在每个时代都适用的修养之道，不光是年轻人，每个人都应该尽自己的努力去追求知行合一，尽自己的努力去实践、去磨练，不断完善自己，最终得以悟道。

傅佩荣：爱智乃人之天性

傅佩荣先生在著作《哲学与人生》中，将哲学定义为爱智，并总结：爱智是人的天性，附以通俗晓畅、逻辑清晰的哲学分析，将爱智融入对古典哲学的深入探讨，融入对人之天性的思考中，升华出对现实生活的感悟，希望能够真正地帮助人的发展。

傅佩荣先生在一次哲学课前这样说道："哲学课的首要目标是点燃对智慧的爱，引导学生思考世界和人生。"这里，傅佩荣先生提出了哲学的目标，就是点燃对智慧的热爱——爱智，广义来讲，爱智即爱智慧，追求智慧，也就是哲学的本义。从无知的状态不断地发掘自己的理性潜力向智慧转变，这本来就是人从一出生就自然而然的进行的实践活动，由无知到有知，这就是在追求智慧，也就是爱智。傅佩荣先生借用了《斐德罗篇》中一个历史回顾，苏格拉底曾说："我认为，智慧——这个词太大了，它只适合于神，但是，爱智——这个词倒适合于人。"其实这个历史回顾，是苏格拉底在表达，爱智，是人的自然倾向，追求智慧就应该是人的本性，人都应该有爱智慧、追求智慧的渴望和激情。由此看出，傅佩荣先生提出爱智乃人之天性并不是凭空臆造的。

傅佩荣先生有了这个哲学依据之后，便开始细化分析。爱智其实就是探索哲学，那么哲学又是怎么解释的呢？傅佩荣先生根据汉语哲学的语义分析，清楚地发现哲学一词并不像英文里表达的那样完整，并没有将爱智——"philosophy"，爱或追求智慧的意义诠释出来，遗漏的那一部分意思恰恰是爱智、追求智慧作为人之天性最重要的部分，因此还是在英文翻译中更能完美地显示爱智的魅力。针对这个细节问题，傅佩荣先生也将爱智的"爱"更加规范，限定了"爱"的范围和领域。

傅佩荣先生这样讲述：人生没有哲学的指引，便会失去方向，没有追求智慧的激情，人也就不能称之为人了。人生在世，无意识间就一步步地认识世界，探索世界，不断地充实自己。哲学源于对生活的思考，傅佩荣先生就想，既然哲学源于生活，那爱智一定也在生活中隐藏着，无论进行什么实践活动，都会在生活中发现人之天性的影子，学习到或多或少的知识。

傅佩荣先生看来，保持一颗好奇之心，追求智慧，跟随人的自然本性、自然倾向，在跌跌撞撞中领悟人生的哲理，将爱智之理用于现实生活之中。

蔡元培：文化运动别忘了美育

近代中国历史上，作为介绍和研究西方美学的主要学者之一，蔡元培是推行美感教育的主要倡导者。蔡元培创造出的富有现代精神的美学思想，是蔡元培吸收近代西方美育学说，又在一个新的视角上发现审美与中国传统思想文化的关系，然后经过对中国文化和西方文化的过滤、改变和整合，最终得出来的。历史上，蔡元培对美育地位看得不可谓不重。

蔡元培美育思想的起源，当然是对西方美学理论的仿效。蔡元培又借助教育改革、文化活动等途径，力图让中国人把西方美学的理论应用到日常的文化生活与社会生活中去，最终实现美育的导学、立民、治国等功能。蔡元培在吸收西方美学理论时，尤其吸收了康德的美学思想。蔡元培对康德的哲学思想做过深入的研究，而作为康德哲学思想的重要组成部分，美学思想更是被蔡元培推崇备至。所以，完全可以说，西方的美学理论，特别是康德美学，是蔡元培先生美育思想的源头。

其实蔡元培受到的德国古典美学的影响因而阐述的美学思想，实际上是在传达他对中国传统思想的文化价值的理解，这也是他的美育思想最终形成的重要推动力。首先，从蔡元培的美学思想的形成中，体现出了他对中国传统思想文化的肯定。而且从蔡元培的美学体系和内容中，我们也可以看到中国传统的思想文化对他其实是产生了很大影响的。其次，蔡元培在主张改革与创新的同时，一直没有赞同甚至没有提出"与旧的传统文化思想决裂"之类的激进的看法。相反，他一直在强调传统有许多值得我们继承并且持续的地方。当时许多知识分子都向往"自上而下"的启蒙教育方式，但蔡元培不同，他更倾向于一种具有实践意义的"自下而上"的方式。他与当时大多数只知道喊口号的知识分子有着本质的区别，他改革和创新的目标是立足于当时的中国社会现实的，他要化"传统"而生成"新义"。蔡元培虽然也推崇西方美学思想，但那是"经过中国社会过滤了的"，是被改造整合过的。蔡元培还在1917年北京大学校长任上明确提出"以美育代宗教"的主张，来配合他对美育思想的大规模推广与实施。他相继写了《以美育代宗教》《美育代宗教》等文章，来反复阐述美育代替宗教的独特的见解。

总而言之，蔡元培先生所倡导的美育与美学思想，是用中国的新文化来要求和熔铸西方先进美学材料的一种创造，是同时对西方美育和美学思想以及中国传统文化思想的一种过滤、改变、熔铸和整合，所以这种思想颇有生命力和活力。这种思想既把握了西方的"自由""平等""亲爱"等观念的精髓，又未抛弃中国传统的"仁""恕""义"等文化品格，从而使得当时的中国社会成功地实现了思想文化启蒙。

蔡元培：以美育代宗教

作为中国的一位伟大的教育家与实践家，蔡元培先生对美育的推崇众所周知。蔡元培先生的美育论述覆盖面极广，几乎涉及到了与美育相关的各个方面。其中，最具独特性的自然要数"以美育代宗教"的说法。尽管这一说法从它出生一直到现在都没停止过人们对它的争论，但它在当时的积极意义毋庸置疑。

艺术与宗教自诞生以来就一直是人类安顿自身以及把握世界的两种不同方式。它们都有各自不同的领域，而关于它们之间的联系与异同，历代圣贤都有过阐述，但大多数的圣贤都会认为文艺只是"载道"的工具，蔡元培先生一开始也没能逃脱这个思想的束缚。20世纪20年代，蔡元培先生首次提出"以美育代宗教"的说法，是中国历史上第一次将美育提到可以代替宗教的重要地位。他的大致观点，无非是"宗教之原始，不外因吾人精神作用而构成……"等等。然而在笔者看来，蔡元培先生对于为何美育可以代替宗教，有更深层次的心理机制。目前学界关于"美育代宗教"的命题研究大致可分为两个方面：一是立足于美育学的研究，另一个是立足于历史学的研究。这些都对现今的中国社会有着重要的现实意义。

政治、经济、科技、文化等，这些方面的不断发展，对当今的教育提出了全方位的挑战，特别是我们中国，人们已经逐渐开始认识到，世界上各个国家所谓的以经济和科技实力为基础的综合国力的较量，实质上就是对人才的较量。21世纪，传统的教育模式已经不再适应社会的需要，中国必须探索出一条新的教育道路，而蔡元培先生的"以美育代宗教"给了我们很好的启示。

这个思想是一个内涵较为丰富的理论性命题，它反对宗教愚昧，主要的针对对象是孔教，这一点尤其能体现他的教育理想。因为他曾对反抗封建的思想和封建文化产生了重要作用。这个命题至少包括了这样几重内涵：对宗教欺骗性和"美丽附属于宗教论"做了深刻的批判，又对宗教本质做出了解释，通过这两点来表明"以美育代宗教"的必要性；从教育发展和心理学两个角度出发，又通过对教育与宗教关系的历史考察，阐明"以美育代宗教"学说实现的可能性……蔡元培先生强调用艺术的手段在家庭、学校和社会等各个领域全面实施美育。如今，蔡元培先生那个年代离我们是越来越遥远了，但是我们仍然能够感受到这个学说的强烈现实感和鲜活又旺盛的生命力。"以美育代宗教"在一定程度上填补了人生价值的真空，又充实了思想教育，丰富了人格教育，并且提升了生活的情操。一直到今天，这个思想仍然具有重要的现实文化价值，让人们走出迷信的牢笼，回归理性，让人们真正意义上走向自由，走向科学。

所以说，蔡元培先生的"以美育代宗教"的思想不仅对当时，而且对当今社会的教育也具有重要的意义。

胡适：为什么读书

胡适先生在中国现代文学史上占有重要的地位，他研究过《红楼梦》，写过《文学改良刍议》等诸多文章，还做过北大的校长。他曾经发表的一篇演讲《为什么读书》至今仍为人津津乐道。胡适先生对"为什么要读书"的问题相当重视，甚至将其当作读书的首要问题来看待。纵观胡适先生的一生，无论是读书的缘由，还是如何读书、读书的方法等，胡适先生都毫无保留地与青年学生分享。

他在这篇为青年会发表的演讲中，论述为什么要读书而列举了三个原因。第一是读书可以接受前辈留下的知识财产，我们可以将它作为基础把知识发扬光大，用牛顿的话说就是"站在巨人的肩膀上"看得更远；第二是为了读书而读书，即当你看不懂一本书时，你应该放下它去读另一本更为基础的书，等到你读懂了那本更为基础的书就可以用来解释这本书；第三是读书可以帮人解决困难，因为知识才是思想材料的来源。

这三个原因，第一个早已是屡见不鲜了，只是对于这一点，后人多有对胡适先生的误会。或许是《文学改良刍议》的名头，也或许是胡适先生大力提倡白话文，有很多人认为胡适先生是反对文言的，其实不尽然。胡适先生不是主张把古文废除的，相反，他特别重视古文的学习。他在《中学国文的教授》中说"假定每周五时"的话，古文永远是占"三"时的，由此看出，胡适先生对古文的看重远远超过现在。

很多人对于第二点和第三点是印象比较深刻的，在他们看来，这两点都指向了一个非常有价值的观点："越是专业人士就越更需要跨专业的技能"。在很多情况下，看起来毫不相干的学问能够在你思考问题的时候给予你意想不到的启发。达尔文创作了物竞天择的进化论学说，很大一部分原因是他受到了当时一篇关于人口增长的经济学类文章的影响。著名的投资人查理芒曾经说过："商业事件往往有错综复杂的原因，我们应该试着用不同的学科知识加以分析。"如果要达到前面两位名人的程度，最简单的办法便是广泛的阅读。股神巴菲特最提倡的就是广泛的阅读，无论是在哪里，办公桌、餐桌还是飞机上，他都不放过任何阅读的机会。他阅读的书的范围非常广，按照他的说法，"这么多年来，是广泛的阅读让我致富"。

除了读书的原因，胡适先生也提到了一些关于读什么书的问题。胡适先生认为，中国的那些旧的集、经、子、史等是最经不起读的。胡适先生对中国旧籍的评价在今天看来可能很夸张，然而，结合中国现在的教育情况，这也是有一定道理的。举例来说，应试教育的英语，已经让大多数人迷失了学英语的目的，本科生能用到英语的地方，基本上就是考场了。用之来读一些外国文献的少之又少。

总而言之，读书，应以"读书是为了解决问题"为目的，以"为读书而读书"为手段，这应该成为我们今后读书的宗旨。

胡适：教育重在培养学生兴趣

胡适在 1910 年考取了庚子赔款留学生，首先进入了美国康奈大学农科学院学习，可他却对此并无多少兴趣，因此也没有浓厚的学习热情。直到一年半以后他确定了自己真正的兴趣方向，于是立即缴纳四个学期的学费，转入了文理学院，后又转入了哥伦比亚大学继续深造，在那里遇到了实用主义哲学大师杜威，并为他的才华和学识深深地折服。这件事也让他更加深刻地认识到兴趣在学生学习的过程中起到的重要作用。

他也在给大学生的毕业赠言中建议大家多发展一点业余兴趣，"毕业生寻得的职业未必适合他所学的；或者是他所学的，而未必真是他所心喜的。最好的救济是多发展他的职业以外的正常兴趣和活动。一个人的前程往往全看他怎样用他的闲暇时间。他在业余时间做的事业往往比他的职业更重要"。一个人利用自己的闲暇时间，将自己的业余时间一点一点积攒，并用到自己感兴趣的方面，在这个坚持发现兴趣的过程中，会渐渐悟出自己的心得与体会，这时候培养兴趣并发展的兴趣，也会成为一个人可以走下去的另一条路。

有人称："学生没有一点时间，让他自己摸索，扩充课外的知识……学生根本没有时间读课外读物。"胡适就指出："关于大学的功课，三十年前我们在北京，就提倡选课制。大学选课制度是让学生减少必修课，增加选修课，让他多暗中摸索一点，扩大其研究兴趣。讲新教育要注重兴趣。所谓兴趣，不是进了学堂就算是最后兴趣。兴趣也要一点一点生长出来，范围一点一点的扩大。"学生时期大多数人是兴趣培养的重要时期，这个时期学生精力旺盛并对新奇事物怀有好奇心，容易产生兴趣，而胡适的提议"增加选修课"无疑是学生培养兴趣和发展兴趣的一个重要路径。大学时期，学生有更多的时间去培养兴趣，建立自己独立的人格和适合自己的兴趣。如果是让必修课占据学生的业余时间，学生也很难有更多的精力去发掘自己的兴趣；如果增加选修课，在一定意义上就是扩大了学生的选择范围，也更容易让学生从大范围中培养出自己真正感兴趣的方面，即使是在确认兴趣的过程中，也会得到很多使自身受益的学识。

胡适：找书找出快乐来

古人说过，书中自有颜如玉，书中自有黄金屋。胡适在《找书的快乐》一开始提到："我不是藏书家，只不过是一个爱读书、能够用书的书生，自己买书的时候，总是先买工具书，然后才买本行书，换一行时，就得另外买一种书……"胡适在这里所说的本行，就是兴趣的意思。兴趣愈多就愈要收集更多的书，何尝不是在发展兴趣的一种方式。找书的快乐也在对于兴趣发现、拓展、探索的快乐，也是在充实自己的快乐。这种找书被胡适称作没有计划的找书，他按照自己的兴趣，找了《红楼梦》《儒林外史》等。其中在找《红楼梦》的相关书籍时，也尝到了找不到书的苦处，但其间为了考证《红楼梦》的快乐想必也别有一番滋味。

"前面谈到的都是没有计划的找书，有计划的找书更是其乐无穷。所谓有计划的找书，便是用'大胆的假设，小心的求证'方法去找书。"撇开做学问不谈，读书是快乐的。读书的快乐在胡适看来，还在于找寻的过程。找书的快乐是一种大自在、大闲适。人生在世，难以抵抗的就是时光的飞逝。人生大抵是短暂的，如彭祖般长寿者，现实中难觅。读书者，是为了满足心理上的放松、精神上的愉悦。不可否认，有些人喜好高深之学问，学富五车并非为自我标榜炫耀。读书于他们是一种精神上的高追求，凡夫俗子难以企及。他们找书也会有快乐，为研究的快乐做伏笔打基础。像为应付课业差事，寻找参考书目者，在今日之高校中亦很寻常。无可厚非，求同存异，他们自有自己找书的快乐。

胡适在《找书的快乐》一书中最后写道："最后，根据我个人几十年来找书的经验，发现我们过去的藏书的范围是偏狭的，过去收书的目标集中于收藏古董，小说之类决不在藏书之列。但我们必须了解了解，真正收书的态度，是要无所不收的。"

对于嗜好找书的人，找书的快乐自不言说。闲暇之时，悠然踱步，漫无目的地四下里转悠。没有平日里遇急事般箭步矫捷，飞速前行。那种自在惬意，非偷得浮生半日游所能形容。一排排排列整齐的书架，秩序井然，书香味沁入心底，好不自在。没有刻意指定的参考书目给人压力，全是随性而为。随意走到一列书架前，可以直立其前，或是倚靠其上，也无体力之损耗，好不闲适。任意抽出一本书，随心所欲地翻上一页，完全没有心理上的负担。遇有自己感兴趣的物事，津津有味读下去，简直乐不思蜀，流连忘返。这种怡然自得的心境，是平日里忙碌的生活中所难得的。

地摊书也罢，旧书店亦可，找书的快乐无处不在。若有消遣时光，心境平和地约上几位好书之友，游走于街头巷尾，无可无不可地找寻，也许能找到难得一觅的好书。如获至宝般慷慨解囊，找书的酣畅淋漓瞬间让自己浑身舒爽。找书的快乐，真是言语难以道尽。只可意会，不可言传。

胡适：重视史学与证据

胡适一生的学术纲领，同样是他领导新文化运动的纲领——研究问题、输入学理、整理国故、再造文明。所谓的"整理国故"，意思是研究中国的历史文化，而其最终目的就是为了"再造文明"。因此，他在评价自己推崇的清代朴学时说，"于人生有何益处？于国家的治乱安危有何裨补？虽然做学问的人不应该用太狭义的实利主义来评判学术的价值，然而学问若完全抛弃了功用的标准，便会走上很荒谬的路上去，变成枉费精力的废物。这三百年的考证学固然有一部分可算是有价值的史料整理，但其中绝大的部分却完全是枉费心思。"清代的考据方法尽管精密，但是因始终不曾接近实物，故终不过是几部古书的整理。

胡适"拿证据来"的方法脱胎于胡适名言"大胆的假设，小心的求证"，而"大胆的假设，小心的求证"则是胡适对中国学术界的重要贡献之一。胡适一生以传播和实践"大胆的假设，小心的求证""历史的态度"为己任，特别是"大胆的假设、小心的求证"，胡适将其视为一切学问研究的基本方法，其中胡适在史学研究上也提出了不少具体方法。

"考一物，立一说，究一字，全要有证据，就是考证，也可以说是证据，必须有证据，然后才可以相信。"胡适的观点认为，历史学必须十分重视对史学史料的审查和考证。他说："审定史料乃是史学家第一步根本工夫。西洋近百年来史学大进步，大半都由于审定史料的方法更严密了。"他批评中国传统史学说，"中国人作史，最不讲究史料。神话官书，都可作史料，全不问这些材料是否可靠。却不知道史料若不可靠，所作的历史便无信史的价值。"

那么，应该怎样去审查和考证史料呢？他在《中国哲学史大纲》中说，"凡审定史料的真伪，须要有证据"，胡适在这里所说的证据可以分为五种：一种是史事，就是看书中的史事是否与作这本书的人年代相符，如果不相符，即可证明那一书或那一篇文章是假的。二是文字，一个时代有一个时代的文字，而制作伪书的人大多不懂得这个道理，往往会因为文字不符合当时的时代而露出作伪的形迹来。三是文体，后人或许会仿古，但古人决不会仿今；而且一个人也有一个人的文体，如果这个人的文体与他一贯的文体截然不同，文体骤变，或是文体是后来才会出现的文体，那多半是伪造的。四是思想，凡是能著书立说成家的思想学说，总会有一个系统可寻，决不至于有大相矛盾冲突。故看一部书里的学说是否能连络贯串，也可帮助辨别书的真伪；同时，思想的进化有一定的次序，一个时代有一个时代的思想，不会发生过多的质的飞跃；而且但凡一种重要的新学说发生后决不会对世人、对社会完全没有影响。第五种是旁证，即是从别书里寻找出的。关于史料的整理，约有三端：校勘、训诂和贯通，校勘是书的本子上的整理，训诂是书的字义上的整理。这两层虽极重要，但做哲学史还须有第三层整理的方法"贯通"，"贯通便是把每一部书的内容要旨融会贯串，寻出一个脉络条理，演成一家有头绪有条理的学说"。

胡适在文章上面所说的史料的审定和整理方法，既体现了"小心的求证"的精神，也体现了"历史的态度"，特别是他所说的史料的"贯通"，即是通过史料来描述某家或某派思想的发展，已超越了狭义的史料整理范畴，是"历史的方法"的实际运用。

梁启超：在学问中探索趣味

梁启超主张趣味主义，他觉得天下的万事万物都有趣味，这其中便包含着学问。他常以学问的趣味启迪后生，诱导后学，使他们在保持心情愉悦的状态下走进学问的大门。他也认为人从忙碌中获得趣味是最合理的生活，而且一切属于趣味的东西，他一概都认为它是好的，是积极的。

因为学问能够以趣味始，以趣味终，所以梁启超提倡学问，主张在学问中发现趣味，探索趣味。在学问中探索趣味是怎么一种体验呢？梁启超并没有详细的说明。他认为凡趣味总要自己领略体悟，自己未曾领略到时，旁人便没有办法告诉你。正像佛典所言："如人饮水，冷暖自知。"

梁启超是怎么做到在学问中探索趣味的呢？首先，他认为一个人能够品尝到学问中趣味的前提是他要养成一个爱读书的好习惯。只有爱读书，从而养成习惯，才能在繁多的文字阅读中品尝到读书的趣味。其次，他认为读书时要"无所为而为"。那些用手段才达到目的的是借学问之势的"有所为"，而所谓的"无所为"便是"为学问而学问"。怎么理解呢？就是和"为游戏而游戏"，"为生活而生活"相同的意思。再次，他再三强调做学问一定要坚持，切勿半途而废。倘若一个人做学问总是今天做一点，明天就不做了，那他肯定就体味不到学问的趣味了。最后，也是梁启超认为最重要的一点，进行深入地研究。趣味总是慢慢的来，越引越多；像吃甘蔗，越往下才越好。趣味总是藏在深处，你想得着，必须进去。

在学问的过程中，只有通过不断深入地研究才能慢慢地体味出趣味来。什么是研究？不就是在狭小的范围内探讨出深奥的道理嘛。做学问，要一步一步地深入，欲罢不能，从而体味到趣味。

梁启超不仅主张在学问中体会趣味，也提倡品味生活中其他事物的不同趣味，因而他曾说他的生活内容异常丰富，且能够保持不厌不倦的精神状态。他觉得这种生活是"极可爱"的，极"有价值"的。因而可以说，梁启超提倡的是趣味主义的人生观，他是趣味主义者。奉行趣味主义的人能够激情满怀地生活，充满情趣地做任何事。

做学问的基础是积累，假如什么也不了解，那在学问中能体会到的趣味也许就会少了很多。浅显的说，每天学一些以前不懂的道理，做以前不会做的事，便觉得再开心不过了，内心便充满了满足感，这也许就是"在学问中探索趣味"了。

梁启超：尽责最乐

梁启超认为人生最苦的事，莫过于人身上那种未了的责任。一个人但凡在世一天，便有他一天应该做的事。答应别人的事情没有办，欠了别人的钱没有还，受了别人的恩惠没有报答，就会食不知味，夜不能寐。

而这一切产生的原因归根结底都是因为责任。人生在世，对父母，对老师，对上司，对妻子、丈夫，对儿女没有不抱有责任的。对他们应尽的责任一日没有尽，就一日活在痛苦中；一生没有尽，即便死，也是带着痛苦的。

然而如果换一种方式发问，人生最快乐的事是什么呢？答案依然是责任。

生命自啼哭落地，衣食便受之于父母，等日益长大成人，便于内心深处，思成家立业，感国之栽培。羊羔跪乳，乌鸦反哺，何况生之为人？梁启超自幼家教严厉，父亲和母亲不但及时督促他的学业，而且还教育他如何立志做人，而梁启超也果然不负父母的期望，成长为国家的一代栋梁。作为子女，他始终谨记对父母的责任：不忘父母教诲，对父母尽忠尽孝。但虽有感恩之心，无奈千里之外，终不能膝前尽孝。父母过世时他并没有随侍左右，而这份未尽的责任也成为他内心永远抹不去的伤疤。

康梁是不可分割的师生组合。梁启超早年师从康有为，受业于万木草堂。在康有为先进维新思想的熏陶下，梁启超树立了参与国内政治、改造旧中国的伟大抱负和忧国忧民的爱国思想，从此踏上了变法的征程，后来成为清末维新的主将。身为弟子，梁启超从未忘记过自己对康有为的责任，虽然后来两人因政治思想而分道扬镳，但梁启超仍然对康有为恭敬有加，见面必执弟子礼。难怪刘宜庆曾做出这样的结论："梁启超早年拜师南海门下，是梁的幸运；同样，康有为晚年能拥有梁启超这样的弟子，也是康的幸运。"他们的师生之遇，是天赐之缘。

梁启超一生有九个子女，个个成才。长女梁思顺从事诗词研究，长子梁思成是著名的建筑学家，其余子女在图书馆学、经济学、社会学等方面都颇有建树。"一门三院士，九子皆才俊。"作为父亲，梁启超十分重视子女的个人道德修养，经常教导他们做人的种种道理。在他的家书中，处处洋溢着强烈的父爱，对子女的责任使他日益成为一个严肃却不失和蔼的成功父亲。

孟子说："君子有终身之忧。"因为越是圣贤豪杰，他负的责任越是重大。但这并不能说明他没有得到快乐。不论是仁人志士的忧民忧国，还是诸圣诸佛的悲天悯人，他们日日在那里尽责，便日日在那里苦中得乐。尽责的快乐有大小之分。尽大的责任，就得大快乐；尽小的责任，就得小快乐。像梁启超这样，为家尽责，是小快乐；为国尽责，是大快乐。

梁启超：不离事务作学问

梁启超是阳明心学的极力推崇者，因而王阳明的"致良知""知行合一"深深影响着梁启超。

梁氏主张"知行合一"，他认为"致良知"就是把良知应用到事物上，良知脱离了事物，便是空虚的，不完整的。所以他说研究学问，就必须将良知与事物混合在一起才好，即"不离事务做学问"。

当然，不离事务的基础便是读书，然后做笔记。当你读一部好书时，你有可能因为文中大量的词藻引用而对作者的记忆佩服不已。然而也许并不是这回事，他有可能是通过日益丰富的积累而做到的。收集的材料慢慢丰富了起来，然后用不同的视角整理分析，就有可能成为你手中的一本好书。

真正做学问的人总离不了整理抄录。没有实践就做不出伟大的发明，只有理论而没有付诸实践，就说有了新发明，那可真是滑天下之大稽。

梁启超曾提倡自己著书。怎么理解呢？这并不是说要著书立说，一来学生的能力并不能达到出书的水平；二来著书的过程也有些许的无聊，而是在读书的过程中自己写这方面的书来加深理解。譬如当你读有关钱币改革的各项著作时，泛泛读去，并没有什么所得。但倘若你一边读一边自己写一篇中国货币沿革考，即便是做得不好，但你之前所读得却更加印象深刻。又譬如读一部《荀子》，甲同学泛泛而读，乙同学在读的同时做了一篇《荀子学案》，那两个人对书的理解深度自然不同。

梁启超先生的学问，几乎全从人情事务上得来的。阳明先生曾经批判某吏说"离开事务作学问"，从这一点上就可以想到梁启超做学问的方法。梁启超初管理事务的时候正是他学问进步最迅速的时候。只要一遇到棘手的问题，虽然困难，但他总是研究它为什么困难？该怎么解决？再把这种方法用到做学问上，如果能劳苦费力，因而也就得着一种更加伟大的学问。如果一定要闭门静坐，钻研沉思，只要稍遇困难，便会颓丧不止，那所谓的学问事业，就不可能有更加精辟的论断。只有把客观的事实当作学习的材料，不离事务作学问，从而怡然自得，就一定会有进步。

梁启超主持《时务报》有一年多的时间，此时的梁启超意气风发、无所畏惧。为这份来之不易的刊物倾注了极多的心血。两年后，当他再次回忆起当年编撰的情形时说："每期报中论说四千余言，归其撰还；东西文各牌二万余言，归其润色；一切奏牍告白等项，归其编排；全本报章，归其复校。十日一册，每册三万字，经启超自撰及删改者几万字，其余亦字字经目经心。六月酷暑，洋蜡皆变流质，独居一小楼上，挥汗执笔，日不遑食，夜不遑息。记当时一人所任之事，自去年以来，分七八人始乃任之。"在这现实的事务中，梁启超仍然坚持做学问，因而有了更加精进的成就，这不就是"不离事务作学问"吗？

梁启超：学问与民权自由

学问的趣味，是怎么一回事呢？这句话我不能回答。梁启超在这个方面的造诣很深。

梁启超的《学问之趣味》，就更加准确地剖析了"学"与"趣"的关系，跟《论语》的"学而时习之，不亦说乎"，可以相比较来理解。"凡趣味的性质，总要以趣味始以趣味终。""我不问德不德，只问趣不趣。"他的"趣味主义"贯穿其生活的方方面面，在学问方面，自然也有他自己的一套理论。

梁启超说道，无论是学习也好，生活也罢，它们都可以是一个过程，过程中自然包括了许许多多、或大或小的阶段，每完成一个阶段，收获一点东西，就如同到达一个里程碑，这些成果和里程碑都是过程必不可少的部分，但这些并不是结果、终点与完结。"学而时习之，不亦说乎"，这个"说"，可以是通过兴趣而产生的"乐"，意思就是投入、沉浸于自己嗜好的学问而感到由衷的充实与快乐；也可以是因习得某种知识、练就某项技能，或在一门学问的研究中取得突破、获得成果、看到进展，从而油然而生的幸福感、成就感、满足感。

在民权的问题上，梁启超也有自己独到的见解。梁启超在比较孟子思想与现代民主思想时指出："孟子仅言'保民'，言'救民'，言'民之父母'，而未尝言民自为治，近世所谓 of people, for people, by people 之三原则，孟子仅发明 of 与 for 之二义，而未能发明 by 义。"不过，这样的论断还是有些过于简单了。从民享、民有、民治这三个角度并不能准确合适地解读出中国古代的民权思想。以民为本体，以民之视听为天之视听，不以天子所是为是、以天子所非为非，而且要将国事付诸学校那样的公议场所，是包含着浓厚的民治主张的。问题只是，在专制体制下，形成不了民治的程序法则。古代的专制体制是一种无奈的历史选择。我们应当更多地从经济体制和社会结构的角度去寻找原因。民本的价值法则和政治法则不仅不是专制制度的原因，而且还发挥了缓和专制政治、促进政治开明的历史作用。可以说，民本文化乃是真正的国粹。民本精神不仅是为天下人着想的精神，而且是由天下人为天下着想的精神。正是伟大的民本精神，塑造了中华文化的特殊性质，支撑了中华民族的传统文明。

梁启超认为民本理想与现代民主是一脉相承的："要之，我国有力之政治思想，乃欲在君主统治之下，行民本主义之精神，此理想虽不能完全实现，然影响于国民意识者既已甚深，故虽累经专制摧残，而精神不能磨灭，欧美人睹中华民国猝然成立，辄疑为无源之水，非知言也。"陈顾远从"政理"的角度评价中国古代民本思想对于洗涤政治污弊、造就中华政制类型的作用。他说："中国的民主政制不过民国以来的事，倘追溯往古数千年的史实，也无非演变在神权与君主政制中，然而在其政制上，虽为神权而非永为巫觋政治，虽为君主而非即是独裁政治，这就是因为在政理上有一个民本思想巨流，冲洗了实际政治可能发生的弊害，便和他族的神权或君主政制有其分野。"

为什么民本精神就可以缓解专制？为什么被认作"民治之始"？这在很大的程度上是因为民权的因素包含在民本精神里面。当然，民权并不是古代中国政治文化的典型特征，也不属于儒学的核心内容。体现程序理性法则的民权制度之所以发育不出来，乃是因为在中国古代社会，还没有具备讲"天生民而授之权"的历史条件，只能讲"天生民而立之君"。但是，有了民本的价值法则和政治法则，支持民本的程序法则之发育不过是迟早的事情。讲权利从来就是不得已而为之，是逼出来的。一旦历史环境发生了逆转，民族危亡、文明危机、阶级革命、个人主义、唯物主义、市场经济等许许多多因素继起而交织，便会开始一个民权的时代。

梁启超：少年人，当自觉

梁启超先生在《中国少年说》中说："今日之责任，不在他人，而全在我少年。少年智则国智，少年富则国富；少年强则国强，少年独立则国独立；少年自由则国自由，少年进步则国进步；少年胜于欧洲，则国胜于欧洲，少年雄于地球，则国雄于地球。"

的确，少年与国家的前途是分不开的。梁启超先生说道："红日初升，其道大光。"初升的太阳，光芒万丈。少年正如那初升的太阳那样，正在慢慢上升，慢慢成长。少年像它一样充满希望，充满力量。"乳虎啸谷，百兽震惶。"刚出生的小虎，如果在山谷中咆哮，所有的动物都会感到害怕。这些不都说明了我们少年的力量是无穷无尽的吗？

在这 21 世纪，少年是国家的希望，我们所要做的，就是发奋学习。只有不断地学习，不断地用广博的知识充实自己，才能使自己进步，才能使国家进步。我们只有经过坚持不懈地学习，才能尽早挑起建设祖国的重担。

自觉即内在的自我发现、外在创新的自我解放意识的体现。其是人类在自然进化中通过内外矛盾关系发展而来的基本属性，是人的基本人格。它是人一切实践行为的本质规律，表现为对于人自我存在的必然维持、发展。人类对自觉本质的维护与发展是自由的真实体现。

梁启超先生认为：自觉以主动为前提，是一种不需外力推动和约束的自发行为。所以，自觉是一种素质。在本质上，自觉仍然是去尽自己的一种义务，一种你不去做也没有人会强迫你的义务。在当代社会，少年，乃国之栋梁。自觉，乃国家发展必备的素质。少年人，当自觉。

同时，自觉能动性是人类生命的特征，其所区别于物类者在此。人是同时具有理智和情感性的动物，情感的冲动造成了人类思维的混沌，而人类灵魂同样因为理性与感性的冲突具有复杂性。所以，自觉是人类的一种特有属性。我们可以主动地自觉地去做一件事，可以主动自觉地去使国家发展富强。

想想从山河破碎到繁华盛世，从贫民衣衫褴褛到国家福泰安康，我国能有今天之强盛，离不开一代代中国少年的辛勤努力。正是因为他们的爱国，他们的自觉，他们的责任感，我们才有了这泱泱大国的传承发展。在努力实现中华民族复兴大业的今天，我们仍应弘扬梁启超倡导的"少年人，当自觉"的精神。

梁启超：做学问，勤思考

子曰："学而不思则罔，思而不学则殆。"学习和思考是青年成长进步的两大件法宝，学习让人知识充实，思考使人思想境界提升。不积跬步，无以致千里，不积小流，无以成江海。厚积薄发是做学问的基本道理。各种知识积累得多了，才能融会贯通，得心应手。同时，更重要的是我们要勤思考。

梁启超说：年轻人做学问最怕好高骛远、志大才疏、不脚踏实、不上不下地"飘"起来，一"飘"则成不了大器。做学问要经得起时间的考验，一时的盛名不可靠。如果你仅从一些非常表面的意思去具体分析某件事情，不经过思考，那么你的理解就不会很深入、很透彻，你的学问做得就不太好。

梁启超先生说：我们在学习的基础上，根据掌握的资料，运用所学知识，按照正确方法进行加工，转化为自己的东西，这就是思考。如果你仅仅学习而不思考，那等于什么也没有学到，徒劳无获，你的思想境界，你的文化知识水平，你的学问也都没有得到提高。

思考是一种能力，是把所学到的知识进行深入化运用的能力。当我们在工作中遇到困难与挫折时，或在学习中遇到难关，一定要开动脑筋积极思考，要充分运用所学的知识和工作经验，思考与分析后合理的解决问题。

书籍、资料、信息等都是外在的，要想取其精华、为我所用，就必须经过自己的大脑"深加工"。思考能力是一种基本素质，更是一种长期积累。要想做学问、做好学问、做大学问就必须勤思考、善总结，绝不可简单应付、甚至轻信盲从。

学问是怎么来的呢？学问是从劳动实践中创造出来的。如果有人认为凭自己的聪明能将学问想象出来是不对的，也是不符合人类科学发展规律的。现在有一些年轻学者喜欢空谈，喜欢在名词堆里钻，文章写了不少，但解决不了什么实际问题。搞研究不能脱离实际，闭门造车是做不出学问来的。所以年轻的学者们要走出书斋，接触实际，勤加思考。

中国科学院院士、中国外科医学奠基人裘法祖老先生有这样一个座右铭："做人要知足，做事要知不足，做学问要不知足。"裘老这句话可谓朴实无华，却又发人深省。做学问要不知足，做大学问就更要不知足。

就如梁启超所说的：在做学问的路上是永远没有终点的。要知道，做学问最忌自满自足，须知天外有天、人外有人，且也无捷径可走。浮躁浅薄，导致不学无术；好逸恶劳，导致浅尝辄止。东拼西凑弄几篇文章，便俨然以权威自居，到处招摇撞骗，最终不会有好下场。所以，现代的我们更要勤加思考，开动大脑，不要把自己囚禁在牢笼里。

梁启超：开民智，育新民

梁启超认为，国势的强弱随着人民的受教育程度而转移，并明确地揭示了专制与愚民、民主与科学的内在联系，提出教育的宗旨应该"开民智，育新民"。

民智开启，是让人们从长期被禁固于封建政权中的思想活化起来，去追求属于自己心灵空间的真善美。民智自然是全民智慧的意思，只有大家都向往同一种美好和共同上进，社会才可以风气纯正、自强不息。开启民智，自然是要将昏昏欲睡的大家叫醒，并且告诉他们或许也可以这样、那样去思考、去解放。

此外，梁启超还认为民智问题已经变成中华民族建立富强、民主的新国家必须解决的根本问题。但是，开民智异常复杂，涉及经济的、政治的、制度的、文化的、教育的、道德的、家庭的、社会的，乃至历史的、现实的、人口的、遗传的等方方面面；同时也需要时间，必须经过漫长的时空转换，才能积淀升华。除此之外，在综合思考这个问题的时候，也要吸取前人探索的经验，汲取先贤的智慧和创造精神，这是一条不可忽略的重要途径。

梁启超的教育目的是培养新民，新民必须具有新道德、新思想、新精神、新的特性和品质，诸如国家思想、权利思想、政治能力、冒险精神以及公德、私德、自由、自治、自尊、尚武、合群、生利、民气、毅力等。可以看出，这种新民正是具有资产阶级政治信仰、思想观念、道德修养和适应资本主义社会生活的知识技能的新国民。

梁启超作为青年们的良师益友，不仅关心他们的学业、工作、生活、健康，更对他们的品性、为人、立身、处世给予细致入微的指导。在他看来，教育不是其他什么，教育就是教人学做人，而且是学做一个现代人。他讲到求知识与学做人的关系，老实不客气地告诉年轻人："你如果做成一个人，智识自然是越多越好；你如果做不成一个人，智识却是越多越坏。"梁启超用自己的方法开启民智，教育新民。

在近代，梁启超"育新民"是为了发展近代社会，提高思想水平，加快经济发展。这与我们新时代教育方针"坚持教育为社会主义现代化建设服务，为人民服务，与生产劳动和社会实践相结合，培养德智体美全面发展的社会主义建设者和接班人"非常相近。

总之，不论是近代还是当代，一切的开启民智、育化新民都是为了国家的发展、富强。

林语堂："说难行易"与"说易行难"

到底是"说难行易"还是"说易行难"，人们对此议论纷纷，各持己见。

有人认为，"知"是一个认识客观规律的过程。创造知识比运用知识更加困难。爱迪生花费数年，寻遍一千多种材料，写了两万多页的笔记才找到合适的灯芯。把电灯的发明与电灯的生产相比，知比行更难。探索方法比运用方法更难。认识规律比按规律办事更难，认识规律是不懈求索、积沙捡金的过程，需要谨思慎学的严谨思考，需要抽丝剥茧的耐心细致。有了规律的指导，按规律办事不就如庖丁解牛般游刃有余了吗？孙中山先生更是根据革命的需要，于1918—1919年间写成《孙文学说》，全面讨论知与行的关系，提出了著名的"知难行易"学说。他认为"知易行难"说对资产阶级革命事业危害极大，在理论上，容易使人坐而论道，空谈心性，不敢或不愿参加实践活动；在实践上，容易使人轻视理论对实践的指导作用，甚至放弃信仰革命理论。这便是"说难行易"的例子。

有人则不同意此观点，认为很多时候，我们在工作中，在学习中，每个人几乎会本能地去做一些事情，这些事情通常很零散、很琐碎。有心的人们把这些零碎的东西整理起来，写成书。看书的人往往会有一种感觉，即"这些道理我都知道，但为什么我就是做不到？"再比如那些吸烟的人，明明知道吸烟有害自己和他人的健康，想要戒烟，却很难管住自己。想减肥的人给自己制定了几大张锻炼计划却坚持不下来，这就是"说易行难"了。

林语堂先生认为：知易，行也易，而知行合一难。好比我知道生活的重点应该是让自己开心快乐，工作的最终目的也无非是为了让自己的生活更开心，但天地人的不确定，环境的影响和条件的不成熟，却不得不去做一些看起来自己应该做的事，而不是喜欢做的事。再比如，恋爱和婚姻中人都知道该理解和包容，但能真正做到的又有多少？人心本是最复杂的东西，任何一点小事都可以因为性格、立场和时间、环境的不同而引起摩擦和误会。这就是知行合一的难处所在。

林语堂先生认为，"说易行难"与"说难行易"并无真正的孰对孰错。而我们在生活当中，在你说"说易行难"的时候，想想自己是否真地"知道"了，知道得足够多了。在你说"说难行易"时，想想，知识归根到底是来源于行动，你得战胜多少困难，才获得一个真知？有时候，行易者知难，是因为不求甚解；知易者行难，是因为忽视实践。我们既要不断用知识充实自身，也要积极进行实践，努力向"知行合一"靠拢。

林语堂：读书如同阅友

林语堂在《生活的艺术》中这样写道：一本古书使读者在心灵上和长眠已久的古人如相面对，当他读下去时，他便会想象到这位古作家是怎样的形态和怎样的一种人。

林语堂认为，读一本书就如同在与一个朋友交往。和做事严谨认真的朋友交往，就好像是在读圣人贤者的经典著作，在经典著作之中，所讲的都是如何做人的大道理。因此，读圣贤之书，就是学会如何做人，就是学会如何把生活过好，把人做好，然后方可过得幸福美满。就像与圣贤之人促膝长谈，从他们的言语中获取生活的智慧，学习他们对于人生的感悟，从而充实和改变自身。

和风流儒雅的人做朋友，就像是在读古时优美的诗词文章。李白的诗、司马迁的鸿篇巨制、苏东坡的词，真是读起来让人酣畅淋漓。一意神行，可谓之大手笔，仿佛是那飞将军李广领兵打仗，神出鬼没，完全出自天然；又如李白所说，清水出芙蓉，天然去雕饰。

和知识渊博的人做朋友，就像读那些奇妙绝伦的书籍，囊括万物。与他们交往，往往能得到自己所想象不到的知识和阅历。他们那些神奇的趣闻轶事，让我们忍俊不禁，他们那些渊博的知识，对生活真谛的见解，又让我们收益颇深，实乃我们的良师益友。

和具有幽默感的人做朋友，就如同在读一本传奇小说。传奇小说重在一个"奇"字，因为奇，所以才让我们开怀，自然而然地为生活提供很多笑料，让生活过得轻松愉快。而这样的幽默又绝对不是那种故意哗众取宠的幽默，这样的幽默往往能使你在开怀中接受了真诚的劝诫，得到有益的启发和收获，即寓教于乐。

因此，林语堂先生认为，从某种意义上来说，朋友就是你的书，书就是你的朋友。交什么样的朋友，就等于读什么样的书；读什么样的书，就等于在交什么样的朋友。读的书越多，涉及的类型愈广泛，就如同你交到了各种各样的朋友。如果交到这些益友，他们影响着你，使你的眼界更加宽广，生活的阅历更加丰富，对你有益无害。

人生最大的乐事便是有几个志同道合的朋友，或者一起谈天说地、畅聊人生；或是乐意一起来个酩酊大醉；或是一块悠闲地读几页书、品两口茗，谈古论今；或是可以一同游山玩水。只要是得其中一趣，便可抛弃朋友之间个性的差异。林语堂的智慧告诉我们，想让心灵获得超逸的感受并不是一件有难度的事。广读书，广交友，乐在其中。读书如同阅友，不管他们是古板还是诙谐，是粗俗还是雅致，只要将其揉在一起，便成了真正属于自己的特色生活。这样的日子，也是开心而充实的了。

林语堂：缺什么，别缺科学精神

什么是科学精神，科学精神是人们在长期的科学实践活动中形成的共同信念、价值标准和行为规范的总称，是指由科学性质所决定并贯穿于科学活动之中的基本的精神状态和思维方式，是体现在科学知识中的思想或理念。科学精神的核心是对真理的执着追求。它一方面约束科学家的行为，是科学家在科学领域内取得成功的保证；另一方面，又逐渐地深入大众的意识深层。

2009年，中国一代科学巨匠钱学森逝世前，在病榻之上多次说道："为什么我们的学校总是培养不出杰出人才？问题在于，中国还没有一所大学能够按照培养科学技术发明创造人才的模式去办学，都是些人云亦云、一般化的，没有自己独特的创新东西，受封建思想的影响，一直是这个样子。我看，这是中国当前的一个很大问题。"钱老指出的原因是中国人缺乏创新精神。其实，不如说是我们缺乏这样的科学精神。

林语堂先生在其《吾国与吾民》中提及了中国人"缺乏科学精神"。他说："中国人的智巧好像只知道悦服道德的'自明之理'，而他们的抽象用语像'仁''义''忠''礼'已属十分普通，他们的精密意义自然而然丧失在这模糊的普遍性里。"简单而言，就是中国人虽有一切固有的知识，却缺乏科学分析的心灵本质。

林语堂先生认为，我们似乎从来都没有缺少过出类拔萃的科学家，我们缺少的只是一种蕴藏于公众之中的普遍的科学精神。所以我们在建构国家科学大厦的同时，更需要做的是一种对公众科学精神的启蒙。就像德国文学家君特·格拉斯在阐释"启蒙"一词时讲的那样，要使大家习惯于"思考已经思考过的东西，直到怀疑还是确信无疑的"。

这是一个现代化的世界，一个科学技术无处不在、"科技是第一生产力"的时代。这是一个无可争议的事实。这样一个时代，我们更需要科学精神。

我们需要科学精神，需要严谨、需要理性、需要实事求是、需要怀疑与批判、需要开放兼容、需要开拓创新、需要善于观察和思考、需要实践。向那些老一辈的科学家致敬，拒绝心浮气躁，拒绝为功名蒙蔽双眼。

在这个"科技为第一生产力"的年代里，缺了什么，都别缺科学精神。

林语堂：改造教育的原则

现在中国的教育机制是什么？就是考试，是升学。相信很多人，尤其是70后、80后的一代，那时候还没有义务教育，在上小学的时候，小学的老师就告诉你，你要努力学习，这样你才能去一个好的中学。在你上中学的时候，中学的老师就告诉你，你要努力学习，这样你才能去一个好的大学。在你上了大学的时候，大学的老师告诉你，你要努力学习，这样你将来才能找一份好工作，才能好好地养家糊口、娶妻生子。

似乎我们每个人读书受教育的目的就是为了上中学，上大学，为了找到工作，为了养家糊口。那么到底有多少学生，是为了读书而读书，有多少教育工作者，是为了教书育人而教书。想必寥寥无几。而在林语堂先生看来，知识的追求是与他人无关的，任何为了老师、父母或未来妻子而读书的思想都是不道德的。知识的追求应该成为自己一个人的事，与他人无关，只有这样，教育才能够成为一种积极快乐的事。

孔子说："学而不思则罔，思而不学则殆。"他似乎觉得学而不思比思而不学更危险。他当时一定看见过许多学生学而不思，所以才提出这个警告。在林语堂先生看来这个警告正是现代学校里极为需要的。现代教育和现代学校教育的原则大抵是认为把学识填满脑中，就是终极目的，好像大量的学问便能造就一个有教养的人似的。可是学校为什么不鼓励思想呢？教育的原则怎么会把追求学问的快乐，歪曲成堆塞学识的机械式的、有量度的、千篇一律的、被动的工作呢？

理由是很简单的。我们之所以有这个制度，就是因为我们是在教育大批的人，像工厂里大量生产一样，而工厂里的一切必须以一种死板的、机械的制度而运行。学校为保护其名誉，使其出品标准化起见，必须以文凭为准。于是，有文凭便有分等级的必要，有分等级的必要便有学校的分数；为着分数，学校有了机械化的大考和小考。林语堂先生就认为其后果是比我们所想象的更有害的。因为这种制度的实行，学校里所注重的是事实的记忆，而不是鉴赏力或判断力的发展了。我们便会碰到一种危险，就是我们会忘了我们已经背弃了教育的真理想或即将背弃教育的真理想。他自己也曾做过教师，知道出一些关于历史日期的问题，是比出一些含糊的问题更容易的，同时批定分数也比较容易。

所以林语堂先生认为，我们必须要改造教育的原则，必须放弃"知识可以衡量"的观念。知识的追求应该是和探索一个新大陆一样，怀着一种虚怀若谷的、好问的、好奇的、冒险的精神。我们必须放弃那种有量度的、千篇一律的、被动的堵塞见闻的方法，而实现这种积极的、生长的、个人的欢乐的理想。文凭和分数一旦被取消或不被人所重视，知识的追求便可成为积极的活动，因为学生至少须问自己为什么要读书，而不是像学校老师给的答案一样，为了老师、父母或未来妻子。

梁簌溟：求学与不老

自古以来，总有不少人期盼着长生不老容颜永驻，将自己保持在最好的时候。于是便有了皇帝的万岁万岁万万岁，有了道士们的炼丹术。虽然皇帝一般连90岁都活不到，而仙丹最后也成了毒药，但还是不少人不断追求着长生不老。但是人只是一种生物，虽然比其他所有生物要来得高级，但也终究只是生物，生老病死、容颜迟暮在所难免。

我国20世纪著名的国学大师梁簌溟老先生常说："一个人一生都有他的英雄时代，此即吾人的青年期。"那么为什么英雄时代是在青年期呢？因为青年比较有勇气，喜欢并且愿意为了自己的理想而奋斗，还留有少年时的天真和冲动。这些冲劲干劲和天真冲动结合在一起，煞是可爱。但这不过是青年时期血气方刚，所以这些可爱之处只是暂时的。等到他在这世界上闯荡一番后，就渐渐变得世故，习惯弄虚作假和巧言令色，那么就不再是可爱了，而是可哀了。往往青年时期不大见锐气的，到后来年纪大了也是差不多的没什么变化；越是青年见英锐豪侠气的，到老了就变化得越厉害，前后可判若两人。在梁簌溟老先生看来，许多革命家都是如此。而所谓青年时期的"可爱"，也就是我们想要长生不老的那个"不老"的时候了。

那么，我们要如何才能常保我们的可爱，不使它变成可哀呢？这有可能吗？梁簌溟老先生就觉得，人要常保他的可爱是有可能的！他认为，每一种生物几乎都是一副能自动转的机器，但是按人类生命的本质而言，人是能超过"机械性"的，因为人有自觉，有反省，能了解自己，其他生物则不能。血气之勇之所以不可靠，正因其是机械的。这里所谓机械，即指血气而言。说人能超机械，即谓其能超血气。所以人的神明意志不随血气之衰而衰，是有可能的——那就要在增进自觉、增进对自己的了解上寻求方法。

梁簌溟先生认为，中国古人的学问，正是一种求能了解自己且对自己有办法的学问。程道明先生常说："不学便老而衰。"他这里的学，很明显是让人生命力高强活泼，让人在生活上能随时去了解自己。这样一来，人就有自己的意志，也就有办法。所以，在梁簌溟老先生看来如果想免掉"初意不错，越做越错，青年时还不错，越老越衰越错。"就得留意于此，就得求学。他觉得，近几十年来的青年，的确是有许多好的，只是因为不知道在这种学问上体会、用工夫，以至他们不能保持其可爱的精神，所以不免落于可哀，惜哉！

NO.10

国学中的信仰价值：
丈夫四方志，安可辞固穷

南怀瑾：一呼一吸间，即生命

在"生命科学与禅修实验研究"讲座上，南怀瑾谈到死亡时曾说到这样的一个事例，他曾在一个垂死的朋友床侧轻念"阿弥陀佛"，念了一两个小时之后，那位朋友仍然抓着他的手"不肯走"，最后，南怀瑾先生实在不忍，只能无奈地说了一句："我不拉你了，你走吧。"

淡定而又从容，这就是一代大师南怀瑾面对生死时的态度，于他而言，可谓是"人有悲欢离合，月有阴晴圆缺，此事古难全"，故而，面对生死应该参透，不要因为一呼一吸之间的生命而拘泥自我。

生死存亡，本来就是一件稀松寻常的事情，然而现实生活中依旧有很多人不能直面生死，大多数人都是颇为感性的，若是身边有人离世，有的人会嚎啕大哭，有些人会郁郁寡欢，有些人会消沉静默……其实这些反应都是正常现象，毕竟人都是有感情的。可这其中的关键就在于这些感性的情绪带来的后遗症，如果因为这些情绪影响了自己日后的生活，那可就得不偿失了。

人的生死存亡都是再寻常不过的了。作为普通人一定要尝试着让自己拥有看淡生死的觉悟，悲伤是可以的，但却切忌久悲。当然这也不是标榜世人从此轻视生命，而是要用正确的方式重视生命。重视生命并不是每天担心自己的安危，忧患于自己会不会出意外，由此造成久思成疾的后果。

荆轲面临刺秦王重任时依旧可以淡定从容地高唱"风萧萧兮易水寒，壮士一去兮不复还"；文天祥面对元军的严刑拷打后尚且能说出"人生自古谁无死，留取丹心照汗青"的豪言；谭嗣同对着顽固派的屠刀仍然保留着"我自横刀向天笑，去留肝胆两昆仑"的信念……生亦何欢，死亦何哀？人生浮沉数十载，也不过一呼一吸罢了。

所以做人一定要学会淡然，学会乐观，洒脱地过好每一天。在这一点上，南怀瑾先生的日常生活态度值得世人学习。

作为一代大师，南怀瑾先生白天在慈善基金会工作，晚上则给学生或者客人讲课，深夜则读一些当日学生搜集来的书籍，有时还要写点东西。就这样，南怀瑾的生活保持着数十年如一日的淡泊态度，在自己周而复始的生活里用潇洒的态度，享受人生，感悟人生，这样潇洒自得的态度如何不惹人羡慕呢？

人生就像一本书、一壶茶、一杯酒，也许会比小说情节少一些跌宕起伏，比散文诗歌少一些幽默深刻，也许它会如同一杯白开水般的平淡无奇，但是，这就是生命。

南怀瑾：形而上的天性与形而下的人性

《周易·系辞上传》中有言："形而上者谓之道，形而下者谓之器，化而裁之谓之变，推而行之谓之通，举而措之天下之民，谓之事业。"这句话的意思是说，超越于形体之上的，叫作"道"，居于形体层面的叫作"器"。"道"和"器"这两者的作用，即导致事物交感化育、互为裁节，则叫作"变"，顺沿变化而推广的部分即是"通"，将这些道理留给天下百姓使用，就叫作"事业"。

南怀瑾先生指出："现在很多人还不知道什么叫'事业'，其中，'事业'的定义在《易经系传》里很明白地告诉了我们，那就是'举而措之天下之民，谓之事业'。"南怀瑾先生解释说："一个人一生里做一件事情，对世界人类永远有功劳，永远有利益给大家，这个才叫事业。像大禹治水，这叫事业，因此他为万世所崇仰，其功永不可没。上面最高到皇帝，下面最倒霉到讨饭的，都不是事业，那是职业。在座的工商界老板生意做得很好，赚钱很多，要讲事业那还差得很远。"

动摇不定，三心二意，都是成功的大忌。歌德曾经说道："一个人不能同时骑两匹马，骑上这个，就得丢掉那个。聪明人会把凡是分散精力的事情抛到一边，只专心致志做一件，做一件就要把它做好。"的确是这样，很多人不能成功的原因，就是难以专注一件事，尤其是面对小事，更不愿花费时间精力去认真做。

南怀瑾先生说，一次做好一件事，就要把精力集中在一个目标上，不能轻易被其他的事情所诱惑，如果经常改变目标，或者把精力分摊到许多事情上，最后往往不会有满意的结果。对于追求成功的人来说，见异思迁和四面出击都是不明智的，把有效的时间和精力集中在当前所做的一件事情上，集中解决问题和困难，就能提高效率，获得事业的成功。正所谓，成功离不开形而上的天性，亦离不开形而下的人性，其中道理，仔细分辨，其实也是很简单的。

南怀瑾先生讲："由《易经》来观察宇宙事物，来讲历史文化，人生不会有绝路，要用智慧处理这个事。"人生不管大事小事，首先得认清自己能走到什么位置，心中时刻谨记着道理，既然功成名遂，什么都具备了，那就该考虑下一步该往哪里走。"升而不已必困，困乎上者必反下"，当一个人不能再往上升了，就会陷入困局当中，而一旦困住了，就必然开始走下坡路。

南怀瑾：万法由心，宇宙在手

南怀瑾说："心净则国土净，心平则天下平。"一言以蔽之即是说：万法由心，宇宙在手。《心经》中观自在菩萨行深般若波罗密多时，告诫舍利子："照见五蕴皆空，度一切苦厄。色不异空，空不异色，色即是空，空即是色，受想行识亦复如是。"

南怀瑾先生在《定慧初修》一卷中用通俗的白话解释道："不管什么禅宗或般若心宗，只来一照。由观至照，当下办到。心中念头一空，五蕴一空，便到家了。"他其实就是在告诉大家"五蕴一空，依性起修"的道理，既然我心已定，那么哪里还存在什么净秽呢？

婆娑世界，鸟兽虫鱼无一不鸣，是争鸣，是争名。今日思这功名，明朝求那利禄，整日拼命的奔波，马不停蹄地向前跑，你推我搡，唯恐慢了步子掉了队，旁人捷足先登，自己一无所获，如此，心神不宁，夜不能寐，终究随波逐流。而另一些人，同样寻求上进，同样拼搏朝夕，为了明天挥泪洒汗，却日夜心安，精神饱满，终究水到渠成。

佛陀捧着一些落叶从树林里回来。他笑着问比丘们："你们觉得我手中的树叶与森林里的树叶相比哪个要多一些呢？""当然是树林里的树叶多。"比丘们的回答非常一致。佛陀说："不错。这正如我脑海里虽然有许多想法，却并没有全部讲给你们听一样，因为你们需要的是能够被你们自己理解、能转变成你们自己思想的东西。如果我告诉你们的观念太多，反而会对你们的判断造成影响，从而没办法得到自己的智慧。"

南怀瑾先生在《定慧初修》中有言："佛法讲修持，百千三昧的定境不同。有一种定境是，虽日理万机，分秒都没有休息，但是他的心境永远在定，同外界一点都不相干。心，要想它能定住，是非常困难的。像年纪大一点的人睡不着，因为心不能定。年纪越大思想越复杂，因此影响了脑神经，不能休息下来。"

生活在当下，我们凡事应该懂得随心，同样的事情，换一种心态，说不定就功到自然成。若被花花世界的浮华表象迷了心窍，难免惶惶不可终日，落得身心疲惫的下场。心若平了，那么花草就芬芳了，鸟语就清脆了，路途就明晰了，心魔自去，佛光自耀，微风掠颊，海阔天空，苍云正好。

谦谦君子，卑以自牧。努力放空自己的心境，以虚怀若谷的胸襟，去认真体味万事万物的召唤，心念去了，苍生茂盛，佛自在心中。恰如南怀瑾先生所说："有些修行做功夫的人到达了清净的境界，没有杂念妄想，但是，见解不透彻，认为清净才是道，认为不清净、不空则不是佛法。于是，自己把自己障碍住了，'故于圆觉而不自在'，对于不垢不净的圆觉自性没有认识清楚，执着于空，执着于清净，不能自在，不能算是大彻大悟。"

要真正识得本心，做到不偏颇，不钻牛角尖，用平淡之心，不刻求平淡之境，少一些庸俗浮华，多一些飘然雅致，观苍生随性而生，心中有佛，万物皆佛，吾亦是佛，自灌顶开悟。

南怀瑾：明知不可为而为之

南怀瑾先生曾说："在那样现实的时代环境中，孟子始终为人伦正义，为传统文化的道德政治，奔走呼号，绝对不受时代环境的影响，而有丝毫转变。"

南怀瑾先生十分钦佩孟子的浩然正气，能够当面指责梁惠王的过失，毫不掩饰地训斥其"察邻国之政，无如寡人之用心者"是以五十步笑百步。他抨击梁惠王以政杀人，与那些"以梃与刃杀人"的盗贼没有什么区别。面对齐宣王这样的大国君王，孟子仍当面斥责他"恩足以及禽兽，而功不至于百姓"的假仁慈，并质问齐国"四境之内不治"的责任应由谁负。

为了实施"仁政"，孟子带着学生游历各诸候国，但是，他的"仁政"主张显然与当时的时代环境格格不入。在那个只讲霸术、争权夺利的时代中，各诸候国都是先"王"后"圣"，所以孟子的"仁政"难以得到重用。尽管如此，孟子也从未放弃过，他几乎耗费一生的精力来极力宣传他的仁政学说。他曾说："有为者辟若掘井，掘井九轫而不及泉，犹为弃井也。"他把有所作为比喻成挖井，挖了六七丈深，没挖到泉水半途而废，就是一口废井。一生为自己的理想奋斗，独行其道，历经坎坷而不失其志，明知不可为却依然为之，这是孟子浩然正气的精神，也是南怀瑾先生所要揭示的道理。

战乱纷争时期，士志于道，多半是费力不讨好的。孟子见梁惠王，梁惠王问孟子："不远千里而来，亦将有以利吾国乎？"孟子直言："王何必曰利？亦有仁义而已矣。"孟子不跟惠王讲利益，而是直接提出"仁义"，不绕弯子，这种态度本身就是一种不问利害的行为。

以当时的状况，梁惠王根本听不进去"仁义"二字，在与齐国一战中，他损失了大将庞涓，太子申被掳，又在与秦国之战中牺牲了小儿子，割让河西之地，迁都大梁。在这种困难的情况下，梁惠王广为招贤纳士，希望有识之士帮他想出利国强兵的办法。司马迁在《史记·魏世家》中记述："惠王数被于军旅，卑礼厚币以招贤者。驺衍、淳于髡、孟轲皆至梁。"

所以，当惠王向孟子请教如何利国时，孟子向惠王指出，一个国君不可以言利，国君如果重利，手下的官员大夫们也都重利，官员重利则平民百姓也如此，全国上下争先恐后谋取利益，这个国家就危险了。作为一个国君，先要讲仁义，怎能唯利是图呢？

仁义是治国的长远之道，但毕竟缓不救急，惠王对孟子的言论不感兴趣，孟子岂能不知？孟子远游各国，并非那种迂阔不懂现实之人，但也不属于当时游说之士的纵横捭阖作风。虽然孟子的口才很好，与别人辩论总会占上风，但他不肯那样做，"非不能也，是不为也"。他只是希望在那个只讲霸术、争权夺利的时代中，找到一个真能实行王道仁政的国君。这种明知不可为而为之的行为，也正是儒者圣人的特立独行。如果换成苏秦、张仪等纵横家，肯定不会像孟子那样"不识时务"，更不会忤逆梁惠王，招人反感。

南怀瑾先生认为，人生不可避免要面对选择，而选择走哪一条道路，就决定你是什么样的人。孟子在纷争的时代坚持儒家仁义思想，不仅是一种特立独行的态度，更是不可小觑的勇气。

南怀瑾：求名当求万世之名

南怀瑾曾说："物不可以久居，功名不可以久留，盛极必衰。"功名，在中国上下五千年，向来是中国人热衷的一个话题。正所谓"学得文武艺，卖与帝王家"。功名自古就已成为实现自我人生价值的标尺，功名之下有多少人沦为枯骨，但千百年来人们仍是对它趋之若鹜。

对于功名，南怀瑾先生在《易经杂说》中借用老子的话说："功成，名遂，身退，天之道也。"这是什么意思？就是说功成名就之后，就该身隐而退，这样才符合天道。

南怀瑾先生说，孔孟老庄的道理都是从《易经》中来的，"物壮必老，老者必倒"，这是自然的法则，一个人不能永恒存在，所以就慢慢地退化，直到遁离原来待的地方。万事万物都是这样的道理，阴极阳生，阳极阴生，花草树木一旦走到最繁盛艳丽的时候，紧接着便是枯萎凋零。懂得这个亘古不变的道理，才好在功名场上全身而退。

既然万事万物的变化都有一个定律，《易经》阐述的道理就是最自然质朴的真理，没有一件事物在达到极盛时是不衰退的。那么一个人的地位达到最高，也就开始走下坡路，倒不如及时急流勇退。尤其是历史上的政治家们，功成名就，及时隐退，多半有个好下场，而那些始终不肯放弃权位的人，到头来或许遭受极大的祸患。

春秋时期，吴王阖闾登上王位，任命从楚国逃亡出来的伍子胥管理国家大事，又任命深通兵学的大军事家、齐国人孙武为将。从此，吴王阖闾励精图治，文有伍子胥，武有孙武，伍子胥与孙武建言献策，筑建城郭，设守军备，充实仓廪，治理兵库。这样一来，吴国的政治、经济和军事力量逐渐得到加强。伍子胥深恨楚国，一心想要报当年流亡之仇，因此他根据吴与周边各国的强弱形势及利害关系，与孙武等一起制定攻打楚国的争霸方略。

最后吴王阖闾亲率兵将攻楚，占领楚国的首都，取得巨大胜利。伍子胥的夙愿得偿，大仇得报，他与孙武共同建功立业，都是位极人臣，备受恩宠，两人此时都处于人生的巅峰。但是孙武感觉自己已经功成名就，便辞官退隐，潜心修著了《孙子兵法》。伍子胥却留在朝中继续辅佐吴王夫差，在越王勾践忍辱负重意图雪耻复仇的时候进言，却被奸佞谗言所害，惨遭身死。

孙武功成身退，伍子胥却惨死吴国，这正是《易经》所说的道理，"物不可以终壮"，人生哪有长久辉煌的，一个人站在顶峰上，如果不下来，那下一步有可能便要走进万丈深渊。

南怀瑾先生在《易经杂说》中讲关于现实生活的道理，认为功名于个人来说，只不过是人生价值的一种实现，如同奔马长跑，到达目的地之后，就要停下来寻找下一个目标。如果一味的在一个跑场上，不知疲倦，不知休止，纵使是一匹千里马，也必有所伤。

人生不管大事小事，首先得认清自己能走到什么位置，心中时刻谨记着道理，既然功成名遂，什么都具备了，那就该考虑下一步该往哪里走。"升而不已必困，困乎上者必反下"，当一个人不能再往上升了，就会陷入困局当中，而一旦困住了，就必然开始走下坡路。人在功名前，要看得清得失，把握好尺度，认得清自己处于什么样的位置，求名当求万世之名，不要拘泥于眼前之名。

南怀瑾：人不可无所畏

南怀瑾先生曾经在一次演讲中说道："你们只晓得开放发展，拼命搞建筑发财，每人都活得很高兴。但是注意孟子有两句话：'生于忧患，死于安乐。'这就是中国文化。孟子说，国家、个人、社会只有在不断克服困难，才能不断地兴盛健康起来；如果大家放松了，只向钱看，只谈享受，那么结果就可怕了。"

也就是说，我们在享受安逸生活的时候，要时刻提醒自己不要过于沉迷于享乐之中，要时刻观望自身的环境，去提高自己，改善自己。人要有所畏惧，这样才不会被安乐的生活渐渐消磨掉自己的意志。

孔子曾在鲁国当司寇，但在短短的三个月后就离开了。这是为什么呢？《论语》中有详细记载，说各国看到鲁国用了孔子，都非常担忧，尤其是想要攻打鲁国的齐国。于是齐国送给鲁定公很多漂亮的女乐，孔子坚决主张不能接受，担心这会使鲁定公沉迷下去。但当权的季桓子却开了先例，接受了齐国送来的那些女乐。孔子看到这种情形，预知到鲁国将要完了，便离开了。果然，不久之后，由于季桓子沉迷于此，而荒废了治理国家的大事，最终成为了一个落迫的亡国之君。

还有另外一个故事：春秋时，卫懿公是卫国的第十四代君主，卫懿公特别喜欢鹤，整天与鹤为伴，如痴如迷，丧失了进取之志，常常不理朝政、不问民情。他还让鹤乘高级豪华的车子，比国家大臣所乘的还要高级，为了养鹤，每年耗费大量资财，引起大臣不满，百姓怨声载道。公元前659年，北狄部落侵入国境，卫懿公命军队前去抵抗。将士们气愤地说："既然鹤享有很高的地位和待遇，现在就让它去打仗吧！"懿公没办法，只好亲自带兵出征，与狄人战于荥泽,由于军心不齐,结果战败而死。

还记得一个有趣而令人深思的实验,把一只青蛙猛地扔进滚烫的油锅中,它能够靠本能的反应一跃而出,逃离险境。但将青蛙放进逐渐加热的水锅里,它感觉到舒适惬意,不会有危险意识,等到危险来临的时候,它已经欲跃无力了,最终丧身在锅底。因此,过于安乐的境况也许正预示着危险的来临,清醒的忧患意识可以令人不断进取提升,不至于在毫无准备的安逸中走向灭亡。

后人有诗云:"曾闻古训戒禽荒,一鹤谁知便丧邦。荥泽当时遍磷火,可能骑鹤返仙乡?"正如南怀瑾先生所说,安逸享乐的环境会消磨人的意志,使人耽于享乐,不思进取,坐以待毙。

南怀瑾:忧者所以为昌,喜者所以为亡

孔子曰:"夫忧者所以为昌也,喜者所以为亡也。胜非其难者也;持之,其难者也。贤主以此持胜,故其福及后世。齐楚吴越皆尝胜矣,然卒取亡焉,不达乎持胜也。唯有道之主为能持胜。"南怀瑾先生在《列子臆说》里详细地解释了这段话,一个人随时保有忧患意识,就一定大有前途。如果忘记了忧患而变得傲慢自大,自以为了不起,这个人就非失败不可。越觉得自己不够,困难重重,越有成功的可能性,所以忧患就是成功的重要条件之一。

一个国家也是如此,如果认为一切都好,骄傲自满,并因此而安于现状,这就是灭亡的先兆。一个国家得胜利并不困难,困难的是永远取得胜利。贤明的君王深谙这个道理,所以要随时审视忧患,更正错误不足,使自己的国家繁荣昌盛,得以持久。

吴王派兵攻打越国,被越王勾践打得大败,吴王受了重伤,临死前嘱咐儿子夫差要替他报仇。夫差牢记父亲的话,日夜加紧练兵,两年后率兵把勾践打得大败。勾践被包围,无路可走,准备自杀。这时谋臣劝住了他说:"我们可以贿赂吴国的大臣,暂时投降吴国,留下性命以图东山再起。"勾践听从谋臣的建议,派他带着美女西施和珍宝贿赂吴国大臣,很容易见到了吴王夫差。

越国谋臣见了吴王,献上西施,说:"越王愿意投降,做您的臣下伺候您,请您能饶恕他。"伍子胥站出来大声反对道:"人常说治病要除根,勾践深谋远虑,文种、范蠡精明强干,这次放了他们,以后一定会想办法报仇的!"而夫差以为越国已经不足为患,又看上了西施的美色,就不听伍子胥的劝告,答应了越国投降,把军队撤回吴国。

吴国撤兵后,勾践和大夫范蠡到吴国伺候吴王,放牛牧羊,终于赢得了吴王的欢心和信任。三年后,他们被释放回国。勾践回国后,立志发愤图强,准备复仇。他怕自己贪图舒适的生活,消磨报仇的志气,晚上就枕着兵器,睡在稻草堆上。他还在房中挂了一只苦胆,每天早上起来

后就尝尝苦胆。他派文种管理国家政事,范蠡管理军事,亲自到田里与农夫一起干活。勾践的这些举动感动了越国上下,经过十年的艰苦奋斗,越国终于兵精粮足、转弱为强。而吴王夫差自从战胜越国后,以为没有了后顾之忧,从此沉迷于西施的美色,过着骄奢淫逸的生活。他狂妄自大,骄傲自满,杀了忠臣伍子胥。这时的吴国貌似强大,实际上已经是走下坡路了。

终于吴越决战开始,勾践一举打败吴兵,杀了太子。夫差听到这个消息后,急忙派人向勾践求和,但范蠡坚决主张要灭掉吴国。夫差见求和不成,才后悔没有听伍子胥的忠告,非常羞愧,拔剑自杀了。

正如南怀瑾所说:"因为能谦虚,知忧患,才能永远保持下去。"不论国家还是个人,总该有些忧患意识才好。

南怀瑾:知识分子的立身准则

南怀瑾先生创办"东西精华协会",其会员守则中道:"处世以立德为事业,执事以尽心为有功。"气节是我国固有的道德标准,现代还用这个标准来衡量人们行为,这是所谓读书人的立身处世之道。

先秦时代,气节往往包含着礼义与和谐,成为一种做人处事的标准,也是君子的立身准则。《左传》里有"圣达节,次守节,下失节"的话。古代君子贤士注重礼乐,礼的精神是"节",而乐的精神是"和",君子的生活准则中有节也有和,也就是儒家的"中庸之道"。君子以气节为基础,成就了儒家的礼义道德。

孔子曾经有论断,天下之所以会"礼崩乐坏",就是因为人们目光短浅,没有气节,无法坚守君子的立身准则,只重视物质利益,而忽略了"礼"和"义",进而成为丧失"气节"之人。气节是抵挡利欲诱惑的武器,失去了这个武器,人会变得为所欲为。孔子在《易经·坤卦》中说:"臣弑其君,子弑其父,非一朝一夕之故,其所由来者渐矣。"可见,当时的社会风气由于不讲礼义、无视气节,人心因贪婪变得邪恶。

"修身"简单地说,就是提高自身的修养。具体来讲就是一个人要饱读诗书、坚守高尚的道德,君子当有所为,也当有所不为。从某种方面来说,这是一个人踏入社会,赢得他人认可和尊重的必须条件,也是个人气节的突出表现。

而"齐家"就是管理好一个家庭和宗族,甚至是一个组织和团体,以己之能报他人之水,做人更不能各扫门前雪,有识之士不仅懂得独善其身,还要承担起应有的责任。一个家庭是国家的缩影,一个团体是社会的元素,把自己的家庭和所属团体经营好了,这样的人也一定可以把国家治理好。

君子若能齐家，便也可以管理一个小的诸侯国。在春秋战国时期，家是最小的国，国是最大的家，顾及家庭的担子之后，就是面对一个国度的责任。古代知识分子的立身准则的最终目的就是治国，只有小的宗族井井有条了，君主才能让有识之士发挥他们的治国才能。

治国之后，便是"平天下"。"平天下"并不是用武力平定天下，而是安抚天下黎民百姓，使他们能够丰衣足食、安居乐业。这不仅仅是国家君主的任务，还是士人文臣们的主要责任。民兴则国兴，民亡则国亡。

正所谓"身修而后家齐，家齐而后国治，国治而后天下平"，君子的气节就体现在这些方面。

南怀瑾：经济、文化、道德的"连环链"

南怀瑾先生在《孟子旁通》中论述经济、文化与道德之间的关系时说："礼节、仁义这些德性，是以安定的生活与财富为基础的。一个君子富有了，就更乐于行善积德；而普通的人有了财富，也就安守本分，不会作奸犯科。"正所谓"仓廪实而知礼节，衣食足而知荣辱"。一个人在食不果腹、衣不蔽体时，很难让他舍己为人、无私地去帮助他人，如果一个人将要饿死、冻死，跟他讲论道德情操、仁义礼智信，恐怕也是没有用的。只有让他吃饱穿暖，解决了生计问题，道对他德的教化才有意义，才能指望他拥有高尚的情操。

这样的道理朴实而又深刻。社会的发展就暗含了这样的道理，我们的社会发展首先要保证的不是人民的思想教育，而是生存能力、生活保障。没有经济财富的支撑，精神文明建设就如同是无根之木、无源之水，是长久不了的。经济、文化与财富之间的关系是相辅相成的。

《史记》的作者司马迁对经济有着很深的认识。在人们都在看轻货利的时候，他却把重货利当作一件重要的事。在他的眼中，姜太公、范蠡和孔门子贡都可以被看作是经济专家。在《史记》中，他明确的指出了商业发展的重要性，司马迁把齐桓公和管仲作为事例，来阐述政治、经济和文化三者不可分离的关系，并且重点表明了经济对其他两者的重要性。

他引用"仓廪实而知礼节，衣食足而知荣辱"来论述经济与个人品德的关系。有了坚实的经济基础，才有机会去发展更高层次的道德文化。有了钱财才会安分守己、乐善好施，才会追求品行上的完美。

南怀瑾先生看来，每个人的追求不同，安身立命的价值也不同，但无论是求喜乐、求功名、求财富、求子孙，说到底都跟一个"利"字有关，也就是经济问题，这是每个人生存的基础。但同时，世人也有陶渊明这样不为五斗米折腰的高洁品质，那是一种对精神文化的追求。此外，有的人也会经历孟子所说的"舍生而取义""取义而忘利"的时刻，这是对无上道德的追求。

因此，对于每一个人来说，生命中的经济、文化与道德，三者不可分割，我们不能做唯利是图、见利忘义的人，也不能一味地清高，远离人群，不食人间烟火。就像南怀瑾先生所说，拥有财富并不是错误和罪过，一个有钱的富豪同样可以成为高洁之人，成为道德高尚的慈善家，经济、文化和道德，本来就可以相辅相成，一点也不矛盾。

南怀瑾：以柔克刚的"太极拳"

有句俗话叫作："百人有百性，百人有百心。"纵观古今历史，不难发现，刚烈之人却往往容易被柔和之人征服。以刚克刚，易两败俱伤；以柔克刚，则常常马到成功。以柔克刚是为官处事的至高境界；以柔克刚将变弱为强，政治家是最善用眼泪的。

《明史》中有个故事说，有一次明武宗朱厚照南下巡视，提督江彬随行。江彬意欲谋反，他率领的将士，均是西北壮汉，身材魁伟，力大如牛。兵部尚书乔宇看出了江彬的意图，特意挑选了一百多个江南武林高手随行。

乔宇和江彬让这批江南拳师与西北壮汉比武。江彬从京都南下，原本骄横跋扈。但因将士在与江南拳师的较量中屡战屡败，嚣张气焰顿时消减了大半，妄图篡位的野心也打了折扣。在这里，乔宇所用的正是"以柔克刚"的谋略。

刚柔之道好似太极拳：刚可攻柔，柔亦可克刚。把握好刚柔的尺度，也是一门管理艺术。太刚则易折，太柔则没有威信。刚并不代表暴虐，而是指刚强；柔并不是懦弱，而是指谦恭。

儒家所讲的柔，是一种致胜手段。火焰看似很柔，飘忽不定，却能将钢铁熔化；水也很柔，顺地势而下，哪里有缝就往哪里钻，但柔而不弱，柔而有骨，凭着信念硬是将顽石穿孔，将巨石化为砂砾。

南怀瑾先生认为，刚柔相济是为人处世艺术中一首奇妙的诗。它的内涵有软硬并举、以柔克刚、刚柔相并等等。从古至今，刚柔相济的处世艺术被广泛应用于生活中，是因为一切事物本身皆具有刚柔的两面性。事物的多样性和复杂性，决定了我们在运用刚柔并济的方法时，必须针对不同情况，加以灵活的掌握和运用。

人生也当如此刚柔并济，一味软弱的人难以立志，遇事便退缩逃避的人难以成功。而许多人固执坚定、刚直不阿，能面对人生困境，能抵抗强硬的重压，却往往无法柔和委婉，因而对他人的影响和贡献必然有限。先柔后刚，先"豆腐"后"石头"，是谦恭有度，也是铮铮铁骨。柔弱之术固然重要，刚强之道也必不可少。为人处世之中，刚柔并济，恩威并重，似太极之法，曼妙无穷。

丰子恺：无常之恸

丰子恺先生多才多艺，亦僧亦俗，早年曾师从李叔同学画，并深受其佛学思想的影响，成为一名居士。佛家思想的影响是使丰子恺之所以独特的一个重要原因。无常之恸、与世不谐的疏离感以及师傅李叔同的影响使丰子恺走近佛教。佛教对于丰子恺的影响主要还在于艺术方面，在散文上则体现为对生命的追问，对人生无常的唏嘘感叹以及对童心的真挚赞美，对理趣的追求，等等。

有关于"人生无常"的话，我们常常在古人的书中读到，也常常在现代人的口中听到。如果你无心地读，无心地听，这些话都是陈腐不堪的老生常谈。但如果你有心地读，有心地听，它们就会一字一字深深地刺入你的心中。丰子恺先生认为，在古人之中，无疑是古代的诗人们的"无常之感"更重，并且寄情于诗，对此他举出了许多例子来证明自己的观点。

梦之仪先生在一篇写丰子恺先生的文章中说："无常，是丰子恺经常提到的一个词。"又说："世间很无常，世间的一切都很无常：人、自然，大地上的一切。因为无常，于是叹息。"可见，丰子恺先生的文人风气以及对于"世事无常"的感慨叹息。佛说："一弹指即十万八千刹那。"世事万物，确也如此。"君不见高堂明镜悲白发，朝似青丝暮成雪。""昔别君未婚，儿女忽成行。""旧时王谢堂前燕，飞入寻常百姓家。""白发宫女在，闲坐说玄宗。"这些古时人们的叹息，可说是闪烁烛光中的一种提醒，但又有多少人领悟了呢？

其实"人生无常"，本身是一个平凡的至理。茫茫此世间，无人栖得久，历经风雨过后，到了最后每个生命都会遽然而化。苍天虽有好生之德，也一样要离弃人。那么当人们身处红尘俗世的时候，如何善待生命，如何善待生命中的每一天？如何度过世事的无常变化？丰子恺引用日本歌谣，规劝生活中的人们，踏踏实实地做事，不要总想着不切实际的梦想；认认真真地处世，更不要醉生梦死地生活。不管身处何种境地，都要做到心中一片泰然，无愧于天地，无愧于自己。佛说："心地无非自性戒，心地无痴自性慧，心地无乱自性定。"（《坛经》）一个拥有清静之心的人，是可以平静地面对身边事的，即便人世无常之横逆来临的时候，对这个世界也是会冷眼旁观的，视无常如浮云，做自己的佛。

人类的理想中，不幸而有"永远"这个幻象，因此在人生中平添了无穷的感慨。无常确实是永久的，而永久则确是无常的。大千世界唯一的"永久"即便是"无常"。故而我等芸芸众生如果能领悟这其间的道理，不但可以获得一个海阔天空的自我世界，世间也会少了许多对名利的恶逐。

林语堂：尘世乃唯一的天堂

现在常常会想到曾经看到过的一句话："活在当下。"有时候你会觉得生命在你看来已经没有了任何意义，可事实上，那只是你一时的念头，生命的原始本能事实上是不允许你放弃它的，所以就如王羲之在《兰亭集序》中写到的："固知一死生为虚诞，齐彭殇为妄作。"那些所谓看淡生死的人都是吹牛的，人还是希望能够活着。不仅要活着而且还要活在当下，试着面对现实，试着发现当下无处不在的美丽。

林语堂在他的《尘世是唯一的天堂》一文中写道："如果人们的信念跟我的一样，认为尘世是唯一的天堂，那么他们必将更竭尽全力，把这个世界造成天堂。"不仅如此，他还提出这样的一个看法，那就是："我们都相信做人总是要死的，一支烛光总有一日要熄灭的，我认为这感觉是好的。它使我们清醒；使我们悲哀；它也使某些人感到一些诗意。此外还有一层最为重要：它使我们能够坚定意志，去想过一种合理的、真实的生活，随时使我们感悟到自己的缺点。"这既点醒了我们在尘世生活的乐趣和信念之所在，又一语道破了死亡对生活的积极意义。对于生活在尘世之中的我们来说，虽然总是能感觉到生活的种种不如意，但是，想想死亡，我们就能发现，还只有尘世才是最美的天堂，至少我们还能享受阳光、空气和世间万物。

人们都知道"人生苦短"和"人生自古谁无死"的道理，这倒没有使得人的生活黯淡无光，相反，却使得人们的生活充满一种诗意，使得人们更加珍惜现实生活，更加把尘世当作唯一的天堂。

人要成其为人，就不能不追逐争斗，因而也就免不了尘世之苦。没有追逐争斗、免除了一切烦劳忧苦的所谓"天堂"不是人的天堂，而只能是人借以宽慰心灵、借以抵消烦忧劳苦的精神药剂。假如世上真的有天堂的话，那么，丰茂的水草就是羚羊们的天堂，虽然旁边有狮子觊觎；大海就是鱼们的天堂，虽然不时有鲨鱼出没；尘世就是人的天堂，而且是唯一的天堂，虽然劳烦困苦丛生。

无论你的人生观、价值观、人生的目的如何，还是你追求的东西的过程还是结果，追求的也是一个快乐。快乐源自心灵，修炼自己的心灵到一定的境界，自然很容易快乐。有句话："如果你生命中的云层遮蔽了阳光，那是因为你的心灵飞得还不够高，云层之上，那里的天空永远是碧蓝的。"

林语堂先生在《生活的艺术》中写道："我们属于尘世，与这尘世不可分，我们在这尘世好似一个过客，这是事实难以否认，即使尘世是一个黑暗地狱，但我们总得尽力使生活美满。"

真是不可否认，我们得面对现实，不管现实是如何黑暗，日子还是要过着走。对于尘世的黑暗、不公，与其抱怨痛苦不如淡然对之，努力使生活美好。

林语堂：还自己一片柔性天地

几千年前的老子，就曾教导我们做人要"柔"，并且将"柔"已经视为中国文化的一部分。正所谓"以其无为，故无所不为；以其不争，故天下莫能与之争。天下之至柔，驰骋于天下之至坚。做人如水，以柔克刚"，说的正是这个道理。

在林语堂先生眼中，古典小说中最为柔性的人就是贾宝玉了，他说："中国小说《红楼梦》里边的贾宝玉是一个极富于感情的柔性男人。"可见，柔性之人在林语堂先生眼中原来是这幅形象。

"看破浮生过半，半之受用无边。半中岁月尽悠闲，半里乾坤宽展。半郭半乡村舍，半山半水田园。半耕半读半经尘，半土半民姻眷。半雅半粗器具，半华半实庭轩。衾裳半素半轻鲜，肴馔半丰半俭。童仆半能半拙，妻儿半朴半贤。心情半佛半神仙，姓字半字藏半显。一半还之天地，让将一半人间。半思后代与沧田，半想阎罗怎见。酒饮半酣正好，花开半吐偏妍。帆张半扇免翻颠，马放半缰稳便。半少却饶滋味，半多反厌纠缠。百年苦乐半相参，会占便宜只半。"林语堂的人和文都崇尚闲适，所以他特别喜爱李密庵的这首《半半歌》。他提出要摆脱过于烦恼的生活，实行一种中庸式的、无忧无虑的生活哲学。这给今天为生活所累的人们一个有益的启示。要学会生活，还自己一片柔性天地。

而林语堂先生的过人之处，就在于他一直对于人文精神的高度关切，并且能够由此总结出很多生存智慧和生活经验。他的"半半哲学"所秉承的是这样的信仰：工作，并且快乐；劳动，并且幸福着。人生也有缺憾，如果能从中超脱，做个平常而又受人欢迎和尊重的人，也是人的一大成就。倡导中庸的生存，肯定刚柔并济的处世，奉行豁达随性的生活，活得天真、简朴、自然、中道、幽默，这在纷乱繁杂、生活快节奏的今天，无疑是往寂寂的水潭中投进了一粒粒圆润美丽的鹅卵石，激荡起迷人的涟漪。

林语堂先生在《生活的艺术》中说："让我和草木为友，和土壤相亲，我便已觉得心满意足。我的灵魂很舒服地在泥土里蠕动，觉得很快乐。当一个人优闲陶醉于土地上时，他的心灵似乎那么轻松，好像是在天堂一般。事实上，他那六尺之躯，何尝离开土壤一寸一分呢？"这不就是做人的一种柔性吗？在自然的悠闲之中，还自己一片柔性天地。

林语堂认为，中国传统文化是阴柔型的，它直接影响着中国人的思维方式和群体性格。中国传统文化的两大体系，道家主虚、主静、主退，主藏锋守拙、韬光养晦，属于全阴；而儒家尚中道、恕道、谦道，又推崇礼治，重德轻刑，也有阴柔的一面，这样中国文化的整体品格就不可避免地偏向一边了。现在，"柔"已成为中国文化的一部分，所以我们不妨试着去做一个柔性的人，顺便也还自己一片柔性天地。

林语堂：以放浪者为理想

众所周知，林语堂先生是个真实、热情而又充满正能量的文化使者。他具有深厚的古典文学修养，笔锋犀利，见解深刻，行文洒脱；他随情率性，幽默酣畅，嬉笑怒骂，无不扣人心弦，启人心智。

林语堂在西方读书，受西方文化影响很深，但他从来不以西方文化批判中国文化，而是以一种融合的态度，穿梭于两种文化中间，游刃有余。他出生于基督教家庭，始终以人为出发点，强调人在现实生活中的幸福与归宿。在他的论文里、散文里，宣扬他所心仪的人格形象——"放浪者"，并以"放浪者"诠释着他的"快乐哲学"。他说："我对人类尊严的信仰，实是在于我相信人类是世上最伟大的放浪者。"其实，"放浪者"也是林语堂的自画像。从小到大，他一直在放浪中前行，做一个幽默任性、好奇、有梦想的人。如今科技发达了，智力发展了，财富增加了，但野蛮和浮躁也甚嚣尘上起来，而本真的友爱、温暖的人情味却越来越稀缺了。正如林语堂所言："现代史指示我们，人沦入于野蛮的危险性何等之大。尽管物质生活和技术知识是进步的。"

林语堂对人类尊严的信仰，实是在于他相信人类是世上最伟大的放浪者。人类的尊严应和放浪者的理想发生联系，而绝对不应和一个服从纪律、受统驭的兵士的理想发生联系。中国传统教育是教育我们做一个听话、守纪、安分守己的好人。听话固然重要，但一成不变的听话，就可能变成呆板固执的老古董。而这样的老古董永远只会服从服从再服从，他们会逐渐消失泯灭在历史的洪流中，没人会记住他们。而那些被历史所铭记的人，他们都是充满热情、好奇心、不畏的勇气、不轻易屈服的人，也就是所谓的"放浪者"。

林语堂看来，人和动物的区别在于人类的性格生来是世界上最不容易服从机械律的。人类的心思永远是捉摸不定，无法测度。而常常想着，怎样去逃避那些发狂的心理学家和未有夫妇同居经验的经济学家所要强置在他身上的机械律，或是什么唯物辩证法。人类所追求的是什么？这个世界太严肃了，放浪者和放浪的精神会解放我们。梦想、流浪与现实，只有它们三者和谐地融合在一起时，才会生出一种智慧而快乐的哲学。只有拥有梦想，人类才可以在梦想的花园里自由的放浪、追逐。放浪是一种生活态度，一种面对困难无畏的心，一种面对未知膨胀热切的好奇心。放浪者，便是这么一个智慧、幽默、轻松、快乐的人。

放浪者并不是放肆地追求不切实际的梦想的疯子。放浪者的理想是柔和的，处于积极与消极之间的，一半清醒一半做梦的。可能这种思想并不适合现时社会忙碌的生活，那暂且搁一边去吧。许多年后，当你的心灵疲倦了想要停下栖息，那时，就选择做一个放浪者吧。

林语堂：我的诗样人生

从林语堂的作品看来，他是一个极其幽默、风趣、童心未泯的人，从来不会悲天悯人、愤世嫉俗，自带着属于他的清闲、舒适、灵性。

林语堂先生作为文学大师，他的作品诗样的人生，半雅半俗，亦庄亦谐，深入浅出，入情入理，用诗样的语言写着人的成长，就算人在世界有着悲剧的体验，也怀着一颗积极向上、不偏不倚的心，包容的看待世界，体现他对人生的爱。

林语堂认为人需要生活在这个世界上，人类都是生命有限的平凡人，不要心气太高，妄想着永生不死，在平凡的生活中依然可以做很多有意义的事。人生几乎是像一首诗，它有韵律和拍子，不过那音乐必须由个人自己去演奏。生命虽是有限的，但你仍然可以学到很多知识，享受到很多的幸福。有的人面对挫折无法完整地弹奏他的人生曲目，那戛然而止的曲子是无尽的遗憾和悲凉。林语堂的生活态度无疑是积极的，他想向世人证明，人生有许多意想不到的惊喜，你应该尽情地去期待他，而不是抛弃它。人生在世短短数年，我们尽力让生活美好，每个人都应该感谢生命的可贵。

一个安宁的村庄，一群淳朴善良的人，一片赖以生存的土地。心态不一的人，对这样的生活有着截然不同的态度，一般人会抱怨面朝黄土背朝天这样的生活的艰辛不便，可他们却很乐观的生活。你会说现在物质生活好了，人们才不会抱怨田间劳作的辛苦，而是享受向往慢节奏的田园生活，他们是由内到外散发着感染人的乐观心态。即使生活在黄土中，他们的人生也是诗样的。

"人充满劳绩"，各行各业的人无不在忙碌，地球上的人就像这地球本身一样，不停地运动。虽说"生命在于运动"，但是过份机械的、没有目的性的、甚至毫无成就感可言的运动则往往会将人拖垮。在充满劳绩的天空下，我们要怎么才能做到"诗样人生"，才觉得快乐和幸福？每人都有自己的选择。学生的进步，就是老师的幸福；病人的康复，就是医生的幸福。诚如林语堂所说，每个人在世界上都在竭尽所能创造属于自己的价值，成功的那一刻就是你收获幸福的那一刻，也是属于你的诗样人生。诗样是人生的最高境界，是真正的幸福人生。

林语堂不否认人生中挫折的存在，诗样与失意是并存的，这是仁者见仁智者见智的见解，看大家怎么去认定。诗样的人生中总能碰到失意，在一帆风顺的人生道路上会碰到挫折困难，能称之为失意吗？失意是诗样人生中一笔宝贵的财富，经历风雨才能见彩虹，经历磨砺才会成长，在失意中成长是诗样人生成长的一部分，历练成熟心志、从容心态、处事不惊的淡定。需要失意的负能量还是诗样的正能量，是内心决定的。诗样的人生充满正能量，随遇而安，淡定从容，泰然处之。就如林语堂一贯的生活态度、洒脱、珍惜，享受诗样人生。

林语堂：快乐必须自己去寻找

大凡提到林语堂，人们都会不约而同地说："这是个幽默大家。"这样看来，似乎幽默已经成为了他的标志。

"在不违背天地之道的情况下，成为一个自由而快乐的人。这就好比一台戏，优秀的演员明知其假，但却能够比在现实生活中更真实、更自然、更快乐地表达自己，表现自己。"于林语堂而言，人生的快乐是自己去寻找的。

林语堂的语言是诙谐的、谈吐是幽默的，不仅如此，他在与人交往以及对待生活态度上，都保持着积极乐观的态度。在他的文章里，我们从来都不会看见愤世嫉俗、悲天悯人的呼喊，我们能够看到的全是他对于人生抱有的期待。

林语堂在他书中写到过作家葛若宁的一次经历。葛若宁在飞机场等待一架为恶劣天气所阻、久久盘旋而不能降落的飞机时，注意到一位等待未婚妻的青年那极度焦急不安的情形，时间每过去一秒，他的情形就更加糟糕。葛若宁实在难以忍受，便决定采用另一种方法，于是他快步走上前去，和那人聊起了天，并向他问起未婚妻的情形：她长什么样子？他们是怎样认识的？于是那位青年就非常起劲地谈论自己的未婚妻，在他不知不觉的时候，飞机已经降落了。在林语堂看来，这件事足以证明你所想的会决定你的态度，而你的态度则有权决定你的命运。

人类是群居动物，自己的一举一动容易受到别人的影响，当一个郁闷、颓废的人接近你时，你也会感到失意、疲惫；当一个激情四射的人接近你，你便会同样精神充沛。你要学会控制你自己的心情，只有积极地事情进入你心里，你才会快乐起来。

他还说道："纵然这个世界是个黑暗的地牢，但我们总得尽力使生活美满。"林语堂先生是最会发现乐趣享受乐趣的人，是自然快乐的智者。他知道人生是严酷的，但他眼中的世界始终是充满生机和美好的。什么样的人不快乐？那种凡事斤斤计较、心地不宽大、心智不健全、心灵不美丽的人，最不可能体会到快乐的感觉。而那种生性豪爽、光明磊落、善良宽容的人，则更容易获得真正的快乐和内心的平和安宁。林语堂则不断地拓展自我，忘掉自我，从而寻求心灵的快乐，他的程度，普通人很难达到，却是我们努力的方向。

在那个黑暗的时代，在别的作家用手里的笔化作锋利的匕首讨伐、揭露世界的种种不平、绝望时，林语堂始终怀着一颗单纯的心，向人们努力表达人间的希望、纯真，他是快乐而率性的智者，充分展示了快乐是自己寻找的。

林语堂：给思想一个高度

著名学者林语堂先生著有经典之作《给思想一个高度》一书。在这本书中他认为："人因有思想而伟大，人因有思想而崇高。"林语堂先生能够解脱性灵，博采中西文化，成为蜚声国际的文学、文化大师，在一定程度上就取决于他的思想高度。

《给思想一个高度》的编排围绕"思想"二字展开，旨在通过读书、写作、文化、性灵这四个方面，全面呈现了林语堂先生思想的转变与提升。思想的路是艰辛的，而盛开在两旁的思想之花是馨香的。为读者开启了智慧，也使之顿悟了人生。

孔子，大家都耳熟能详。他虽有他的短处、矛盾，以及时常会有些不审慎的行为，可是他始终都是一个很可爱的人物，而他的可爱是由于他热切的仁爱之心和他的幽默感。

记录在《论语》里的许多他的言论，只有当作是他跟亲近的弟子的轻松幽默的谈话来看，才能适当地了解他。一次，子贡对他说："有美玉于斯，韫椟而藏诸，求善贾而沽诸。"孔子答道："沽之哉！沽之哉！我待贾者也！"他有时说话很机智，如有一次他说："不曰如之何，如之何者，吾未如之何也已矣！"孔子离开楚国，跟他的弟子在郑相失。有人看见孔子立在东门那里，便对子贡说："东门有人，其颡似尧，其项类皋陶，其肩类子产；然自腰以下不及禹三寸，累累然若丧家之犬。"当他们后来遇到了，子贡把那个人所说的话告孔子，孔子说："形状末也，而似丧家之犬，然哉然哉！"在这里我们可以见到真正的孔子，他是一个会犯错的、努力的、有时兴致很好，有时也会大失所望，可是总是保持着一种个人的雅致和一种优良的幽默感，而且能够跟自己开玩笑的人。由此也体现出了孔子思想的高度。真正的孔子就是这样，并不是一般儒家学者，以及西方的汉学者所认为的，是一位圣洁无瑕并无可责备的人物。事实上，我们只有从他的幽默的方面看去，才能真正领略孔子的性格之美。他的幽默是一种富于中国人本色的圆熟的、温和的、听天由命的幽默，体现出了他思想的高度。

作家作文十分有讲究。老练的官僚是专门说谎话、支吾话、八面玲珑的话、令人捉摸不定的话。而有思想的作家作文却不是这样，他们要表现自己，通过文章表明自己的观点。观点鲜明，在字里行间表明作者对读者的敬重。尖酸的作家，或脾气不好、好为人师的作家，必为人所讨厌。有的作家作文，就像农夫耕田一样，一旦发现田里有草，便随手拔除。只要有一句话，有一点真意思，就执笔写下。就像摄影家一样，看见好景便摄下来。有思想的作家作文如行云流水，定不会出现上句写完下句未来的情况，往往精神饱满，文思敏捷。有思想的作家多有写日记的好习惯。日记十分可贵，因为日记往往夹叙夹议，不仅可以练习记事，也可练习议论。当然，日记要嬉笑怒骂皆来，不可失真。好的作家作品一定好恶分明，不可无是非。有思想才能有好恶、明是非、有立场。

冯友兰：励勤俭，存诚敬

现代著名哲学家、中国哲学史家冯友兰先生在其著作《新世训》中提出："励勤俭，存诚敬。"《新世训》作于20世纪三四十年代，名为"生活方法新论"，实则讨论的是一个人要在社会上取得成功，应当如何处事、做人、自处。

冯友兰先生着眼于现代社会的开放性，立足于广义的儒家文化，试图挖掘传统人生智慧在现代社会的积极意义，从尊理性、行忠恕、为无为、道中庸、守冲谦、调情理、致中和、励勤俭、存诚敬、应帝王等十个方面论述了为人处世之道。

《大学》说："生财有大道。生之者众，食之者寡，为之者疾，用之者舒，则财恒足矣。"就一个社会的生财之道说，是如此，就一个人的生财之道说，亦是如此。就一个人的生财之道说，"为之疾"是勤，"用之舒"是俭。一个人能发大财与否，一部分是靠运气，但一个人若能勤俭，则成一个小康之家，大概是不成问题的。我们可以从身体方面说勤，亦可从精神方面说勤。就人的精神方面说，勤能使人的生活的内容更丰富、更充实。勤人的生活内容，比懒人的更丰富、充实。

俭，即为节省。我们用钱，都有一个适当的标准。合乎这个标准，不多不少，是俭。超乎这个标准是奢，是侈，不及这个标准是啬、是吝、是悭。不及标准的俭，即所谓"俭不中礼"。不中礼的俭，严格地说，即不是俭，而是啬了。不过一般来说，我们用钱，宁可使其不及，也不可使其太过。因为一般人在这方面的天然的趋向，大概是易于偏向太过的方面，所以孔子说："礼与其奢也，宁俭。"此所谓俭，是不及标准的俭。俭固然是以节省为主，但并不是不适当的节省。

会上山的人，慢慢地走，不肯一下用尽所有力量，这是俭。但他又是一步一步，不断地走，这是勤。会用功的人，每天用相当时间的功，不"开夜车"，这是俭。但是每天必用相当时候的功，这是勤。我们的生活要追求勤而且俭。治一个国家，亦是如此。用一个国家的力量，亦需要使之有"有余不尽"之意，不然，亦是不可以长久的。

诚，即为不欺。而不欺又有两方面，一是不欺人，一是不自欺。"言行一致，表里相应"，也就是先要不欺人，再来才可进至不自欺的境界。而言行一致，表里相应，可以是不欺人，亦可以是不自欺。所谓真正言行一致、表里相应者，即不但人以为他是言行一致、表里相应，而且他自己亦确知他自己是言行一致，表里相应。真正言行一致、表里如一的人，即是外不欺人、内不自欺的人。不自欺即是没有虚妄，没有虚假。

敬即是上海话所谓"当心"，《论语》说："执事敬。"即是在告诉我们，如果想要做一件事，那就"当心"去做吧，把那一件事"当成一件事"做，认真做，即是"执事敬"。敬字有专一的意思，对于人做事的效率及成功，即现在普通所谓奋斗、努力等，十分重要。

冯友兰：守，冲，谦

从古至今，我国哲学家们一直在追寻着伦理学和道德哲学的脚步。但其实对于作为个体人的我们来说，首要任务是安身立命，这就要求我们要去了解人生的道德境界了。在哲学泰斗冯友兰看来，"守，冲，谦"就是每个人所追求最高道德境界的重要要素之一。

"成功的追求已经成为当今青年的主导价值取向，但成功和做人如何统一，如何获得正当或正确的方法以求成功，使人得以保持好的行为以防止堕入不道德，正是这个时代所需要的人生行为导向。"这句话出自冯友兰先生的《新世训》的开头部分，亦引发了读者们对于"守，冲，谦"的进一步思考。

人们之所以强调"守，冲，谦"作为道德的一大准则，主要是因为世界上众多不同种族地域国家的礼节，尽管在各个方面都存在着较大的差异，但其中文化的主要意思，都不离"自卑而尊人，先彼而后己"。而这里的自卑，是自谦的意思。我国哲学泰斗冯友兰先生提出"守，冲，谦"的道德准则，即谦虚为人，审慎处事。正如《论语》中所说："有若无，实若虚。"冯先生的思想其实与孔子有异曲同工之妙，因为真正谦虚的人，并不会为自己的成功而感到骄傲自满，而是感到不以为然。

那么，如何才能做到"守，冲，谦"呢？在冯友兰先生看来，气量随着见识而增长的人，不会刻意地去寻求谦虚，他们往往都是自然而然地谦虚起来，无意于戒骄盈，而自然不骄盈。所以，我们要做到取法乎上，对自己要求严格，不因小小的成就而骄傲自得。如果说以上是第一点要求的话，那么放开眼界就是第二点。冯先生认为，人之所以少有所得，即志得意满，往往是由于眼界不阔，胸襟不广，所谓"器小易盈"。一个人如果能把自己的眼界放得广阔无垠，那么他就会发现，自己虽有盖世功名，也不过是宇宙中的一点微尘罢了。第三点也就是最重要的一点就是，要戒慎恐惧。冯友兰曾说过，一个人如果想让自己的事业或者学问不断发展进步，就必须要常怀戒慎恐惧之心。因为只有这样，自己才能保持在一个高度紧张的状态，这样做起事来的时候才会更加认真努力，也更加有可能取得成功。

冯先生的每一部作品、每一句话都蕴含着人生道路的哲理，总能让人陷入思考与钻研之中。而对于"守，冲，谦"的思考，却能让人更好地在社会上办事和与人交往，这就不仅仅是在道德精神层面的一种教导，更是社会实践层面的一种指引。

步入中国传统道德文化的神圣殿堂，更好地理解和体会"守，冲，谦"的内在含义，这不仅仅是要跟随着哲学、跟随着冯先生的步伐，更需要我们迈开步子，去领悟，去实践，去探寻这属于我国优秀传统的精髓。

冯友兰：家事国事，事事关心

俗语有云："天下兴亡，匹夫有责。"这句话对于我们来说肯定并不陌生，早在小学时就已经耳熟能详。这句话也与明代东林党首领顾宪成撰写的一副对联有着异曲同工之妙："风声雨声读书声，声声入耳；家事国事天下事，事事关心。"我国哲学界泰斗冯友兰对此观点十分认同。

冯友兰一生勤勉，著述宏富。他终其一生都在以复兴中华传统文化、弘扬儒家哲学思想、为国家争光为己任。国学大师季羡林是这么评价他的："他是一位爱国者，一生致力于研究和传播中国文化，享誉世界。"准确地来说，他对国事的关心超过了对于自己家事的关心，所以他并没有真正做到所谓的"家事国事事事关心"，然而正是因为他的这种行为，才让他更加值得令人敬佩，也担得起世人的称颂。

冯友兰先生进行学术活动的时期，是20世纪初。当时，中国饱受外来国家的侵略，国家正一步步走向衰败，他的哲学史就是在这种背景下撰写的。他所撰写的是一部学术著作，却又不是纯学术的著作。国家危难之际，他的作品呼吁大家觉醒，团结救国，并成功地唤醒了广大爱国人士，人们从不同的岗位提出救亡图存的主张。企业家提出实业救国，教育家提出教育救国，各政治团体和党派也都提出了他们的救国纲领。在当时的社会，的确掀起了一阵"家事国事，事事关心"的热潮。

孔子：夫子之道，忠恕而已矣

"忠恕"这二字可谓是儒家思想的中心观点，千百年来，随着儒学地位的提高，这两个字亦受到了众人的肯定与推崇，以至于在社会文明的进程中，孔子的"忠恕"之道逐渐成为了人们修为的准则。

孔子的弟子曾子曾经说过这么一句话："夫子之道，忠恕而已矣。"那么，孔子的"忠恕"又是什么呢？根据儒家学派创始人孔子的思想，在一个礼貌的社会里，人与人相互对待是出于仁爱，而且这种人爱是体现在"忠恕"之中的。

"忠"可以理解为尽力去做、循礼待人、尽责和忠诚，"恕"就是将心比心，设身处地地为他人着想。这两个字虽然看似简单，却包含了孔子贯彻终身的人生追求。孔子的"忠恕之道"是其"仁学"思想的精髓，是践行"仁爱"的基本道德行为准则。"忠恕之道"所提倡的道德准则和思维模式，对我国现代道德教育有着十分积极的意义。

对于"忠恕之道"，孔子又把它称为"絜矩之道"，这里"絜矩之道"不仅是一种实现仁德的方法和途径，同时还包含着应该严格要求自己、自觉加强自身修养的思想。孔子曾经说过："己所不欲，勿施于人。"这句话就深刻地体现了其忠恕之道。在他看来，每个人都要尊重他人的人格和尊严，尊重他人的权利和自由，其原则是在承认每个人都有欲望的前提下，强调要尊重他人与谨慎对待自己的欲望。正所谓每个人的内心都有一把自己的标尺，随时都在用来衡量别人和自己，这亦是一种忠恕之道。

孔子认为，要实现人与人之间的和谐相处，就必须要遵循他所说的忠恕之道。因为只有这样，人们才会设身处地、将心比心地运用心理换位的方法，将自己置于对方的位置和处境来思考和处理问题，这就使得双方在相互换位思考的过程中增强沟通，并从中领悟到自己应该怎么做和不应该怎么做的道理。在现实生活中，越是复杂的人际关系，就越应该遵循忠恕之道的内在要义。

孔子的"忠恕之道"能够启迪人们内在的道德自觉，使得人们在自我修养方面注重内省，在道德思想上由他律上升到了自律，不断提高自我认知和自我教育的能力。忠恕之道教导我们，遇到困难时不要怨天尤人，反而要习惯自省，首先从自身的问题中去寻找原因。这让人们逐渐由道德低境界走向高境界，促使个人内在自我完善。

孔子的"忠恕之道"对人与人之间和谐、人自身和谐、人与自然和谐及世界和谐具有重要的启示意义。它所倡导的道德义务是最基本的行为准则,亦是对人的最低要求。每个人只有首先履行最基本的义务,才能走向崇高。如果能将自己的所爱、所欲推己及人,那才是真正可贵的。

NO.11 国学中的家庭经营：兄弟不睦，则子侄不爱

南怀瑾：爱是恒久忍耐与细心呵护

《圣经》里有一段话："爱是恒久忍耐，又有恩慈；爱是不嫉妒，爱是不自夸，不张狂，不做害羞的事，不求自己的益处，不轻易发怒，不计算人的恶，不喜欢不义，只喜欢真理；凡事包容，凡事相信，凡事盼望，凡事忍耐；爱是永不止息。"在《圣经》这段对爱的阐释里，提到的最多的就是"忍耐"二字。的确，在爱里，忍耐是很重要的一个部分。

保罗所讲的爱的第一个特质就是"恒久忍耐"；圣灵所结的果子中就有忍耐；彼得所讲的八步阶梯中也有忍耐。所以，爱中一定要懂得忍耐，学会忍耐。但是光学会忍耐还是不够的，在这个盛行急躁和不容异说的世界，恒忍或长久忍耐是一个难得的品质。爱能长久容忍别人的缺点、失败和软弱。它承认所有人都是可能犯错误的，因此，对那因罪恶的本性而导致有错误的表现应当有所宽容。恒久忍耐表明的是当一个人被压迫、不正当的被告以及受逼迫时，使人耐心安静并长久容忍的思想行为状态。

我们对自己的爱人，更应如此。两个人的相处过程中，日积月累，免不了会有些摩擦和矛盾。当这些摩擦、矛盾浮现在我们彼此中间的时候，不要一味地去指责，一味地发脾气。有时放下自己的小性子，为了他低一下头又何妨呢？现在的你，忍耐下了，事情过去了，一切都会烟消云散，他也会感激你、体谅你，感情会进一步升温。而吵架、发脾气是解决不了任何问题的，反而会在对方的心上留下一道裂缝，长此以往，裂缝越来越大，就会变成一道鸿沟，横亘在你们中间，难以跨越。有句古话说得好："忍一时，风平浪静；退一步，海阔天空。"更何况，那个人是要跟你携手共经人世风浪，是要和你一辈子的，更是要长久忍耐。

而一段长久的爱情中，除了忍耐，还有一件事情也是非常重要的，那就是彼此的细心呵护。爱情就像一个易碎的陶瓷娃娃，需要人去细心呵护。缘乃天定，分乃人为。爱一个人的时候，你付出多少，就会回报多少。真正爱一个人的时候，是从心底里希望他幸福、快乐的。对方的点点滴滴你都是看在心上的，你会不忍心他受到丁点伤害。你会不由自主地想要为他做好每一件事，哪怕只是些柴米油盐酱醋茶的琐碎小事。比如清晨的第一缕饭香，比如你轻柔地抚平他的衬衫领口，比如你在街口看见他爱吃的东西带了回来，这些都是细心呵护的小小表现。

杜拉斯的《情人》中有一句话："爱之于我，不是肌肤之亲，不是一蔬一饭，它是一种不死的欲望，是颓败生活中的英雄梦想。"可是，一蔬一饭的细心呵护也是至关重要。它体现了我们彼此的爱意，它让我们更会体贴与关爱对方。

爱情没有保质期，要想让爱情维持得长久一些，唯有恒久忍耐和细心呵护。

南怀瑾：好好谈恋爱，慢慢去结婚

人生很奇妙，命运也很奇妙。春去秋来，白云苍狗，沧海转为桑田。在同一片蓝天下，每时每刻都在发生着不同的事情。

一阵风起，一片花动，一丝细雨轻轻飘下，树下的少年不经意地抬起头，眉目疏淡，像一副泼墨的山水，清秀隽远。恰恰好，细雨沾染了他的发丝，他的眉眼在雨丝纷纷中如雾。他望过来，正好对上了你的视线。你心跳如雷，不可抑制地红了脸，面如桃花。

每个人的人生中都会有这么一段美好如诗的际遇，每个人都会有初遇意中人时不可抑制的心动。我们由缘分相遇，我们由喜欢相爱。

柏邦妮的《老女孩》中说："我们爱一个人，就是交给这个与我们对峙的世界一个人质。我爱你，就是将我自己交给你，把我自己当成人质交给你，从此，你有伤害我的权力，你有抛弃我的权力，你有冷落我的权力，别人没有。这个权力，是我亲手给你的。千辛万苦，甘受不辞。"

大概我们每个在爱里的人都会这样，想要把自己的全部都给对方，好让他感受到自己对他满满的爱。时时刻刻都在想着对方，下雨的时候怕他被雨淋湿会感冒，起风了怕他衣物没有添够。每天有个风吹草动，都会不由自主地想到他。

这大概就是我们每个人在爱情里的常态，害怕把自己的心剖出来，还不能让对方感受到自己的爱。我们在爱里，爱得满满当当的，不留一丝余地，害怕有一点浪费。

可是，南怀瑾先生却说："人生最好的境界是'不欲盈'。"他认为，年轻人的恋爱，应该懂得恋爱的哲学。凡是可爱的，是爱得死去活来爱不到的。古今中外那些缠绵悱恻的恋爱小说，描写到感情深处，可以为他殉情自杀，可以为他痛哭流涕。可是，真的在一起了，又能有多久？即便是《红楼梦》也不多几年之间就完了，比较长一点的《浮生六记》，也难逃先甜后惨的结局。

《书经》上说："谦受益，满招损。""谦"字可解释为"欠"，虽然有那永远追求不到的事，却同李商隐的名诗所说"此情可待成追忆，只是当时已惘然"。倒是值得闭上眼睛，在虚无缥缈的境界中回味，那似有若无之间，该多有余味呢！

很喜欢毕淑敏的一句话,"有些东西,并不是越浓越好。深深的话我们浅浅的说,长长的路我们慢慢的走。"所以,在一段感情里,我们不必爱得太满,太满有时候对对方也是一种负担。我们要适可而止,我们要恰到好处,这样的爱情才会走得长远。

所以说,不如就像南怀瑾先生说得那样去做吧:好好谈恋爱,慢慢去结婚。

南怀瑾:不要以爱之名去占有

"爱从来都不是占有,也不是付出多少就能得到多少。爱,是付出了不一定有回报;爱,是该放手的时候就放手。"南怀瑾先生在《人生就在一念间》中阐述了自己对爱情的理解。在他看来,爱不是占有,而是彼此的归属,但其中又不乏想要的自由。

"飞鸟与鱼相爱,一个活在天空,一个遨游大海,谁都无法脱离了自己的世界而生活,最终只是一场空。"南怀瑾先生说,对于飞鸟和鱼的爱情,他自己觉得并没有什么好遗憾的,因为爱准确地讲就是一种成全。

"看到这里,我们忍不住悲伤。爱就是这样,不是每段恋曲都会有一个美好结局。就像是一朵美丽的鲜花,你不能因为喜欢就将它采摘下来,拿回家欣赏。等你拿回家时,它可能已经枯萎了。此时,你还觉得它是一朵美丽的鲜花吗?"爱情并不会是完美的,有的在曲折中找到真命,有的却在磨炼中失去最初的感觉,没人说得清楚谁对谁错,但是有一点是不会变的,爱从来不是占有,握得越紧失去得就越多。

《泰坦尼克号》是一个时代的经典,男女的爱情曾让多少人赞不绝口。身份的悬殊成为最大的罪恶,然而所有的差距在爱情面前早已显得微不足道。在遇难的那一刻,自私的爱情占有者希望将爱留在身边,用钱、用手段来衡量着他所谓的价值,所以注定只能去祝福,因为他永远也做不到用生命去成全、去延续自己的感情。时代中的经典并不仅仅在于它的知名度,更重要的是它所传达的意义。船沉了,生命去了,为了爱而存在的人还在,不是想着去占有这份爱,只要对方留在生活中这就够了。因为爱,不想着占有,因为不占有,所以是爱。

"我们都要学着洒脱,学着接受,'爱过,就是慈悲',爱一个人最大的幸福不是得到对方,而是让对方得到幸福。所以说,爱一个人不一定要得到,只要对方是幸福的,你的爱就没有白白付出。"这是南怀瑾先生对爱的总结,话是南怀瑾先生的话,可情却是大众的情。爱情少不了酸甜苦辣,但无论是哪一种味道,只要幸福,苦辣都只是表面形式,真正的感觉都是心中的甜。

爱从来不是占有,是一种成全,一种"放手",一种自由,是给予者和被给予共同的情感。懂得爱与被爱,将紧握的手适当的放松,紧绷的心渐渐平复,爱情便来得自然,走得轻快欢怡。

南怀瑾：摒弃门第观念

南怀瑾先生说："在爱情中，我们要摒弃门第观念，不要因为这种人为划分等级而错过真爱。即便是门当户对也要赋予新的含义，拿门当户对的旧瓶来装新时代择偶趋势的新酒。"这里的门第观念，不是在仕途中所提到的门第观念，而是出现在爱情中的，相对于仕途来说，门第在爱情中的作用也是不容小觑的。

从古至今，但凡谈到爱情，总是难逃"门当户对"这四个字的窠臼。很显然，对于这样一种传统，南怀瑾先生的态度是坚定的，他直接就是"不要"二字，以此来表达自己内心对此观念的不认同。其实不光是南怀瑾先生反对这种观念，对于大部分的人来说，爱情本来就是两相情愿的事，没有家族的介入，也许就不会有那么多的悲剧，更不会成为许多人眼中的奢望。

南怀瑾先生在自己的爱情观中将梁祝的故事加以引用，在他看来，梁祝两家所谓的"门第"，只能让他们万般无奈地在爱情中苦苦纠缠。

说到这里，南怀瑾先生颇有些愤愤不平地指责了当今时代下的这种"传统"观念，甚至就连一些电视剧，也在宣扬"门不当户不对"的观念，将"凤凰男"和"孔雀女"的婚姻成为最热的炒点，虽然双方是因文化背景导致的性格不合，但从更深层次来说，还是门第观念在其中作祟，从而导致了一场爱情的悲剧。

虽然说父母对儿女的爱是无私的，但是他们总是会借着"爱"的名义，去干涉儿女的爱情，背着希望以后过得更好的包袱，用"不同意"三个字拆散着一对对相爱的人。

"在生活中，我们看到物质条件非常丰富，但夫妻双方冷漠如陌生人的不在少数，所以新时代的门当户对应当被赋予新的含义，它应该更多地体现在生活习惯和志趣方面，至于阶级桎梏早就应该被淡化了。"这是南怀瑾先生对于新时代"门当户对"的理解，他认为，新时代虽然少不了门第阶级观念，但是更不会缺乏爱的朝气，所以他期待更多的人会将爱的取向趋于志同道合。

一个人的家境如何，并不能决定一个人梦想的高低；一个人的相貌如何，并不能决定她想要追求的东西，因为爱情是平等的。而爱情之所以令人向往，则是因为真正的爱来得纯洁，没有时代的渲染、门第的熏陶，独立于两个人的世界，不受纷扰。

南怀瑾：家是言爱而非"讲理"的地方

"有人说，世界有三种人可以不讲理：一是疯人，二是病人，三是情人。情人为什么可以不讲理呢？因为两人之间有感情、有依赖和信任等等，不是可以用道理说清楚的东西，既然用道理无法说清楚，讲道理自然就行不通了。"在南怀瑾先生的心中，家是讲"爱"的地方。

谈到这个问题的时候，南怀瑾先生曾引用了一对父母在女儿出嫁时所写的一封信中的内容："家不是个讲理的地方，这句话乍听没有道理，但却是真理，是多少夫妇，用多少岁月，尝了多少辛酸，在纠缠不清，难解难分的爱恨、是非的混乱中，梳理出来的结论。当夫妇开始据理力争时，婚姻便开始蒙上阴霾，表面上是讲道理，其实两人都不自觉地抱着满脑子自以为是的歪理，相互敌视，互相伤害，讲理讲到最后，只落得个两败俱伤、分道扬镳的结局。"这是父母对女儿的劝告，也是南怀瑾先生对家的理解，对爱的论述。

爱情说来自私，所有无理取闹的根本都可以归结到爱上，不是不够爱，是爱得太深，爱得太在乎，又何来所谓的对错，哪能用讲理解决得了？

谈爱本来讲得就是顺心，讲理在爱情面前是行不通的。就当下电视剧而言，没有一部电视剧的情节是这样设计的：女主人公生气后，男主人公在一番大道理后将彼此的矛盾化解。这样的爱情是不现实的。双方的对错大部分情况下会以男生的主动认错而解开，即使男生并没有错，其实这时候谁对谁错是不重要的，重要的是彼此的宽容和理解。

南怀瑾先生还将佛学与爱情结合，他说他赞同"十年修得同船渡，百年修得共枕眠"的说法，由此可见南怀瑾先生心中对爱情的珍视。在他看来，爱情中的两个人应该将情感化匀，每一段感情都有它存在的意义，幸运的是经住了风雨，不幸的是受不住争论。

"家庭是社会的最基本单位，一个能处理好家庭问题的人，在做其他事情的时候也一样能成功，因为他具备了几种优秀品质：责任，包容，关爱，理解。"家的确不是讲理的地方，家是具有宽容和理解爱的地方。住得舒适，过得安逸才是家。

南怀瑾先生的爱情观其实是给予社会的一味良药，只要你用得好便能找到爱存在的价值。

南怀瑾：美满婚姻靠的是"经营"

有一个幸福的婚姻是我们很多人都梦寐以求的愿望，但是当你与伴侣携手迈入婚姻殿堂的那一刻起，就注定你们要一起经历风风雨雨。南怀瑾先生认为，婚姻和爱情是不同的。爱情几乎都是短暂的，因为爱情都是由个人的自私观念出发的，而婚姻是双方的事，必须要靠双方的共同努力才能造就美好生活。

南怀瑾先生认为从姻缘的方面来看人生，与一般的角度不同。我们中国人有句俗话："家家有本难念的经。"这句话还不透彻，一针见血的讲法，应该是："人人有本难念的经。"难念的经都是从姻缘来。从姻缘的观点看人生，真正的好姻缘、善缘，不管有没有结为夫妇，组成家庭，大都不超过五年十年的。例如有些小说，像《红楼梦》，乃至西洋名著《茶花女》等等，我们看了，会觉得男女之间的感情令人艳羡。但是你不能进行科学深入地分析，一旦认真的分析起来，我们就会发现他们所谓的浓情蜜意时间的持续也不过几年的美景而已。因为这是爱情，而它是短暂的、片段的，所以人们就觉得很美、很有味道。

人人都希望维持这种诗情画意般的感情几十年，甚至永远，但是这是不可能，绝对不可能的。因为这个世界缺点很多，没有一个人的人生是圆满的。

南怀瑾先生曾经讲述过一位女诗人的故事。清朝女诗人冯小青的坟墓在杭州小孤山上。她是个才女，人也长得很漂亮，但是年纪轻轻就遇人不淑，结了婚才知所嫁非人，他家中早已有了一位太太，她便因此痛苦一辈子，抑郁而死。冯小青这一生的遭遇差不多是代表了旧时代的女性，是为了家庭，痛苦牺牲的写照。

婚姻是两个人幸福的天地，为了一生的幸福，两个人才踏上红地毯，过起了亲密无间的生活。每一对结婚后的男男女女都希望自己能够拥有一生美满幸福的婚姻，为此，许多人会花很长的时间甚至是一辈子的时间去努力尝试，去努力配合对方达成幸福生活的基本条件，去实现自己用心爱对方的承诺。家里的基本家务，可以共同承担，既做到力所能及，又不强人所难。温柔的眼神、亲切的拥抱、温馨的牵手，这些连接彼此的纽带能在火药味十足的氛围中发挥作用。夫妻间针锋相对时，一个温柔的拥抱就能化干戈为玉帛，也给了彼此一个换位思考的机会。

美满婚姻需要用心去经营，必须遵循其特有的基本规律。毕竟，人都是跟对方的优点谈恋爱，而必须和对方的缺点生活一辈子，因此，美满婚姻就永远属于那些能够做到"装聋作哑"的夫妻。

南怀瑾：子欲养而亲不待的遗憾

南怀瑾先生说："树欲静而风不止，子欲养而亲不待，简直就是世间最为挠心挠肺的遗憾。"话里说的是我们耳熟能详的句子，而现实生活中又有多少人真正明白"子欲养而亲不待"是弥补不了的遗憾？

我们在逐渐长大，而父母的年龄也在增长。当父母随着年龄的增长，生活上会有越来越多的不便，此时，正是需要我们在身边照顾的时候。作为儿女，我们因为求学离家在外，之后又因为工作，又或因为成家、养育子女等种种原因，无法抽空回乡看望父母。而父母却在不知不觉中衰老了。

人生似乎总有忙不完的事情，在一推再推的时候，我们能奉养父母的时间，也随之流逝。"往而不可追者，年也，去而不可得见者，人也。"其中说的就是还未来得及尽孝就痛失双亲的痛苦。说到这里，不得不感慨一句："亲不在，是欲尽孝而不能的悲哀，是无法弥补的失误啊！"

父母所希望的，不是我们给他们多少钱，而是希望我们有更多的时间陪在他们身边。再长寿的父母，也极可能眨眼间就会从我们面前消失。如果我们不及时尽孝，堂前燕依旧飞，窗前青苔依旧在，但曾坐在家中沙发上的，也许就会不再是我们熟悉的那背影了啊！

人生苦短，所以自古以来，人们都总是认为，凡事要尽快做，越早越好。"莫等闲，白了少年头，空悲切"，是谈奋斗要早，进取要早。其实尽孝也要趁早，要趁父母还在的时候，对父母尽一尽自己的孝心，否则就会遗恨终生。

尽孝也并不单单是赡养父母，且赡养父母并不等于懂孝。南怀瑾认为，现在的人不懂孝，以为只要能够养活爸爸妈妈，有饭给他们吃，像现在一样，每个月寄一些钱给父母享受享受，就是孝了。现在的人，以为养父母就算孝。但是"犬马皆能有养"，所以光是养而没有爱的心情，就不是真孝。其实所谓尽孝，父母所盼望的是那一份心，那一份情。

孝不是形式，那么孝是什么呢？南怀瑾认为："孝"就是他们西方文化所说的"爱"，也就是回过来还报的爱。孝道的精神就在这里，假使一个人连这点感情都没有，就不行。孝道其实很简单，只要想到当你生病的时候，你的父母那种着急的程度，你就懂得孝了。所谓孝是对父母爱心的回报，你只要记得自己出了事情，父母那么着急，而以同样的心情对父母，就是孝。南怀瑾自从离开大陆后，一别四十年，再也没有见过父母亲的慈颜。他只好把对父母的思念深埋于心，他的苦痛又岂是别人能体会的？

世界上，什么事情都可以等待，只有孝顺是不能等待的。既然明白了孝道，当拿出良心，去找父母的心，及时尽孝，以补已往不孝之罪，不能留下遗憾。

叶曼：珍惜眼前人

叶曼的《世间情》一书，文笔细腻，一如朋友唠家常，又似长辈般的教导，把这世间的道理娓娓道来，帮助、指导现代都市中为"情"所困的年轻人。叶曼说，"情"在字典中的解释有五种，简单地说，情就是人的思想感情。

中国是礼仪之邦，传统儒学是中国文化的主干，可以说，情已经渗入了日常生活的方方面面。正统儒学卫道士们对"情"是极尽打压之能事，而叶曼却高明地帮助人们看清河流下的暗礁，告诫我们："切不可以因为河流下的暗礁而停止爱的脚步。爱，要拿得起，放得下。"叶曼帮助我们找到一种智慧——珍惜眼前人，珍惜当下情。

"天下之事，各有因缘莫羡人。"所以叶曼认为，人人都希望过上幸福快乐的生活，而幸福快乐只是一种感觉，与贫富无关，同内心相连。叶曼的这本书中所提到的这些问题都是我们日常生活中的家常里短，但是如果处理不好，就会给我们的生活以及亲人、朋友之间的相处造成困扰。而叶曼凭借自己的人生智慧，为人们答疑解惑，是相当难得和可贵的。

人生在世无法摆脱情字的困扰，不论是亲情、爱情、友情，归根结底，都是一个"情"字。正所谓弃我去者，昨日之事不可留，既然无可挽留，那么最明智的做法就是向往事洒脱地挥手。如果真的忘不掉，那便在心灵深处留一个幽静的房间，留一份浅浅的牵挂，除此之外，什么都不要做。你必须要明白，错过的风景成不了明天的美丽。有些东西得之我幸，不得我命，旧人再好，往事再美，却早已如风般飘逝，正如"雨落不上天，水覆难再收"。

佛学上有云："百年修得同船渡，千年修得共枕眠。"想来，红尘中的牵手都是三生石上的慈悲一念，是上辈子未来得及续上的今世前缘，你今生的伴侣才是今生相牵手的爱。也许他不是最好的，但他却是对你最好的人。婚姻是琐碎的，锅碗瓢盆、油盐酱醋；婚姻是平淡的，上班下班、洗衣做饭。

叶曼曾经给一个咨询她的女孩写过回信，那个女孩和她所爱的人相差十二岁。叶曼鼓励她："如果二人是真的相爱，就拿出勇气来，你若先犹豫，对方便当然踟蹰了，但是也千万不要勉强他，他若稍有难色，便须慎重考虑。"叶曼认为，爱情虽然有时需要一点牺牲，以测验其坚贞，但是代价不能太大。尤其对方是出身比较重传统的家庭，那么结婚这笔账，他算来算去，是你欠他太多，于是他对你的要求便会很苛刻。所以不要为难他，你只是自己表明无畏态度，最后的决定，由他去自己承当。成固可喜，败亦无伤，因为勉强得来的终归不长。

事实上，婚姻美满与否，并不在年龄的差异多少。真的爱情，不是任何忌讳限制所能阻挠的，问题是世上是否真有永恒不变的爱？若真是两情深深相许，不要理会习俗，不要顾虑未来，就好好地珍惜眼前人，珍惜这当下情。

叶曼：人生自有情痴

"人生自是有情痴，此恨不关风与月。"这句话叶曼曾经提到过，而这句话最早来自于宋代欧阳修的《玉楼春·尊前拟把归期说》，正所谓离别仇恨是人生来所具有的感情，它与风花雪月无关。这两句话是亘古不变的离别之情的升华，它揭示了整个人世的共同主题，同时也是对人世大背景的理性思索。

众所周知，叶曼是一个佛学大师，但她也精通人的情感。她在大陆出版的第一本著作《世间情》中，摘取了众多女性读者的来信，并对其中的爱情、家庭、职场、处世等问题，进行一一解答。为此，叶曼解释到，她年轻时也曾为情所困，而且加上本人与年轻人相比，有年龄上和阅历上的差别，比别人经历得多，她希望给被困的女性予以指导。

"生在世间即有情，无情不会生于世。"因为世间众生都会有情，而世人沉浮于情，难免不会为情所困。叶曼的《世间情》则为她们指点迷津，让她们拨云见日。叶曼的话语字里行间无不流露出了人生处世的精华和富含深意的道理，她为许多问题提出了自己的看法和见解。

叶曼认为，人活在世间，一定要有情有义，"两情相悦、一厢情愿，甚至单相思的人都是有情之人，害怕的就是无情之人，对人对事皆过眼不闻不问，事不关己高高挂起，这样的人是孤独寂寞的，他连自己都不爱，何谈爱他人呢？那么这样的人注定是枉来世间一回"。所以，由此她认为"人间自是有情痴"是人世间一种好的表现。

叶曼老师认为，人生中要对感情有追求。她认为，"所谓真正的情痴，是一对有情的男女，在重重阻挠之下，在情与理矛盾之下，既不愿伤害他人，而自己又不能割舍的煎熬下，双双殉情，或饮恨而终其一生。"在她看来，人的一生之中应该有情，情感是人必不可少的，或是爱情、亲情、友情，这种感情不会随着时间消逝，只会越来越让人感到刻骨铭心。

叶曼老师认为，都市的年轻人总是面临着林林总总的诱惑，这些诱惑使他们心里怀揣着顾虑，犹豫不前；或使他们迷失心灵而误入歧途。所以她希望年轻人可以固守本心，对于情感可以更加慎重，对于情感保持一份理智，即使身处喧嚣繁浮，却仍带有灵魂深处的触动，那便是情。情感上可以有迷茫，但也要有自己的最终需要，要始终保持自己的朴实、平静的内心，不管往事再不堪回首，却依然要相信"人生自是有情痴"，在感情的世界中，没有谁能真正置身事外。

叶曼：另一种七年之痒

生活中常常听到"七年之痒"这个词。那什么是"七年之痒"呢？其实这是来自于男女婚姻生活中的说法。朱德庸说，"七年之痒"即一年新鲜、二年熟悉、三年乏味、四年思考、五年计划、六年蠢动、七年行动。然而还有另一种说法，指人们结婚后在第七个年头左右开始，会经历一次危机，说这是对婚姻的考验，但这种考验会带来两种结果，要么两人婚姻朝良性方向发展，要么两人劳燕分飞。这也是七年之痒的一种解释。

而叶曼在她的《世间情》中为一位女性解决问题后，提出了"另一个七年之痒"的说法，这种七年之痒指一些家务，小事摩擦开始出现，夫妻间有时会开始感到厌烦，妄图分开，保持距离。书中求助的女子正是如此。想想也是这样，在生命的旅程中，我们都要面临这样的命题：相知，到热恋，熟悉，最后归于平淡。

又如在武志红的《为何爱会伤人》中，他也提到七年之痒，认为其是人的第二次童年，是指人的恋爱、婚姻。这次童年我们可以选择自己的恋人和婚姻，那么肯定是自己喜欢的，于是恋爱中的人常常有着憧憬，快乐得像个孩子一样。

叶曼认为，恋人会对婚姻充满期待，这正映证了"婚姻像个围城，城外的人想进来，城里的人想出来"这句话。然而当两个人踏入婚姻殿堂的时候，他们会发现原有浪漫的爱情终会被柴米油盐酱醋茶的重复生活所取代；而且他们开始发现对方身上这样或那样的缺点，其实彼此并不是完美的人，熟悉之后，他们也会习惯性地忽略对方。这是叶曼所认为的"另一个七年之痒"的明显特征，而不是传统的有第三者介入的"七年之痒"。

她认为，慢慢地，夫妻之间的感情开始趋于平淡，那些所谓的婚姻就会出现"痒"，其实这一切很简单，因为生活本就很平淡。生活中没有永远的浪漫和激情，平淡生活才是世界的主流。在叶曼看来，即使婚姻有"痒"，出现了所谓的"七年之痒"，那也不能轻易地让这些"痒"变成"痛"，造成夫妻关系破裂，应该坚持下去，即使看对方"不顺眼"，也要从不稳定的爱情最终过渡到永恒的亲情。

叶曼认为，婚姻有"痒"，就像天气时令一样自然，是人性使然。婚姻意味着责任，只要敢于承担家庭间的责任，婚姻就没有什么特别难熬的经历。人生如此短暂，夫妻更应该不离不弃，彼此多体会对方，和对方一起慢慢变老。

叶曼：孝子之门求贤夫

在叶曼所著的《世间情》之中有这样一个故事：一位女性因为丈夫出差归来给婆婆的礼厚重，对岳母的礼物略薄而心生不满和抱怨，对此叶曼只说了一句："求贤夫当于孝子之中。"话虽简单，却足以引人深思。

叶曼在《世间情》中写到，自古婆媳之间有战争，其实是因为两个人在争这么一个人：媳妇的丈夫，婆婆的儿子，这种战争明争暗斗，以期获得那人的关注。所以叶曼认为，《世间情》中的那名女子，只是嫉妒婆婆得到太多自己丈夫的关爱。而女子忘记了倘若她的丈夫非孝子，那她的丈夫或许并不会对她好，他们的生活或许会伴随着无尽的争吵，她的生活估计也不会那么幸福，或许她又该抱怨他的丈夫对自己不够体贴，不够关爱了。

古人曾说："求忠臣于孝子之门。"《孝经》里也说："不爱其亲而爱他人者，谓之悖德。不敬其亲而敬他人者，谓之悖礼。"父母对子女恩德甚为厚重，如果子女不爱戴父母，那就说明这个人没有为人处事的原则，没有恩义、情义和道义。所以古人看人，常常看其是否是一个孝子。由此推来，贤夫也应要求于孝子之中，看这个人对他的父母亲如何，是否发自内心地恭敬和孝养。

《陈情表》中的孝子令闻者悲伤，心生感慨。所以那些对恩情罔顾不报的人，便是世上最无情无义的人，而无情无义之人又如何成为一个忠实的好国民、贤良的好丈夫呢？而孝顺的人，一定会是一个有情有义的人，那他正可以做一个贤良的丈夫。

叶曼认为，老吾老以及人之老，孝子孝顺他的母亲，应当看做是他有情义的表现，倘若他不孝顺，那你反而觉得他这人没有人情味了。这也正是"百善孝为先"的意义所在。

自孔夫子倡导"仁孝治国"以来，后世帝王皆尊奉"圣朝以孝道治天下"的标准。在中国两千多年的封建历史上，《三国》中的孙权孝敬吴国太，不惜以毁掉自己的计划为代价，把"孝"践行生活之中。

叶曼认为，孝敬父母，是做人的本分，是人的基本的美德。孟子曰："不得乎亲，不可以为人；不顺乎亲，不可以为子。"当一个人可以对他的父母好时，那他定是个品德高尚的人。在选择丈夫时，也应将孝道放于第一标准，他连父母都放于心上，那他定会当好一个好丈夫，关心妻子，体贴入微。因此，在孝子中找好丈夫，那生活一定会幸福的。

正如叶曼所说，孝子身上有仁义、有道德，也有人性，故而他们会记得关爱，懂得爱护别人，这种关爱和爱护并不仅限制于父母之间，还会扩散到其他亲人、朋友身上。

叶曼：百善孝为先

叶曼女士用深入浅出的方式，向世界介绍中国文化的精髓。叶曼为传播中国儒、道、佛三大文化，成立了"文贤书院"，为海外侨胞讲说中国文化，期能带动更多修心向学的风气。她曾深刻讲解了"百善孝为先"这一俗语。

儒家《孝经》有云："身体发肤，受之父母，不敢毁伤，孝之始也；立身行道，扬名於后世，以显父母，孝之终也。夫孝，始於事亲，中於事君，终於立身。"所谓"百善孝为先"，反映了中华民族极为重视孝的观念。我们发现，孝是中华传统文化提倡的行为，指儿女的行为不应该违背父母、家里的长辈以及先人的心意，是一种稳定伦常关系的表现。中国古代几千年来讲究忠孝治国，所以古语说"百善孝为先"，把孝作为一个好人的第一条件，实在深刻。不孝之人，不可与交，我们大多将此作为看人与交友的信条。

叶曼大师讲授孝道，她认为真正的孝有三种境界：一是物质层面上的，养父母之身；二是精神层面上的，怡父母之心，能够和颜悦色，博父母欢心，为父母排忧解难，使他们精神愉悦；三来自于事业层面，行父母之志，实现父母的期望，弥补父母的不足，将来更好地报效社会、国家。叶曼大师认为，只有融会贯通这三个方面，才能算作真正意义上的"孝"。

《韩诗外传》卷九诗云："树欲静而风不止，子欲养而亲不待。"孔子对弟子们说："你们要引以为戒，这件事足以使你们明白其中的道理！"于是有十三人辞别孔子，回家赡养双亲。如果没有孝，人类传承将不再继续。叶曼认为，为人子女当孝，为人父母当慈。父母抚养成人，子女赡养终老，这叫天经地义。种上了一棵果树，它沐浴吸收天地雨水日光，必然开花结果。就算是"人参果树"那样精贵的树种，也要三万年一开花，三万年一结果。受人滋养而报答是天地道理，这就是天经地义。

《说文》讲"孝"有言："善事父母者。老在上，子在下。"这反映了长幼尊卑的次序。从字形来看，儿子背着老人，更是直观的孝行。再此，叶曼女士引用《论语》记先师之言曰："三十而立。"她想借此来点醒成年人,所谓"立"是以人伦人道人理存在于天地之间,用德行道理武装自己。人生到三十岁的年纪,自己不仅是父母的子女,而且是子女的父母,这个年纪应该上知为人子之道,下知为父母之道。

"百善孝为先,万恶淫为源。常存仁孝心,则天下凡不可为者,皆不忍为,所以孝居百行之先;一起邪淫念,则生平极不欲为者,皆不难为。"孝是中国人提倡的根本道理不可悖行的人伦,因此一整篇《围炉夜话》,抵不过这一句"百善孝为先"的名声。

季羡林:温馨,家庭不可或缺的气氛

冰心说:"一个美好的家庭,乃是一切幸福和力量的根源。"而在一个家庭中,只有温馨温暖的家庭环境才能让家里人感到幸福。季羡林先生也说:"温馨是家庭中不可或缺的气氛。"因为只有温暖的家里才能种出幸福的果实。

季羡林先生曾经在文章中提到自己因为不能在母亲垂垂老矣的时候承欢膝下而后悔,他也曾因为长达十三年之久不能与儿子见面而痛苦。如果一个人连家都没有了,那他所做的努力还有什么用?如果一个家庭缺失了温馨,那又何称为家呢?

不论是年幼的孩子、离家的游子、还是颐养天年的老者,不论是坚强的战士还是迷途的罪徒,在提起"家"这个字眼的时候都会露出温暖的微笑。对于每一个人来说,家都是心灵的港湾,是生长的摇篮,是一个人内心的最柔软的温暖。有爱才有家,有家才会有爱和幸福,同时家也是力量的源泉,只有温馨和爱才能守住这个家园。

家就是一个充满亲情的地方,那里充满了温馨,它是一个人心灵的港湾,不论在何处漂泊,只要有家,有港湾,便不会失去人生的方向。有爱的地方才有家,家不是冷冰冰的地方,家是你委屈时、痛苦时、遭遇困难时的避风港。有爱才有家,爱家人的同时才能获得家人的爱。

如果要问对于一个家庭而言什么是最重要的?那一定是温馨的家庭环境、和睦的家庭关系。俗话说:"顾家的男人才是好男人。"现实中,不论男女,只要顾家,只要为自己的家而努力的人,都会获得幸福。没有人不想拥有一个温馨的家庭。

季羡林先生学问大,名满天下,而且又高寿,简直就是传统的福禄寿齐全老人的典范。然而就是这样一个多福多寿的老人,竟然曾有十三年没能和自己的亲生儿子见面。到了晚年身边更是没有一个至亲,所有的事务都交由秘书打理。无论是什么人,到了晚年都会成为一个弱者,行动不便、思维迟钝,他需要的不仅仅是生活上有人照料,更是需要来自亲人的情感慰藉。

当一个人结束一天的辛劳，拖着疲惫的身子回到家里的时候，看着温暖的灯光，关心自己的家人，无论多少委屈和疲惫，都可以在一瞬间消散。所以说家是一个温馨的地方，无论拼搏多久，不论走得多远，人们总是眷顾着自己的家，为了家的温馨，放弃如日中天的名誉地位，这样一个充满爱的人，这样一个在意家庭的人，才是一个真正的成功者。

季羡林：在家庭中要讲点容忍

"忍"这个词经常出现在我们的家庭和社会生活中，但是恐怕很少有人能真正理解和践行这个"忍"字。所谓"忍"心字头上一把刀，直白来讲，便是刀子悬在心口也要保持平和的心态。心平气和的面对一切，忍常人所不能忍，才有可能成旁人所不能成之事。关于"忍"，季羡林先生也曾劝诫后人："人处在家庭和社会中，有时候恐怕需要讲点容忍的。"

季羡林先生认为，所谓容忍，不是单方面的，而应该是双方面的。面对纠纷和不满，如果争执双方各退一步，就能看到一片新天地，一笑泯恩仇，营造和谐的家庭和社会环境。

关于相互忍让，各退一步，季羡林先生谈起过人们坐公共汽车的现象。季羡林先生说，公交车上，挤挤碰碰的现象很常见，有的人不小心碰了或踩了别人，连忙说一声"对不起"，对方回应一句"没关系"，简简单单两句话马上就能化干戈为玉帛。然而，也有不少人连"对不起"都不愿意说，而对方又不依不饶，于是就吵骂起来。其实，只要双方都把礼让的种子根治于心，所有人都可以成为和谐社会环境的受惠者。

季羡林先生认为，小小的一个"忍"字乃是家庭和谐的关键。所谓"忍"，并不是让你一味地忍气吞声，而是教导你要多从你爱的人的角度思考问题，宽容和谅解他们小小的错误。俗话说："家和万事兴。"如果家人之间多些宽容，学会忍让，那么又何忧家不和？

孔子有言："薄责与人，则远怨矣。"就是说一个人如果对别人少苛责、多宽容，那么他就能够避免别人的怨恨了。现实生活中，能够做到这一点的人往往能够拥有良好的人际关系。如果把同样的心态放在家庭里，那么这个人也很容易获得家庭的幸福。

季羡林先生也说过："夫妻之间的矛盾，是人民内部矛盾，不是敌我斗争。"其实说到底，两口子之间的事，无外乎是由老人、孩子等小事而引发的，不要让一些小矛盾影响了婚姻的幸福。婚姻就是这样复杂却又简单，签订一些契约并不会损伤任何面子、利益，反而会让两个人的心更容易贴近。学会容忍，因为爱他，所以允许他的小情绪。遇到问题时各退三分，各忍七分，这样不仅能够让婚姻得到保障，也可以让家庭更加和睦幸福。

容忍也是一种美德。正如季羡林先生所言，要想举大事必要能忍常人之所不能忍，容常人之所不能容。故而为人处世切记要多些忍让宽容，少些针锋相对。

季羡林：忠诚，爱情幸福的基石

季羡林先生在自己的散文中提到："世人对爱情的态度可以笼统分为两大流派：一派是现实主义，一派是理想主义。"在季羡林先生看来，不管是没有把爱情神秘化、理想化、干净利落地直言不讳地评价感情的现实主义爱情，还是罗曼蒂克式浪漫美好的理想主义爱情，它们都有一个共同的爱情基础，那就是忠诚。

在当今社会，婚姻家庭幸福的构建在实际生活中的实现除了需要双方具有相同的家庭观念外，更多地体现在保持忠诚、抵御外界诱惑上。在各种社会现状与现实生活中，要想得到幸福的爱情就需要拥有并维持忠于彼此的恋爱观念，不因为外界的纷扰变化影响自己，从而起维持幸福生活的作用。

有一对即将举办婚礼的年轻人，他们手挽着手讲述着他们的爱情故事。他们两个从高中开始恋爱，可是因为学校和家里的双重反对，女孩被迫转学。可是他们并没有因此而放弃爱情，他们用每月一封的书信鼓励彼此。大学时他们终于又到了同一个城市，虽然没在同一个学校，可是他们每周多了一次的见面机会。大学毕业后男孩决定考研，女孩开始工作，他们的爱情依然继续。今年他们终于可以牵着彼此的手走入婚姻的殿堂。在他们长达十年的爱情长跑里，支撑他们的是忠于彼此的爱情观念。不是没有争吵，不是没有矛盾，可是他们始终忠于彼此，不被外界的花花世界迷失本心，他们坚守着爱情诺言，最终实现了从学生时代就开始向往的幸福。

忠诚是爱情幸福的基石。季羡林先生晚年时经常会说起自己与夫人的平淡生活，他们没有轰轰烈烈，可是他们忠于彼此，忠于爱情，爱情于他们而言是幸福的。虽说食色性也，但是忠诚却是爱情的基石。

季羡林：亲情如蜜，甘之如饴

亲情是这个世界上最为伟大无私的感情，在亲情的世界里，没有得失的计较，没有利益的牵绊，它像是一种深入骨髓的命中注定。季羡林先生曾说："亲情是最深最沉的，它是调剂生活的蜜汁，你要学会享受，甘之如饴。"

作家萧伯纳说："家是世界上唯一隐藏人类缺点与失败的地方，它同时隐藏着甜蜜的爱。"家是爱的港湾，是每个人内心深处的柔软甜蜜。亲情是世间最难割舍的一段感情，它是神圣的，容不下任何亵渎。

也许是因为季羡林先生曾经长达十三年不能与自己的儿子见面，也许是因为季羡林先生为了追逐自己的梦想，在自己母亲垂垂老矣的时候不能承欢膝下……正是因为他有这样的遗憾，所以他才更加能体会到亲情的弥足珍贵。在季羡林先生无法与儿子见面的那十三年里，他定然无时无刻不在牵挂着自己的儿子；那个时候，他定然能感受到母亲对他的期盼，盼他回家，却又不忍打扰他。季羡林先生这一生最后悔的大概是在母亲最希望得到他陪伴的时候，却让一个老人苦苦守候。可是对于季羡林先生的母亲而言，这一生最欣慰的就是自己的儿子完成了追逐已久的梦想，这便是亲情，无私的亲情。

亲情不仅是无私的，它还是甘甜的蜜汁，在亲情的世界里，只有甜蜜，只有快乐，没有眼泪，也没有痛苦。亲情就是一个坚强的孩子一边流着泪一边在电话里告诉父母，自己过得很好。亲情就是一对吃着馒头、咸菜的父母，不停地在电话里叮嘱自己的孩子，要吃饱，要穿暖，钱不够了找爸妈。这就是亲情，亲情永远是人内心最柔软的一部分，无论是多么坚毅的人，无论是多么成功的人，在亲情面前，他们都是吃了糖果的孩子。

"亲情如蜜，甘之如饴。"季羡林先生说出了这八个字，却掩藏着一个为人子、为人父的柔软之心。亲情是最真实的情，最真挚的情，最无私的情，只有心中有亲情的人才配拥有爱与被爱的权利，才懂得什么是爱，什么是幸福。

丰子恺：晚酌间看成群儿女长大成人

丰子恺先生极热爱生活，他的文章《沙坪的美酒》令人回味无穷。他在文中写道："沙坪的晚酌，回想起来颇有兴味。那时我的儿女五人，正在大学或专科或高中求学，晚上回家，报告学校的事情，讨论学业的问题。他们的身体在我的晚酌中渐渐高大起来。我在晚酌中看他们升级，看他们毕业，看他们任职。就差一个没有看他们结婚。在晚酌中看成群的儿女长大成人，照一般的人生观说来是'福气'，照我的人生观说来只是'兴味'。这好比饮酒赏春，眼看花草树木，欣欣向荣；自然的美，造物的用意，神的恩宠，我在晚酌中历历地感到了。陶渊明诗云：'试酌百情远，重觞忽忘天。'我在晚酌三杯以后，便能体会这两句诗的真味。我曾改古人诗云：'满眼儿孙身外事，闲将美酒对银灯'。"

一口气读完，便发觉他所描述的天伦之乐最值得回味。儿女成群，各自实现他们的价值，老父亲一边饮酒，一边看着孩子们成长，这其中的欣慰、轻松与喜悦，真是难以形容。全天下的父母大抵都是如此。从恋人到夫妻，再到三口之家，孩子的到来对于他们来说是最幸福最喜悦的事情。孩子从出生到长大成人，每一天都是在父母的关爱中成长起来。孩子是父母之间爱的结晶，他们用自己无私的爱去抚养孩子，孩子的一举一动都牵动着父母的心。

从婴儿的第一次啼哭，到第一次听到孩子喊他们"爸爸""妈妈"，再到学习，到工作，一直到成家立业。孩子带给他们的不仅仅是激动，还是快乐，是悲伤，哪怕是心痛，生活的每一个点点滴滴都会牢固地印在他们的心中，因为他们爱着他们的孩子。看着孩子长大成人，回首孩子成长的一点一滴，父母的心中总会有种感慨与欣慰，那是他们一手带大的孩子，现在成长得多么优秀！不是居功自傲，但父母的心里一定有满满的成就感。对于一个家庭，对于父母而言，孩子是他们全部的爱。他们一生的期望与幸福，在孩子身上。孩子是他们一生中最珍贵的情感，是他们在爱情中最真真切切的财富。

丰子恺先生不仅将饮酒作为一天的酬劳，还当作家庭聚会的一种助兴品。他认为晚餐时间是一天的团圆时刻。他的工作结束了，上学、上班的孩子也回来了。此时没有外人拜访，只这一大家子从容相处。大团圆的晚餐如果没有酒，就只能把肚皮吃饱就散场，实在没有兴味。酒，延长了晚餐时间，丰子恺先生的晚酌，其实意不在酒。

丰子恺先生为孩子们画了许多漫画，详细地记录了孩子的成长过程。他曾说："近来我的心为四事所占据了：天上的神明与星辰，人间的艺术与儿童，这小燕子似的一群儿女，是在人世间与我因缘最深的儿童，他们在我心中占有与神明、星辰、艺术同等的地位。"他将爱赋予艺术之中，这种温柔的力量让人久久动情。晚酌间看儿女成群长大，愿世间所有父母都能如丰子恺先生一般得此兴味。

丰子恺：寓教于乐的家庭教育

丰子恺先生是著名的教育学家，他总能够带着童心去生活，珍惜内心的童趣。

他说："我看见世间的大人都为生活的琐事所迷着，都忘记了人生的根本，只有孩子们保住天真，独具慧眼。八指头陀诗云：'吾爱童子身，莲花不染尘。骂之唯解笑，打亦不生嗔。对境心常定，逢人语自新。可慨年既长，物欲蔽天真。'我当时曾将这首诗托人用细字刻在香烟嘴的边上。"

丰子恺对子女的家庭教学极其重视。孩子初闻世事，他就开始对子女进行各种教育。他的家教形式非常丰富，家庭故事会就是一项深受孩子喜爱的活动，丰子恺先生常常通过讲故事的形式把古文、古诗词、中外历史或者名人轶事讲给孩子们听，寓教于乐，孩子们津津有味于此。

1940年2月，全家刚迁到贵州遵义，丰子恺先生等生活稍一安定就马上给子女们补课。抗战以后，丰子恺一家在逃难途中，但他还是坚持给孩子们讲故事。

对此，丰子恺先生的女儿丰一吟回忆道："在罗庄时，爸爸每周六晚上召集我们六个孩子开一次家庭学习会。为让学习会具有家庭聚会的欢乐气氛，爸爸还特别准备了糕点、果品。起初每次买五元，他便定名此会为'和谐会'。用石门话来说，'和谐'二字的发音与'五元'近似。后来物价涨了，爸爸就买十元，并把这学习会改名为'慈贤会'。'慈贤'二字在石门话里读音与'十元'近似。"

孩子们一边开心地吃着，一边还听着父亲讲故事，丰子恺讲完后，要求每个孩子凭记忆把故事写下来，然后他会给孩子们修改。丰一吟认为，父亲的这种办法不仅锻炼了他们的记忆力，而且还培养了他们的文字表达能力。

丰先生讲述的那些娓娓动听的故事，最开始是编出来的，但是往往却能令孩子们印象深刻。比如《明心国》《大人国》《博士见鬼》《伍元的话》《斗火车龙头》等等。1947年，丰子恺寓居杭州，他整理了以前讲过的故事，写了出来，并配了插图，在当时的《儿童时代》杂志上陆续发表。

丰子恺用一个精妙的比喻说明童心的重要性：他认为儿童变为成人，就像青虫变为蝴蝶。

而青虫的生活和蝴蝶是完全不同的。他告诫成年人：对待孩子，千万不能像在青虫身上装上翅膀，使其和蝴蝶一起飞翔；而是应该是蝴蝶收起翅膀和青虫一起爬行。

丰子恺先生是真正尊重儿童、喜爱儿童的。他承认儿童与他的关系最亲，在他的心里，儿童与神明、星辰、艺术占有同样重要的地位，共同占据了他的心。而佛心、童心、诗心，三心构织成他在艺术追求上的三昧境界。

当下童心童趣严重缺失，丰子恺先生的童心真爱显得弥足珍贵。为了孩子的明天，我们也应像丰子恺先生一样"以孩提之乐境为乐境"，蹲下来和孩子对话，甘心做一个妙趣横生的"老儿童"。而保护孩子童心的重要方式，便是"寓教于乐"。

丰子恺：不要培养"小大人"

丰子恺先生认为童年是人生的黄金时代，也是一个人一生最为美好的年华，所以他极力反对把孩子们培养成"小大人"。当他在生活中看到，男孩被父母穿上小长袍马褂，戴上小铜盆帽，教他像父亲一样；女孩被父母带到理发店里去烫头发，在脸上涂脂抹粉，教她像母亲一样时，感到十分的感伤、痛惜。在他的眼中，这样的"小大人"简直是"被畸形发育的怪人"。为此，先生创作了一幅漫画《小大人》来表达对那些扼杀了孩子天性的大人的指责与讽刺。

漫画是这样的，一个女人牵着只到她手臂高的女儿走在路上，她们有着一样的短发，一样的黑布鞋，穿着一样的上面白色、下面黑色的袄裙。看起来大人这样穿着还算得体，可小女孩儿却好像整个被罩在了衣服里，只有脸露在外面。寥寥几笔，鲜明地刻画出先生对孩子被迫成为"小大人"的同情。

丰子恺先生一生育有七个子女，生活中，他从不以孩子的人生规划师自居。丰家老六丰一吟曾回忆说："爸爸特别反对家长按照成人的观念去干预孩子，他从不要求孩子们做什么，在我们成长的过程中，任由我们根据兴趣发展。"但丰子恺先生也不是什么都不做，而是把浓浓的爱和鼓励，无私地洒向孩子。他尊重和支持孩子的爱好，希望并鼓励孩子在成长的过程中根据兴趣发展自己，并且重视培养孩子的独立精神，使之可以成年后在生活上独立。

先生还常常热情赞美孩子们可敬佩的真率、自然与热情！认为大人间所谓"沉默""含蓄""深刻"的美德与之比起来，全是不自然的、病的、伪的！所以孩子们绝没有去做"小大人"的必要。

大人们更不应以孩子不时的调皮为借口，强求孩子小小年纪便去知礼，做端庄的"小大人"。

先生甚至在《给我的孩子们》一文中反省到，当女儿拿妹妹的新鞋子，和自己脚上脱下来的鞋子，给凳子的脚穿了，得意地叫"阿宝两只脚，凳子四只脚"，被母亲喊着"龌龊了袜子！"擒到藤榻上，并动手毁坏创作时；当儿子为模仿自己裁书，把《楚辞》，裁破了十几页，并得意地说："爸爸！瞻瞻也会裁了！"时，应该理解，应该意识到那是孩子们弱小的体力与智力不足以应付强盛的创作欲、表现欲驱使的缘故。

是的，孩子是不应做"小大人"的，因为正如丰子恺先生所说："我在世间，永没有逢到像你们这样出肺肝相示的人。世间的人群结合，永没有像你们样的彻底地真实而纯洁。大人们的呼号'归自然！''生活的艺术化！''劳动的艺术化！'，在你们面前真是出丑得很了！依样画几笔画，写几篇文的人称为艺术家、创作家，对你们更要愧死！"

丰子恺：勿忘童年好时光

欣赏丰子恺先生的画，心中的愉悦永远是难以言表的，因为童年的记忆会一遍遍地从大脑里跑出来，与他的画面一起欢唱。放风筝啦，折纸船啦，做小木车啦，捉迷藏啦，小时候哪样事情没做过、哪种乐趣没有痴迷过呢？文学也可以记载这些似乎并不重要的童年游戏，但在画面中这样无所顾忌地描绘过它们的，便只有先生的画了。

丰子恺先生天性率真，有一双发现快乐的眼睛，常怀赤子之心，温情细致地捕捉世间万物的瞬间情态，尤其对孩子们情有独钟。他不能忘记孩子心爱的泥人，被自己失手打破时，真切悲哀的号哭；不能忘记孩子满满擒了两手的香蕉，伏在父亲肩上熟睡时，不知落在哪里去了的率真自然；不能忘记孩子每天做火车、做汽车、办酒、请菩萨、堆六面画、唱歌，这些全是自动的、让大人感到愧做的、真情流露的创作……

于是，他便以孩子们日常生活玩耍的场景为素材画了漫画，并集成册子，取名《勿忘童年好时光》。这些作品许多就直接以他的子女为描绘对象，寥寥数笔，神态立现。虽多为平凡小事，但由于真实和生动，充满了童真童趣，意味深长。其中的一幅"西风梨枣山园儿童偷把长竿，莫遣旁人惊去，老夫静处闲看"，最是令人印象深刻，孩童偷梨本就有趣了，旁边竟然还藏着一位看热闹、顺便为他们把风的夫子，实在是有趣极了。

但是，丰子恺先生却也曾有些伤感的说："你们的黄金时代有限，现实终于是要暴露的。这是我经验过来的情形，也是大人们都经验过的情形。我眼看见那些儿时的伴侣，从英雄、好汉,一个个退缩、顺从、妥协、屈服起来,到像绵羊的地步。我自己也是如此。'后之视今,亦犹今之视昔',你们不久也要走这条路呢?我的孩子们!憧憬于你们的生活的我,痴心要为你们永远挽留这黄金时代在这册子里。然这真不过像'蜘蛛网落花',略微保留一点春的痕迹而已。且到你们懂得我这片心情的时候,你们早已不是这样的人,我的画在世间已无可印证了!这是何等可悲哀的事啊!"即便如此,可他依旧喜欢和孩子在一起,称外出做事为"无聊",和孩子们在一起时则内心充满欢喜,抱孩子,喂孩子吃饭,唱小曲逗孩子,画画引孩子笑,和孩子们特别亲近。先生也曾作文三则,写暮春养蚕、与父中秋赏月吃蟹、钓鱼,来回忆自己童年的趣事。

丰子恺先生欣赏着孩子现在的生活,感念着孩子纯洁的心性,希望这样的美好可以永远地保持下去,却又清醒地明白这是不可能的事,孩子终究会长大。但他仍固执地描绘着当下的幸福。

丰子恺:山水间行走的生活

丰子恺老先生有一段在山水间行走的生活。

在迁往白马湖后第三天,他在火车上遇到一个朋友,朋友对他说:"山水间虽然清静,但物质的需要不便之处,住家不免寂寞,办学校不免闭门造车,有利亦有弊。"当时,丰子恺先生对这句话就有一种感想,后来竟是在忙碌中忘掉了。而当他的家庭在山水中生活了一个多月后,对于山水生活产生了一些感想,于是便想起了朋友的话,也因此有一些感慨。

丰子恺先生曾住在上海,他觉得上海人之间是不相往来的,而且彼此之间都很仇视。所以他常说:"上海虽然热闹,实在寂寞,山中虽然冷静,实在热闹,不觉得寂寞。就是上海是骚扰的寂寞,山中是清静的热闹。"

他在教画画唱歌的时候,觉得全然没有接触过的学生甚至比那些在其他地方学过的学生更容易接受。由此,他觉得,在社会里"因袭的打破难"是最难去克服的。相反的,在山水间的学校,不管它何等孤僻,何等没有见闻以及寂寥,"因袭的传染的隔远"和"改造的容易入手"是真真实实存在的。

丰子恺先生说,他从前往往听见人讲到子弟求学或职业等问题,都不约而同地说:"总要出上海!""出上海"的意思就是要到上海去。"闭门造车"这一句话,多么明显地表示着人们的依赖、因袭的严重以及创造力的极大薄弱。

"好久不到都会了，好久不看报了，退步了。"也有人这样说。厨川白村说："实在，进步是前进的意思，进步越快，离社会越远，进步越深。"子路说道："吾过矣，吾离群而索居，亦已久矣。"这便是子路所以为子路呐。

"凡物都有明暗两方面的。"这话固然不错，但丰子恺先生觉得明暗是一体的。不仅如此，先生强调说，明是因为有暗而益明的。就如同绘画一样，明调子因暗调子而更美，暗调子因明调子而也变得美了。这并不是说哪一面好哪一面不好。如果取明而弃暗，就是罗斯金所言的那样："自然像日光和阴影相交一般混合着优劣两种要素，使双方相互地供给效用和势力的。所以除去阴影的画家，定要在他自己造出来的无荫的沙漠里烧死！"

喜欢一件东西，是喜欢它的所有，喜欢它的每一面。要不然的话，没有暗的明是不明的，同样也不会是可爱的。丰子恺先生往往觉得山水间的生活，因为供给的不方便而显得蔬菜更加爽脆，豆腐更加可口。同样也因为寂寥觉得邻人更加亲切。

先生行走在山水间的生活，走出来的是一份惬意，亦是一份旷达安然。

林语堂：和在一起的人慢慢相爱

有的人一辈子都心怀童真，林语堂正是这样一个可爱的老头。80岁那年，他还在《八十自述》一书中写道："我从圣约翰回厦门时，总在我好友的家逗留，因为我热爱我好友的妹妹。"这个妹妹说得正是林语堂一生的挚爱陈锦端。林语堂十七八岁时对她心生爱慕，两人相爱却未能相守。

1912年，林语堂前往上海圣约翰大学读书。大二时，这个优秀的少年曾接连三次走上大礼堂的讲台领奖，这件事一度在圣约翰大学和圣玛丽女校传为佳话。对林语堂而言，这段时光最美好的事就是与陈锦端相识并陷入热恋。陈锦端的父亲是归侨名医陈天恩，与出身名门的陈锦端相比，林语堂不过是教会牧师的儿子。门第悬殊让这段萌芽的爱情被生生掐断。虽然陈父没有接受林语堂，却促成了另一段姻缘，将隔壁的廖家二小姐廖翠凤介绍给了林语堂。

双方父母对这桩婚事都很满意。林语堂的才气早就传到了廖翠凤耳中，加之他仪表堂堂，廖翠凤十分欢喜，愿嫁他为妻。

1919年1月9日，林语堂与廖翠凤完婚。结婚时林语堂做了件让人称奇的事，他将结婚证书一把火烧了，并说："把婚书烧了吧，因为婚书只是离婚时才用得着。"看似冲动的举动其实表现了林语堂的人生智慧，这是他向廖翠凤许下的一辈子不离弃的诺言。纵然如此，普天之下恐怕再也找不出第二个女子能容忍丈夫烧掉婚书的举动了。

廖翠凤生于富贵之家，却能守着自己的丈夫过清贫、快乐的日子。婚后很长一段时间他们的生活都不宽裕，但即使是简单的饭菜她也能做得精致可口。实在揭不开锅时，她会悄悄地当掉陪嫁的首饰维持生计。她心知林语堂心中仍惦念着陈锦端，但并不计较，住在上海时还常邀请陈锦端来家中做客。每次陈锦端要来家中时，林语堂都会坐立不安。孩子们觉得好奇就问妈妈，每次廖翠凤都坦然笑着说："爸爸曾喜欢过你锦端阿姨。"

倘若说林语堂一开始娶廖翠凤只是"父母之命，媒妁之言"，那么随着粗茶淡饭的平常日子一天天过去，这个包容、大度而豁达的女子已经悄悄走进了他心中。

多年后，有人问林语堂夫妻相处之道，他说："怎样做个好丈夫？就是太太在喜欢的时候，你跟着喜欢，可是太太生气的时候，你不要跟她生气。"谁说不可以先结婚后恋爱呢？就像林语堂说的："我和太太的婚姻是旧式的，这类婚姻的特点是爱情从结婚才开始，是以婚姻为基础而发展的。婚姻就像穿鞋，穿得日子久了，自然就合脚了。"

世人皆知，他一直念着陈锦端。而他的智慧在于不和生活较劲，往事都会如烟而去，最重要的是爱护眼前人。

林语堂：爱情是"点心"，婚姻是"饭"

林语堂曾对爱情与婚姻的关系做过一个非常精辟的比喻。他说："爱情是点心，婚姻是饭。"点心虽精致却只能是点缀，而一日三餐虽周而复始，却是生活的习惯，是不可或缺的存在。

林语堂的一生，初恋给了赖柏英，痴恋给了陈锦端，最后才与廖翠凤走入婚姻殿堂。由于年少，初恋总是青涩朦胧。风华正茂之时与陈锦端的爱情无疑就是他的"点心"。爱妻廖翠凤无疑就是他的"饭"。

林语堂与陈锦端在上海圣约翰大学初识，他们彼此青睐相互欣赏很快坠入爱河。然而，哪知天不遂人愿，他们两个终究在陈父的阻碍下不得不分开。阴差阳错成就了林语堂和廖翠凤。

1919年1月9日，林语堂宣布结婚。婚后不久，林语堂带着妻子到了美国，开始了留学中的婚姻生活。不久，他们乖巧可爱的女儿的出生让这个家庭笼罩在幸福的光芒里。

当陈锦端学成回国,翠凤总是善解人意地邀请陈锦端来家里做客。每次陈锦端来,林语堂都会紧张得如坐针毡。面对女儿的不解,翠凤总是坦然微笑着回应说:"爸爸曾喜欢过你锦端阿姨。"锦端眼见着林语堂找到了属于自己的幸福,终于放下了心中的那份眷恋,走进了属于自己的婚姻殿堂。

知道自己心爱的人找到归宿,林语堂便把更多的心思放在了自己的生活中。他认为夫妻吵架的原因无非是意见不合,所以每次吵架他都会选择沉默。就这样,他们的婚姻虽然没有像爱情那样动人,却也能够长久地保持着自己的那份光彩,始终充斥着不温不火、不紧不慢的气氛。

林语堂的心目中,陈锦端就是美的化身。晚年的林语堂病魔缠身,只能靠轮椅活动。有一天,陈锦端的嫂子登门拜访,当林语堂知道陈锦端还住在厦门时,他的眼睛闪烁着光芒,犹如孩子一样兴奋:"你告诉她,我要去看她!"廖翠凤自然知道他的心,但她并不吃醋,也没有嫉妒。文人身上有着各种各样的怪癖,林语堂也不例外。然而翠凤一辈子都用自己宽大的胸怀去包容和体谅她的丈夫,她从来都没有阻拦过林语堂前进的脚步。他们相濡以沫、相敬如宾、恩爱有加,他们互相体贴、互相关心,可以称得上是夫妻中的典范。

1969年1月9日,在台北阳明山麓林家花园的客厅里,林语堂夫妇点燃一对喜烛来庆祝他们结婚50周年。有人问他们跨越半个世纪的"金玉缘"的秘诀。老夫妇不约而同地说,只有两个字,"给"与"受"——尽量多地给予对方,而不计较对方付出多少。

恋爱是"点心",婚姻是"饭",点心再怎么好吃,可人终究得靠吃饭过日子。

林语堂:家庭里的中庸主义

中庸一词,往往饱受人们的争议,有人认为它是一种消极,不激进的代名词,有人也认为它是一种平和的生活方式,不无坏处。可我们在这儿谈及的则是林语堂的"中庸"。"中庸"作为林语堂人文主义思想的重要组成部分,是林语堂文化思想中十分重要的一个方面。作为一种传统元素,"中庸"在林语堂这里以一种新的生命形式存在着,于是"家庭里的中庸主义"也产生了新的意义。他更多地是以一种在生活中的感悟与发现来阐述自己的中庸理念,在日常生活中,叫人体悟着他的中庸精神。

可以说林语堂是把中庸的日常生活性在传统的基础上进一步扩大了。他更注重个体、家庭自在的日常生活状态。这也正是林语堂把西方现代人文主义中的个性精神融合在传统家庭中庸中的反映。于是出现了他的"家庭里的中庸主义"理论。

　　林语堂曾举过这样的例子来表现他的家庭中庸精神：女儿请求她的父亲许她进大学读书，她的父亲或许在回信之时会列出许多极合乎情理、逻辑的理由，第一怎样、第二怎样、第三怎样，比如：已有三个哥哥在大学读书，负担已经很重；她的母亲正在家中患病，需要她在旁服侍；还有爷爷奶奶需要照料等等。不过，他在信末署名之后，又加写了一行附言：不必多说了，在秋季开学时入校吧，我会替你想法子。这样的父亲是近情的人，他有理智和逻辑，但最终还是天性中的父爱起了主导作用，而也正是这种行为使他的真性自然地表露出来。

　　在林语堂看来，若人们能够按照合于常识的逻辑来处理问题，就是近情的人，也就是掌握中庸之道的人，这样的人才能达到合于理智的平衡。林语堂认为以近情为主的中庸实际上就是人之为人的常道，是普通的个体的人的常识。从这一点出发，林语堂相信人都有一种家庭中庸主义，他的中庸讲求的是个体人性的自然舒展，在顺随人性的基础上追求家庭的内在和谐与平衡，并以个人、家庭的幸福、快乐为宗旨。

　　此外，他还列举了例子深入阐述、佐证这点：当一个英国人不知是否应该送自己的儿子去剑桥还是牛津上学时，他可能干脆决定送儿子去伯明翰。于是，儿子从伦敦出发，到达布莱奇利之后，既不向东去剑桥，也不向西去牛津，而径直向北去伯明翰。他正是在奉行中庸之道。如若对中庸不解，还有另外其他生动的例子阐释何为中庸。其一，孟子意识到杀生的残酷，但又不舍得完全放弃肉食。所以他想出一条妙计，为自己规定了一条纪律，"是以君子远庖厨也"，看不见厨房在干什么，这使得儒家的良心有所安慰。对这个饮食难题的答案就是典型的中庸之道。其二，许多中国的老祖母们，既想使弥勒佛高兴，又不想完全禁止肉食。于是她们实行了另一种方式的中庸之道：规定在某一段时间内食素，一至三天不等。因而，我们可以看出，林语堂的家庭中庸主义也正因为这些不同而显示出其独特的现代性意义。

　　林语堂的中庸是脱胎于他的"中国人文主义"的，而这种人文主义是西方文化与传统儒道相交融的产物，其中有鲜明的西方个性自由精神。林语堂接受过西方先进文化教育，崇尚个性自由，于是家庭里的中庸主义是近情的、合乎理智的、尊重人性的。

林语堂：幸福其实很简单

　　林语堂曾有一句关于幸福的话广为人们所熟识，他说幸福其实是很简单的，总结一下可归为四点："一是睡在自家的床上，二是吃父母做的饭菜，三是听爱人给你说情话，四是跟孩子做游戏。"这一小段话也折射出了林语堂的幸福价值观。从整体来看，第一部分内容略显务虚，后三部分便倾向于务实，是普通人生活中必不可少的经历。由此可见林语堂的幸福观实在是淳朴，这也正应了他的一句话："幸福其实很简单。"是啊，幸福没什么难的，关键就看我们自己怎么去参悟了。

　　真正的幸福不是能用任何语言就可以表达出的，而是来源于内心的一种感受，只有内心得到满足才是真的幸福。幸福不是宝马香车，不是美女环绕，不是物欲横流，很多人虽然事业有成，有家、有钱、有房子，可他们却仍然感觉不到幸福，那是因为他们内心真正向往的还没得到满足。

　　在这个物欲横流而又浮躁不定的社会里，要想得到长久的幸福那就要减少心欲，一个人如果连自己的欲望都不能控制，那么他只能离幸福越来越远。

　　革命家马克思与他的夫人燕妮之间的爱情可谓是经久传颂，感染了一代人。燕妮是一个伟大的女性，她为了爱情，离开了原本富裕的家庭，和马克思在一起，过着清贫的生活。伦敦流亡期间，他们一连几个星期只能靠吃马铃薯过活。严寒的冬天，他们没柴生火，生病了没钱请医生。他们甚至付不出房租，家里的铁床、被褥、衣服，连女儿的玩具、孩子们的摇篮都需要拿去抵押。可是燕妮依旧无怨地陪在马克思身边，尽最大的努力照顾丈夫和孩子。生活似乎对他们格外残忍，马克思写完了《政治经济学批判》，可他却没有邮费把手稿寄到柏林去。他们的孩子因为交不起学费只能辍学，因为请不起医生孩子病死了，可是他们连给孩子买棺材埋葬的费用也出不起。面对这样的打击，燕妮依旧对生活充满着信心，她擦干眼泪，继续微笑着、鼓励着马克思。她曾自豪地说："我坐在卡尔的房间里转抄他那潦草不清的文章的那些日子，是我一生中最幸福的时刻。"也许幸福就是这样的，简单而又真实，幸福是源于内心的最真实反应。

　　在这个世界上，最可望而不可即的，莫过于刻意追求幸福。恰如美国作家威廉杜朗所说："从知识里寻找幸福，得到的只是幻灭；从旅行找，得到的只是疲倦；从财富里找，得到的只是争斗和忧愁；从写作中找，得到的只是劳累。"其实幸福是不用寻找的，用心感受便会发现，生活中的每一个细节都带着某种幸福，它可能是一个浅浅的吻，一个鼓舞的微笑，一句由衷的赞美。

　　林语堂虽然是现代文学巨擘，可是他的生活却是万分清净的，他的快乐和幸福都很简单，他曾说只要能够和草木为友，和土壤相亲，便已觉得心满意足。当他一个人悠闲陶醉于土地上时，他的心灵似乎那么轻松，好像是在天堂一般。林语堂自己一生的全部生活，不仅实际践行了自己的思想观点，也充分展示了他生活的智慧和艺术，因而他本人一生及整个家庭都充满了快乐和幸福。这样看来，幸福有时候的确很简单。

NO.12

国学中的养生方法：
保生者寡欲，保身者避名

南怀瑾：养好精气神

《庄子》曰："平者，水停之盛也。其可以为法也，内保之而外不荡也。德者，成和之修也。德不形者，物不能离也。"可见，要认识自己，必须要把心中的杂念、妄想驱除，才可以明心见性。

南怀瑾先生在《庄子南华》中解释了静与动的道理认为，如果一个人的内在心境永远保持动静水平的境界，就会不受外境界的干扰和影响，不管外面怎样变化，死生存亡，或穷或达，或贫或富，内心都像平静的水面一样不流动。

因而可见养好精气神对于一个人而言是尤为重要的，甚至可以说内心的平静，静止欲念妄念，是人生的一种至高境界。"此心如水，止水澄波，杂念妄想没有了，喜怒哀乐一来，像镜子一样照住了。"人生在世，难免遇到一些不如意，面对强大的敌人、巨大的苦难，心境的选择是如此重要，甚至决定了人的一生造化。

当我们在奋斗的路上，创业的时候都会遇到各种各样的挫折、打击或者嘲讽、背叛，甚至欺骗。在这样悲观绝望的时刻，能帮助我们渡过的只有强大的内心，坚强的意志让信心重新建立，身体充满激情。人就应该让自己像水一样，积极地适应环境提高自己的境界，不为外界的风吹雨打所动，坚持自己的方向。

心如止水，平心静气很难做到，如果安心打坐不动，或许还可以，但只要一行动起来，就做不到平静二字。一个人内在心里的修养，像一杯水没有动过，将所有情绪变成止水，趋于平静。这种修养可以出世，也可以入世。玄奘大师有八个字："如人饮水，冷暖自知。"所以生命就像止水一般，不动则不燥，不燥则不乱，内心如果澄静无波，坦然面对世事的变幻，自然也就修成了稳重持定的性格。

有时候，生气不过是心念所驱使，当整颗心置身事外不为环境所动时，人就会变得平和而有礼。一个人只有养好精气神才能控制好自己的意念，心不动，意则静，平心静气方可享受人生。

南怀瑾：以静养生

南怀瑾说："无妄想、烦恼，无杂念，进入清净无念境界，心里达净土境界，你会发现，前路很宽广。"活在当下，人们整日忙忙碌碌，却时常没有方向，没有目标，也不知为什么要辛苦一生。社会喧嚣烦乱，人们浮躁不安，脸上表情愁苦，心中伤痕累累。日不能安，夜不能寐，气不能平，心不能净，观路途如蜀道之曲，叹天下万物唯人难当。

南怀瑾先生在《定慧初修》中说道："凡夫跟佛很近，一张纸都不隔的，只要自己的心性见到了、清楚了，此心就无比的清净。"灯火璀璨终阑珊，火树银花与我有何干？郭德纲有句话：不求富与贵，唯愿海天长。无穷福禄，哪个死后又还阳？婆娑世界，若怀有万事万物与我如浮云的心境，则万事万物皆属我。把节奏稍微放慢一点，多留心看看道旁的花花草草。正所谓，静能养心，亦能养生。心静了，思绪就清澈了，如是，不就悟出了佛了吗？

正如南怀瑾先生所言："其实，我们现在看马路上，车如流水马如龙，那个就是般若，你看到了、了解了，当下悟道，也就是青青翠竹，悉是法身，到处都是这个不生不死的法身……他说在看花中就能悟道了，在风景中也能悟道，能成佛，这些就是禅宗的公案。"

印光祖师开示："有唯心净土，方生西方净土。若自心不净，何能即得往生。"南怀瑾先生认为，世间的烦乱都只因心不清净，人们学佛，整日念佛读经，终究是为了去除心底的魔性，由念佛而净心，感生西方之净土。若净心，便会参透世间法，也就活得轻松愉快，不再煎熬辛苦。

古往今来，许多留下贤名的人都是心净之人。这些贤者名人都能够认清自己真正的需求，因而能做到一生清净，不为俗世的名利纷扰所动。而佛学所说的清净，没有一点渣滓，没有一点瑕疵，是绝对清净庄严之行。

这种心灵上绝对的静，被称之为"梵行"。静态是生命功能的一种状态，老子曾说："万物芸芸，各归其根。归根曰静，静曰复命。"意思是说，根是万物生命的来源，回归根才是静，能静才回归生命。比如有一杯水，胡乱搅动的时候，看不清楚里面有什么，等沉淀下来就能看透了。

南怀瑾先生认为，人的生命常常忘记了清净，总是用烦恼和欲望去消耗自己。这就好像全世界的人类都拼命消耗能源，能源全消耗完，人类也就灭亡了。一切超凡的智能，如果不是在清净中，是发挥不出来的。生命的真正能源来自清净，身心彻底宁静下来，身体保持绝对健康，才达得到更高层次的境界。

所以当人处理复杂困难的事，一定先要清净己心，什么都不想，反而能让智慧充实自己。老子告诉我们道家的修养方法，有八个字："专气致柔，能婴儿乎。"把自己的身体活动功能静下来，脑筋就是最清楚的，也是最快乐的状态。

保持一颗静态之心，心清净，身体会健康，思想会旷达，路途会宽广，世界会明亮。

南怀瑾：少食多动是良药

南怀瑾先生出生于1918年，是我国著名的国学大师，其学问研究涵盖儒、释、道、医卜天文、诗词歌赋等众多领域。而他能够在年近耄耋之时，依然活跃于讲学、写书和繁忙的工作之中，与他平日的养生之道是分不开的。

庄子有句名言："安时而处顺。"这句话放到养生问题上来说，就是告诫人们不要有那么多禁忌，不要刻意强迫自己做难以做到的事，只有精神愉快、乐观豁达，吃得下，睡得着，有问题设法解决，有困难努力克服，健康长寿才会水到渠成，因为自然而长寿。而在南怀瑾先生的养生词典里，长寿不仅来自于自然，少食多动的日常习惯亦是良药。

谈到养生，南怀瑾先生不假思索地说自己饭量很小，中午只吃少许略放些盐的花生米，晚餐一碗稀饭。曾有人问他："饮食是饿了再吃，还是定时定量？"南怀瑾先生答说："一般人习惯把胃塞得满满的，胃里微微空了一点，他就觉得饿了。饮食之道就是牢记四个字：少吃多餐，其次是清淡。"

谈到睡眠，南怀瑾先生又说："根据我的体验、观察，一个人真正睡着最多只有两个钟头，其余都是浪费时间。没有哪个人不做梦，至于醒来觉得自己没有做梦，那是因为他忘记了。通常一个人睡两个钟头就够了，为什么有人要睡七八个钟头？那是你赖床躺在枕头上休息的习惯养成的，并非我们需要那么久的睡眠时间，尤其打坐练功的人晓得，正午只要闭眼真正睡着三分钟，等于睡两个钟头。夜晚则要在正子时睡着，五分钟等于六个钟头。"所以，在他看来，并不是说睡得久了，就能睡出精神，只要睡对时辰，睡眠便可达到立竿见影的效果。与其终日躺在床上养精神，倒不如多动一动，多锻炼身体，这样自然可得健康长寿。

少食，不要给自己的胃加负担，吃饭不宜过饱，健康的饮食该是少吃多餐，这样才有助于身体机能的消化。多动，一个人即使已经到了不良与行的年纪，依然要在日常生活中保持适当的运动量，让身体动起来，这样才能延缓肢体的衰老，行动能力的退化以及肌肉的萎缩。

当然这里的多动，不仅是指动动手脚那么简单，大脑也是需要时常保持转动的。人都是有思想的，大脑是用来思考的，人既然活着，就不能放弃思考，要敢于抓住一切机会，多思多想，去实现生命的价值。俗话说得好，脑子太久不用就会变得迟钝，多思考，多动脑，也是有助于保证大脑活力的。

少食多动，这是一个智慧老人留下的养生之道。

南怀瑾：行善得乐，心中无"我"

南怀瑾说："世间的福报是有穷尽的，每个人的光荣都是一下子，就像一支手电筒，每个人那个电筒都要亮一下，可是希望一辈子发亮是不可能的。"也恰如他在《药师经的济世观》中说到的那样，由于一个人做不到至善，因而不可能获得完全无缺的福报。

而佛学中所讲的"福报"，都是弹指之间就过去，因为"善根退失，福报享尽"，这句话的意思是，一个人的善念善行没有了，他的福报也就到了尽头了。因而，要追随药师佛所教育的修行，时时提醒自己，让心中的善根永不退失，以达到行善得乐，心中无我的境界。

佛家所说的"善根"，每个人都有，但到底是真是假，到底能不能生根，这却是十分复杂的问题。一个人偶尔高兴了，便显露出一点带有善根的曙光，但是善根的本质却没有深植在心，环境一旦发生变化，可能便会不如意，一脸凶神恶煞的表情显现出来，便与"善根"无缘了。

南怀瑾先生认为，佛法通常分为两种：走出世间是清净，走入世间是红尘。红尘里的人生，追求的是功名利禄，享受的是洪福，而人在善根清净的世界里，向上的是清福。洪福易得，清福难享，很多人到了晚年，本应该善根清净，享一享清福，却反而感觉更痛苦，害怕孤独寂寞，担心生老病死，所以连什么福也享不到。更有一些人以为得了家财万贯就是享福，却不知福报来源于善根，而善根本为清净之心，与财富多少没有关系。

佛学的知行合一，就是要发出善心，勇于为众生担当。佛教有一句话叫作："我不入地狱，谁入地狱。"善根不是靠念经而得来的，需要实际的行动，有善念又有善念萌发的行动，这样才能铸就善根。

佛陀有一次跟五百商人同船，船上有一个强盗，心中发出恶念，想杀了五百商人抢夺他们的钱财。佛陀知道强盗的心思，因而十分难过，如果将此事告诉商人，这五百人肯定要杀死强盗，就犯了杀生之罪，要入地狱。如果不告诉商人，强盗就会杀死商人，残害这么多的生命，他也会堕入地狱中。

佛陀左思右想，最后想了一个办法，他自己将强盗杀了，这样一来，强盗不必入地狱，五百商人也不必下地狱，而佛陀虽然"杀一贼而救五百商人"，但毕竟逃不过杀生罪过，是要堕入地狱的。佛陀说："我不入地狱，谁入地狱？"用自己的善心解救了五百商人，同时也救了强盗免下地狱。这便是大善之举，佛陀的心中已然无我。

正如南怀瑾先生所说："世界上最值钱的东西也最不值钱，最值钱的东西没有价钱，善心绝对无价的，但是善心也一毛钱都不值，这就是佛常说的众生颠倒。"明代僧人亦有禅诗云：

"南台静坐一炉香,终日凝然万虑亡。不是息心除妄想,只缘无事可思量。"只有去除心中各种妄念,抛开名利欲望的干扰,一心行善,放下心中小我,方可得福报。

南怀瑾:嗔念,一剂穿肠的毒药

佛家有"贪嗔痴慢疑"五毒的说法,而嗔排名第二,是指生气,生闷气,生大气,内心责怪别人,口语埋怨人、事、物等等。在现实生活中,人们难免遭遇一些不如己意、或者与别人产生矛盾的事情,于是便无法抑制情绪,引起生气。这就是佛教所说的"嗔心"。

南怀瑾先生认为,世上许多人都存在嗔念,只不过是难以意识到而已。脾气大、怨天尤人都属于嗔,都是由嗔念而引发的行为。有时,人们突然之间没有任何理由地对一些事物感到厌恶,这也是嗔念的一种。嗔念好像一剂穿肠毒药,让人们难以克制。

佛教《大日经》上讲:"一念嗔恚火,能烧无量劫善根。"一团愤怒之火,就能烧尽所有善根,可见嗔念是多么的可怕。正因为嗔念是难以克制的,生活中保持宽容豁达的心才十分重要,不要为一些烦乱的事情困扰本心,发火生气不仅伤身体,更会破坏美好的心境和道德品格。

南怀瑾先生在《定慧初修》中说,假如一个人可以时刻抱有一颗宽容、豁达的心,去看待世间的人与事,那么这个人在生活中就会少许多烦恼,可以时时拥有一颗宁静的心。因为嗔念是一剂穿肠的毒药,它不仅伤害别人,还更容易伤害自己。

嗔是一把"双刃剑",剑锋指向何处,最终都取决于我们自己。人与人之间的相处贵在了解和相互沟通,只有增进了解,明白每个人都有局限与弱点,宽容对待对方,就能化解嗔怒。所以,治疗嗔怒的良方就是宽容,一个人应该懂得欣赏别人的优点,能看出别人优点的人,不容易犯嗔怒;相反,那些总是挑剔和强求别人的人,处处看不惯别人的行为,是最容易犯嗔怒的。

所以,我们在遇到生气的事情时应该尽量保持心态平和,学会宽恕,发脾气是愚痴,没有涵养的表现,而不发脾气是一种智慧。

南怀瑾:兼济天下苍生,心中不留一念

关于尽无尽法门,南怀瑾先生在《定慧初修》中如是说:"'尽'有头有尾,'无尽'无始无终,无量无边。佛说什么是尽?有为法,一切有为法都有到底的时候。什么是无尽?无为法,无量无边无穷尽,亦无始处,亦无终处。"

我们念佛,为何要念佛?若说是为了摒弃世间浮华,修身养性,不错,但也不对。什么

是空色？无形是空，有形是色。南怀瑾先生说过："空里谈空，都是空话。"静身养德本就是有形之色，为修身而修身，为念佛而念佛，色里谈色，与空里谈空何异？还是心中的念想没有放空以致。正如《金刚经》上所言："凡所有相，皆是虚妄。"但凡一切的相，都该将其作为是虚妄的，只要不刻意地去追逐它，就能参到禅意。

有这样一则故事：得道高僧盘圭禅师认为不论多么顽劣的人都是可以教育好的，在他的感化下，许多误入歧途的人都幡然悔悟，重获新生。他的学生里有一个人喜好偷窃，盘圭禅师对他几次教诲，这个学生都视若罔闻。后来终于因为行窃而被别人抓住，面对着找上门来的主人，禅师的其他学生羞愧难忍，纷纷请求禅师要严厉惩罚那个学生，而盘圭禅师却仁慈宽厚地原谅了他。

但是这件事情没过去多久，那个学生竟然再次因为偷窃而被抓到。禅师的其他学生感觉忍无可忍，考虑到寺院的名誉，他们一致决定要把那个偷窃成性的学生赶出寺院。便联名向禅师上书，说如果再不处罚这个人，他们就集体离开。

盘圭禅师看了大家的联名上书后，将他的学生们都叫到了跟前，和蔼地对大家说道："你们都是能够明辨是非的人，这让我感到很骄傲。虽然你们都是我的学生，但是如果你们认为我教得不对，想离开这里去其他的地方，这是没什么不可以的。可是我不能不管他，因为他和你们不一样，还不能够明辨是非，如果我不教他，那谁来教他呢？所以无论如何，纵使你们都离开了我，我也不能让他离开，他还需要我的教诲！"

众学生听罢，原先的不满都消散了，心中随之而来的是对禅师更深厚的尊敬之情。而那个偷东西的学生，此时已经被禅师感动得热泪盈眶。

南怀瑾先生在《定慧初修》中讲法道："真正的大法，无上佛法，就是无为法，说一句无为法已经落在有为了。说也错，不说也错；定也错，不定也错。本自无为。"南怀瑾先生认为，我们应该去掉妄念，不要去过分执念于世间的善恶美丑、荣辱尊卑，怀着一颗没有杂尘的心灵，敞开胸扉亲近自然，感怀众生，做一个简简单单的人，享受最淳朴的自在。

婆娑世界，牵肠挂肚之事繁多，我们正是有了太多的诸念，才会心生各种各样的烦恼，把头脑变得单纯一点，驱散这些东西其实很简单。谦谦君子，卑以自牧。努力放空自己的心境，以虚怀若谷的胸襟，去认真体认万事万物的召唤，心念去了，苍生茂盛，佛自在心中。

南怀瑾：有疑才能起悟

南怀瑾先生在《定慧初修》一文中曾这样告诫学佛的人："你们光晓得敲个木鱼，不去参究，那有什么用？念经要一边念一边参究才是功德无量，否则你念经与念石头没有两样。"求知需要思考，需要参究。对所求的学问要有存疑之心，在日常生活当中主动去寻觅答案，思考得勤勉了，疑问自然就明了了，甚至可以举一反三，所以惑解则悟起。

有一个故事，讲元朝的一个读书人去拜见天目山的高僧中峰和尚。读书人向高僧疑惑地问道："佛家讲善恶的报应，说作恶定有苦报，行善定有好报，绝不会不报。但是，我却看到有个人是行善的，可是他的子孙反而不兴旺，而有一个作恶的人，家业反倒昌盛得很。如此观之，佛说的因果报应岂不是无凭无据了吗？"

中峰和尚答道："平常人的灵心没有洗除干净，法眼未开，所以被世俗的见闻蒙蔽，把真恶行观成是善，把真善行观成是恶，这是很正常的事。并非是天的报应误了，而是人们自己把善恶看颠倒了啊！"

读书人依旧困惑，他再问道："恶是恶，善是善，这样明了的善恶怎么会混淆呢？"中峰和尚说："那你认为哪些是善，哪些是恶呢？"读书人听后自信的说："我认为是骂人、打人是恶，贪财、乱要钱也是恶；为人恭敬，礼貌待人是善，守正道，不贪财也是善。"然后读书人又向高僧列举了许多自认为"善""恶"的例子。中峰和尚听罢微笑着摇了摇头。读书人便忙向中峰和尚请教究竟何样才是真正的"善"和真正的"恶"。

中峰和尚说："做只对自己有益的事情就是恶，做对别人有益的事情才是善。一个人做事，即使是打人、骂人，却是为了使别人得到益处，这就是善事；而若一个人虽然礼貌待人、恭敬相人，内心目的却完全是为了自己的个人私利，那就是作恶。发自内心的善行才是真善，人前一面人后又是一面的是伪善；行善不求报答，不留痕迹，那么所为的善就是真，如果是有所居心的行善事，那便是假了。"

读书人这才彻悟。

南怀瑾先生说："有些修行做功夫的人到达了清净的境界，没有杂念妄想，但是，见解不透彻，认为清净才是道，认为不清净、不空则不是佛法。于是，自己把自己障碍住了，'故于圆觉而不自在'，对于不垢不净的圆觉自性没有认识清楚，执着于空，执着于清净，不能自在，不能算是大彻大悟。"

要真正识得本心，做到不偏颇，不钻牛角尖，用平淡之心，不刻求平淡之境，少一些庸俗浮华，多一些飘然雅致，观苍生随性而生。心中有佛，万物皆佛，吾亦是佛，自灌顶开悟。

南怀瑾：以身饲虎，布施源自大慈悲

什么是布施？布施并不一定是指金钱，有些人以为出了钱就有了功德，以为帮助了人就应该有所回报，大讲有舍才有得，抱着这种心态去帮人的人，不能称作是布施，更像是在做一笔不亏本的生意。

南怀瑾先生认为，无论是佛家的大小乘法，都要以布施为先。在中国固有的文化中，布施是"仁"的发挥，而"仁"是由人和二组合起来的，就是指人与人之间，只有爱人，对他人慈悲才能称为仁。

在佛学当中，布施是众善之门，一切的功德福报，都从布施而来。那么布施需要怎样做呢？对父母师长尊重恭敬，对穷苦人、病患者有悲悯同情之心，用爱心、金钱、时间、感情去救济帮助劳苦残障，以慈悲心、喜舍心、平等心和尊敬心对待众生，这就是佛教所说的"布施"。

在很久很久以前，南赡部洲有一个大国，国王有三位王子，其中小王子生来就具有一副慈悲心肠。一日，国王带着王子们出宫游玩，半路上找地方休息，三位王子发现一窝老虎，一只雌虎正在给两只小虎喂奶，雌虎面黄肌瘦，小虎却活波可爱，可是雌虎饿得发慌，好像要吞食小虎似的。小王子见此情景，便对两个哥哥说："那只雌虎已经瘦得皮包骨头，就要饿死了，它一定会将虎仔吃掉的。"

两位哥哥说道："假如雌虎饿死了，小虎没有奶吃也会饿死的。"小王子很难过："怎样才能让雌虎不饿死呢？"两个哥哥说："除非有新鲜的血与肉，否则它肯定会吃掉虎仔。"听了哥哥的分析，小王子打算牺牲自己的性命，去救活雌虎和虎仔。他来到饿虎面前，毫不犹豫地将身体伸向虎口，令人意外的是，饿虎只朝他看了一眼，却闭着嘴不吃。小王子已经决定舍身喂虎，为了实现心愿，干脆找来一根尖锐的木头，猛戳自己的身体，让鲜血流淌出来。饿虎一见到鲜血，马上恢复了精神，吐出鲜红的舌头，开始舔食小王子的鲜血，喝饱了血之后，便开始吃王子的肉。

先走一步的哥哥，迟迟不见弟弟回来，非常担忧，便忍不住回来找寻。他们一边找一边叫喊，最后走到雌虎旁边一看，可怜的弟弟已被饿虎吃了个精光。这位小王子死后成了释迦牟尼佛，这就是佛陀舍身饲虎的故事。

南怀瑾先生通过这个故事告诉人们，布施的关键并非是金钱，而是源自慈悲之心。佛教主张的悲悯众生，广为布施，不应区分你我，不应以贪婪之心谋名利。俗话说："钱财生不带来，死不带去。"贪恋钱财名利的人，执迷于物相，沉溺于物欲，即便有布施的行为，也是虚伪的。

布施是抵制贪婪的利器，与贪婪格格不入。南怀瑾先生常说，人要先修养自己，去掉贪婪之心，自度好了，才能去度人。如果私心太重，贪婪太甚，就不可能有布施之心，更不会花费金钱、时间、感情、知识、道义、精神这些东西，去帮助其他需要的人。

南怀瑾：善根退失，福报享尽

南怀瑾在《药师经的济世观》中说到，由于一个人做不到至善，因而不可能获得完全无缺的福报。"善根退失，福报享尽"，这句话的意思是，一个人的善念善行没有了，他的福报也就到了尽头了。

因而，要追随药师佛所教育的修行，时时提醒自己，让心中的善根永不退失。佛家所说的"善根"，每个人都有，但到底是真是假，到底能不能生根，这却是十分复杂的问题。一个人偶尔高兴了，便显露出一点带有善根的曙光，但是善根的本质却没有深植在心，环境一旦发生变化，便可能会不如意，一脸凶神恶煞的表情显现出来，便与善根无缘了。

南怀瑾先生认为，许多人抱着这样的心态去学佛，一点善心也体现不出来，一边诵经念佛，一边生气别人碰脏衣服，踢到鞋子，憋了一肚子的气，还要念南无消灾延寿药师佛，这样难道会有善报吗？学佛本身是行善得善果，达到至善才能获得福报的感应。

佛学的知行合一，就是要发出善心，勇于为众生担当。佛教有一句话叫作："我不入地狱，谁入地狱。"善根不是靠念经而得来的，需要学佛者的行动，有善念又有善念萌发的行动，这样才能铸就善根。

人的善根功德不退失，寿命终结时也不会堕入地狱。但那些福报享尽的人，他们一定会堕落的。唐朝诗人杜甫《自京赴奉先咏怀五百字》诗中所说："朱门酒肉臭，路有冻死骨。"很多为富不仁之人，不管吃还是穿，都讲究至极，却缺乏恻隐之心，不肯捐献一分钱。到了战争来临时，平日过惯富贵生活的人，连饭也吃不上，只好将身上的黄金拿来换吃的。但普通百姓没见过黄金，问是干什么用的？不能当饭吃，就不要。最终这些人是福报享尽了，只能死于沟壑，不得善终。

南怀瑾：行到有功即是德

谈到功德，南怀瑾先生非常重视"果行"，所谓"果行"，就是行为产生好的结果，保持言行一致，知行合一。一个知识广博、学问极大的人讲求"为国为民"，如果他没有行动，就不算成功，也就不是果行。果行最后落在一个"德"字上，就是佛学所讲的"功德"。

有这样一个故事，曾经一个学习优秀的大学生，在德国留学时发现当地的公共交通入口处都是开放的，不设检票口，也没有检票员。于是他很庆幸不用买票而可以坐车，他因自己的小聪明而窃喜。在留学的几年间，他因逃票被抓了三次。毕业时，他填好了简历，准备进入跨国大公司发展。原以为自己非常符合要求，一定可以被录取，结果他一次又一次被拒。最后他愤怒地冲进了公司询问原因，经理很平静地告诉他："你一来求职的时候，我们对你的教育背景和学术水平很感兴趣，老实说，从工作能力上，你就是我们所要找的人。但是我们查了你的信用记录，发现你有三次乘公车逃票被处罚。"

留学生很不理解："为了这点小事，你们就放弃了一个有才华的人？"经理说："我们并不认为这是小事。此事证明了两点：第一，你不尊重规则，而且你擅于发现规则中的漏洞并恶意利用。第二，你不值得信任，而我们公司的许多工作是必须依靠信任进行的，如果你负责了某个地区的市场，公司将赋予你许多职权。我们没有复杂的监督机构，正如我们的公共交通系统一样。"

逃票，在留学生的眼里，只是一件微不足道的小事，但是，它却反映出很多本质的东西。生活中也是这样，千万不要看到坏事很小，就满不在乎地去做，也同样不要因为好事很小，就不屑一顾。很多时候，成也小事，败也小事。小事不小，有了果行，即可成就功德。

南怀瑾：转身人间好果报

佛经中有偈文："欲知前生事，今生受者是。欲知来生事，今生作者是。"意思是，你要想知道自己前生是个什么样的人，做过什么样的事，就要看你今生的遭遇，通过你今生的遭遇，就能知道自己的前世做了什么。你要想知道自己的来生如何，那就要看你今生做了什么。你的前世做了坏事，那你的今生就会受难；你的今生做了善事，那么来世一定会有善报。这一切的一切，都有因果。

古人有句话："善有善报，恶有恶报，不是不报，时辰未到。"这就是因果观念。《易经》

上同样写到:"积善之家,必有余庆,积不善之家,必有余殃。"这同样是因果观念。一个人做了好事,一定会有善报,做了坏事就一定会有恶报。有些人做了坏事,但是当时没有受到惩罚,就会觉得因果报应是不存在的,但是佛经上讲的因果涵盖三生,当世没有受到惩罚,不代表你的下一世就是安稳的。同样的,你这一世做了很多好事,但是依旧经历了许多苦难,这就是因为你的上一世种下的因,才有了今世的过。而今世做的善事又是下一世的因,下一世你就会有好的果报。

南怀瑾先生认为,很多人不相信三世因果,因为前世和来世都是不可见的缘故。其实就过去、此刻、未来三者来说,你现在所遭遇的环境,就是你此前所做事情的结果,而你此刻的行为,又是未来结果的因缘。如果把一个失败的人生分为三个部分,二十岁是前世,二十到四十是今世,四十以后是来世,这样来看,现世的种种失败就是此人二十岁之前种下的因,而他现在的困顿颓废又为来世种下因。这样一来,就能看见什么叫作"因果"了。

"假使经百劫,所做业不亡。因缘会遇时,果报自还受。"因果的道理是非常复杂奇妙的。在现在的社会中,很多人都不相信因缘果报,所以做事肆无忌惮,因而社会上也就出现那么多的道德问题。不相信因果,不相信报应,无所顾忌,必然走向邪恶和灭亡。其实这个世界中一切都在因果之中,做了违背道德的事情,良心就会受到谴责;做了违法的事情,法律就会制裁。这就是最简单的因果。

南怀瑾:枯坐无用,学佛注重在行

南怀瑾先生在《药师经的济世观》中谈到,学佛要注重行,那么什么是行呢。就是不能只是口头上说,还要身体力行。对普通人来讲,学佛多偏重于求知,即获取知识,忽略力行,知行无法兼顾。通常越是聪明颖悟、知识充实的人,行为力越弱,往往流露出放荡不羁的行为,与学佛的精神格格不入。因此,修行的前提是有行动,要先学会如何做人,如何将佛心与行动统一起来。

真正的学佛是要做到,假如做不到,即便在见解方面偶尔有超脱的见解,在修佛的心境方面偶尔有一下空灵,那也不能称得上是禅,那是每个人都能够做到的。南怀瑾先生认为学佛注重行到,不在枯坐,即便你天天在家中坐着,坐个一万年也坐不出什么道理来啊!如果单纯靠打坐就能成佛的话,那么世间的石头岂不是都能成佛了,所以行不到是没有用的。

以前,有一位老方丈准备寻找一位衣钵的继承人,寺中的和尚们知道之后,都急不可耐,跃跃欲试。有一些和尚诵经的时间要比往常更长了,整天起早贪黑,就怕落后于人,一天下来,念的口干舌燥。只有一个小和尚,好像什么事情都没发生过一样,和往常一样,诵经洒扫，劈柴做饭，化缘行善。时间一天天过去，终于到了传衣钵的日子了，所有和尚都早早来到大殿等候，老和尚慢慢地走到小和尚面前，亲手将衣钵传给了他，并说道："你们知道我为什么要把衣钵传给他吗？"众人摇摇头，表示很不解。老和尚继续说道："你们整日修行，修行，到底修到什么了吗。其实真正的修行，不只要修心，更要有实际行动。光说不做，是很难修成大的功果。"和尚们听了之后，都沉默不语了。

很多人在读书求学的时候，常常认为小事浅近，不值得做，而对深理又认为太玄奥，不可以做，这样高不成低不就，一次放任过去，就次次放任过去，读的书越多，知而不能力行也就越多，最终彻底没有求行的心念了。偏重知识，不求力行的根源在于起初读书的时候，只抱有求知的心，而没有力行的心，结果导致言行不相应。

所以，我们应该积极将书中的道理，用实践的精神表现在现实生活当中，在力行的过程中，改过比迁善更为急切。我们不用好高骛远、标新立异，当务之急就是改掉我们的小毛病。正如古语所说："小行不修，终累大德。"就好像做汤一样，假如锅中残留着臭汤，即便用再奇妙的技术，也不可能做出鲜美的汤来。换句话讲就是，不管学问有多高深，假如品行不端的话，也绝不可能成为伟人。

南怀瑾：婆娑世界，以苦为师

"婆娑世界，以苦为师"这句话出自净空法师《华严经讲记》，佛经上所说的婆娑世界，就是指"人的世界"，这个世界永远存在缺憾，永远也不会完美。释迦牟尼教化弟子，世人活在这个婆娑世界之中，便一定要受苦。但是这种苦并非一下就能体会到，就算体会到了，也不一定能解脱。在现实世界中，许多事情看得破，却不一定忍得过，忍得过却又放不下，而放不下便是不自在，这就是"苦"。

古灵禅赞禅师有一首偈说："蝇爱寻光纸上钻，不能透过几多难。忽然撞着来时路，始信平生被眼瞒。"意思是说，许多人迷失方向之后，总希望寻找来时的路，唯恐失去了原本的自我，却常常陷入痛苦的网罗之中，树欲静而风不止，苦难连连，无法自拔。南怀瑾先生认为，与其陷入苦难而更苦，不如以苦为师，寻求解脱的方法。

佛陀教导弟子们要以"八苦"为师，虽然"苦"本身被人们所厌恶，可是假如因受苦而奋发图强，就能将痛苦的压力变作动力。正如孟子所说："天之将降大任于斯人也，必先苦其心志，劳其筋骨，饿其体肤，空乏其身，行拂乱其所为，所以动心忍性，增益其所不能。"老子也说："祸兮福之所倚，福兮祸之所伏。"意思是说，坏事可以变成好事，苦难在很多时候是通往成功和幸福的阶梯，只要擅长以苦为师，苦中也能生出乐趣。

南怀瑾先生认为，众生生活在极大苦难之中，苦难是人类的老师，人如果不遭受苦难，便很难觉悟。苦并非仅指物质之穷，也包含精神等多层次与多方面之苦。如果懂得化苦为乐，就会将苦难的生命转变成快乐的人生。

法国大作家巴尔扎克，一生工作非常辛苦，因为不够精明，做生意常常失败，债台高筑，只好依靠写作支撑生活。他的生活过得贫困，苦不堪言，经常身无分文，但他以苦为乐，过得也很自在。有一天晚上，巴尔扎克从睡梦中醒来，发现一个小偷溜进来翻他的抽屉，他饶有兴味地看着小偷，哈哈大笑。小偷问他笑什么，巴尔扎克说："我白天翻了很久，连一毛钱也找不到，你在黑夜里能找到什么呢？"小偷十分沮丧，转身就走。巴尔扎克笑道："请你把门给我关上。"小偷生气地说："你家穷得什么也没有，关门干什么？"巴尔扎克说道："关门不为了防盗，而是用来挡风。"

苦与乐往往是可以互相转化的，释迦牟尼在当王子的时候，生活富裕，不缺金钱、女色和权力，但他却看到了生老病死的人生之苦，毅然决然地放弃王子身份，去寻求解决痛苦之道。而他选择了出家之路，虽然物质生活上变得清苦，但他却发现了人生的真正乐趣。当他深刻地体验了苦难，便追寻到一种"涅槃寂静"的快乐。

所以，苦是人生的调味品，体验了苦，才能透彻了解何为乐、何为甜，因而以苦为乐，才能更加珍惜生活。

南怀瑾：仁者也，不忧不惧

南怀瑾曾说："不走小路线，要发大慈悲。"这句话若是与"仁"结合，即是说为仁者，当求大仁，大的仁义道德就是福泽天下的慈悲。

《孟子》一书中，齐宣王问政于孟子，孟子提到仁政的推行，说出了一个大的道理：仁君所行之事，应是基于国家利益的大慈悲，而不是沽名钓誉的小恩小惠。在南怀瑾先生的《孟子旁通》中提出了孟子思想的两个学说问题："第一是仁爱心理的心理行为问题；第二是领导人行仁政的方法问题。"

有一次，齐宣王坐在大殿上，看到有人牵着一头哀嚎不止瑟瑟发抖的牛，于是他便问道他意欲何为，那人回答说要拉出去宰了祭祀，齐宣王看到牛的样子于心不忍就下令放了牛。于是牵牛的人问齐宣王难道不祭祀了吗？齐宣王回答说怎么可以不祭祀？随后便吩咐那人找头羊替代那只可怜的牛。

这事后来被老百姓知道了，百姓们有的觉得齐宣王小气，因为牛比羊贵多了，齐宣王是以小换大，不舍得用牛祭祀。同时也觉得齐宣王很虚伪，牛可怜不杀，换头羊就不可怜吗？

于是齐宣王便问孟子:"我当时用羊换下即将宰杀祭祀的牛,是出于内心的一点慈悲之心,而不是什么价钱问题。我不忍心看着那头牛在屠刀前瑟瑟发抖,就让人用羊将它换了下来。到现在我的想法都没有变。我要是以这样的想法来治国,为什么不会成为仁王呢?"

孟子则说道:"如果能做大事的人却做不成小事,那一定是他藏私了。"齐宣王当然不相信。这时孟子又说:"这样说来,不忍心杀一头牛,却让百姓在痛苦地生活着,是你没有施行仁政,而不是你不能推行仁政。"

孟子这是由动物来推及到人民,希望齐宣王在对待臣民的时候,能像对待动物时一样心怀慈悲。这是孟子对齐宣王心理做出的一个分析,齐宣王不忍杀牛,孟子就将这种"不忍"的仁爱推及到百姓身上,扩大到治理国家中。如果齐宣王能在这些大方面做到"不忍",就是把"小仁"推广为"大仁",成为一代仁君明主。

孟子又问齐宣王:"如果有个人有能举起百钧的神力,拥有能够看清秋天鸟类身上刚换的茸毛末梢,可是要他去捡一根羽毛,去看一整车的木柴,他却不能办到。这样的话,你会相信么?"齐宣王回答说当然不可能相信。

于是孟子接着就说:"既然有能力举起重百钧的东西不可能拿不动羽毛,能够明察秋毫的人不能连一车木柴都看不到。同样能够以羊换牛,仁爱到怜惜禽兽畜生的地步,但是您的恩泽功业却不能遍及到百姓身上。"

在我们的生活中,常常会遇到很多令人无法理解的现象,有些人可以为了一只小狗四处奔波,却对街边乞丐视若不见;会被道听途说的事迹感动,却对现实的人或事无动于衷。我们真正需要的仁是什么?不是一时一地之仁。正所谓,仁者也,不忧不惧,真正的仁应该是胸怀所有的大慈悲,是愿为能为的仁道。

丰子恺:心大了,所有事都小

丰子恺先生说:"心小了,所有的事就大了;心大了,所有的事都小了;看淡世事沧桑,内心安然无恙。大其心,容天下之物;虚其心,爱天下之善;平其心,论天下之事;潜其心,观天下之理;定其心,应天下之变。"简而言之可以这样解释:大事难事看担当,逆境顺境看胸襟,有舍有得看智慧,是成是败看坚持。把丰子恺这段话拿来阐述心胸与事情的关系,可谓入木三分、精辟透彻。

在现实生活中,同一件事,因为本身看待问题的角度不同,就会有不同的感受,因此处理事情的方法和路径也不同。面对这些问题,是选择锱铢必较、睚眦必报,还是选择退一步海阔天空、以平常心对待,这些都关系着人的胸襟和心怀。"心大了,事就小了",道理再浅显不过。

"事"就摆在那里，可大可小，关键在于"心"之大小。心与事就像是天平左右两端的两个砝码，如果"心小"，就会小题大做，让事情变得复杂；如果"心大"，就会将大事化小，小事化了，让事情变得简单。若能登高，固然是好事，站得高，确实看得远；若登不高，也不必气馁，低处的景物也有美丽之处。只有顺其自然，才能随遇而安。事情想得太多，心情变得糟糕，矛盾更容易堆积。保持淡然，心态就会平静，事情自然就能随之化解。

世界大了，人就小了；目光远了，事就小了；见得多了，就不怪了；看得远了，步就大了；走得高了，心就宽了；积累多了，求得少了；人生顺了，梦就成了。

心态是决定成败的。有这样一句话："境随心转。"在面对苦与乐、贫与富、荣与辱，每个人的感受各有不同。泰然处之，这才是智者的心境。宠辱不惊，任其庭前花开花落；去留无意，坐看天外云卷云舒。人生在世，不如意事十之八九。追求幸福是权利，心想事成是希望，但想时时幸福、事事遂心显然不可能。应该认识到，尽管谁都不情愿，但被添堵、被插号、被抢座，本身就是生活的一部分。你以什么表情面对世界，世界将会以同样的表情对你。置身其中，与其抱怨"这个世界怎么了"，与其怀疑"这个世界会好吗"，不如从改变自己做起。

"心大了，事就小了"，话虽简单朴实，个中却有道理。世界不是一个人的世界，众生芸芸，心目参差，但总归要遵循一些最基本的公德道义。让"心"大起来，得有大眼光。"小有所系，大必所忘也"，将精力耗在无谓的琐事纷扰上，只会蹉跎前行的步伐，贻误成长、事业和发展。静气凝神，心无旁骛，视线专注于远大目标，心力倾注于崇高使命，无暇顾及"小"，不屑顾及"小"，"心"自然就"大"了。

有人说，宽容别人，也是在善待自己。一个人倘若为他人的一点过错而心存芥蒂，为自己遭受的一点不平而耿耿于怀，始终忘不了、放不下，伤害更多的可能是自己的心。"比陆地宽广的是海洋，比海洋宽广的是天空，比天空宽广的是人的心灵。"还有什么"事"，能比一颗比大地、海洋和天空还要宽广的"心"更大呢？

丰子恺：正当的游玩，是辛苦的安慰

"正当的游玩，是辛苦的慰安，是工作的预备。"丰子恺在《西湖船》一文中这样说到。

丰子恺在《西湖船》一文中叙述了西湖船的形式在二十年间的变化，船身依旧是传统的木制的扁舟，船内的椅子却经历了四次变化，从藤穿的长方形木框变为长的藤椅子，后又变成了更为舒服的躺藤椅，最后则被沙发所取代。在这四次变化中，丰子恺认为最合格的反而是最初的藤穿的长方形木框，因为他认为藤穿的长方形木框带给人的感觉，既类似旅行却又不那么吃苦，类似休养又不会像休养那么的贪懒惰。同时藤穿的长方形木框的材质和木船也更像是一体的，更符合西湖船给人的印象。

那么什么叫作不正当的游玩？在丰子恺看来，西湖船中椅子的变化只是为了让坐船之人享受，其实与西湖船整体的风格并不符合，也缺少游西湖真正需要的条件，因此并不是正当的游玩。"我在这里看见了世纪末的痼疾的影迹：十九世纪末的颓废主义的精神，得了近代科学与物质文明的助力，在所谓文明人之间长养了一种贪闲好逸的风习。"丰子恺在文中如是说，他认为西湖船椅子的变化是一种颓废主义。说起颓废主义，它的本义是堕落、颓废。颓废主义是19世纪下半叶，欧洲的资产阶级知识分子对社会表示不满而又无力反抗所产生的苦闷彷徨情绪在文艺领域中的反映。客观点来说，叫不思进取。富贵而淫欲，视作颓废。不思进取也是颓废，学而不进，更是颓废。什么是正当的游玩？正当的游玩应该是在学习、工作、生活疲累之余放松心情，缓解疲劳的一种方式。而不是无所事事，寄情于山水的享受，更不是在风光无限好的景色中修养身体。当游玩与奢侈享受结合起来，那么这样的游玩就不再是正当的游玩。

"总之西湖船的形式，二十年来，变了四次。但是愈变愈坏，变坏的主要原因，是游客的座位，愈变愈豪华；而船身愈变愈旧，摇船人的脸孔愈变愈憔悴，摇船人的衣服愈变愈褴褛。因此形成了许多不调和的可悲的现象，点缀在西湖的骀荡春光之下，明山秀水之中。"故而丰子恺认为，西湖船椅子的变化也不是全然不对，只是西湖船在二十年间的变迁中，椅子变得豪华，船身、摇船人的面孔、摇船人的衣服的变化与椅子完全相反，就像是在向乘船之人摇尾乞怜，因此形成了一种可悲的社会风貌，破坏了西湖的美景。

丰子恺：山中是清净的热闹

山中是怎样的？清净，抑或是热闹？清净与热闹又是否能够共存，清净与热闹同时形容山中又是否矛盾。丰子恺有语："上海虽热闹，实在寂寞，山中虽冷清，实在热闹，上海是骚扰的寂寞，山中是清净的热闹。"上海明明热闹，为什么会寂寞？山中明明寂静无人，又为什么会热闹呢？

灯红酒绿、纸醉金迷、奢华无限，描述的就是上海的生活，白日里，人人沉迷于这繁华的景象中，不能自拔，好似他们都过得无比快乐。但是，当夜深人静，只剩下一个人时，随之而来的是无穷无尽的寂寞和孤独，热闹都市的背后是寂寞孤独的夜，明月的光辉洒满整个城市，倾泻进房间里，却照不进寂寞之人的心扉。于是，当寂寞来临，我们依赖于网络，希望在这个无人认识自己的虚拟的空间里得到安慰，网聊、网恋……我们尝试着一切可以排解寂寞的方式方法。表面繁华的都市里，人与人之间为了利益，为了各种各样的目的，失去了最初应有的真诚和信任，喧嚣浮躁的都市使我们的心变得麻木不仁。是的，麻木，也可以称之为冷漠。除了自己，对其他的人或事物漠不关心，事不关己高高挂起，所以，面对需要帮助的人，我们不再有伸出援手的想法；看到大街上跌倒的老人，我们第一时间的想法竟然是"如果我上去扶，他会不会赖上我，不让我走"。

我们在光怪陆离的城市里穿行，感受着繁华背后的冷漠和孤独，并渐渐习惯于此。同时心生渴望，渴望着一种平静而安宁的生活。就像是古代的那些文人，古代也曾有无数的文人雅客因厌倦官场黑暗腐朽而产生隐居的想法，进而隐居山林，就是为了追求山中的那份清净。袁宏道、王维、孟浩然等文人皆留有表达隐居愿望或隐居生活的诗篇，其中最为著名的是东晋的陶渊明。"白日掩柴扉，对酒绝尘想。时复墟里人，披草共往来。相见无杂言，但道桑麻长""方宅十余亩，草屋八九间""暧暧远人村，依依墟里烟。狗吠深巷中，鸡鸣桑树颠""结庐在人境，而无车马喧。问君何能尔，心远地自偏。采菊东篱下，悠然见南山"。陶渊明在他的诸多作品中都曾描述过他的隐居生活，在他看来隐居生活是美好、舒适、自在的。

山中虽然清净，也许空无一人，但是那美好的景色、悦耳的鸟鸣、扑鼻的花香是山给前来的游人过客最好的礼物，它能安抚人的心灵。在这里人们不由自主的感到充实，在这里不再有尔虞我诈，不再有冷漠和麻木不仁，在这里不需要刻意寻找，就可以得到温暖，因为山会永远向我们展开它的怀抱。"上海虽热闹，实在寂寞，山中虽冷清，实在热闹，上海是骚扰的寂寞，山中是清净的热闹。"热闹还是清净，唯有我们的心灵才能真正辨别。

丰子恺：既然没有净土，不如静心

丰子恺在《豁然开朗》一文中写到："你若爱，生活哪里都可爱。你若恨，生活哪里都可恨。你若感恩，处处可感恩。你若成长，事事可成长。不是世界选择了你，是你选择了这个世界。既然无处可躲，不如傻乐。既然无处可逃，不如喜悦。既然没有净土，不如静心。既然没有如愿，不如释然。"在丰子恺看来，生活，乃至于这个世界对于每个人而言都是不同的，关键是我们用什么样的眼光或者心境去看待。我们是悲观的，那么这个世界就是悲观的；我们是乐观的，那么这个世界就是乐观的。我们既然选择了这个世界，那我们就要按照自己的方式去生活，我们可以决定要以怎样的方式来生活。

人生的道路那么漫长，路不会是平直，它会有弯弯曲曲，也会有上坡下坡，我们不可能预知前方会有怎样的事情发生，可想而知，这条路上不可能会一直平平坦坦，艰难险阻、坎坷不平是我们所避免不了的。在这条路上行进，我们有舍当然也会有得，人生在世，不可贪图过多不该我们拥有的东西，用平常心去看待生活中的点点滴滴。当你已经选择好了要怎样走，就不要妄想着走另一条路。

最好的永远都是现在所拥有的，因为你不可能知道未来你是否会有更好的，珍惜现在所拥有的一切，明天你才会变得富有。也许此刻，你会说既然现在所拥有的已经是最好的，那么我完全可以停止不前，保持现状就好，如果你这样想，你就错了。人生只能一路向前，这是你无法拒绝也无法抗拒的命运。我们的生活要由自己来安排，而不是靠他人来决定，自己努力去争取和奋斗得来的生活才是最完美的。

古人云："君子有所为有所不为。"做人应当把握好所做之事的是非界限，"勿以善小而不为，勿以恶小而为之"，这样的人生才是真正有智慧的人生。有一句话说得好："心不开朗就是苦，心境豁达就能转苦为乐。心有多大，世界就有多大。"最重要的是我们的心态，当我们去看这个世界时，应该用一种乐观、积极、豁达的心态。只要我们的心态是好的，我们的眼中将充满阳光，而不是昏昏沉沉。

有人说，人生永远都只是一个轮回，从起点到终点，又归为起点，由平静到喧嚣又归为平静。我们从幼龄稚童成长为一个顶天立地的人，又渐渐衰老，人的老年就如同人的幼年，返璞归真。既然如此，我们为何不看开一点，也让我们的日子好过一点。当我们过得不好，不要先去抱怨这个世界，要先去想我们自身是不是有什么地方不对，先改变自己才有可能改变这个世界。就像丰子恺说得那样：既然没有净土，不如静心。

丰子恺：求解脱于艺术之中

有很多人把艺术视为娱乐的、消遣的玩物，因此在生活中，艺术所能够起到的效果，也仅仅是娱乐和消遣罢了。不过也有人反对这种观点说，因为艺术是可以陶冶性灵、美化人生的。但是，在丰子恺先生看来，这里的"美化人生"指的也不过是房屋、衣服的装饰；而所谓的"陶冶性灵"也仅仅是浅显的附庸风雅罢了。

在丰子恺先生看来，艺术对于人生的效果，其实不外乎面对艺术品时的感觉，以及研究艺术之后间接的影响。它们都是艺术给予人的效果，是"艺术品"效果与"艺术精神"效果的统一体。所以他认为创作或鉴赏艺术品时所得的乐趣就是直接效果。因为我们唯有面对艺术之时，才可以把自己的意见、希望与理想自由地发表出来。这时候，我们享受一种自由，这便是艺术的乐趣。

除此之外，丰子恺先生还告诉我们这样的一个道理："很多时候，面对艺术无论自己或是他人描写，都可以给人心一种自由之乐。"陶渊明的《桃花源记》，便是一例。其次，丰子恺先生认为，人们可以在艺术中得天真之乐趣。在艺术中，我们可以看见万物天然的一面。我们总是喜欢用既定的思维去看待事物，然而看到的都不是事物的本身。因为万物本身就是复杂多样的，不可简单地光看表面。艺术好比是一剂良药。唯有在艺术中，人类方可看到天地万物本身的真相。所以说，我们唯有在艺术中，才能打破传统习惯而用全新至净的眼光来创作艺术、欣赏艺术。只有这样，我们的心境才会豁然开朗、自由自在、天真烂漫。

丰子恺先生坦言："这世间有很多人投身艺术都是功利迷心在作祟，是个人欲望膨胀的表现。你如果能研究几年艺术，从艺术精神上学得了除去习惯的假定，摆脱了物我之间的界限与隔阂，便能够以平常心来看待那个乞丐，做到众生平等。"这世上其实本无贫富与贵贱，乞丐也并非为了没有钞票而受苦，真正的原因是因为人心隔阂太深，乞丐只是在为人间的不平等而受苦罢了。正所谓"公道世间惟白发，贵人头上不曾饶"，诚如丰子恺先生所言，这种现象看似滑稽，却实则严肃，因为上天对于每个人都是平等的，所有的不平等都是后人造作的，而学艺术就是为了恢复人的天真。

谈到这里，丰子恺先生曾说："研究艺术有素之后，心灵所受得的影响，就是艺术的间接影响。间接影响的效果范围很广泛，包含两点：第一是远功利，第二是归平等。"由此可见，当我们面对着艺术品的时候，需要我们抛去拘束、自由自在。经验多了，我们就会在可能的范围内，把人世当作艺术品看，这样可使生活变得温暖而丰富起来、生命高贵而光明起来。

丰子恺：饮食有节，生活有律

《内经》中有记载指出："饮食自倍肠胃乃伤，膏粱之变足生大疔。"对此说法，丰子恺先生表示极为赞同。正所谓，饮食肥甘是人生存发展的必要条件，没有一个人会不喜欢。不过要想它对人体不造成伤害，就必须要适当节制。

当然，丰子恺先生认为，饮食有节不仅仅是对于量的限制，也包括戒烟限酒。烟酒有害健康，这是人人都明白的道理，也正是因为这个原因，对于烟酒必须加以节制。实际上，饮食有节已经超过了世界卫生组织提出的合理膳食、戒烟限酒的范畴。

对于不同的人来说，饮食有节也是不同的，就如同不同体质的人，他的食谱是不一样的。丰子恺先生曾说："一个人的食谱应该广泛，主食除外，有些食物不能天天吃、顿顿吃，这是底线，是原则。"其实就现在来说，随着时代的进步和发展，"三高"病人越来越多，去医院看医生，有的医生就告诉他，这样不能吃，那样也不能吃，为了控制病情，有的病人听信了医生的话，结果造成了营养不良。其实丰子恺先生认为，不管肥肉瘦肉，各自营养成分不同，都是人体生长所必须的。因此说丰子恺先生倡导的正确的饮食有节，是非常必要的。

除了饮食有节之外，丰子恺先生还曾经提出了"生活有律"的观念。《素问·上古天真论》

有记载显示:"上古之人,其知道者,法于阴阳,和于术数。食饮有节,起居有常,不妄作劳。故能形与神俱,而尽终其天年,度百岁乃去。"由此可见,早在两千多年前,古代养生家就提出人要顺应四时变化,做到生活有律。

另外,丰子恺先生还强调,养生保健妙在适度,不刻意,不强求,不死板。这也是告诉我们养生保健是应该做到"自觉",不为养生而养生。不仅如此,丰子恺先生还提出:"有节,生活有律。不仅仅要从生活中去践行,最重要的是要保持好心态。"一个好的心态,往往可以让我们的身体保持在一个良好的状态下。那么怎样的心态,算得上是好的心态呢?对于这一点,丰子恺先生吸收了中国传统养生文化里清静无为的观念。而清静养神也是中国传统养生文化最主要的特色。在丰子恺先生看来,中国养生理论所强调的清静养神,并非叫人心如死灰,什么也不想,而指的是顺时而动,饮食有节,心神安定,平和地去面对任何事情。所以,清静养神理论更注重于人的心神安静,尽可能地接近生命活动的低耗高能状态,从根本上改变人体内部组织器官的不协调状况,达到祛病延年和发挥人体内潜能的目的。当然,这是在排除一切的外界干扰下完成的。

人体生命活动本质上就是通过身体的运动平衡来保持一种和谐的状态。这种"和谐"不仅体现在身体各部位之间的相互协调,而且还反映在内在与外在环境之间的相互平衡上,若是平衡被打破,生命活动就会陷入混乱的状态之中。同时,生命力的强弱也不仅仅是体现在体质的优劣上,它也取决于精神旺盛与否和创造力的高低。

叶曼:平常心是道

叶曼女士曾说:"平常心是道。"意思是说,真正的道就是想说就说,想做就做,想眠就眠,热时取凉,寒时取暖,以一颗平常心,笑看繁华尘世。

那么,什么才是平常心呢?叶曼女士对此也给出了回答,在她看来,这个平常心自然不是人们口中津津乐道的那个平常心了,而是非凡又非圣的一种存在。

非凡,顾名思义,即不是芸芸众生们的烦恼之心、机巧之心。而非圣,即不是圣贤们的讲解、见解。平常心,把自己看做一个最最普通平凡的人,不但在言行上与众生保持一致相同,而且在心理上也要渐渐地归于普通,归于平凡。

叶曼女士认为,每个人都要试着放下心中的傲慢与自负,慢慢地趋向于平和。我们每个人不过都是世界上最不起眼的沧海一粟而已,又何必那么矫情地认为自己一定是特殊的呢?

平常心,不做过分地矫饰,平静对待自然而然的生活,把清净自然之心展现出来。叶曼女士认为,平常心是道,语言虽然浅显,但却意蕴颇丰。说起来容易,做起来难。

我们都生活在这个烦扰的红尘俗世之中，被数不清说不尽的贪念、欲望所牵引着，整日里奔波劳累。把自己搞得身心疲惫。而到头来，却根本不知道自己想要的到底是什么。欲望无限的膨胀，痴念不停地增长，而忘了平常心。

我们总是能够明白很多的大道理，但却总是控制不住自己去违背那些道理。到头来，还是习惯性地找许许多多的理由和借口来原谅自己。我们要努力的返归平凡，就要学会把自己的精力投入到平常生活中的点点滴滴的小事中去。把自己的工作做好，把自己日常生活里的琐事处理好，就是最大最好的修炼。

平常心是道，只有拥有平常心，才能到达"万境自如如"的境界。而且，如果怀着一颗平常简单的心去看待世界、看待生活的话，那么你会发现，一切问题将都不在话下。

叶曼曾说过，人生本来就如同雪中观鹤，一片洁白。这可如清净，也可如混沌。若是以一颗平常之心去对待，看到的便是纯净、简单、静雅美好。可若看到的是一片混沌，则一定不是简单、自然、平常之心。那样的话就会忽略了世间的美好，就体会不到雪中观鹤的快意盎然了。为人处世，应当以平常心至上，简单至上。

老子也说："孰能浊以静之徐清，孰能安以动之徐生。"所以不妨试着摆正自己的心态，以简单平常之心，心怀一物，如此简单的生活就好。

叶曼：养生虽有道，驻颜却无术

叶曼说，她的朋友曾问她驻颜之术，她回答道驻颜是没有什么方法的。这样说并非谦虚刻意保留，而是她真正的见解。事实就是如此，驻颜从来都是无术的。用叶曼女士的话来讲就是："在时光荏苒、岁月变迁的过程中，如果说风华是一指流沙的话，那么苍老就是一段年华。"

一个人看起来比较年轻，或许是因为他给人的感觉是年轻的。如果一个人从来都不曾感觉衰老的话，那他又何惧苍老呢？故而叶曼女士认为，一个人看起来比较年轻，给人一种青春的感觉，那不是外在强加的力量，而且内在的忘记老的心情。

忘记老，不是用闲心去忧虑老之将至，或是想方设法地用化妆品或是美容之类的去防老。而且从内心深处里忘记衰老，不去想它。

叶曼女士说，不要再像年轻时雄心万丈、目空一切，而且，也不要再像年轻时一样不知天高地厚，不懂人世间冷暖。但是自己也不要老奸巨猾地推托敷衍，这个世上好人还是比坏人多的，仍然要相信是非公道自在人心。

叶曼还认为，不要再像年轻时喜好标新立异，热爱与众不同，赶时髦，凑热闹。但并不是脱离时代的潮流,而是仍然欣赏世界新奇的进步,仍然承认江山代有才人出。

养生虽有道,驻颜却无术。不要再像年轻时把长于己者都看做老朽、少于己者都当作是无知。要知道我们所崇拜的只是权威偶像。叶曼认为,和年长者在一起的感觉是很好的,他们会有许多许多教训和智慧;和年轻人在一起的感觉也是好的,因为他们给人的启发是无穷的,有一种青春的气息。当与他们待在一起的时候,会把他们的年龄都忘了,而忘了对方年龄的时候,就也不知不觉地把自己的年龄也忘了。

如果是这样的话,又何必要去想方设法地驻颜呢?不如就这样全神贯注地活着。若只为了穿衣吃饭而生存,哪怕是风华正茂的年纪,怕内心也早已经枯萎。

叶曼说,她喜爱人生,即使十有九违天下事,可人生还是可喜的。她也喜爱人群,即使百无一可意中人,可是仍然相信人总是善良的居多。要始终相信人之好善无不如我,人之恶恶,亦无不如我,尽管人不与我尽同。或许这些很容易让人忘记衰老,使自己觉得年轻。

我们有时会遇见一些年老的人,他们的白发,他们的年纪,常被那发自内心的青春气息给掩盖了。他们是那样地有风趣,有机智,体贴蕴藉,温厚高雅,使人很容易地忘记了他们的年龄。

神仙不可求,驻颜本无术。正如叶曼女士所说的那样,我们要学着忘记衰老,这样便会青春常驻了。

叶曼:常读书,可防老

在叶曼女士看来,最能防老的办法就是读书,而且是多读书。因为读书会让你不知老之将至,会让你忘记了时间的流逝。

书永远是新鲜的东西,真正热爱读书的人,沉浸在书香气中无法自拔,哪里还会在意时间的流逝、生活中的不公,更没有精力去和他们怄气。我们常常会说,腹有诗书气自华。这是一种由内自外而散发出来的,发之于内,散之于外。

叶曼女士说,这种感觉不是靠化妆、美容和保养而得到的。所谓的气质,就是老了也依然存在,而且经久不衰。多读书,会让这种气质更加有韵味。正所谓"美人可以迟暮,书香却可以愈积愈厚,愈老愈纯"。由此不难看出叶曼女士对于读书的热爱。在她看来,书籍是人类的朋友,所以,无论任何时候我们都不能抛弃读书。一个人,尤其是一个女人,拥有美貌只是让年轻的时候有了炫耀的资本。而一个有智慧的女人,却可以一直把握着自己的命运和人生。

一个人,若想把自己的命运牢牢地把握在自己手里,则一定要有足够的智慧。面对时光飞逝，我们总是有无尽的感慨，感叹容颜易老、色衰而爱驰。读书可以让你从书本中学习无穷的知识，汲取营养，抚平尘世的纷扰粗糙。当你因为感慨自己已老而寂寞、而孤单时，手捧一卷书本，那将是你最好的朋友。书中的智慧会抚平你的皱纹，会让你感到重回年轻。

叶曼女士认为，读书使人明智，使人优雅，使人聪慧，使人变得可爱，使人提升气质，一种经久不衰，越老韵味越足的气质。读书可以增长人们的知识见闻，很多我们无法亲眼目睹、亲身经历的东西，都能在书中找到。

常读书的人不怕寂寞，正如叶曼女士所说："人非有品不能闲。"没有素质品德的人只要一闲下来，不是去玩，就是去挥霍，闯下许多祸，最后害人害己。而最好打发时间的方法就是读书，没有坏的影响，也没有祸害。我们真正多读书的人，就不会怕寂寞，哪里还会怕老呢？

常读书可以防老是真的。正如婚姻是需要经营的一样，我们的心灵也应该受到呵护，不然我们的心就会堕入尘世凡俗的漩涡之中，长褶长皱，一派苍老，或许会给我们带来无尽的烦恼，或许会催我们迅速地衰老。而读书，正是保持不老的最好方法，优雅如兰的气质，就是这样孕育出来的。

叶曼：别让毛病"闲"出来

"闲"是什么？在当下的社会中，人们大多都以"忙"自居，似乎很少有人能够闲下来，他们甚至认为闲下来是一种罪恶。但是叶曼女士却不是这样认为的，在她看来，"闲"似乎也成为了一种智慧、一种趣味："闲不是毛病，闲更不是罪恶，闲是文化的温床，闲是人类争着努力达致的目标。一切由闲而产生的毛病，是源于我们在人间还没有为闲准备好适当的地位以前，就大量制造了过剩的闲，于是闲出了毛病。"

除此之外，她还曾在《智慧人生》中阐述自己对闲出来毛病的看法，在她看来，闲产生文化，忙产生文明。但是若不善用闲，可以闲出了毛病，其害在个人、家庭、社会。不善用忙，出的毛病就更大，它可以危害于国家、人类。我们是个闲出了毛病的国家，别的不说，麻将成灾，就是其中毛病之一。为什么能让麻将盘踞统治我们的社会，历时上百年而不衰？为什么受了这么多折磨艰苦，依然沉迷留恋在这一百三十六张牌里？原因无它，这就是闲出来的毛病。

在谈到爱书的人不怕寂寞时叶曼说："'人非有品不能闲'，没品的人一闲下来，不是去玩，就是去挥霍，造很多孽，最后没有不害惨自己的。最好打发时间的方法就是读书，没有弊病，也没有祸害。我们真正读书，就不会怕寂寞，不会依赖别人。如果我们把兴趣、时间、情感都投注在我们以外的人身上，像做妻子的，把全部精力都放在丈夫身上，依赖性可就大了。"

其实事情是人找出来的，空闲也是人自己造成的。俗语说："越吃越馋，越待越懒。"不信试试看，真是百试百验。一个好吃懒做的人，是从积习养成，习气与日俱增，最后才积重难返的。但是话又说回来，好逸恶劳本是人的通性，所以陶侃运砖，祖狄闻鸡起舞，方被人称颂。人类不断地追求物质文明，所谓物质文明，便是生活过得较好，而用的劳动力却较少。不然，我们不会由石器而铁器而蒸汽而原子了，我们的历史将会是一张白纸，我们也永远停留在茹毛饮血、穴居裸处、和禽兽一样的生活阶段中。好逸恶劳并不是劣根性，当然更不是罪恶。但是，假如在一个社会中，他的组成分子间若有劳逸不均现象发生，或是在某一个社会阶层中，整个组成分子都闲得无所事事，于是五花八门的社会问题便产生了，这些社会问题将会直接或间接地、在现时或将来严重影响到其中每一个分子。

所以说，闲虽然可以产生文化，但是，如果不善利用，那么闲便会变成烦恼罪恶的源泉。我们也不能因为闲出了毛病，便摒弃闲。问题是如何能有计划地教育人类去利用闲、享受闲，而不要使人间闲出了毛病。

老子：身与心的归一

中国文化中的身与心，存在着严重的分裂。中国文化中的一个"个人"，只是一个"身"，一个"个人"的"心"，只能为别人的"身"服务。假若这个人的"心"用到了自己的"身"上，他就是有"私心"。

然而老子却在身与心的冲突之中，另辟蹊径，做到身与心的归一。老子提出万法归一，并将此看做身与心归一的意识前提。老子所说：一气化三清；孔德之容，惟道是从；无为而无不为；祸兮福之所倚，福兮祸之所伏，此都体现着老子的顺从自然的思想。同时他的无为而治，即是做到身与心归一的条件，也是解决身心冲突最好的办法。

老子对人的身与心的和谐的论述，正如他对人与自然的和谐、人与社会、人与人的和谐的论述，同样是异常丰富而极其深刻。他精辟地论述了人的身心和谐的必要性与重要性、方法与途径、目的与意义和价值等有关问题。

"道生之，德蓄之，物形之，势成之。是以万物莫不遵道而贵德。道之生，德之贵，夫莫之命而常自然。故道生之，德蓄之，长之育之，亭之毒之，养之覆之。生而弗有，为而弗恃，长而弗宰，是谓玄德。自然大道，创生天地，内具本性，蓄涵其中，存在事物，形着其体，事物相接，造成时势。"如此说来，存在万物没有不遵从自然大道，而以内具德性为贵的。自然大道的创生，内具德性的蓄涵，不经赋予与命令，就只是自然无为而已！正因自然大道，创生天地，内具本性，蓄涵其中，就如此生长，如此发育，如此结籽，如此成熟，就如此养育万物，怀养万物。

老子说:"贵以身为天下。若可寄天下。"具体说来,就像我们生活的人世间,本来就是很不公平的,往往是"损不足以奉有余",因此才造成了等级的尊卑和贫富的悬殊。而"身心和谐"的人,就有责任,也有能力用"损有余而补不足"的"天道"去加以克服,以实现人间的平等。老子甚至还寄厚望于身心和谐的人,去为实现"甘其食、美其服、安其居、乐其俗"的"至治之极"的最理想的和谐社会与和谐世界做出应有的贡献。

老子最能体现其身与心的归一的是所谓"天长地久,天地所以长且久者,以其不自生,故能长生。是以圣人后其身而身先,外其身而身存。非以其无私耶!故能成其私"。天地何以能既长且久呢?归根结底只因为它不偏私地生长着,因此能长久地生长。

除此之外,老子还认为只要顺从自然之道,便自然而然的可达到身与心的归一。老子所以提倡自然之道就在于他认为凡自然之道,均可达到最好的状态。顺从于自然大道的,它就和同于自然大道;依循着天真本性的,它就和同于天真本性。一旦失去了自然大道、天真本性,它也就失去了自己。

庄子:自在逍遥的真性情

《庄子》曰:"凡事若小若大,寡不道以欢成。事若不成,则必有人道之患;事若成,则必有阴阳之患。若成若不成而后无患者,唯有德者能之。"也就是说,但凡人去做事,不管事大事小,都很难做到完美无瑕,这是人生的最高哲理。释家来说就是,大千世界,没有一个圆满的人,没有一件圆满的事!

有一个故事,说一个人家里老鼠猖狂,为了除掉鼠患,防止老鼠偷吃粮食,便专门去买了一只猫放在家中。可偏偏这只猫也不是个省油的灯,虽然是个捕鼠好手,但也喜欢吃鸡圈里的鸡。结果这个人的家里老鼠没有了,鸡也所剩寥寥了。于是,他的儿子就想把猫给赶走。这个人知道了,耐心地对儿子说:"危害我们家的是老鼠,并不是猫。老鼠偷吃食物,啃破衣物,打穿墙壁,还损坏家具,如果不除掉它们,我们必要挨饿受冻。而没有了鸡,我们不过是少吃几顿鸡肉;但要是没有了粮食和衣服,那我们就要挨饿受冻了。"

大千世界,难免会有些许憾事,世上罕有圆满的事情,取了这样可能失了那样,这是无可奈何的。既然明白这个道理,不妨想开了去,敞开自己的胸襟,看穹苍流云朵朵的闲适,眺远方碧海银沙的惬意,只要不忘初心,便坚持无悔的抉择,反而容易落一个自在逍遥。

庄子笔下,有这样的一类人,他们"举世而誉之而不加劝,举世而非之而不加沮",他们的智慧和学问已经确定了他们的人生观,在庄子看来是很了不起的。"定乎内外之分,辩乎荣辱之境",什么我,什么他,什么物,什么心,什么外在世界的一切,都看清楚了,光荣就光荣,倒霉就倒霉,无所谓,与本身独立的人格毫不相关,这岂是仅仅一个平常心的境界吗?庄子讲到这里时由衷而曰:"斯已矣!"可见连庄子都非常佩服这类人。

抉择难,在抉择中坚持君子的价值取舍难,而在直面选择时能持怀一颗平常之心更是不易。杜甫在诗中说诸葛亮"万古云霄一羽毛";晋朝帮助司马炎一统中国的一代名将羊祜在前方指挥作战的时候正是"轻裘缓带";著名的淝水之战,谢安打败苻坚浩浩八十万大军,在接前方胜报的时候正与人下棋,听罢一动不动,继续下,这都是道家老庄思想的体现。

在面临无法预料与强求的尴尬时,要有从容不迫的大气,懂得事事难免有缺憾,不执意追求完美,用安之若素的态度,叩问己心的真善,聆听内心最正直的呐喊,这般取舍,正是逍遥。

逍遥是一种无拘无束的境界,身体的不受羁绊束缚是逍遥,心灵的自由放逸是幸福,绝对的自由自在亦是逍遥,自在逍遥亦是真性情!

庄子:鼓盆而歌,只因看破生死

庄子立足于宇宙看人生,把人的生命现象看成宇宙自然中的一种现象,生命中的生死之变,也仅仅是一种物质之变。他认为,生命的形态自生至死,或者是由死复生,都只不过是形态的转化而已。这就好像活人的形体有健康的,也有残疾患病的一样,生死之变和形体之变类似。从根本上说,生和死之间没有区别,只有物质形态变化的区分。

庄子在《天道》篇说:"其生也天行,其死也物化。"他进一步解释说,道生成了宇宙万物,人类和动植物都是道的不同表现形态,人并没有什么特别之处。因为道创造了人的形体,人们喜欢自身的样子,对身体非常看重。但人的形体千变万化,每个人长得都不一样,根本没有穷尽,因此人的喜怒哀乐被这些变化牵引。正因为圣人明白人体只是道的物化,因此只要固守着道,短命也好,长寿也罢,生与死都遵循自然之变,遵循道的变化规则,这样就是至善的境界。

庄子曾说人死了不必下葬,只管抛尸荒野就好。有人对他说,抛尸荒野,豺狼、秃鹰会吃掉尸体,对死者很不敬。但庄子说,把尸体埋到地底下,也是给虫子、蚂蚁、老鼠吃,那么让豺狼、秃鹰吃了也是一样的。更何况人死了发生物质变化,尸体烂在土壤里,吃进动物肚子里,也都没什么分别。

生死是互相重叠交叉的两头,就好像说白昼是黑夜的开始,黑夜是白昼的开始一样,这是一种循环的逻辑关系。如果我们认为天亮能看见,黑夜看不见,就讨厌黑夜,那是没有道理的,因为没有黑夜的过去,就没有白天的来临。同样,没有种子的死亡,就没有新芽的萌发,生与死也正是这样的道理。

庄子的妻子死了，他的好朋友惠子前去吊唁，却看到庄子很洒脱地坐在那里，一边敲着盆，一边唱着歌，这让惠子非常不解。于是，惠子走上前去，说道："你和妻子生活了一辈子，她为你生儿育女直至衰老，如今她死了，你不伤心哭泣也就罢了，竟然敲着盆子、唱着歌，这样难道不过分吗！"庄子答道："并非如此。在她刚过世的时候，我也很悲伤。但是仔细一想，她原本是没生命的，而且也没有形体和气息。夹杂在恍惚的境域当中，变着变着就有了气，气再变化，之后便有了形体，而形体再变化成生命。她在人世间度过春夏秋冬，变化衰老直至死亡，又重新回到了空气当中。她如今已安息了，或者在天地之间，或者在这个大房屋之中，自由自在，恢复到本我的状态。而我却围着她不断啼哭，在我看来，这是不通达天道啊。"

在庄子看来，生命的物质基础仅仅是一种气，人的形体生命是气凝聚的结果，人从气而来，又回归到气中去，这是一种变化，根本无须悲伤。生死是一个无限循环的过程，死不但是整个生命现象的终点，还是下一段生命形成的起点，生生死死，死死生生，两者一直处在相互转化之中。

老子：无为故无败，无执故无失

老子讲："有物混成，先天地生。寂兮！寥兮！独立而不改，周行而不始。可以为天下母，吾不知其名，字之曰道。"老子说这个道，清虚寂静，广阔无边，没有形象和声色，永远看不见也摸不着。它超越一切万有之外，悄然自立，不动声色，不因自然的变化而变化，不因世界的生灭而生灭。

老子用"朴"来形容"道"的原始"无名"的状态。"朴"是原始质朴的"道"，是自然万物发展变化的自然规律，万物都臣服于这个规律。它是无形的，是隐而不可见的，人们无法用感官证明它的存在。它一直都是默默无闻的，甚至不被人重视，但天地万物都受到它的支配。所谓无为故无败，无执故无失，说的亦是同样的道理。

有这样一个故事，一个农民从洪水中救起了他的妻子，他的孩子却被淹死了。事后，人们议论纷纷。有人说他做得对，因为孩子可以再生一个，妻子却不能死而复活。有人说他做错了，因为妻子可以另娶一个，孩子却没法死而复活。

哲学家听说了这个故事，也感到疑惑不解，他就去问农民。农民告诉他，他救人时什么也没想。洪水袭来，妻子在他身边，他抓起妻子就往山坡游。待返回时，孩子已被洪水冲走了。

自然是一种最睿智的生活方式，这个农民如果进行一番抉择的话，事情的结果会是怎样呢？洪水袭来，妻子和孩子都被卷进旋涡，片刻之间就会失去性命，哪有时间进行抉择？道法自然的意思应该是道本来就如此。你为什么这样选择呢？我就是这样选择啊，一切本来如此，一切法便是一切法的理由。

人心随着年龄、阅历的增长而越来越复杂，但生活其实十分简单。保持自然的生活方式，不因外在的影响而痛苦，便会懂得生命简单的快乐。人生的抉择是最困难的，也是最简单的，困难在于你总是把抉择当作抉择，简单在于你不去考虑抉择问题，遵循生命自然的方式，答案自会浮现。

一个人被烦恼缠身，于是四处寻找解脱烦恼的秘诀。有一天，这个人来到山脚下，看见绿草丛中有一个牧童骑在牛背上，吹着横笛，逍遥自在。他走上前去问道："你看起来很快活，能教给我解脱烦恼的方法吗？"牧童说："骑在牛背上，笛子一吹，什么烦恼也没有了。"他试了试，却无济于事。于是，他又开始继续寻找。不久，他来到一个山洞里，看见有一个老人独坐在洞中，面带满足的微笑。他深鞠了一个躬，向老人说明来意。老人问道："这么说你是来寻求解脱的？"他说："是的！恳请不吝赐教。"老人笑着问："有谁捆住你了吗？""没有。""既然没有人捆住你。何谈解脱呢？"这人蓦然醒悟。

所以，不要刻意追求什么，不要向生命索取什么，不要给自己设置障碍，简单而自然，无为故无败，无执故无失，那么我们本性中的道，就会引导我们走向幸福的生命殿堂。

孔子：人贵在自知

《论语》有言："知之为知之，不知为不知，是知也。"意思是说，知道就是知道，不知道就是不知道，这才是拥有智慧的体现。就如同"北人食菱"的故事一样，北人明明知道自己不懂得吃菱角的方法，却偏偏为自己吃掉壳的错误方法辩解，还声称菱角在北方的山头上遍地都是，而吃其壳则具有清热解毒的功效，简直是可笑至极。所以说，做人贵在自知，要知自己所知为几何，知自己真正的分量，否则必定贻笑大方。

那么，何为自知？自知应该是懂得谦卑，不妄自尊大，不不懂装懂。叶公曾经向孔子的弟子子路打听孔子的为人，子路一时语塞，没有答出个所以然，在他看来，作为弟子不该轻易地去对老师评头论足。子路回去之后向孔子复命，孔子一笑，教导他说："你为何不对叶公说：其为人也，发愤忘食，乐以忘忧，不知老之将至云尔。"从这段话来看，孔子为人坦荡，他也颇为自知，恰如他承认自己好学，但却万万不敢自夸博学，这其中说的就是自知者当认清自己并保持谦卑之心的道理。

有太多的人自高自大，恃才傲物，他们自以为是，认为自己的能力超强，无人能敌，所以便会骄傲的听不进任何人的意见，被自大的自我意识牵绊着，张狂跋扈，毫无自知。譬如最终被斩辕门的杨修，若他能够自知，知道自己该说什么不该说什么，知道自己该站的位置，也不至于落个悲剧收场；还有纸上谈兵的赵括，若不是他总觉得自己通读兵书，天下无敌，不听取别人的意见，最终又如何会落个兵败身亡的下场。

　　骄傲就是一种无知。藏起骄傲之心就是要你在做人的时候懂得谦虚谨慎，因为人一旦飞到高处，就很容易失去自我。恃才傲物最容易造成他人的不满，即是这样的不满不会被表现得十分明显，但是它依旧可以有意无意中给你造成牵绊，从而让你碰钉子。所以，作为一个聪明的人，应当学会自知，知己所长，知己所短。

　　人贵有自知之明，自知就是要明白自己有几斤几两，不妄自尊大，也不浮夸地标榜自己，认为自己才华出众，能力超群。列夫托尔斯泰说过："一个人对自己的评价像分母，他的实际才能像分子，自我评价越高，实际能力就越低。"一个人只有对自己有一个正确的评价，对自己的能力有一个充分的了解，不骄傲自满，不目中无人，这样才可以称为"智者"。

孔子：不降其志，不辱其身

　　《论语·微子》云："直道而事人"，"不降其志，不辱其身"，表达了一种志向高洁、确定信念就坚持不改、不轻易妥协的精神。圣人也好，平凡的人也罢，都有自己的处世原则和志向，尽管它们的内容和形式不尽相同。志向是激励人们奋斗前进、勇于创新的动力，是引领人生的灯塔，是战胜艰难困苦的力量源泉。而一个没有坚定的远大志向的人，是不可能有所作为的。人一旦立下志向，即使遇到再多的困难，也不可轻言放弃，才能让自己的志向得以实现。

　　微子启是商帝乙的长子，纣王的庶兄，因见纣王昏庸无道，曾经多次亲自向纣王谏言，却始终不被纣王采纳。不得已之下，微子启便和太师箕子和少师比干商量，箕子告诉他："今诚得治国，国治身死不恨；为死，终不得治，不如去。"微子启后来把商朝祖先的牌位全部带走，回到"微"。周武王灭商后，微子启自缚衔璧乞降，向武王说明自己远离纣王的情况，被成王封于商丘，国号为宋，并准许他继续祭祀商朝祖先。这就是著名的"微子去殷"的故事。微子启所为，既维护了自己的尊严，更保全了自己不变的志向，为后世所称道。

　　一个人一旦确立了自己的志向，不仅为自己前进的道路设了一盏明灯，更能为自身品性的修养完善起到促进作用。纵观青史，"义不食周粟"的伯夷和叔齐，是"修其身"的典范。伯夷和叔齐反对周武王以武力推翻商殷的统治，但武王执意为之，二人则愤然"义不食周粟"，宁愿饿死在首阳山，也不愿吃周国的粮食存活。他们以"死"完成了自身品性的修炼，身虽死，但志长留。一个人对待自己的志向的态度，可以体现一个人的整体水平，志向坚定的人，一定也会是一个品性完善、具有仁德精神的人。

人们常说"有志者，事竟成"，用来表明有坚定的志向，他所做的事情终究会成功。纵观古今，凡是功名累身、有德行之人，无一不是坚定不移的心怀远大志向的。有着坚定志向的人，即使遇到艰难险阻，依旧不会折了自己的身板，降了自己的志向。然而在人口众多的中国，并不是人人都会有这样的志向，都能有这样的志向。反言之，如果人人都是同一个志向，反而缺少了特性，导致"人云亦云"。如果一个人的家里从没有出现过伟大的人，也没有能够让他有个远大志向的条件，那么让自己的家庭衣食无忧、安稳和乐的志向又有什么好笑的呢？志向的可贵，不在于是否远大，而在于你是否能够守住它，并成为引领你前进的动力。

庄子：天人合一的自然之道

《庄子山木》中说道："人与天一也。"这句话的意思即是说：人和自然是一个整体。其中表达的也正是天人合一的思想。所谓天人合一，其实并非只是单纯的"人与自然合一"，而是"人与自然在道中合而为一"。天代表自然界，人是指人类，在此条件下，以道为基础，并且由道的观点作为出发点来看，人与自然才有可能真正的合而为一。

《庄子天地》中有这样的记载："人的动静、生死、穷达，都不是自己安排得来的。一个人所能做的，是忘掉外物，忘掉自然，这样叫作忘己。忘掉自己的人，可以说是与自然合一了。"事实上，在实现"忘"之前，还应在万物之间形成"彼"与"此"的对立关系。"使彼与此不再出现互相对立的情况"，就是道的枢纽，而只有掌握了枢纽，才可以适应无穷的变化。世间事物，无论大小与多少，都在整体的道里面。从道看来，人与自然原本都是整体中的一部分，原本就该是"天人合一"的，所以又何必将它们区分为二呢？

许多研究庄子的学者认为，他的观点大都是相对主义，比如生与死、善与恶等等，他们甚至认为庄子是以怀疑的心态看待万物变化的，否则又怎么会看得如此透彻？事实上，其中的真相既不是相对主义，也不是怀疑主义，庄子思考问题的模式是一种超越人类中心的方式。他通过从道这个整体看待一切，从而使万物都在道中得到肯定。

东郭子问道于庄子，庄子答："道无所不在。"东郭子非要让庄子说个地方，庄子想了想说："在蝼蚁中、在杂草中、在瓦片中、在屎尿中。"随着庄子的不断回答，东郭子渐渐沉默，他不明白庄子为何把道看得如此卑微。其实也正是因为这种卑微才反射出了道的无所不在，连低贱卑微之物都有道在其中，更何况其他事物呢？

因此，不管是在人为条件下还是在自然条件下，所谓天人合一，"天""人"二者都是出于自然的，这与万物同源于天地说的是一样的道理。不过，庄子认为，人都是有认知能力的，如果这种能力稍有偏差就会产生很明显的分歧，从而产生对立与竞争，在这种情况下，人们难免会生出求胜心理，故而最是容易致使本性扭曲，最终使人无法保全于自然。

从天人万物同一的角度来说，世间万物都是我们的朋友，世界中的每个人都不是孤立存在的，我们一起构成了一个整体。在这个大环境中，我们依靠天地自然而生存，周围的人与我们组成了各种社会关系。一个人若想生活顺利，实现幸福，就必须要明白"天人合一"的道理。人与自然和谐，人与社会和谐，人与他人和谐，与世界万物和睦融洽，这才是一个智者的生存法则。

庄子：以和为贵，颐养天年

什么叫"以和为贵"？毋庸置疑，"和"这一个字不仅是我们中华文化的根本特征，也是我们华夏文明的基本价值取向。这种文化精神既是中华文化源远流长的力量之源，也是中华文化内在品格的具体体现。

《庄子》说："交通成和而物生焉。"在文化精神上，"和"体现的是海纳百川的包容性；在历史的长河中，它的包容性内化成了中华文化的重要特质。直到今天，"和而不同"依旧是各种文化交流与发展的重要原则，由此可见"以和为贵"贵在何处。

古时有一个妇人，特别喜欢为一些琐碎的小事生气。她也知道自己这样不好，便去求一位高僧谈禅说道，开阔心胸。高僧听了她的讲述，一言不发地把她带到一座禅房中，落锁而去。妇人气得跳脚大骂，骂了许久，高僧也不理会。妇人又开始哀求，高僧仍置若罔闻。妇人终于沉默了，高僧来到门外，问她："你还生气吗？"妇人说："我只为我自己生气，怎么会到这地方来受罪。""连自己都不原谅的人，怎么能心如止水？"高僧拂袖而去。过了一会儿，高僧又问她："还生气吗？"妇人说："不生气了，气也没有办法呀。""你的气并未消逝，还压在心里，爆发后将会更加剧烈。"高僧又离开了。第三次高僧来到门前，妇人告诉他："我不生气了，因为不值得气。"高僧笑道："还知道值不值得，可见心中还有衡量，还是有气根。"

当最后高僧将门锁打开，妇人问他："大师，什么是气？"高僧将手中的茶水倾洒于地，说道："心如止水，气从何处生？"妇人视之良久，顿悟，叩谢而去。

生气不过是心念所驱使，当整颗心置身事外不为环境所动时，人就会变得平和而有礼。所谓打坐修道，做到此心一静下来，就像水一样不流动了，不一定要盘膝。形式只是外在的表现，心不动，意则静。个中缘由，皆可归于一个"和"字，追求"动静"之间的和谐，从而达到调养身心的功效。一个人要入世，要做事，不能抑制自己的喜怒哀乐。但内在心里的修养，做到像一杯水没有动过，将所有情绪变成止水，趋于平静。这种修养可以出世，也可以入世。

庄子在《刻意》篇中说："吹嘘呼吸，吐故纳新，熊经鸟申，为寿而已矣；此导引之士，养形之人，彭祖寿考者之所好也。"在庄子看来，让"动"与"静"达到"和"的境界，便可得到长寿。"形劳而不休则弊，精用而不已则竭"，即是说要把形体锻炼与精神调养相结合，最终使得"静而与阴同德，动而与阳同波"，从而实现以和为贵、颐养天年的目标。

墨子：一"让"抵千金，一"化"解千愁

墨家思想的主要内容有兼爱、非攻、尚贤、尚同、节用、节葬、非乐、天志、明鬼、非命，而其核心则是兼爱与非攻。《墨子·非攻篇》中说，"国家发政（发动战争命令），夺民之用，废民之利……以争虚城，则是弃所不足，而重所有余也。为政若此，非国之务也。"

战争两败俱伤，戕害人民，耗费资财，不仅违背天意，而且违反民意。故而墨子认为国与国间应和平互助，永无战争。为达到这个目标，墨子提出了兼爱非攻的化解之道。正所谓，一"让"值千金，一"化"解千愁，正是因为这种观念的推动，墨子的思想在当时和后世的应用中，为人民谋得了许多利益。

毛泽东就深谙墨家的化解之道。墨子说"备者，国之重也"，也就是说防备是一个国家最重要的事情。1964年5月之后，面对苏、美对中国军事威胁的不断加剧，毛泽东为国民经济发展做了一次重大的区域性布局调整，他决定"停""压""搬""帮"东部（"一线"），持续推动中部（"二线"）经济建设，而对西部（"三线"）则采用重点开发和建设的策略。他说："第一是战备，人民和军队总得先有饭吃有衣穿，才能打仗，否则虽有枪炮，无所用之。第二是备荒，地方无粮棉油等储备，仰赖外省接济，总不是长久之计。第三，则是要为地方积累资金用之于扩大再生产着想。"正所谓一"化"解千愁，毛泽东采用的正是"化"的策略，在他的带领下，我国人民才得以从苏、美重压的困境中脱身，不战而胜。

汉宣帝时的丞相邴吉，因知大节、识大体而著称。有一次，他那嗜好饮酒的车夫跟着他出行，不料其后醉酒呕吐在他的车上。他的属官看到此景很是愤怒，将此事告诉了邴吉，并强烈要求将车夫赶走。而邴吉却温和地说："如果因为此事而将他赶走，那么他以后的谋生之路必定更加艰难。你且容忍他一下，若知悔改，便不再惩罚他。车上的坐垫换一个就行了。"车夫得知邴吉对他的处置之后，心里很是感激，并发誓悔改，在以后的工作之中兢兢业业，不曾有任何差池。

后来，车夫在一次外出时，偶然碰到边郡发送紧急公文的人疾驰赶到，车夫从驿骑那里得知敌人已入侵云中、代郡，他便急速回到相府将此消息报告给邴吉。随后宣帝召见，告知敌人压境的情况并询问应对之策。御史大夫仓促之间不知道如何应对，而邴吉则因为事先知道情况并提出了相关对策，而得到了宣帝的认同与嘉奖。

事后邴吉感叹道:"士没有不能容人之量,人的才能各有所长。如果我当初因小事而赶走了车夫,恐怕今天的我也会像御史大夫那样应对无措吧。"这个事例说的则是一让值千金的道理,如果没有邴吉对车夫的忍让,便没有后来车夫因感恩而及时送回来的消息。

兼爱和非攻是体和用的关系,兼爱是大到国家之间要兼相爱交相利,小到人与人之间也要兼相爱交相利。而非攻则主要表现在国与国之间,只有兼爱才能做到非攻,也只有非攻才能保证兼爱。无论是古代还是现在,人与人之间的互爱互利都是社会稳定的基石,而人与人之间的互怨互损将激发矛盾引发祸乱。故而,要学会"让",因兼爱而让,也因非攻而让。同时也要学会"化",因为通晓兼爱非攻的思想,所以才能化解各种各样的困境僵局。